Die Personalpolitik der
Interventionen, Anpassung, Ausweichbewegungen

Thomas Weihe

Die Personalpolitik der Filialgroßbanken 1919–1945

Interventionen, Anpassung,
Ausweichbewegungen

Franz Steiner Verlag 2006

Bibliografische Information der Deutschen Bibliothek
Die Deutsche Bibliothek verzeichnet diese Publikation
in der Deutschen Nationalbibliografie; detaillierte
bibliografische Daten sind im Internet über
<http://dnb.ddb.de> abrufbar.

ISBN-10: 3-515-08638-2
ISBN-13: 978-3-515-08638-7

ISO 9706

INHALT

VORWORT

Dies ist die gekürzte und überarbeitete Version meiner Doktorarbeit, die die Philosophische Fakultät I der Humboldt-Universität zu Berlin 2003 angenommen hat.

Vor allem danke ich meinem Doktorvater Ludolf Herbst für die Betreuung der Arbeit, viele Anregungen, die Finanzierung durch ein Stipendium und für das Vertrauen, das er mir durch die Ernennung zum Projektkoordinator beim Forschungsprojekt zur Geschichte der Commerzbank entgegengebracht hat. Dieter Ziegler hat als Zweitkorrektor zahlreiche Anregungen gegeben, mich in seinem Kolloquium vortragen lassen und mir für die Überarbeitung Teile seines Manuskripts über die Dresdner Bank zur Verfügung gestellt. Außerdem danke ich meinen Eltern, Hannah Ahlheim, Gerhard Augst, Marion Blitz, Rüdiger Graf, Hartmut von Hentig, Dominik Klepper, Detlef Krause Christoph Kreutzmüller, Tilman Reitz, Aline Schumacher, Imke Thamm, Nina Verheyen und Volker Wiegel. In den Archiven danke ich Martin Müller und Reinhard Frost vom Historischen Institut der Deutschen Bank und den Mitarbeitern des Historischen Archivs der Dresdner Bank in Berlin, des Bundesverbands Deutscher Banken, des Militärarchivs Moskau, des Bundesarchivs in Berlin und in Dahlwitz-Hoppegarten, des Geheimen Staatsarchivs Preußischer Kulturbesitz in Berlin, des Sächsischen Hauptstaatsarchivs Dresden, des Thüringischen Staatsarchivs Gotha, des Staatsarchivs Hamburg, des Sächsischen Hauptstaatsarchivs Leipzig, des Brandenburgischen Staatsarchivs Potsdam, des Landesarchivs Schwerin, des Landesarchivs Magedburg, des Landesarchivs Berlin und des Staatsarchivs Weimar. Der Commerzbank danke ich für den Druckkostenzuschuss.

Berlin, 10. Dezember 2005

Thomas Weihe

EINLEITUNG

THEMA UND UNTERSUCHUNGSGEGENSTAND

Auch marktwirtschaftlich organisierte Staaten greifen in die Personalpolitik von Unternehmen ein. Beispiele sind die aktuelle Auseinandersetzung um Mindestlohn, Offenlegung von Managergehältern oder betriebliche Mitbestimmung. Regierungen ändern den gesetzlichen Rahmen oder intervenieren direkt, weil die Personalpolitik von Unternehmen sich nicht nur auf deren wirtschaftlichen Erfolg auswirkt: Unternehmerische Personalpolitik beeinflußt die soziale Struktur der Betriebe, die soziale Lage und Lebenszufriedenheit der Mitarbeiter[1] und die Umsetzung staatlicher Arbeitsmarkt- und Sozialpolitik. Mittelbar beeinflußt sie also auch die wirtschaftliche Funktions- und Anpassungsfähigkeit und das soziale Integrationsvermögen der Gesellschaft.[2]

Kritiker solcher Interventionen sprechen ihnen die Effizienz ab, weil sie statt der avisierten Ziele nur unbeabsichtigte Nebeneffekte erreichten. Befürworter dagegen fordern noch umfassendere Regelungen, denen Unternehmen nicht mehr ausweichen könnten. Beide sind sich einig, daß sowohl die Leitungen als auch die Mitarbeiter von Unternehmen Vorschriften zu ihren Zwecken zu nutzen oder zu umgehen versuchen.

Daß Interventionen auch dann durch Ausweichbewegungen von Unternehmen behindert werden, wenn sie von einem vollkommen rücksichtslosen, terroristischen Regime ausgehen, zeigen Äußerungen nationalsozialistischer Aktivisten zur Personalpolitik von Großbanken. Die Arbeitgebervereinigungen, so erklärte ein Redner der Deutschen Arbeitsfront (DAF) 1936, verschleierten ihre Umgehung nationalsozialistischer Forderungen erschreckend erfolgreich: „[S]ie halten sich sehr geschickt an der Grenze, so dass man bei ihnen nicht ganz fest zupacken kann, man würde da wie in eine Gummimasse hineingreifen. Aber gerade darum sind sie so gefährlich."[3] In der Tat hatte etwa der Vorsitzende der Reichsgruppe Banken, Otto Christian Fischer mit dem großbankenfreundlichen Reichswirtschaftsminister Hjalmar Schacht Ende 1934 ein politisches Ablenkungsmanöver im sozialpolitischen Bereich vereinbart: Die Banken würden „die formelle Führung" bei der Ausbildung von Bankmitarbeitern der DAF „überlassen, um von vornherein ein gewisses Gegengewicht gegen die Bestrebungen der Arbeitsfront

---

1 Vgl. Werner Plumpe, Statt einer Einleitung: Stichworte zur Unternehmensgeschichtsschreibung, in: ders./Christian Kleinschmidt (Hg.), Unternehmen zwischen Markt und Macht. Aspekte deutscher Unternehmens- und Industriegeschichte im 20. Jahrhundert, Essen 1992, S. 9-13, 9; Plumpe, Unternehmen, S. 47.

2 Vgl. Plumpe, Beziehungen, S. 390.

3 BrLHA, Rep. 53, Abgabe 1989, CB Luckenwalde, Nr. 8, 137, Auszug Vortrag über das Thema Aufbau und Aufgaben der Deutschen Arbeitsfront [...] (o. Datum, kein Autor), S. 9-10.

auf sozialem Gebiet [...] zu schaffen."[4] Der nationalsozialistisch ausgerichtete Reichsbankpräsident Lange kritisierte 1941, daß die Banken bestimmte lohnpolitische Forderungen noch immer nicht erfüllt hätten. Er forderte sie auf, „durch Rationalisierungsmaßnahmen Gelder ein[zuspar]en und diese dann zu einer Erhöhung der Bankgehälter in den niedrigen Gehaltsgruppen [zu] verwend[en]", dies „würde [...] bei den Parteistellen sehr viel günstiger beurteilt als die bisherige Haltung der Banken." [5] Zu diesem Zeitpunkt war aber eine nationalsozialistische Forderung längst erfüllt, deren Umsetzung auf den ersten Blick viel größere Friktionen in einem Unternehmen auslösen müßte als symbolische Gehalterhöhungen für Angehörige der unteren Gehaltsklassen: Deutsche Bank, Dresdner Bank und Commerzbank waren seit 1938 „judenrein", 1941 wurden die ersten noch im Reich verbliebenen ehemaligen jüdischen Mitarbeiter deportiert. Ist die unterschiedliche Umsetzung nationalsozialistischer Interventionen nur damit zu erklären, daß das NS-Regime manche davon entschiedener verfolgte als andere und daß manche Regierungsvertreter – wie Schacht – in einigen Bereichen Verbündete der Banken waren? Oder waren Banken in unterschiedlichen Bereichen auch unterschiedlich konzessionsbereit, und wenn ja, warum?

Diese Arbeit untersucht die Personalpolitik der Filialgroßbank Commerzbank, vergleichend auch der Dresdner Bank und Deutschen Bank, in der Zeit des Nationalsozialismus und der Weimarer Republik als Fallstudie zur Reaktion von Unternehmen auf Interventionen. Gerade die Reaktion von Unternehmen auf Interventionen in der NS-Zeit sind nicht nur interessant als empirisches Material für Schlußfolgerungen über grundsätzliche Reaktionsmuster von Unternehme. Sie sind zudem auch moralisch-politisch relevant und als Teil der Unternehmensgeschichte untersuchenswert, und schließlich trägt eine Mikrostudie einzelner Unternehmen zur übergreifenden Frage bei, inwiefern Unternehmen – ob bewußt oder unbewußt – die Stabilität des NS-Systems stützten.[6]

Die Interventionen von Staat und Partei während der NS-Zeit zielten auf totalitäre Durchdringung, rassistische Säuberung und Wehrhaftmachung von Wirtschaft und Gesellschaft. Das NS-Regime zerschlug erstens das System der Mitbe-

---

4   HADB, RWB 54, Aktenvermerk Sippell, 4.12.1934.
5   RGVA, 1458-1-442, Aktenvermerk über die Ansprache des Herrn Vizepräsident Lange [...] am 15. Januar 1941.
6   Eine Reihe unternehmensgeschichtlicher Studien fragt nach den Folgen von NS-Interventionen in die Personalpolitik von Unternehmen für Arbeitsmarkt, Leben der Mitarbeiter und Integration der Mitarbeiter in den Nationalsozialismus. Vgl. Rüdiger Hachtmann, Industriearbeit im „Dritten Reich". Untersuchungen zu den Lohn- und Arbeitsbedingungen in Deutschland 1933-1945, Göttingen 1989 [Kritische Studien zur Geschichtswissenschaft, 82], S. 15; Christian Kleinschmidt, Rationalisierung als Unternehmensstrategie. Die Eisen- und Stahlindustrie des Ruhrgebiets zwischen Jahrhundertwende und Weltwirtschaftskrise, Essen 1992, S. 23 f.; Carola Sachse, Betriebliche Sozialpolitik als Familienpolitik in der Weimarer Republik und im Nationalsozialismus. mit einer Fallstudie über die Firma Siemens, Berlin, Hamburg 1987, S. 256 f.; Wolfgang Zollitsch, Arbeiter zwischen Weltwirtschaftskrise und Nationalsozialismus. Ein Beitrag zur Sozialgeschichte der Jahre 1928-1936, Göttingen 1990 [Kritische Studien zur Geschichtswissenschaft, 88], S. 13. Zu Makro- und Mikroperspektive in der Wirtschaftsgeschichte vgl. Berghoff, Hohner, S. 14 f.

stimmung, um eine gleichgeschaltete „Leistungsgemeinschaft" zu schaffen. Staat und Partei setzten zweitens die Entlassung aller Juden durch. Komplementär dazu drängten sie auf die Einstellung bestimmter Gruppen, um Arbeitslosen und vor allem alten Nationalsozialisten Stellen zu verschaffen. Die Regierung begrenzte drittens Gehälter und gesetzliche Sozialleistungen, während NS-Gliederungen Einfluß auf betriebliche Sozialpolitik und Ausbildung nahmen. Regierung und Partei wollten viertens Nationalsozialisten in Leitungspositionen bringen.[7]

In welchen Bereichen entsprachen und wo widersprachen diese Eingriffe der betriebswirtschaftlichen Logik? Wie ordneten sie sich in bisherige Frontstellungen im Aushandlungsprozeß zwischen Betriebsleitungen und Mitarbeitern ein? In welchem Bereich waren die Interventionen der NS-Giederungen erfolgreich? Wie beeinflußten also Unternehmen als wirtschaftlich-soziale Gebilde die Durchsetzung personalpolitischer Ziele der Nationalsozialisten – wo trieb die Entwicklung in den Unternehmen die Umsetzung voran, wo bremsten die Unternehmen, wo versuchten sie, durch Konzessionen in einem für sie weniger wichtigen Bereich von Forderungen abzulenken, die wirtschaftliche Kerngebiete betrafen?

Gerade im Personalwesen der Filialgroßbanken kreuzten sich nach 1933 die Interessen des Staates und der NSDAP mit denen der Bankleitungen. Staat und Partei interessierten sich für die Großbanken wegen deren wirtschaftlicher Schlüsselstellung, ihrer Rolle als Arbeitgeber zehntausender Angestellter und als angebliche Betätigungsfelder des „jüdischen Großkapitals". Zudem konnte der Staat die Personalpolitik der Commerzbank und der Dresdner Bank von 1931 bis 1937 direkt beeinflussen, weil er deren Kapitalmehrheit besaß.[8]

Für die Bankleitungen war eine erfolgreiche Personalpolitik von zentraler Bedeutung. Alle Unternehmen müssen ihr Personalwesen dem Wandel wirtschaftlicher, rechtlicher und politischer Rahmenbedingungen anpassen, um wettbewerbsfähig zu bleiben.[9] Gerade in Banken galten damals wie heute Mitarbeiter als „wichtigstes Kapital". Der spätere Vorstandssprecher der Deutschen Bank, Hermann Josef Abs, damals noch bei der Privatbank Delbrück, Schickler & Co., betonte 1936: „Die Träger des [...] Vetrauens sind bei [...] Banken [...] alle Mitglieder der Gefolgschaften. [...] Kein wirtschaftlicher Betrieb kommt so durch alle Mitglieder seiner Gefolgschaft mit seiner Kundschaft in ständige Berührung,

---

7   Vgl. Martin Fiedler, Die „Arisierung" der Wirtschaftselite: Ausmaß und Verlauf der Verdrängung der jüdischen Vorstands- und Aufsichtsratsmitglieder in Deutschen Aktiengesellschaften, in: Irmtrud Wojak/Peter Hayes (Hg.), „Arisierung"im Nationalsozialismus – Volksgemeinschaft, Raub und Gedächtnis, Frankfurt/M. 2000, S. 59-83, 59 [Jahrbuch zur Geschichte und Wirkung des Holocaust 2000]; Hartmut Berghoff, Zwischen Kleinstadt und Weltmarkt: Hohner und die Harmonika 1857-1961. Unternehmensgeschichte als Gesellschaftsgeschichte, Paderborn u.a. 1997, S. 456-463; Paul Erker, Industrieeliten in der NS-Zeit. Anpassungsbereitschaft und Eigeninteresse von Unternehmern in der Rüstungs- und Kriegswirtschaft.1936-1945, Passau 1993, S. 27.

8   Vgl. Kapitel 1.1; Kapitel 2.3.

9   Vgl. Klaus Müller-Gebel, Mitarbeiter in einer modernen Bank, in: Commerzbank AG (Hg.), Die Bank – Dienstleister im Wandel. 125 Jahre Commerzbank, Frankfurt/M. 1994, S. 60-83, 60.

wie der Bankbetrieb."[10] Und Joseph Schilling erklärte als „Betriebsführer" der Commerzbank 1934: „Während die Leistungsfähigkeit anderer Branchen, wie z.B. der Industrie, vielfach von den technischen Einrichtungen [...] bedingt wird, beruht die Leistungsfähigkeit und damit die Rentabilität der Bankbetriebe überwiegend auf der Qualität und Initiative der Mitarbeiter."[11] Praktisch alle wichtigen Bankiers der Zeit äußerten sich ähnlich,[12] und auch heutige Praktiker und Wissenschaftler betonen die Bedeutung der Mitarbeiter für den Unternehmenserfolg.[13] Zudem machen die Gehälter der Mitarbeiter den Löwenanteil der Kosten aus. „Die Höhe der Personalunkosten im Bankgewerbe", so Deutsche Bank-Vorstandsmitglied und Rentabilitätsexperte Hans Rummel 1938, „ist einschließlich der Ruhegehälter, Aufwendungen für Wohlfahrtseinrichtungen usw. im allgemeinen mit rund 70 bis 80 % der Gesamtausgaben (ohne Steuern) zu veranschlagen."[14]

---

10 Bundesarchiv Berlin [BAB], R8119F, P416, Hermann J. Abs, Privatbankier im Kredit- und Effektengeschäft, 4.12.1936.
11 Der Arbeitskamerad. Werkzeitung für die Betriebsgemeinschaft in der Commerz- und Privat-Bank [AK] 1 (1934), S. 18.
12 Friedrich Reinhart vom Commerzbankvorstand, erklärte 1933: „Gerade das Bankgewerbe braucht – mehr als andere Gewerbe – sachkundige, verantwortungsbewußte, vertrauenswürdige und arbeitsfreudige Mitarbeiter." BAB, R 2501, 1176, S. 47, Friedrich Reinhart, Das Bankgewerbe in der nationalen Wirtschaft, in: Aufbau [Oktober 1933]. Vgl. auch Äußerungen weiterer Bankmanager in Eine Bankrede, in: Die Bank [DBa] 31 (1938), S. 209-211, 210; BAB, R8119F, P10913, Rede Rummel auf der Generalversammlung.
13 Vgl. Müller-Gebel, Mitarbeiter, S. 60, 68; Günther Ashauer, Personalentwicklung als Instrument des Bankmanagements, in: Bernd Rudolph/Jochen Wilhelm (Hg.), Bankpolitik, finanzielle Unternehmensführung und die Theorie der Finanzmärkte. Festschrift für Hans-Jacob Krümmel zur Vollendung des 60. Lebensjahres, Berlin 1988, S. 13-48, 13 f., 45 f.; Sabine Jentjens, Führungskräfteentwicklung in Großbanken - ein deutsch-französischer Vergleich, München/Mering 1997, S. 6.
14 Hans Rummel, Rentabilitäts- und Organisationsfragen im Kreditgewerbe., Berlin o.D. [1935] [Schriftenreihe der Finanzwochenschrift „Die Bank", Heft 3] S. 5. Vgl. auch Militärarchiv der Russischen Föderation (Rossijskij Gosudarstvennyj Voennyj Archiv [RGVA] Moskau, 1458-1-1761, Vermerk „Betr.: Rationalisierung im Kreditwesen", 5.5.1939; Ashauer, Personalentwicklung, S. 13; Hans E. Büschgen, Die Deutsche Bank von 1957 bis zur Gegenwart. Aufstieg zum internationalen Finanzdienstleistungskonzern, in: Lothar Gall u.a., Die Deutsche Bank 1870-1995, München 1995, S. 578-877, 613.

ZENTRALE BEGRIFFE

Bereiche des Personalwesens[15]

Die Untersuchungsbereiche der Arbeit orientieren sich an der internen Struktur des Personalwesens in Unternehmen. Die Betriebswirtschaftslehre beschreibt diese Struktur mit einer Vielzahl sich überschneidender Begriffe, von denen ich drei herausgreife:
Einstellung und Entlassung von Mitarbeitern (Personalbeschaffung),[16]
Entlohnung durch Tarifgehälter und betriebliche Sozialleistungen,[17]
Auswahl und Förderung von Führungskräften oder leitenden Mitarbeitern.[18]
 Die Verdrängung der Juden und die verschiedenen NS-Einstellungsinitiativen griffen in die Personalbeschaffung ein.[19] Lohnstop und Förderung betrieblicher Sozialpolitik beeinflußten Tarifentlohnung und Sozialleistungen. Der Versuch, Parteimitglieder in leitende Stellungen zu befördern, beeinflußte die Führungskräfteauswahl der Banken. Diese Interventionen geschahen zum Teil in Form von Gesetzen und Vorschriften, zum Teil durch informelle Einflussnahme.

15 Meistens bezeichnet „Personalwesen" den Gesamtkomplex der mit Mitarbeitern zusammen-hängenden Tätigkeitsfelder, „Personalpolitik" die Planung und Durchführung von Maßnah-men. Vgl. die unterschiedlichen Definitionen bei Bernhard Bellinger, Personalwesen, in: Hans Seischab/Karl Schwantag (Hg.), Handwörterbuch der Betriebsswirtschaft, 3 Bde. Stutt-gart 1958, Sp. 4314 ff.; Fritz Bisani, Personalwesen und Personalführung. Der State of the Art der betrieblichen Personalarbeit, 4., vollständig überarbeitete und erweiterte Auflage, Wies-baden 1995, S. 38 f.; Artikel Personalwesen, in: Gabler Bank-Lexikon. Bank, Börse, Finan-zierung, hg. von Wolfgang Grill/Ludwig Gramlich/Roland Eller, 4 Bde., Wiesbaden 111996, Bd. 3, S. 1219; Personalmanagement, ebd., S. 1218, Artikel Personalmanagement, in: Gabler Wirtschaftslexikon, 10 Bde., Wiesbaden 141997, Bd. O-R, S. 2962; Personalpolitik, ebd., S. 2963; Personalwesen, ebd., S. 2964.
16 Vgl. Artikel Personalbeschaffung, in: Gabler, Bank-Lexikon, Bd. 3, S. 1217; Personalbe-darfsanalyse, Personalbedarfsplanung, Personaleinstellung, in: ebd., S. 1217; Artikel Perso-nalbedarf, Personalbeschaffung, Personaleinsatz, in: Gabler Wirtschaftslexikon, Bd. O-R, S. 2958 f.; Jutta Gatter, Personalpolitik bei alternder Bevölkerung – Probleme und erste Lö-sungsansätze, in: Winfried Schmähl (Hg.), Betriebliche Sozial- und Personalpolitik, neue Herausforderungen durch veränderte Rahmenbedingungen, Frankfurt/M./New York 1999, S. 163-194, 173.
17 Vgl. Art. Arbeitsentgelt, in: Gabler Wirtschaftslexikon, Bd. A, S. 190 f.; betriebl. Lohngestal-tung, ebd., Bd. B-C, S. 527.
18 Führungskräfterekrutierung überschneidet sich mit Aus-/Fortbildung, Mitarbeiterbeschaffung und Personalentwicklung. Vgl. u.a. Artikel Führungskräfte, Führungskräfteentwicklung, Füh-rungskräfteschulung, in: Gabler Wirtschaftslexikon, Bd. Fe-H, S. 1412 f.; Artikel Personal-entwicklung, in: ebd., Bd. O-R, S. 2959 f.; Ashauer, Personalentwicklung, S. 14.
19 Daneben strahlte die Verdrängung der Juden auch auf Sozialpolitik und Führungskräfteaus-wahl aus. Vgl. Kapitel 3 und 4.

Wirtschaftliche Logik und Mikropolitik

Die Erhaltung der Wettbewerbsfähigkeit verlangt bei Banken, wie bei allen Unternehmen, einerseits optimal qualifizierte und motivierte Mitarbeiter und eine effiziente Arbeitsorganisation, andererseits niedrige Kosten. Den Weg zu diesen Zielen legt die Unternehmensleitung weder allein noch nach rein wirtschaftlichen Kriterien fest. Personalpolitik ist das Ergebnis ständiger Aushandlungen zwischen Unternehmensleitung, Mitarbeitern und deren Verbänden.[20] Die Bestimmungsfaktoren der Personalpolitik lassen sich unter den Oberbegriffen wirtschaftliche Logik/Wettbewerb und Mikropolitik/Aushandlung zusammenfassen.[21]

Die Personalpolitik eines Unternehmens wird neben der Begrenzung durch rechtliche Rahmenbedingungen[22] zunächst von wirtschaftlichen *Faktoren* bestimmt:[23] Auf der Makroebene beeinflußt die wirtschaftliche Lage die Orientierungsmarken der Personalpolitik – Geschäftsfelder und Kundenstruktur – ebenso wie ihr Reservoir, den Arbeitsmarkt.[24] Auf der Mikroebene des Unternehmens verfolgt die Personalpolitik als Teil der Unternehmenspolitik das Ziel, im Wettbewerb zu bestehen.[25] Oft ist sie nur eine Funktion geschäftlicher Entscheidungen. Die Unternehmensorganisation ist ihr Gerüst;[26] Wettbewerbsposition, Rentabilität, Geschäftsfelder und Kundenstruktur des Unternehmens geben ihr konkrete Ziele

---

20 Vgl. Werner Plumpe, Industrielle Beziehungen, in: Gerold Ambrosius/Dietmar Petzina/Werner Plumpe (Hg.), Moderne Wirtschaftsgeschichte. Eine Einführung für Historiker und Ökonomen, München 1996, S. 389-419, 417 f.; Werner Plumpe, Unternehmen, in Ambrosius/Petzina/Plumpe, Moderne Wirtschaftsgeschichte, S. 47-66, 50, 60 f.

21 Vgl. Plumpe, Unternehmen, S. 50; Plumpe, Beziehungen, S. 418; Plumpe, Unternehmensgeschichtsschreibung, S. 10; alternative Gliederung: Berghoff, Hohner, S. 14 f.

22 Vgl. Gatter, Personalpolitik, S. 173.

23 Vgl. Toni Pierenkemper, Was kann eine moderne Unternehmensgeschichte leisten? Und was sollte sie tunlichst vermeiden, in: ZUG 44 (1999), S. 15-31; ders., Sechs Thesen zum gegenwärtigen Stand der deutschen Unternehmungsgeschichtsschreibung. Eine Entgegnung auf Manfred Pohl, in: ZUG 45 (2000), S. 158-166; Gerald D. Feldman, Die Allianz und die deutsche Versicherungswirtschaft, 1933-1945, München 2001, S. 10 f. Unternehmen finden allerdings ihre Rahmenbedingungen nicht nur vor, sondern gestalten sie auch aktiv. Als Einzelinstitute und über Interessenvertretungen üben sie politischen Einfluß aus und treffen Marktabsprachen.

24 Vgl. Gatter, Personalpolitik, S. 173.

25 Vgl Jentjens, Führungskräfteentwicklung, S. 51; Raimund Reichwein, Funktionswandlungen der betrieblichen Sozialpolitik. Eine soziologische Analyse der zusätzlichen betrieblichen Sozialleistungen, Köln/Opladen 1965 [Dortmunder Schriften zur Sozialforschung, Bd. 26], S. 67.

26 Vgl. Kay Mitusch, Organisations- und Anreizstrukturen in Banken aus theoretischer Sicht, Gesellschaft für Unternehmensgeschichte e.V., Arbeitskreis für Bankengeschichte, Arbeitspapier Nr. 3/1998, S. 1; Müller-Gebel, Mitarbeiter, S. 60; Susanne Hilger, Sozialpolitk und Organisation. Formen betrieblicher Sozialpolitik in der rheinisch-westfälischen Eisen- und Stahlindustrie seit der Mitte des 19. Jahrhunderts bis 1933, Stuttgart 1996 [ZUG, Beiheft 94], S. 273-276.

vor, und die Ertragslage setzt ihr finanzielle Grenzen.[27] Wo besteht Bedarf nach Mitarbeitern oder personalpolitischen Maßnahmen, wo werden sie überflüssig oder zu teuer?

Gerade in der Zeit des Nationalsozialismus bestimmte nicht nur der Wettbewerb die Personalpolitik der Filialgroßbanken, sondern die Personalpolitik war umgekehrt Element des Wettbewerbs: als Marketinginstrument. So präsentierten sich etwa die Sparkassen als wichtigste Konkurrenzgruppe bewußt als „soziales" Gegenbild zu den Großbanken.[28] Die im Besitz der Deutschen Arbeitsfront (DAF) befindliche Bank der Deutschen Arbeit, nationalsozialistischer shooting star unter den Filialgroßbanken, setzte die alteingesessene Konkurrenz auch als NS-Musterarbeitgeber unter Druck.[29]

Die wirtschaftlichen Faktoren der Makro- und der Mikroebene bestimmen die Personalpolitik eines Unternehmens nicht zwingend. Denn die Notwendigkeit, im Wettbewerb zu bestehen, führt innerhalb des Unternehmens weder automatisch zu einer „besten" Anpassung der Personalpolitik an die wirtschaftliche Entwicklung noch zur „besten" Umsetzung staatlicher Vorgaben.[30] Nicht nur bei guter Geschäftslage, sondern auch bei hohem Wettbewerbs- und Kostendruck gibt es oft mehrere funktional gleichwertige Optionen.[31] Hier kann die Unternehmensleitung entscheiden. Sie handelt dabei aber weder voraussetzungsfrei, noch autonom, sondern im Rahmen mikropolitischer Machtkonstellationen.

Die Leitung eines Unternehmens hat niemals unbeschränkte Gestaltungsfreiheit.[32] Ein Unternehmen ist ein wirtschaftliches und ein soziales Gebilde. Es funktioniert arbeitsteilig und ist als Autoritätshierarchie, als „Herrschaftsverband" aufgebaut. Als „zugleich funktionale und soziale Größen [produzieren Unternehmen] im Rahmen einer spezifischen utilitaristischen Form sozialer Arbeitsteilung [...], wobei Form und Funktion der sozialen Arbeitsteilung maßgeblichen Einfluß auf die Erfüllung der funktionalen Ziele [...] nehmen."[33] Menschen in Unternehmen

---

27 Vgl. Müller-Gebel, Personalpolitik, S. 3; Müller-Gebel, Mitarbeiter, S. 60; Gatter, Personalpolitik, S. 173; Reichwein, Sozialpolitik, S. 69; Andresen, Sozialpolitik, S. 44.

28 Vgl. Kapitel 1.1.

29 Vgl. Kapitel 3.2.

30 Vgl. Plumpe, Unternehmen, S. 59 f.; ders., Unternehmensgeschichtsschreibung, S. 12.

31 Zur Kritik der kontingenztheoretischen These, daß Größe, Technologie, Rechsform und Marktumfeld automatisch zu einer bestimmten formalen Organisationsform führen vgl. Jentjens, Führungskräfteentwicklung, S. 12, 20, 25; Boy Jürgen Andresen, Funktionen und Perspektiven betrieblicher Sozialpolitik aus Sicht der Praxis, in: Schmähl, Betriebliche, S. 41-53, 42; Werner Plumpe, Betriebliche Mitbestimmung in der Weimarer Republik. Fallstudien zum Ruhrbergbau und zur chemischen Industrie, München 1999 [Quellen und Darstellungen zur Zeitgeschichte, 45], S. 26 f.; ders., Unternehmen, S. 55, 59 f.; ders., Unternehmensgeschichtsschreibung, S. 13; zur Verteidigung vgl. u.a. Mitusch, Organisationsstrukturen, S. 3 f.

32 Vgl. Plumpe, Beziehungen, S. 417 f.; ders., Mitbestimmung, S. 17. Manche Bereiche, wie etwa die Unternehmensorganisation, kann die Unternehmensleitung vergleichsweise unabhängig gestalten. Vgl. Mitusch, Organisationsstrukturen, S. 3.

33 Plumpe, Unternehmen, S. 47, vgl. auch ebd., S. 59 und Fritz Bisani, Das Personalwesen in der Bundesrepublik, Teil I, Köln 1976, S. 14; Ralf Dahrendorf, Industrie- und Betriebssoziologie, Berlin 1956, S. 57 f. Zum „Herrschaftsverband" vgl. Max Weber, Wirtschaft und Ge-

befinden sich in wechselnden Gruppen in Auseinandersetzungen, weil ihre Interessen in unterschiedlicher Weise zusammenfallen oder konfligieren. Der Betrieb als Herrschaftsverband kann „nur in der dauernden Ambivalenz von Interessengegensatz und Interessenübereinstimmung [...] bestehen [... Er stellt] ein System der sozialen Beziehungen dar, das sich gleichzeitig auf den verschiedensten Ebenen in einem [...] Zustand der Ausgeglichenheit oder Integration und der Spannung oder des Konfliktes befindet."[34] Der Betrieb kann „das zweckgerichtete Verhalten [der] Akteure nicht erzwingen, sondern nur in einem permanenten Aushandlungsprozeß jeweils neu sicherstellen".[35] Personalpolitik entsteht in der Aushandlung zwischen Interessengruppen im Betrieb und – unter Umständen – auch staatlichen Stellen. Im Laufe der Zeit können die Positionen der Interessengruppen wechseln; und auch innerhalb dieser Gruppen gibt es Konflikte.[36] Letztlich handeln Gruppen von Individuen entsprechend ihrer je individuellen Prägung auf Grundlage ihres je aktuellen begrenzten Wissens, ihrer darauf aufbauenden Zukunftseinschätzungen[37] und ihrer jeweils verfügbaren Machtressourcen[38] Entscheidungen aus. Für langfristige Strategien einer Interessengruppe bleibt gerade bei dynamisch wechselnden Rahmenbedingungen selten Raum.[39]

Wie die wirtschaftliche Logik die Personalpolitik auf mehreren Ebenen beeinflußt, so findet auch die mikropolitische Aushandlung auf verschiedenen Ebenen statt. Auf der Mikroebene des Unternehmens setzen sich Mitarbeiter und Arbeitgeber direkt und über Interessenvertreter auseinander, auf der Mesoebene Arbeitgeber- und Arbeitnehmerverbände.[40] Staatliche Stellen greifen auf beiden Ebenen ein. In den Filialgroßbanken beeinflußten sich im Untersuchungszeitraum zudem die Aushandlungen in der Zentrale und in den Filialen gegenseitig, nicht

---

sellschaft, 2 Bde., Tübingen 41956, Bd. 2, S. 544, 552; Plumpe, Unternehmen, S. 48. Zum Unternehmen als Wirtschaftsgebilde vgl. Berghoff, Hohner, S. 13.

34 Raimund Reichwein, Funktionswandlungen der betrieblichen Sozialpolitik. Eine soziologische Analyse der zusätzlichen betrieblichen Sozialleistungen, Köln/Opladen 1965 [Dortmunder Schriften zur Sozialforschung, Bd. 26], S. 63.

35 Plumpe, Beziehungen, S. 417 f.

36 Vgl. Gatter, Personalpolitik, S. 174 f., 178; Plumpe, Beziehungen, S. 417 f.

37 Vgl. Feldman, Allianz, S. 22, 28, 24-31, 34; Gatter, Personalpolitik, S. 174, 181; Harold James, Die Deutsche Bank und die „Arisierung", München 2001, S. 12, 215 f.; Andresen, Sozialpolitik, S. 43. Um einen personalen Ansatz (vgl. Kleinschmidt, Rationalisierung, S. 19; Plumpe, Unternehmen, S. 59 f.) ins Zentrum zu stellen, fehlen die Quellen.

38 Vgl. Plumpe, Beziehungen, S. 417 f.

39 Vgl. Kleinschmidt, Rationalisierung, S. 18 und für die Bankengeschichte Eduard Rosenbaum/A[ri] J. Sherman, Das Bankhaus M.M. Warburg & Co 1798-1938, 2. Aufl. Hamburg 1978, S. 8; Gerald D. Feldman, Die Deutsche Bank vom Ersten Weltkrieg bis zur Weltwirtschaftskrise. 1914-1933, in: Gall u.a., Bank, S. 138-314, 181. Die Deutsche Bank schrieb 1933: „Personalpolitik – das ist Auswahl und Förderung der Mitarbeiter unseres Instituts nach genau überlegten, in ihrer Wirkung auf lange berechneten wirtschaftlichen und sozialen Erwägungen. Jahre hindurch ist diese Personalpolitik schwer gehemmt worden. Von allem anderen abgesehen [...], es ist schwer, aktive Personalpolitik zu treiben, wenn alles [...] unter dem würgenden Muß des zwangsläufigen Abbaus steht". MDBDB 1933, S. 49.

40 Vgl. Plumpe, Beziehungen, S. 390.

nur durch ihre Funktion als „Kontrolleure" und „Kontrollierte",[41] sondern auch durch Präzedenzfälle und die Ausnutzung von Informationsvorsprüngen.[42]

ANALYSERASTER

Der Spielraum von Unternehmen gegenüber Interventionen zu einem gegebenen Zeitpunkt hängt also von wirtschaftlichen und mikropolitischen Barrieren und Druckfaktoren ab: Entspricht oder widerspricht die Intervention den Anforderungen des Bestehens im Wettbewerb – Kostenaufwand, Folgen für die Funktionsfähigkeit des Unternehmens, Folgen für die Reputation bei der Kundschaft? Welche Einflussmöglichkeiten hat der Staat in diesem Bereich – gesetzliche Vorgaben, informeller Druck –, und wie stehen die Interessengruppen im Unternehmen und die Verbände zu diesem Einflussversuch? So lassen sich Unternehmen idealtypisch als mehr oder weniger widerstandsfähig oder „verwundbar" kennzeichnen.[43] Vor diesem Hintergrund stellt sich die Frage, ob diejenigen Unternehmen, die einen ähnlichen Spielraum hatten, diesen unterschiedlich ausnutzten.

UNTERSUCHUNGSANORDNUNG: VERGLEICHSPERSPEKTIVEN

Um dies zu klären, untersuche ich die Filialgroßbanken vergleichend,[44] und zwar erstens in der Gegenüberstellung der Commerzbank mit der Deutschen und Dresdner Bank und zweitens in der Gegenüberstellung der Epochen Weimarer Republik und Nationalsozialismus.

Die Filialgroßbanken vergleiche ich zum ersten verallgemeinernd als relativ homogene Gruppe, deren Produkte, Kundschaft, Unternehmensgröße, Geschäftsentwicklung, Betriebsverfassung und Managerkader sich ähnelten und die sich über Interessenverbände koordinierten.[45] Die Frage lautet also, inwiefern die Banken ähnliche Antworten auf Interventionen entwickelten.

41 Es herrschte eine Principal-Agent-Beziehung und die damit verbundenen Probleme. Vgl. Rudolf Richter/Eirik G. Furubotn, Neue Institutionenökonomik. Eine Einführung und kritische Würdigung, Tübingen 1999, S 25 f., S. 163-171.

42 Vgl. James, Arisierung, S. 125, 216. Die Gliederung nach „Markt" und „Standort" bei Berghoff, Hohner, S. 16 f. taugt für Banken weniger, weil beide Bereiche z.T. zusammenfallen.

43 Peter Hayes, Big Business and „Aryanisation" in Germany, 1933-1939, in: Jahrbuch für Antisemitismusforschung 3 (1994) S. 254-281, 257 unterscheidet im Zusammenhang mit der Verdrängung jüdischer Mitarbeiter mehr oder weniger „verwundbare" Unternehmen. Zum „Idealtypus" vgl. Max Weber, Die „Objektivität" sozialwissenschaftlicher Erkenntnis [1904], in: Max Weber, Soziologie – Universalgeschichtliche Analysen – Politik, hg. v. Johannes Winckelmann, 5. überarb. Aufl. Stuttgart 1973, S. 187-262, 233ff.

44 Zum historischen Vergleich vgl. Ludolf Herbst, Komplexität und Chaos. Grundzüge einer Theorie der Geschichte, München 2004, S. 76-98; zum Vergleich in der Betriebswirtschaftslehre vgl. Artikel Betriebsvergleich, in: Gabler Wirtschaftslexikon, Bd. B-C, S. 562-564.

45 Vgl. Kapitel 1.1, 1.5, 2.1.; 4.4; zur zeitgenössischen Wahrnehmung vgl. u.a. Die Berliner Großbanken Ende 1927, in: Berliner Börsen-Zeitung, Nr. 123, 13.3.1928.

Zum anderen frage ich, wie die verschiedenen Banken auf gleiche Rahmen-bedingungen und Interventionen unterschiedlich reagierten. Die einzelnen Banken waren zwar ähnlich strukturiert, waren aber individuelle, historisch gewachsene Gebilde.[46] Im einzelnen variierten die Größe, die Zeitpunkte von Fusionen, die Filial-Durchschnittsgröße, geschäftliche Schwerpunkte, die Kundenstruktur und nicht zuletzt die Persönlichkeit von Vorstandsmitgliedern und Mitarbeitern.[47] Lassen sich unterschiedliche „Erfolge" der NS-Gliederungen damit erklären, daß Unterschiede der Unternehmenscharakteristika wie Größe oder Organisation einen unterschiedlichen Spielraum schufen? Oder nutzten die Unternehmen einen ähnlichen Handlungsspielraum unterschiedlich?

Bei der Frage nach Spielräumen ist in manchen Fällen auch ein Vergleich von Zentralen und Filialen instruktiv. Sie unterschieden sich durch ihre Größe, ihre Mitarbeiterstruktur (das Personal war oft von Vorgängerbanken übernommen)[48], das regionale politische und wirtschaftliche Umfeld und die Charaktere ihrer Leitungsfiguren.[49]

Zudem sind zwei zeitliche Abschnitte zu vergleichen. Nur wenn man die Entwicklung über einen längeren Zeitraum verfolgt, läßt sich bewerten, welchen Anteil nationalsozialistische Interventionen an Veränderungen hatten. Auf welche historisch gewachsenen Strukturen und ohnehin ablaufende Prozesse, auf welche mikropolitischen Konflikte und wirtschaftlichen Zwänge trafen die Interventionen? Die Arbeit vergleicht diachron die Entwicklungen nach 1933 mit der Weimarer Zeit. Dieser Vergleich erlaubt es einerseits, die Voraussetzungen der Konflikte zu skizzieren, die ab 1933 abliefen, denn zentrale geschäftliche und personalpolitische Entwicklungen der dreißiger Jahre begannen in der Zeit ab 1919. Andererseits bietet die Zeit der Demokratie und Mitbestimmung eine Kontrastfolie zur NS-Zeit.[50] Was änderte sich und was blieb gleich? Welche Veränderungen setzten Entwicklungen der Jahre vor 1933 fort, welche bedeuteten einen Bruch? Welcher Bruch ist auf NS-Interventionen zurückzuführen?

AUFBAU DER ARBEIT

Kapitel 1 skizziert die wirtschaftlichen, organisatorischen und mikropolitischen Rahmenbedingungen der Personalpolitik: Geschäftsentwicklung, Filialsystem,

---

46 Vgl. Plumpe, Unternehmen, S. 55; Tilla Siegel, Leistung und Lohn in der nationalsozialisti-schen „Ordnung der Arbeit", Opladen 1989, S. 15; als Beispiel Gatter, Sozialpolitik, S. 173 f.

47 Vgl. Kapitel 1.II. und die Einstellung zur betrieblichen Sozialpolitik in Kapitel 3.II. Ein Bei-spiel für diese Erklärungsperspektive bietet Sachse, Siemens, S. 16, 245-249.

48 Zu „Subkulturen" in Abteilungen oder Betrieben eines Unternehmens vgl. Hartmut Berghoff, Unternehmenskultur und Herrschaftstechnik. Industrieller Paternalismus: Hohner von 1857 bis 1918, in: GG 23 (1997), S. 167-204, 175-177.

49 Zu regionalen Unterschieden im NS vgl. Bajohr, Arisierung, S. 11 ff.; Berghoff, Hohner, S. 453. Die Arbeit untersucht verstärkt Filialen in Dresden und Mainz, deren Quellen am besten überliefert sind. Eine umfassendere Untersuchung der Zentralen wäre wünschenswert.

50 Vgl. Feldman, Allianz, S. 21; Sachse, Siemens.

Arbeitsorganisation, Kompetenzverteilung und Betriebsverfassung. Auf dieser Grundlage geht es um Interventionen in die drei Bereiche Personalbeschaffung, Entlohnung und Führung. In jedem Bereich kann die Arbeit so die Entwicklung stringent darstellen und ihren unterschiedlichen Zäsuren folgen:

So zeigt Kapitel 2, wie die Banken von 1919 bis 1945 Mitarbeiterzahl und – struktur anpaßten und welche Konflikte das auslöste. Wie ordnete sich die Verdrängung der Juden seit 1933 in die Tendenzen der Mitarbeiterbeschaffung seit 1919 ein, wie in die Veränderungen des Wettbewerbs und in die mikropolitischen Aushandlungen seit 1933?

Kapitel 3 untersucht die Entlohnung im Wechselspiel tariflicher Festlegung und zusätzlicher Sozialleistungen. Wie reagierten Banken auf die Kombination von Lohnstop und Interventionen in die Sozialpolitik seit 1933? Wie änderte sich die Sozialpolitik gegenüber der Weimarer Zeit? Welche Änderungen waren Erfolge der NS-Gliederungen, welche entsprachen Interessen der Unternehmensleitungen; welche Rolle spielte Sozialpolitik im Aushandlungsprozeß?

In Kapitel 4 geht es um die Auwahl leitender Angestellter. Welche Beförderungsmöglichkeiten eröffnete die Geschäftsentwicklung nach 1933? Wie entwickelten sich die Instrumente der Führungskräfteauswahl? Wo entsprach die Beförderung von Parteimitgliedern den Interessen der Bankleitungen?

Abschließend stellt sich in die Frage, in welchen Bereichen die NS-Interventionen Erfolg hatten. Lenkten die Bankleitungen die Interventionen bewußt auf Bereiche, in denen Interessenkongruenzen bestanden? Oder hatten die Bereiche eine unterschiedliche strukturelle Beharrungskraft? Welche Folgen hatte die Ablenkung für die Funktionsfähigkeit der Banken und die soziale Harmonie zwischen den Mitarbeitern? Und welche Folgen hatte das für die wirtschaftliche und gesellschaftliche Stabilität des NS-Systems?

FORSCHUNGSBERICHT

Diese Arbeit untersucht Fragen, die bisher vor allem in betriebswirtschaftlichen Studien oder in historischen Untersuchungen von Industrieunternehmen im Mittelpunkt standen. Damit erschließt sie einen empirisch nur teilweise erforschten Bereich der Bankengeschichte.

Weil die betriebswirtschaftliche Erforschung der Personalpolitik von Banken nach zögernden Anfängen in den 1920er bis 1940er Jahren[51] inzwischen ein um-

---

51   In den Standardwerken der bankwirtschaftlichen Literatur bis 1945 kommt Personal kaum vor. Vgl. Franz Gerhard Rudl, Die Angestellten im Bankgewerbe 1870 bis 1933: Eine sozialstatistische Untersuchung, Diss. Mannheim 1975, S. 5. Allerdings erwähnen Studien über Rationalisierung ab 1920 auch Personalfragen. Erst ein nationalsozialistisches Handbuch widmete dem Personalwesen einen eigenen Band. Vgl. W[alter] Kunze/H[ans] Schippel/O[tto] Schoele (Hg.), Die Deutsche Bankwirtschaft. Ein Schulungs- und Nachschlagewerk für das deutsche Geld- und Kreditwesen, 5 Bde., Berlin 1935-1938, Bd. V. Noch 1988 stellte Günther Ashauer fest, in der bankwissenschaftlichen Literatur spielten „personalwirtschaftliche Fragen eine völlig untergeordnete Rolle." Ashauer, Personalentwicklung, S. 13 f.

fangreiches Ausmaß angenommen hat, steht ein differenziertes begriffliches Instrumentarium zur Verfügung. Allerdings liefern die historischen Quellen zu wenig Material, um eine statistisch valide empirische Untersuchung auf dem Niveau aktueller wirtschaftswissenschaftlicher Studien durchzuführen.[52]

Die Quellen zur Personalpolitik der Großbanken sind zum Teil in der Literatur ausgewertet; Lücken bestehen vor allem bei der Commerzbank, in Einzelbereichen auch bei der Deutschen und Dresdner Bank. Die wirtschaftlichen Rahmenbedingungen der Personalpolitik der Filialgroßbanken lassen sich aus der bankgeschichtlichen Standardliteratur und aus zeitgenössischen Studien zur Rationalisierung gewinnen.[53] Die wichtigsten Daten über Interessenvertretungen im Bankgewerbe sind in der zeitgenössischen Literatur zusammengetragen und neuere Unternehmensgeschichten enthalten zahlreiche Informationen. Doch fehlt eine umfassende Auswertung des Schrifttums und der Quellen zu den mikropolitischen Konstellationen in den Filialgroßbanken.[54]

Die Schlüsseldaten zur Zahl und Zusammensetzung der Bankangestelltenschaft insgesamt und der Angestellten der Großbanken liefern Disssertationen aus den 1910er bis 1940er Jahren[55] sowie statistische Studien von Rudl und anderen aus den 1970er und 1980er Jahren.[56] Die Verdrängung jüdischer Mitarbeiter aus

52 Vgl. Susanne Wienecke, Der Betrieb als Politikarena. Ein Vergleich arbeitszeitpolitischer Entscheidungen in deutschen, luxemburgischen und britischen Banken, München/Mering 2001 [International vergleichende Schriften zur Personaökonmie und Arbeitspolitik, Bd. 11].

53 Vgl. u.a. Karl Erich Born, Geld und Banken im 19. und 20. Jahrhundert, Stuttgart 1977; Ernst Joachim Haymann, Rationalisierung im Bankbetriebe, Mit Beruecks. d. Grundsaetze Taylors, Diss. Frankfurt 1924.

54 Vgl. u.a. Heinrich Beck, Der Deutsche Bankbeamtenverein, seine Entwicklung, Tätigkeit und Standespolitik unter dem Einfluss der Verhältnisse, Stuttgart 1927 [Diss. Erlangen 1927]; Rudl, Angestellte; knapp Unternehmensgeschichten wie Feldman, Bank, S. 179 f., 228 f.; Harold James, Die Deutsche Bank und die Diktatur 1933-1945, in: Gall u.a., Bank, S. 315-408.

55 Vgl. u.a. Käthe Lövinson, Frauenarbeit in Bankbetrieben. Ein Beitrag zur Wirtschaftsgeschichte unserer Zeit, Berlin 1926; Oscar Stillich, Soziale Strukturveränderungen im Bankwesen, Berlin 1916.

56 Rudl, Angestellte führt trotz z.T. widersprüchlicher Angaben (etwa für die Mitarbeiterzahl der Deutschen Bank Ende 1923 auf S. 32, 126, 127) die wichtigsten Daten zu Personalzahl und -struktur und Interessenverbänden in Stichjahren von 1870 bis 1933 auf, dort auch eine Bibliographie älterer Untersuchungen. Vgl. auch Friedrich Wilhelm Henning, Innovationen und Wandel der Beschäftigtenstruktur im Kreditgewerbe von der Mitte des 19. Jahrhunderts bis 1948, in: Hans Pohl (Hg.), Innovationen und Wandel der Beschäftigtenstruktur im Kreditgewerbe. Erstes Wissenschaftliches Kolloquium des Instituts für bankhistorische Forschung e.V. am 20. Juni 1986 in München, Frankfurt/M. 1988 [Bankhistorisches Archiv, Beiheft 12], S. 47-66. Tabellen der Mitarbeiterzahlen und knappe Auswertungen bieten Karl Baehr, Die wirtschaftliche Entwicklung der ehemaligen Dresdner Bank im Spiegel ihrer Bilanzen, Sinsheim 1951 [Diss. Mannheim 1951]; Walter Hook, Die wirtschaftliche Entwicklung der ehemaligen Deutschen Bank im Spiegel ihrer Bilanzen, 2. Aufl. Heidelberg 1956. Die Darstellung der Mitarbeiterbeschaffung orientiert sich stark an der Arbeitgebersicht bei Meyen, Bank, S. 94 und Feldman, Bank, S. 227, 229 (vgl aber auch ebd., S. 228), ausgewogener: Rudl, Angestellte. Den Konflikt um weibliche Bankangestellte stellen u.a. dar Rudl, Angestellte, S. 141-144, 228-232; Gall, Bank, S. 123 f.; Lövinson, Frauenarbeit; Detlef Krause,

der Dresdner Bank stellt Dieter Ziegler erschöpfend dar, während die neueren Studien zur Deutschen Bank zwar zentrale Daten liefern, aber die Quellen nicht umfassend auswerten. Zur Commerzbank lagen bis vor kurzem nur eine interne Materialsammlung und Einzeldaten in Koppers Studie vor.[57]

Die Einkommensverhältnisse in den Großbanken wurden in den 1920er und 1930er Jahren untersucht[58] und werden in der Literatur für bestimmte Zeiträume umfassend, für andere schlaglichtartig dargestellt.[59] Die Angestelltenforschung hat sich dem Thema von der sozialgeschichtlichen Seite genähert.[60] Die Sozialpolitik von Großbanken wurde in zeitgenössischen Artikeln analysiert; die neuere

---

Mitarbeiterinnen in der Geschichte der Commerzbank: „Die beiden Damen haben sich recht gut eingearbeitet...", in: Commerzielles 1993, Heft 2, S. XVI-XVII; Keiser, Frauenarbeit.

57 Dieter Ziegler, Die Dresdner Bank und die Juden, München 2005 [Die Dresdner Bank im Dritten Reich, Bd. 2] analysiert auf Grundlage der umfangreichen Quellen den Verlauf der Verdrängung bei einzelnen Mitarbeitergruppen und die soziologische Zusammensetzung der jüdischen Mitarbeiterschaft. Aus dem noch unveröffentlichten Manuskript zitiere ich ohne Seitenangabe. Vgl. auch ders., Die Verdrängung der Juden aus der Dresdner Bank 1933-1938, in: VfZ, 47 (1999), S. 187-216. Knapp und z.T. apologetisch: Hans G. Meyen, 120 Jahre Dresdner Bank. Unternehmens-Chronik 1872-1992, Frankfurt/M. 1992. Zur Commerzbank vgl. Kopper, Dirigismus, S. 135, 223; Wolf, Chronik, Bd. I, S. 70 f.. Herbert Wolf, Chronik, 2 Bde., unveröffentlichtes Manuskript o. D., einsehbar im HAC. Zur Deutschen Bank vgl. James, Bank, S. 334-341; James, Arisierung, S. 23-28. Knapp und z.T. apologetisch: Fritz Seidenzahl, 100 Jahre Deutsche Bank 1870-1970. Im Auftrage des Vorstands der Deutschen Bank AG, Frankfurt/M. 1970. Zur Verdrängung von Juden aus Vorständen von Großunternehmen vgl. Fiedler, Verdrängung; Dieter Ziegler, Kontinuität und Diskontinuität der deutschen Wirtschaftselite 1900-1938, in: ders. (Hg.), Großbürger und Unternehmer. Die deutsche Wirtschaftselite im 20. Jahrhundert, Göttingen 2000, S. 31-53 [Bürgertum, Beiträge zur europäischen Gesellschaftsgeschichte, Bd. 17]; zentrale ältere Studien sind Helmut Genschel, Die Verdrängung der Juden aus der Wirtschaft im Dritten Reich, Göttingen u.a. 1966; Werner E. Mosse, Jews in the German Economy: The German Jewish Economic Élite: 1820-1935, Oxford 1987 und, für Unternehmen bzw. Branchen Kopper, Dirigismus; Hayes, Big Business; Peter Hayes, Industry and Ideology: IG Farben in the Nazi Era, New York 1987; Rudolf Lenz, Karstadt. Ein deutscher Warenhauskonzern 1920-1950, Stuttgart 1995. Zum Forschungsstand vgl. auch Ziegler, Verdrängung, S. 187 f..

58 Vgl. u.a. Baier, Lage.

59 Detlef Krause, Die Commerz- und Disconto-Bank 1870-1920/23. Bankgeschichte als Systemgeschichte, Stuttgart 2004 [Beiträge zur Unternehmensgeschichte, Bd. 19], S. 120-122, 165-172, 221-222, 278-284, 322-328 trägt die verfügbaren Daten für den Zeitraum 1870-1922 zusammen, während Feldman, Bank sich auf wenige signifikante Fakten konzentriert.

60 Imke Thamm, Beruf, Organisation und Selbstverständnis der Bankangestellten in der Weimarer Republik, Stuttgart 2006. Vgl. außerdem u.a. Günther Schulz, Die Angestellten seit dem 19. Jahrhundert, München 1999; Michael Prinz, Vom „neuen Mittelstand" zum Volksgenossen. Die Entwicklung des sozialen Status der Angestellten von der Weimarer Republik bis zum Ende der NS-Zeit, München 1986; Jürgen Kocka, Die Angestellten in der deutschen Geschichte. Vom Privatbeamten zum angestellten Arbeitnehmer, Göttingen 1981; außerdem liegen zahlreiche zeitgenössische Dissertationen vor wie Willi Baier, Die Lage der Frankfurter Bankangestellten seit dem Weltkriege. Ein Beitrag zur wirtschaftichen Lage der Mittelstandsklassen in der Gegenwart, Diss. Frankfurt 1923.

Literatur über die Deutsche Bank faßt die Neuerungen der 1920er und 1930er Jahre knapp zusammen.[61]

Über die Rekrutierung leitender Bankangestellter von 1919 bis 1945 gibt es noch keine umfassende Untersuchung. Aus den Studien über die Zeit des Kaiserreichs lassen sich wichtige Erkenntnisse übertragen.[62] Neuere Bankengeschichten beschreiben einzelne prominente Vorstandsmitglieder[63] und den Wechsel von Vorstandsmitgliedern nach der Bankenkrise 1931 oder die Durchsetzung der Großbankenvorstände mit nationalsozialistischen Funktionären um 1942/43.[64] Ziegler untersucht einen möglichen Elitenwechsel im Bankgewerbe von 1900 bis 1957.[65] Zum mittleren Management gibt es aber nur sporadische Informationen.[66] Unverbunden damit stellen Studien die Fortbildung leitender Angestellte von 1919 bis 1945 dar.[67]

Die Personalpolitik von Industrieunternehmen ist besser erforscht als die der Banken und bietet zahlreiche Vergleichsgegenstände und Interpretationsvorschläge.[68] Neben Literatur zum Zusammenhang zwischen Unternehmensorganisation und Personalpolitik steht eine avancierte Forschung zu Arbeitsbeziehungen in Industrieunternehmen.[69] Neuerungen der Personalpolitik nach 1933 fassen etwa Wolfgang Zollitsch und Rüdiger Hachtmann ins Auge, um die Modernisierungs-

61 Vgl. u.a. E. Brandstätter, Sozialleistungen der Großbanken des privaten Kreditgewerbes, in: Die Bank 31 (1938), S. 461-468; Feldman, Bank, S. 230-231; James, Bank, S. 340-344.

62 Vgl. u.a. Oscar Stillich., Beruf und Avancement des Bankbeamten. Ein Beitrag zum Problem der Auslese im Bankfach, Berlin 1917. Morten Reitmayer, Bankiers im Kaiserreich. Sozialprofil und Habitus der deutschen Hochfinanz, Göttingen 1999.

63 Vgl. u.a. Meyen, Bank; Seidenzahl, Bank; Feldman, Bank, James, Bank. Kürzlich sind zwei Biographien erschienen: Lothar Gall, Der Bankier Hermann Josef Abs. Eine Biographie, München 2004; Avraham Barkai, Oscar Wassermann und die Deutsche Bank. Bankier in schwieriger Zeit, München 2005.

64 Vgl. Kopper, Dirigismus; James, Bank; ders., Arisierung, Bähr, Bankenrationalisierung.

65 Vgl Dieter Ziegler, Strukturwandel und Elitenwechsel im deutschen Bankwesen. 1900-1957, Paper für die Tagung Die deutsche Wirtschaftselite im 20. Jahrhundert: Kontinuität und Mentalität, Bochum, 11.-13. Oktober 2001.

66 Wolf, Chronik, I, S. 54 behauptet, grundsätzlich seien Unternehmen nach 1933 bei der Rekrutierung leitender Mitarbeiter autonom geblieben, nur bei „Prestigeunternehmen" wie den Großbanken habe das Regime die Durchdringung der Führungspositionen mit Nationalsozialisten angestrebt.

67 Vgl. Günter Ashauer/Horst Liefeith/Klaus Weiser, Berufsbildung in der deutschen Kreditwirtschaft. Ein geschichtlicher Überblick, Mainz 1983 [Studien zur Entwicklung der Kreditwirtschaft, Bd. 4].

68 Vgl. u.a. Uwe Keßler, Zur Geschichte des Managements bei Krupp. Von den Unternehmensanfängen bis zur Auflösung der Fried. Krupp AG (1811-1943), Stuttgart 1995; Hilger, Sozialpolitik; Vera Stercken/Reinhard Lahr, Erfolgsbeteiligung und Vermögensbildung der Arbeitnehmer bei Krupp. Von 1811 bis 1945, Wiesbaden 1992 [Zeitschrift für Unternehmensgeschichte, Beiheft 71].

69 Vgl. Johannes Bähr, Staatliche Schlichtung in der Weimarer Republik. Tarifpolitik, Korporatismus und industrieller Konflikt zwischen Inflation und Deflation 1919-1932, Berlin 1989; Plumpe, Mitbestimmung; Wolfgang Spohn, Betriebsgemeinschaft und Volksgemeinschaft: die rechtliche und institutionelle Regelung der Arbeitsbeziehungen im NS-Staat, Berlin 1987.

wirkung des Nationalsozialismus[70] und die Wirkung unternehmerischer Personalpolitik auf die Integration der Mitarbeiter in den NS-Staat zu untersuchen.[71] Carola Sachse, Tilla Siegel und Heidrun Homburg rücken Rationalisierung als Kreu-
zungspunkt der Interessen des NS-Regimes und der Unternehmensleitungen in
den Mittelpunkt.[72] Die Analyse der Rekrutierung leitender Angestellter richtet
sich auf die soziale Herkunft leitender Angestellter vor dem Hintergrund demo-
graphischer Veränderungen und Umbrüche der Betriebsorganisation[73] und auf
Aufstiegsmöglichkeiten und Austausch des Führungspersonals im Nationalsozialismus.[74] Personalpolitik wird als Teil der Unternehmenspolitik analysiert.[75]

QUELLEN

Archivmaterialien vor allem der Commerzbank und der Deutschen Bank (die lü-
ckenhaften Zentral-[76] und die besser überlieferten Filialakten[77]) bilden eine
Hauptquellengrundlage. Die Bankarchive waren vollständig zugänglich.[78]

---

70 Vgl. Hachtmann, Industriearbeit, S. 15. Zur modernisierenden Wirkung des Nationalsozia-
    lismus vgl. Michael Prinz (Hg.), Nationalsozialismus und Modernisierung, Darmstadt 1994.
71 Vgl. Anm. 7. Diese Studien untersuchen Arbeitsmarkt, Unternehmensorganisation und sozia-
    le Konfliktfelder.
72 Vgl. Sachse, Siemens; Siegel, Leistung; dies./Thomas v. Freyberg, Industrielle Rationalisie-
    rung unter dem Nationalsozialismus, Frankfurt/M./New York 1991; Heidrun Homburg, Rati-
    onalisierung und Industriearbeit. Arbeitsmarkt–Management–Arbeiterschaft im Siemens-
    Konzern Berlin 1900-1939, Berlin 1991 [Schriften der Historischen Kommission zu Berlin,
    Bd. 1] untersucht die örtlichen Arbeitsmärkte und Interessenvertretungen.
73 Vgl. u.a. Keßler, Zur Geschichte.
74 Vgl. u.a. Erker, Industrieeliten.
75 Vgl. Berghoff, Hohner. Berghoff wendet sich zurecht dagegen, Bereiche wie die Sozialpolitik
    „aus einer komplexen historische Konstellation herauszulösen". Ebd., S. 16. Vgl. auch Plum-
    pe, Unternehmensgeschichtsschreibung, S. 10. Kleinschmidt, Rationalisierung bezieht aus-
    drücklich die Arbeitsbeziehungen als Bestimmungsfaktor unternehmerischer Personalpolitik
    mit ein. Während Berghoff auf Kategorien der Gesellschafts- und der Regionalgeschichte zu-
    rückgreift, nutzt Jan Otmar Hesse, Im Netz der Kommunikation, Die Reichs-Post- und Tele-
    graphenverwaltung. 1876-1914, München 2002 [Schriftenreihe zur Zeitschrift für Unterneh-
    mensgeschichte, Bd. 8] die Transaktionskostentheorie. Vgl auch Homburg, Rationalisierung.
76 Die Akten der Personalabteilung der Commerzbank verbrannten 1943 zum großen Teil, die
    Überreste sind bis auf Splitter verschollen. Vgl. Historisches Archiv der Commerzbank
    [HAC], 307/3, Döring an Würbach, 31.3.1950; Facts & Files, Bericht. Recherche zur Überlie-
    ferung von Akten der Commerzbank AG in deutschen Archiven, o.O., o.D., Manuskript im
    HAC; Wolf, Chronik, Bd. I, S. 31. Ich habe Prüfungsberichte, bankinterne Steuerbilanzen, die
    Betriebszeitung Der Arbeitskamerad, die Rundschreiben der Personalabteilung und die
    1943/44 ausgefüllten Personalfragebögen ausgewertet. Die Überlieferung der Personal-
    Abteilung der Deutschen und der Dresdner Bank ist deutlich besser, doch wegen der notwen-
    digen Schwerpunktsetzung auf Commerzbank-Quellen konnte ich die Akten der Deutschen
    Bank nicht vollständig, die der Dresdner Bank kaum auswerten. Bei der Dresdner Bank sind
    die Akten des Personalsekretariats überliefert, darunter rund 10.000 Personalakten. Zu sozial-
    politischen Fragen finden sich dort nach Aussage des Projekts zur Erforschung der Geschich-
    te der Dresdner Bank keine Akten, die Akten zur Verdrängung jüdischer Mitarbeiter hat Zieg-
    ler vollständig ausgewertet. Ich habe die Betriebszeitung Betriebs-Echo gesehen. Akten zur

Die Gegenüberlieferung bei staatlichen Stellen ist ungleichmäßig. Vor allem Korrespondenz der Großbanken mit Reichswirtschaftsministerium und Reichsbank von 1931 bis 1936/37, als das Reich Großaktionär der Banken war, ist im Bundesarchiv Berlin (BAB)[79] und im Militärarchiv der Russischen Föderation (Rossijskij Gosudarstvennyj Voennyj Archiv – RGVA) überliefert. Auch die Akten des Reichskommissars für das Bankwesen im RGVA geben Informationen über Personalpolitik; dazu kommen OMGUS-Akten und Entnazifizierungsakten.

Von den Arbeitgeberverbänden sind hauptsächlich Rundschreiben überliefert, auch in Bankenbeständen in staatlichen und Unternehmens-Archiven.[80] Akten der Angestelltengewerkschaften existieren kaum,[81] diejenigen der Reichsbetriebsge-

---

Auwahl leitender Angestellter habe ich aus Zeitgründen nicht untersucht. Von der Zentrale der Deutschen Bank sind Generalakten und Handakten der Vorstandsmitglieder überliefert, die ich ausgewertet habe, daneben tausende Personalakten, die ich nur stichprobenweise geprüft habe. Die Betriebzeitungen Nachrichtenblätter für die Beamten der Deutschen Bank, Monatshefte für die Beamten der Deutschen Bank, Schwibbogen habe ich vollständig ausgewertet. Zu Quellen der Deutschen Bank vgl. auch James, Arisierung, S. 17.

77 Personalakten und Korrespondenz der östlichen Großbankfilialen wurden nach 1945 konfisziert und in Archiven der Staatsbank der DDR und in Landesarchiven gelagert. Nach Kassationen (vgl. BAB, DN 6, Nr. 209), Zuständigkeitswechseln und Ausleihungen sind eine Reihe von Akten in den Staatsarchiven der östlichen Bundesländer, in den Bankarchiven und im Bundesarchiv erhalten. Stichproben im „ZA-Archiv" der DDR-Staatssicherheit im Bundesarchiv Dahlwitz-Hoppegarten rechtfertigten keine systematische Durchsicht. Die beste ostdeutsche Commerzbank-Überlieferung existiert für die Filiale Dresden im Sächsischen Hauptstaatsarchiv (SHStA) Dresden, die beste westdeutsche für die Filiale Mainz im HAC. Die Überlieferung der Deutsche Bank-Filialen im Osten gleicht der der Commerzbank, weil die Akten denselben Verlagerungen und Kassationen ausgesetzt waren. Doch gibt es für einige Filialen dichtere Quellen als für die Filialen der Commerzbank. Für die Filiale Frankfurt der Deutschen Bank sind alle rund 6.000 Personalakten überliefert. Für die Filiale Dresden der Deutschen Bank ist im SHStA Dresden der Schriftverkehr mit der Zentrale für die Jahre 1919-1945 überliefert. Die Akten der westdeutschen Filialen sind ähnlich gut überliefert wie die der Commerzbank, allerdings sind für die Filiale Frankfurt sämtliche Personalakten seit deren Gründung überliefert. Eine Dissertation zur vollständigen Auswertung dieser Quellengruppe, die diese Arbeit komplementiert und die empirische Verifikation zahlreicher Thesen erlaubt hätte, wurde begonnen, aber nicht abgeschlossen. Quellen anderer Bankengruppen auszuwerten, die eine Einordnung der Großbanken in regionale Märkte erlauben würden, hätte den Rahmen dieser Arbeit gesprengt.

78 Zur Veränderung des Archivzugangs vgl. Rudl, Angestellte, S. 4f.; James, Arisierung, S. 17 f.

79 Bestände R 3101 und R 2501; der Bestand R 182 Deutsche Golddiskontbank beginnt erst 1937, als die Bank nicht mehr Mehrheitsaktionär der Commerzbank war.

80 Privatbanken in der NS-Zeit. Rundschreiben der Wirtschaftsgruppe Privates Bankgewerbe 1934-1944. Hg. in Zusammenarbeit mit der Gesellschaft für Unternehmensgeschichte, eingeleitet von Harold James, München 2001; Rundschreiben des Reichsverbands der Bankleitungen von 1920 bis 1934 finden sich im Bundesarchiv und in Landesarchiven. Mitgliederverzeichnisse zeigen die leitenden Angestellten der Großbanken für Stichjahre vollständig.

81 Archiv der sozialen Demokratie der Friedrich-Ebert-Stiftung: Akten des Deutschen Bankbeamtenvereins, Gau Brandenburg-Pommern (1919-1921, 1 Box) und eine Flugblattsammlung (10 Boxen), im BAB der Bestand Deutscher Bankbeamten-Verein (RY 51, 1 Akte), Gewerkschaftsbund der Angestellten (RY 51, 2 Akten), Zentralverband der Angestellten (RY 45, 9 Akten), Allgemeiner freier Angestelltenbund (RY 42, 14 Akten).

meinschaft 12 – Banken und Versicherungen – der Deutschen Arbeitsfront sind verschwunden. Im Bestand Deutsche Arbeitsfront (NS 5 I) im BAB taucht das Bankgewerbe in keinem Titel auf.

Über die Interessenverbände und die Personalpolitik der Großbanken informieren aber auch Zeitschriften der Verbände und staatliche Statistiken.[82] Die Akten des Beamtenversicherungsvereins des Deutschen Bank- und Bankiergewerbes geben dagegen nur wenig Auskunft zur Personalpolitik von Banken.[83]

---

82 Bank und Versicherung/Mitteilungsblatt der Reichsbetriebsgemeinschaft Banken und Versicherungen und Mitteilungsblatt für die DAF-Walter und Vertrauensräte der Reichsbetriebsgemeinschaft 12; Der Deutsche Bankangestellte; Bankbeamten-Zeitung; Der Bankbeamte; Der Kaufmann im Bankgewerbe; Der Bank-Angestellte; Mitteilungen der Vereinigung der Oberbeamten im Bankgewerbe; Mitteilungen der NSBO der Deutschen Bank.

83 BAB / Dahlwitz-Hoppegarten, R 8062: Beamtenversicherungsverein des Deutschen Bank- und Bankiergewerbes; Archiv des Versicherungsvereins des Bankgewerbes a. G.

1. RAHMENBEDINGUNGEN

Die Personalpolitik der Filialgroßbanken mußte sich von 1919 bis 1945 immer wieder auf tiefgreifende Umbrüche einstellen. Bankenlandschaft, Umfang und Struktur des Geschäfts und Organisation wandelten sich, überlagert von den Folgen des Ersten und dem Ausbruch des Zweiten Weltkriegs und der Abwechslung wirtschaftlicher Krisen mit Erholungsphasen. All das mußten die Banken im Rahmen einer 1919 und 1933/34 revolutionierten Betriebsverfassung bewältigen.

1.1 GESCHÄFTSENTWICKLUNG

Der *Geschäftsumfang* seit 1919 war geprägt von Auf- und Abschwungsphasen, die Masseneinstellungen und -entlassungen auslösten. Auf die quantitativ explodierende Arbeit der Inflationszeit folgte mit der Stabilisierung Ende 1923 ein radikaler Arbeitsrückgang.[1] Die anschließende Erholung wurde 1929 durch die Weltwirtschaftskrise unterbrochen, die in der Bankenkrise von 1931 kulminierte. Nur die Übernahme der Aktienmehrheit der Commerzbank und der Dresdner Bank durch das Reich und die Übernahme einer Sperrminorität der Deutschen Bank verhinderte deren Bankrott.[2] Rentabilitätssorgen hatten die Banken seit 1919 begleitet, obwohl es Phasen hoher Verdienste gab,[3] nun rückte die Rentabilität in den Mittelpunkt, und neuer Entlassungsdruck entstand.

Rückgang und Konsolidierung zogen sich über 1933 hinaus. Hinter dem allgemeinen Aufschwung herhinkend, erholte sich das Geschäft der Großbanken zunächst regional – bei teilweise weiterhin erheblichen Rentabilitätsproblemen der Gesamtunternehmen – und ab 1936/37 flächendeckend.[4] 1937 wurden Com-

---

1 Vgl. Feldman, Bank, S. 220, 225; Meyen, 120 Jahre, S. 93; GB DB 1923, S. 18; GB CB 1923; Bankbeamten-Zeitung. Deutscher Bankbeamten-Verein 30 (1925), S. 3.

2 Zur Bankenkrise vgl. Karl Erich Born, Die deutsche Bankenkrise 1931, München 1967, S. 102 ff.; zur Reichsbeteiligung Christopher Kopper, Zwischen Marktwirtschaft und Dirigismus. Staat, Banken und Bankenpolitik im „Dritten Reich" von 1933 bis 1939, Bonn 1995, S. 58 f., 65.

3 Vgl. Mitteilungen der Vereinigung der Oberbeamten im Bankgewerbe 7 (1925/26), S. 67 f.; Einleitung, in: Plutus Briefe zur Heranbildung leitender Bankbeamter, 2 (1925), Brief Nr. 9, S. 278-280, 279; GB DB 1919, S. 15; GB CB 1927, S. 11; BeBZ, Nr. 123, 13.3.1928; rr., Die Bankkalkulation in: Plutus Briefe zur Heranbildung leitender Bankbeamter, 5 (1928), Brief Nr. 1, S. 21-39, 22; GB DB 1926; Seidenzahl, 100 Jahre, S. 312, 315.

4 Vgl. Commerzbank, 100 Jahre, S. 73; Deutsche Revisions- und Treuhand AG (DRuT), Prüfbericht CB 1934, S. 33; DRuT, Prüfbericht CB 1935, S. 35-36; DRuT, Prüfbericht CB 1936, S. 26; Harold James, Die Deutsche Bank und die Diktatur 1933-1945, in: Gall u.a., Die Deutsche Bank, S. 315-408, 316 f., 326-329; HAC, 1/186 I, 50. Sitzung des Arbeitsausschusses, 3.3.1933; Aufschwung in Industrie und Bankwesen: Meyen, 120 Jahre, S. 97; Berghoff, Hohner, S. 390 f.

merzbank und Dresdner Bank reprivatisiert.[5] Es entstand wieder Personalbedarf. Kriegswirtschaft und Expansion in eroberte Gebiete ließen die Bilanzen wachsen. Doch der übermäßige Anteil von Staatsanleihen am Aktivgeschäft im Mai 1945 zeigt, daß eine Einschränkung der Geschäftsfelder den quantitativen Anstieg begleitet hatte. Seit 1919 hatten die Großbanken über diese Strukturveränderung geklagt. Sie mußte sich auf die Qualifikationsprofile der Mitarbeiter auswirken:

Die *Geschäftsstruktur* der Großbanken wurde seit 1919 einerseits vom Rückgang qualifizierter Tätigkeiten bestimmt, andererseits von der Zunahme des bargeldlosen Zahlungsverkehrs und Spargeschäfts und „bürokratisierter" Aufgaben.

Qualifizierte Geschäftsfelder wie Kreditgeschäft, Effektengeschäft oder Außenhandelsfinanzierung spielten zwar in den zwanziger Jahren eine große Rolle.[6] Nach einem rapiden Rückgang in der Weltwirtschaftskrise erholte sich das Kreditgeschäft aber erst spät, und Aktienhandel und Auslandsgeschäft verloren weiter an Bedeutung.[7] Nur die Expansion in die besetzten Gebiete eröffnete eine zeitlang die Perspektive, im europäischen Großwirtschaftsraum unter deutscher Führung Handel zu finanzieren und Kapitalanlagen zu vermitteln[8] – ein Tätigkeitsfeld, das aber nie zur vollen Blüte kam.

5   Vgl. Born, Banken, S. 500; Commerzbank, 100 Jahre, S. 73. Die Deutsche Bank hatte schon im November 1933 die Sperrminorität des Reichs zurückgekauft. Vgl. James, Bank, S. 332.

6   Zum Effektengeschäft vgl. Rudl, Angestellte, S. 120; Meyen, 120 Jahre, S. 93; Feldman, Bank, S. 177; Der Deutsche Bankangestellte. Organ des Allgemeinen Verbandes der Deutschen Bankangestellten 11 (1922), S. 188; Nicolai Zimmermann, Die veröffentlichten Bilanzen der Commerzbank 1870-1944. Eine Bilanzanalyse unter Einbeziehung der Bilanzdaten von Deutscher Bank und Dresdner Bank, Berlin 2005, S. 145; Einleitung Plutus Briefe 1925, S. 279; Rummel, Hans, Rentabilitäts- und Organisationsfragen im Kreditgewerbe, Berlin o. D., S. 9 [Schriftenreihe der Finanzwochenschrift „Die Bank", Heft 3]; Feldman, Bank, S. 263; zum Devisengeschäft Einleitung Plutus Briefe 1925, S. 279; zum Außenhandel Rudl, Angestellte, S. 120; Zimmermann, Commerzbank, S. 48 f., 76 f.

7   Zum Aktienhandel vgl. Preusker, Rationalisierung, S. 251; Meyen, 120 Jahre, S. 112. Rummel, Organisationsfragen, S. 9; aber auch SHStA Dresden, Altbanken Dresden, DB, 6365, DB, PA an Carl Heinrich K./DB Filiale Dresden, 13.1.1934. Zum Auslandsgeschäft vgl. Kopper, Dirigismus, S. 145 f.; Zimmermann, Commerzbank, S. 76 f.; GB DB 1932, S. 11 f.; GB DB 1933, S. 11; DRuT CB 1933, S. 21; GB DB 1934, S. 17; DRuT CB 1934, S. 30; DRuT CB 1935, S. 27, 31; Meyen, 120 Jahre, S. 120; James, Bank, S. 318. Commerzbank und Dresdner Bank verkauften oder liquidierten bis 1935 ihre holländischen Töchter. Christoph Kreutzmüller, Händler und Handlungsgehilfen. Der Finanzplatz Amsterdam und die deutschen Großbanken (1918-1945), Stuttgart 2005.

8   Zur Expansion vgl. Harald Wixforth, Auftakt zur Ostexpansion. Die Dresdner Bank und die Umgestaltung des Bankwesens im Sudetenland 1938/39, Dresden 2001; Johannes Bähr, „Bankenrationalisierung" und Großbankenfrage. Der Konflikt um die Ordnung des deutschen Kreditgewerbes während des Zweiten Weltkriegs, in: Harald Wixforth (Hg.), Finanzinstitutionen in Mitteleuropa während des Nationalsozialismus [Alois Mosser/Alice Teichova/Richard Tilly (Hg.), Geld und Kapital. Jahrbuch der Gesellschaft für mitteleuropäische Banken- und Sparkassengeschichte 2000], Stuttgart 2000, S. 71-93, 75 f.; Meyen, 120 Jahre, S. 128 f. Zur Erwartungshaltung der Großbanken vgl. Die Tagung der Kreditwirtschaft , in: DBa 32 (1939), S. 133-135, 134; Otto Christian Fischer, Internationale Zusammenarbeit der Banken, in: Bank-Archiv 38/39 (1938), S. 140-142; Robert Arzet, Gedanken zur Berufsausbildung im Bankgewerbe, in: DBa 33 (1940), S. 675-678; AK, 7 (1940), S. 4 f.; AK, 8 (1941), S. 1; Ver-

Neben diesen qualifizierten Geschäftsfeldern stand seit 1919 eine wachsende Anzahl unqualifizierter Tätigkeiten. Der zunehmende bargeldlose Zahlungsverkehr absorbierte seit den zwanziger Jahren immer mehr Mitarbeiter,[9] und die Anzahl kleiner Posten wuchs,[10] seit Ende der zwanziger Jahren auch das Kleinsparergeschäft. Nach 1933 stiegen Zahlungsverkehr und Spargeschäft weiter, und die Rüstungsfinanzierung durch Anleihen beanspruchte die Banken zunehmend.[11]

Weil der bargeldlose Zahlungsverkehr und auch etwa die Aufwertungsarbeiten nach der Stabilisierung bis 1924 wenig profitabel waren,[12] bemühten sich die Banken nicht nur um Gebührenerhöhungen,[13] sondern auch um Rationalisierung. Das erhöhte den Anteil unqualifizierter Geschäftsfelder weiter (s.u.).

Die Bürokratisierung des Bankgeschäfts, über die die Banken seit den zwanziger Jahren klagten, fand auch in der Devisenbewirtschaftung seit 1931,[14] bei der Betreuung der Vermögen auswandernder Juden nach 1933 und der Vermögensentziehung ab 1938 einen Höhepunkt.[15] Unübersichtliche Vorschriften, auf deren Mißachtung hohe Strafen standen, banden qualifizierte Arbeitskräfte.[16]

---

pflichtende Selbstverwaltung!, in: DBa 34 (1941), S. 549-551, 550; Ziele der Bankenrationalisierung, in: Frankfurter Zeitung, 18.10.1942; RGVA, 1458-1-442, Aktenvermerk über die Ansprache des Herrn Vizepräsident Lange [...] am 15. Januar 1941; ebd, 1458-1-443, Bassermann an Redaktion der FZ, 21.10.42. Die Commerzbank gründete Ende 1940 eine „Industrie-Abteilung", die „Arisierungs- und Verflechtungswünsche" für die besetzten Gebiete betreute. Vgl. SHStA, Altbanken Dresden, CB, 4190, CB, Industrie-Abteilung, 31.12.1941; CB, Auslands- und Devisen-Abteilung, An die Leitungen unserer Geschäftsstellen, 8.7.1942.

9   Vgl. Rudl, Angestellte, S. 120; Meyen, 120 Jahre, S. 95; Otto Schoele, Der bargeldlose Zahlungsverkehr im Programm der Bankenenquete, in: Zahlungsverkehr und Bankbetrieb 15 (1933), Nr. 9, September, S. 227 f.

10   Das galt auch im Wertpapiergeschäft. Vgl. Einleitung Plutus Briefe 1925, S. 279; GB CB 1924, S. 10; GB DB 1926, S. 22; GB DB 1932, S. 11 f; Rummel, Organisationsfragen, S. 9; Die Banken als Kreditvermittler, Beiträge zu einer Banken-Enquête, IV, in: FZ, Nr. 502/4, 9.7.1933.

11   Vgl. DRuT CB 1935, S. 7; DRuT CB 1936, S. 27; Zimmermann, Commerzbank, S. 53, 69 f.; 86 f.; Meyen, 120 Jahre, S. 111; OMGUS - Finance Division, Financial Investigation Section, Ermittlungen gegen die Deutsche Bank 1946/47, bearbeitet von der Hamburger Stiftung für Sozialgeschichte des 20. Jahrhunderts, Nördlingen 1985, S. 354; James, Bank, S. 316-318; Arzet, Wertpapiergeschäft, S. 8-11; James, Bank, S. 326-331.

12   Vgl. Feldman, Bank, S. 227; Rudl, Angestellte, S. 120; Rummel, Bankorganisation, S 9; Einleitung Plutus Briefe 1925, S. 279; rr., Bankkalkulation, S. 22; GB DB 1919, S. 15; GB DB 1920, S. 16; GB DB 1921, S. 17; GB DB 1922, S. 18, 20; GB CB 1924, S. 10; GB DB 1925, S. 22; GB DB 1927, S. 20; SHStA Dresden, Altbanken Dresden, DB, 6360, DB, Filiale Dresden an DB, Oberbuchhalterei, 19.2.1927; HADB, B 236/1, Verband Berliner Bankleitungen, 1.12.1927, Abschrift.

13   Vgl. Einleitung Plutus Briefe 1925, S. 279; rr., Bankkalkulation, S. 22; GB CB 1922, S. 6; Zimmermann, CB, S. 115 f.

14   Vgl. Born, Banken, S. 538-539; GB CB 1934, S. 12, 17; GB CB 1936, S. 14; GB CB 1937, S. 15; Meyen, 120 Jahre, S. 120; Gustav Schlieper, Banken und Außenhandel, kein Datum [Schriftenreihe der Finanzwochenschrift „Die Bank", Bd. 4], S. 6, 14-15; V. E. Preusker, Rationalisierung auch im Bankbetrieb!, in: DBa 32 (1939), S. 251-254, 251.

15   Zu „Auswanderersperrkonten" vgl. Hannah Ahlheim, Die Commerzbank und die Einziehung jüdischen Vermögens, unveröffentlichtes Manuskript, 2003.

16   Vgl. HAC, 1/481, CB, Filiale Wiesbaden an Zentrale, PA, 15.3.1940.

Entscheidend für die Personalpolitik waren die Anforderungen des *Wettbe-werbs* – wie konnte man konkurrenzfähig bleiben? Unter den drei Großbanken blieb die Rangfolge nach Bilanzsumme und Filial- und Mitarbeiterzahl seit 1919 fast immer gleich, trotz starken Wettbewerbs.[17] Auch einzelne Bilanzpositionen entwickelten sich nach 1918 sehr ähnlich.[18]

Bilanzsummen Commerzbank, Deutsche Bank, Dresdner Bank und Bank der Deutschen Arbeit in Mrd. RM
1924-1944

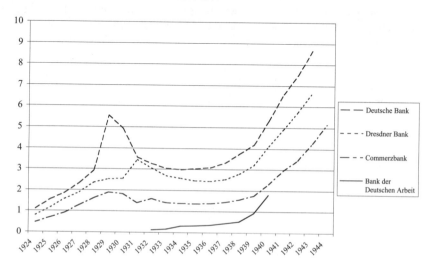

Dagegen hebt sich die Bank der Deutschen Arbeit der Deutschen Arbeitsfront (DAF) mit ihrem überdurchschnittlichen Wachstum seit 1933 ab, die durch „skupellose Unterbietungen" den etablierten Banken Kunden abspenstig machte.[19] 1942 überholte die Bank der Deutschen Arbeit die Commerzbank in der Bilanzsumme. Es steht zu vermuten, dass sie auch personalpolitisch aggressiv vorging.

Mindestens ebenso wichtig war der Wettbewerb mit den Sparkassen, an die die Filialgroßbanken schon seit 1924 Marktanteile verloren. Nach rascher Erholung von ihren Inflationsverlusten entwickelten sich die Sparkassen zu Universalbanken, profitierten von ihren steuerlichen Vorteilen und warben mit der Sicher-

---

17   Vgl. LHA Magdeburg, Rep. I 105, CB, Filiale Oschersleben, Nr. 55; AK 2 (1935), Februar,
     S. 15 f.; AK, 3 (1936), S. 30-32; AK 7 (1940), S. 2; Meyen, 120 Jahre, S. 111.
18   Vgl. Zimmermann, Commerzbank, S. 152f. Quelle Diagramm: Geschäftsberichte.
19   RGVA, 1458, Memorandum Rummel, 20.5.1941 (Abschrift); vgl. auch u.a. HADB, B 311,
     Notiz „Bei einem Bilanzumfange […]".

heit ihrer Anlagen und ihrem Image als Institut des „kleinen Mannes".[20] Der Ruf der Großbanken litt dagegen in der Inflation und in der Wirtschaftskrise: Man warf ihnen Spekulation und Vernachlässigung des Mittelstandes vor.[21] Nach erfolglosen Abwehrversuchen boten die Großbanken ab 1928 selbst Sparbücher an und warben um Kleinsparer.[22] Trotz eines Wettbewerbsabkommens (1928) hatten die Großbanken ständig weiter mit dieser Konkurrenz zu kämpfen.[23]

Die Angriffe gegen die Großbanken verschärften sich nach der „Machtergreifung". Kritiker der Großbanken forderten die Umwandlung der Großbanken in Regionalbanken.[24] Hjalmar Schacht, seit März 1933 Reichsbankpräsident,[25] brachte diese Angriffe in einer sorgfältig orchestrierten Bankenenquête 1933/34 bewußt zu einer Entscheidungsschlacht:[26] Unterstützt von Großbank-Managern und deren Interessenvertretung, dem Centralverband des Deutschen Bank- und Bankiergewerbes, lenkte Schacht die „Systemkritik" ab auf das Personal der Banken.[27] Wie er Anfang 1934 beim Kieler Institut für Weltwirtschaft erklärte:

Die Bankenkrise sei nicht aus „einer falschen Organisation", sondern aus „dem Versagen der leitenden Menschen im Bankgewerbe gegenüber [...] politischen Gewalten" entstanden. „Es ist eine der erschreckendsten Erfahrungen unter dem alten System gewesen, daß die Bankleiter in keiner Weise für geeigneten Nachwuchs gesorgt haben."[28] Großbankdirektoren hätten sich nicht für das Gemeinwohl eingesetzt, zu Recht habe „eine erhebliche Zahl [von ihnen] ihren Platz [...] verlassen müssen."[29]

---

20 Vgl. Born, Banken, S. 465-468; Meyen, 120 Jahre, S. 98; Harold James, Verbandspolitik im Nationalsozialismus. Von der Interessenvertretung zur Wirtschaftsgruppe: Der Centralverband des Deutschen Bank- und Bankiergewerbes 1932-1945, München 2001, S. 11.

21 Vgl. James, Centralverband, S. 11, 19, 45; Feldman, Bank, S. 272, 313 f.; James, Arisierung, S. 33; Meyen, 120 Jahre, S. 105; James, Bank, S. 323. „Spekulation" stand auch bei Bankangestellten und Reichsbank in schlechtem Ruf, vgl. DDB 12 (1923), S. 116; DDB 10 (1921), S. 31; HAC, 1/115, Aktennotiz, 23.3.1932; Reichsbank-Direktorium an CB, 19.3.1932.

22 Vgl. James, Centralverband, S. 10-12, 19-24; Feldman, Bank, S. 263, 267, 272-274; Meyen, 120 Jahre, S. 98; SHStA Dresden, Altbanken Dresden, DB, 6361, DB, Bankenvereinigung an Direktion Filiale Dresden, 17.11.1928; DB, Filiale Dresden an DB, 23.11.1928; RS CDBB Nr. 108, 30.9.1927; Nr. 126, 24.10.1927.

23 Vgl. Born, Banken, S. 464 f.; James, Bank S. 319 f.

24 Vgl. James, Centralverband, S. 61; BBC, Nr. 416 vom 6.9.1933.

25 Schacht wurde im Juli 1934 auch Reichswirtschaftsminister.

26 Vgl. Bähr, Bankenrationalisierung, S. 72; James, Centralverband, S. 65-75.

27 Ein Bankenenquête-Fragebogen fragte: „Wie können die Grundsätze der persönlichen Verantwortung und der fachmännischen Ausbildung der Bankleiter durchgeführt werden?" BAB, R 2501, 1176, S. 87 f., Untersuchungsausschuß für das Bankwesen 1933, 14. 11.1933.

28 Deutsche Allgemeine Zeitung, Nr. 44 vom 27.1.1934.

29 Das Bankgewerbe im heutigen Staat. Ansprachen, Vorträge und Resolution in der Sitzung des Großen Ausschusses des Centralverbandes des Deutschen Bank- und Bankiergewerbes (E.V.) am Donnerstag, den 22. Februar 1934, S. 10 f. [Sonderdruck „Bank-Archiv" 11 (1933)]. Vgl. auch die Verteidigungsreden des Commerzbank-Aufsichtsratsvorsitzenden Reinhart (ebd., S. 58) und von Otto Christian Fischer (James, Centralverband, S. 63). Zur Schuldzuweisung an jüdische Bankiers vgl. BAB, R3101, 18567, S. 124, Schacht an Goebbels, 6.11.1933.

Auch nach dem für die Großbanken glücklichen Ausgang der Enquête blieb der Wettbewerbsdruck durch die Sparkassen hoch. Sie gewannen nach 1933 weiter Marktanteile,[30] warben mit der Sicherheit ihrer Einlagen[31] und grenzten sich entsprechend der Politisierung des Wettbewerbs als nationalsozialistische Banken gegen die „liberalistischen" Filialgroßbanken ab.[32] Der Leiter der Reichsbetriebsgemeinschaft Banken und Versicherungen der Deutschen Arbeitsfront (DAF), Rudolf Lencer, unterstützte das[33] ebenso wie die DAF-Betriebsobmänner in den Großbanken.[34] Emil Heinrich Meyer, Mitglied des Vorstands der Dresdner Bank und der SS, erklärte 1936: „Das Bankgewerbe, verwachsen mit einem freizügigen unpersönlichen Kapital, [basiert ...] auf liberalistischen Wirtschaftsanschauungen und [... widersteht den] Wirtschaftsforderungen des Nationalsozialismus. [In Banken findet] das Kritisieren, Munkeln und Meckern besonders gern Eingang [...]. Die Kreditpolitik [...] muß ausgerichtet sein auf das volkswirtschaftlich Notwendige. Kredite, die ertragsmäßig reizvoll sind, müssen abgelehnt werden, wenn sie der Gesamtwirtschaft nicht dienen. Kredite dagegen, die den großen Gegenwartsaufgaben dienen, müssen [...] durchgeführt werden."[35]

Die Filialgroßbanken standen also weiter im Kreuzfeuer.[36] Es war von Verstaatlichung die Rede,[37] vor allem aber bestimmten politische Angriffe konkret den Wettbewerb. Seit 1933 nahmen NS-Funktionäre, entgegen den Wettbewerbsbestimmungen, zugunsten der Sparkassen Einfluß.[38] Die Auszeichnung anderer

---

30   Vgl. Bähr, Bankenrationalisierung, S. 73; James, Bank, S. 318 f.; Meyen, 120 Jahre, S. 106;
     Bankenrationalisierung wird „wirklich angepackt", in: DBa 34 (1941), S. 671 f.
31   Vgl. u.a. RGVA, 1458-1-1815, CDBB (E.V.), An den Herrn Reichskommissar für das Bankgewerbe, 24.4.1933; RGVA, 1458-1-1820, Niederschrift über die Besprechung am 13. Juli
     1938 [...] über Wettbewerbsfragen, gez. Pfeffer.
32   Vgl. James, Centralverband, S. 74. Auch Reichs-Kredit-Gesellschaft und Reichsbank nahmen
     den Großbanken Geschäft ab.Vgl. Rummel, Organisationsfragen, S. 7 f.; RGVA, 1458-1-442,
     Memorandum Rummel, 20.5.1941 (Abschrift); RGVA, 1458-1-1761, Memorandum „Wettbewerb der Reichsbank", 11.4.1939; PVRH 10.2.1942; Meyen, 120 Jahre, S. 106.
33   Vgl. BE 1 (1935), S. 24; BE 3 (1937), S. 4; BuV 1 (1934), 3. Folge, S. 4. Zu Lencer vgl.
     Kapitel 1.5.
34   Vgl. Mitteilungen der NSBO der Deutschen Bank 1932, Rundschreiben Nr. 8; AK 3 (1936),
     S. 180-183; RGVA, 1458-1-456, RKB an RWM/Schacht, 20.11.1934; MNSBO 4 (1934), S.
     4; Bähr, Bankenrationalisierung, S. 77; James, Bank, S. 341, 405; Bernhard Köhler, Die zweite Arbeitsschlacht, in: Reichsbetriebsgemeinschaft Banken und Versicherungen in der DAF
     (Hg.), Die erste Reichsarbeitstagung der Reichsbetriebsgemeinschaft Banken und Versicherungen in der DAF, Berlin 1937, S. 15-25, 16 f., 24; SHStA Dresden, Altbanken Dresden,
     CB, 6278, CB, Organisations-Abteilung, An Leitung unserer sämtl. Geschäftsst., 1.12.1937.
35   E[mil] H[einrich] Meyer, Die Aufgaben des Betriebsführers im Bankgewerbe, in: Reichsbetriebsgemeinschaft, Erste Reichsarbeitstagung, S. 107-123, 120 f. Vgl. auch BE 2 (1936), S.
     109 f.; BE 1 (1935), S. 35.
36   Vgl. RGVA, 1458-1-443, Puhl, Aktennotiz, Betr.: Allgemeine Fragen des Bankgewerbes,
     13.8.1942 (Abschr., 1944 aber BAB, R8119F, P31, Arbeitsausschußsitzung 30.3.1944.
37   Vgl. RGVA, 1458-1-442, Aktenvermerk über die Ansprache des Herrn Vizepräsident Lange
     [...] am 15. Januar 1941.
38   Zur Einflußnahme seit 1933 vgl. Kopper, Dirigismus, S. 90 f.; zum Wettbewerbsabkommen
     vgl. RS CDBB Nr. 4, 3.1.1936; RS CDBB Nr. 93, 25.5.1939; zu Wettbewerbsbeschwerden
     vgl. RGVA, 1458-1-456, RKK an Schacht, 20.11.1934; RGVA, 1458-1-1718, WGPB an

Banken als „NS-Musterbetrieb" setzte die Großbanken unter Druck.[39] Die Bank der Deutschen Arbeit baute ihr Geschäft mit der NSDAP aus.[40]

Auch als der Staat im Krieg ab Ende 1941 Filialschließungen anordnete, versuchten Parteivertreter, Sparkassen und Regionalbanken auf Kosten der Großbanken zu stärken. In die sich überlappenden Konzepte einer Ausdünnung der Filialnetze zur Erhöhung der Wirtschaftlichkeit und vorübergehender kriegsbedingter Stillegungen[41] mischte sich bis 1943 immer mehr die Idee einer strukturellen Verschiebung durch überproportionale Schließung von Großbankfilialen.[42] Tatsächlich trafen die Stillegungen die Großbanken stärker.[43] RWM und Großbanken lenkten die Energien der NSDAP wiederum auf Personalfragen ab.[44]

Die Großbanken folgten in diesem politisierten Wettbewerb einer Doppelstrategie. Sie protestierten einerseits gegen die Politisierung des Wettbewerbs, wenn etwa Reichsgruppenleiter Otto Christian Fischer 1936 forderte, im Wettbewerb „nur durch Leistung" zu werben, nicht durch Hinweise, daß „irgendeine besonde-

RAK, 5.2.1941; RGVA, 1458-1-1797, Reichsführung der Schutzstaffeln der NSDAP, an Chef des Ministeramtes, 16.5.1934; RGVA, 1458-1-1799, WGPB an RKK, 2.5.1935; CB an: WGPB, 22.5.1935; RKK, Vermerk, 27.5.1935; Korrespondenz in RGVA, 1458-1-1815; RGVA, 1458-1-1820; LHA Magdeburg, Rep. 103, Bankhaus Dippe-Bestehorn, Quedlinburg, Nr. 11; RS CDBB Nr. 59, 9.6.1934; Nr. 111, 9.8.1935; Nr. 41, 19.3.1936; Nr. 82, 20.5.1937; Nr. 16, 27.1.1938; Nr. 199, 19.10.1939; Nr. 199, 19.10.1939. Vgl. aber auch Tagung, S. 134. Zur Verfilzung von öffentlichem Bankwesen und NS-Organisationen nach vgl. Bähr, Bankenrationalisierung, S. 73 f.

39 Vgl. Kapitel 2. und 3.; HAC, 312/188, W. Würbach (Filiale Mainz) an CB, 20.6.1947.
40 Vgl. BAB, R 8120, 804, Reichsschatzmeister der NSDAP an Ley, 19.7.1941.
41 Vgl. Der Rationalisierungsbeitrag der Sparkassen , in: DDV 1943, Nr. 9, S. 301; Kriegsbedingte Rationalisierung im Kreditgewerbe, in: DBa 35 (1942), S. 177; Kriegsanpassung des Bankstellennetzes, in: BA 1942, S. 185-186; Rationalisierung, S. 179; Kreditgewerbe, S. 72; Der Reichswirtschaftsminister zur Bankenrationalisierung, in: BA 1942, S. 225-227, 226; Grundsätzliche und kriegsbedingte Bankenrationalisierung, in: DBa 35 (1942), S. 251 f., 251.
42 Die Sparkassen suchten erfolgreich politischen Rückhalt gegen Filialschließungen. Vgl. Bähr, Bankenrationalisierung, S. 71, 78 ff.; James, Bank, S. 390f., Meyen, 120 Jahre, S. 130; Banken und ihre Kunden, in: DBa 35 (1942), S. 417-418; Rationalisierungsbeitrag, S. 301; Lautlose Bankenrationalisierung bei „Kleinen" , in: DDV 1943, Nr. 11/12, S. 375; Angepackt, S. 672; Personalfragen bei der Bankenschließung, in: Bankwirtschaft , 1943, S. 104; Schließungsaktion und Kreditgewerbe, S. 72; RGVA, 1458-1-443, Lange an Landfried, Vermerk, 15.5.1942 (Abschrift); 1458-1-492, NSDAP, Partei-Kanzlei, an RWM, 3.7.1942.
43 Vgl. Bähr, Bankenrationalisierung, S. 89 f., Keiser, Kriegsjahr 1944, S. 46; Der Stand der Bankenrationalisierung , in: DDV 1943, Nr. 15, S. 486 f.; Rationalisierung im Kreditwesen , in: DDV 1943, Nr. 6, S. 179 f.; Die Banken – „ein Hilfsgewerbe ganz besonderer Art" , in: BW 1943, S. 102 f.; Meyen, 120 Jahre, S. 130. Opfer für den Krieg zu bringen, war auch ein Mittel, guten Willen zu zeigen. Vgl. Kurt Frhr. v. Schröder, Mehr Vertrauenswerbung im Bankgewerbe, in: BW 1944, S. 165 f., 165; Rationalisierung, S. 179; Grundsätzliche, S. 252. Wiederum diskutierte Regionalisierungs-, Fusions- und Arbeitsteilungspläne blieben ergebnislos. Vgl. Bähr, Bankenrationalisierung, S. 90 f.; James, Bank, S. 390f.; RGVA, 1458-1-380 und RGVA, 1458-1-443, Vermerk Besprechung 12. Mai 1942, gez. Lange; Kreditgewerbe, S. 72; Schröder, Vertrauenswerbung, S. 166; Hermann Josef Abs, Gegenwartsprobleme des deutschen Kreditgewerbes, in: DBa 34 (1941), S. 775-780, 779; Selbstverwaltung, S. 550 f.; Rationalisierung durch Arbeitsteilung?, in: DBa 35 (1942), S. 405.
44 Vgl. Kapitel 4.4.

re staatliche Macht hinter uns steht".[45] Daneben stellten sie ihre Leistungen für die Allgemeinheit heraus, wiesen Vorwürfe ab[46] und erklärten, die „schwarzen Schafe" des alten Systems entlassen zu haben.[47] Sie bekundeten öffentlich ihre Loyalität und warben um die NSDAP und ihre Anhänger als Kunden,[48] u.a. mit Unbedenklichkeitserklärungen der Parteistellen,[49] Anzeigen in der Parteipresse,[50] einem „Sparbuch der Deutschen Scholle" als Pendant des „Erbhofsparbuchs" der Sparkassen[51] und Teilnahme an allen ideologisch gebotenen Veranstaltungen.[52] Mitarbeiter mußten als Propagandisten der NS-Politik auftreten.[53] Parallel dazu pflegten die Banken aber weiter ihre Auslands-Kunden.

1.2 FILIALSYSTEM UND KONZENTRATION

Reagieren mußte die Personalpolitik seit 1919 auch auf die „Bankenkonzentration" (Übernahme von Privat- und Regionalbanken und Filialeröffnung durch Großbanken), die in der Weimarer Republik ihren Höhepunkt fand.[54]

---

45 Otto Christian Fischer, Die Aufgaben des deutschen Bankgewerbes in der neuen Wirtschaft, in: Reichsbetriebsgemeinschaft, Erste Reichsarbeitstagung, S. 83-100, 97; SHStA Dresden, Altbanken Dresden, DB, 2938, DB, Sekretariat Stempelvereinigung, Nr. 79, 26.10.1933.
46 Vgl. James, Centralverband, S. 118 f.; Fischer, Ausbildungsprobleme, S. 22; AK, 2 (1935), S. 145f.; AK, 3 (1936), S. 4f.; SHStA Dresden, Altbanken Dresden, CB, 6278, CB, Organisations-Abteilung, An die Leitung unserer sämtlichen Geschäftsstellen, 1.12.1937; RS CDBB Nr. 72, 12.7.1934; Nr. 124, 16.11.1934; Nr. 85, 21.6.1935; Nr. 18, 4.2.1936; Nr. 130, 10.9.1936; Nr. 69a, 2.6.1938; Nr. 61a, 4.4.1940; BAB, R8119F, P416, Arbeitsbericht der WGPB, Reichswirtschaftskammer: über die Jahre […], 1933-1938, S. 34.
47 Vgl. Fischer, Aufgaben, S. 88 f.
48 Vgl. SHStA Dresden, CB, 3170, CB, Filiale Meissen, an: CB, Filiale Dresden, 15.11.1934; SHStA Dresden, Altbanken Dresden, CB, 3172, CB, Filiale Kamenz, An den Herrn Kreisbeauftragen des Winter-Hilfswerk des Deutschen Volkes, 22.10.1937; HAC, 1/215 II, CB, PA, an: Direktion der Filiale Hagen, 17.8.1939, Vertraulich; HAC, SdF-Ost, Filiale Reichenberg, Kreditakte Erzgebirgische Holz- und Spielwaren-Industrie Erich D., Kreditantrag 23.5.1940. Die NSDAP-Parteizentrale unterhielt bei der Commerzbank ein Konto, auf dem bis zu RM 100 Mio. lagen. Vgl. NA, RG 260, Box 197, Hütter an Mehlmann, 25.2.1945. Insgesamt galt die Dresdner Bank als parteinächste Großbank. Vgl. Kopper, Dirigismus, S. 284 f., 290.
49 Vgl. RS CDBB Nr. 48, 14.5.1934; Sonderrundschreiben (ohne Nr.), 13.5.1935.
50 Die Stempelvereinigung (vgl. Kapitel 1.5.) erlaubte den Banken etwa, entgegen den üblichen Bestimmungen Lose der NSDAP-Lotterie zu vertreiben und im Jahrbuch der DAF zu inserieren. Vgl. SHStA Dresden, Altbanken Dresden, DB, 2938; DB, Sekretariat der Stempelvereinigung, An die auswärtigen Bankenvereinigungen, Nr. 53, 26.6.1933; Nr. 65, 21.8.1933.
51 Vgl. RS CDBB Nr. 43, 24.4.1934; Nr. 89, 23.8.1934; Nr. 134, 7.12.1934; Nr. 158, 5.11.1936.
52 Vgl. Kapitel 3.2.
53 1933 ordnete die Stempelvereinigung an, die Kampagne gegen „jüdische Greuelpropaganda" zu unterstützen. Vgl. SHStA Dresden, Altbanken Dresden, DB, 2938, DB, Sekretariat der Stempelvereinigung, An die auswärtigen Bankenvereinigungen, Nr. 22, 29.3.1933. NS-Aktivisten forderten Propaganda der Bankangestellten für die NS-Wirtschaftspolitik. Vgl. u.a. Schwibbogen. Werkzeitung für die Betriebsgemeinschaft Deutsche Bank 7 (1937), S. 250.
54 Vgl. Born, Banken, S. 456-461.

Wie Deutsche und Dresdner Bank[55] fusionierte die Commerzbank mit zahlreichen Banken: 1920 mit der Mitteldeutschen Privat-Bank, 1929 mit der Mitteldeutschen Creditbank und 1932 im Rahmen der Sanierung mit dem Barmer Bank-Verein, übernahm bis 1929 Privat- und Regionalbanken und eröffnete eigene Filialen.[56] Viele Filialen übernommener Banken schloß die Bank, um Synergien zu nutzen.[57] Das Kreditgewerbe folgte bei dieser Konzentration der Industrie.[58] Das Ziel war eine den neuen Industriegiganten angepaßte, international wettbewerbsfähige Kapitalkraft, vor allem aber Kostenersparnis durch Entlassungen.[59] Gerade in Phasen wirtschaftlicher Kontraktion wie nach dem Ende der Inflation gingen „Expansion und Zusammenlegung Hand in Hand".[60] Die Banken mußten die zu entlassenden Mitarbeiter auswählen, die verbliebenen verteilen und deren Motivation erhalten.[61]

Seit 1938 eröffneten die Banken, den deutschen Truppen folgend, Filialen in den eingegliederten und besetzten Gebieten; Deutsche und Dresdner Bank übernahmen zum Teil bedeutende Banken. Es bestand Bedarf an Angestellten für ausländische Filialen. Ab Ende 1941 aber mußten die Großbanken im Rahmen des „totalen Krieges" Filialen schließen, um Arbeitskräfte für Wehrmacht und Kriegswirtschaft freizusetzen.[62] Es blieben vor allem ältere Mitarbeiter „übrig", die nicht eingezogen wurden und kaum versetzt werden konnten.

1.3 RATIONALISIERUNG UND MECHANISIERUNG

Seit 1919 führten Wirtschaftskrisen, strukturelle Rentabilitätsprobleme und das Vorbild der Konkurrenz zu einer Umwälzung der Arbeitsorganisation in den Großbanken. Rationalisierung und Mechanisierung veränderten Arbeitsalltag und Qualifikationsprofile und gefährdeten die Motivation der Mitarbeiter.

---

55 Vgl. Feldman, Bank, S. 128, 226 f.; Meyen, 120 Jahre, S. 95-97 mit widersprüchlichen Angaben für die Zeit bis 1921. Die Commerzbank hatte mehr Filialen v.a. an kleinen Orten, Deutsche und Dresdner Bank waren im Ausland stärker Vgl. Meyen, 120 Jahre, S. 119-124, 129.

56 Vgl. Commerzbank, 100 Jahre, S. 59-61, 66-71, 88-125; Commerzbank, Dienstleister, S. 323 f.

57 Vgl. Feldman, Bank, S. 226 f.; GB CB 1925, S. 7.

58 Das galt auch für den Versicherungssektor. Vgl. Feldman, Allianz, S. 32-34, 38-49.

59 Vgl. Seidenzahl, Bank, S. 313, 322, 325; Feldman, Bank, S. 261-263; Born, Banken, S. 459. Skeptisch zu Einsparungen durch Fusionen: „Der Deutsche Ökonomist" 1918; HADB, B 205, Akten-Vermerk Kimmich, 5.9.1941; BBZ 23 (1918), S. 43.

60 Feldman, Bank, S. 227. Nach der Bankenkrise stagnierte die Filialzahl trotz der Diagnose, das Bankwesens sei weiterhin „übersetzt". Vgl. Bähr, Bankenrationalisierung, S. 71.

61 Vgl. Kapitel 2.1 und Feldman, Bank, S. 194, 263.

62 Vgl. Bähr, Bankenrationalisierung, S. 76 ff., James, Bank, S. 391; Kriegsbedingte Rationalisierung im Kreditgewerbe, in: DBa 35 (1942), S. 177; Schließungsaktion und Kreditgewerbe, S. 72; Theisinger, Karl, Die Rationalisierungsaufgabe im Kreditwesen, in: BA 1941, S. 309 ff., 401; Meyen, 120 Jahre, S. 130; Keiser, Kriegsjahr 1944, S. 46; Grundsätzliche, S. 252; Beiträge, S. 370 f.; Verpflichtende Selbstverwaltung!, in: DBa 34 (1941), S. 549-551, 551; Zweifache Bankenrationalisierung, in: DBa 35 (1942), S. 385-386.

In der deutschen Industrie gewann die Rationalisierung in den zwanziger Jahren durch den internationalen Wettbewerbsdruck an Schwung. Unternehmen fusionierten, um Synergien zu nutzen und Kosten zu senken.[63] „Rationalisierung" wurde *das* Modewort der Zeit.[64] Die seit je konstitutive Bemühung um Wirtschaftlichkeit wurde zum beherrschenden Paradigma: maximale Effizienz durch Optimierung des technischen, organisatorischen und sozialen Betriebsablaufs.[65] Praxis, Wissenschaft und publizistische Diskussion ergänzten sich.[66]

Die Rationalisierung ergriff auch die Banken, wie der Publizist Franz Rittstieg 1925 erklärte: „Die Organisation des modernen Bankbetriebes wird beherrscht vom Gedanken der Rationalisierung. Unter Rationalisierung verstehen wir die bewußte Anwendung [...] des Prinzips der Wirtschaftlichkeit bei allen Arbeitsvorgängen [..., um] mit einem Aufwand möglichst geringer Mittel einen möglichst großen Erfolg zu erzielen"[67] Ein Fortbildungsbrief von 1925 erklärte, es seien kaum „groteskere Gegensätze alter und neuer Arbeitsmethoden denkbar, als in dem wenigstens auf unserem altersschwachen Kontinent allzulange vernachlässigten kaufmännischen Bürobetrieb. [...] Man vergleiche [...] die Art und Weise, in welcher [wir die ...] Büroarbeiten noch vor wenigen Jahren zu erledigen gewohnt waren, mit dem in hohem Maße mechanisierten Betrieb von heute".[68]

Die Großbanken rationalisierten seit Beginn der Stabilisierung 1924 umfassend, also etwas später als die Industrie.[69] Ursache der Rationalisierung war weniger die Notwendigkeit, international wettbewerbsfähige Arbeitsproduktivität zu erreichen. Vielmehr mußte eine verbesserte Organisation, erstens, die Fusionen im Bankwesen begleiten. Nur sie konnte die Schwerfälligkeit und den Bürokratismus der neuen Branchenriesen mindern.[70] Umgekehrt ermöglichten Fusionen die Mechanisierung, die erst ab einer gewissen Größe sinnvoll war.

Zweitens folgte die organisatorische Rationalisierung aus der Einstellung ungelernter Hilfskräfte während der Inflation. Nur in arbeitsteiligen Betrieben konn-

---

63 Vgl. Kleinschmidt, Rationalisierung, S. 22.
64 Vgl. Sachse, Siemens, S. 27-30, Kleinschmidt, Rationalisierung, S. 11.
65 Vgl. Kleinschmidt, Rationalisierung, S. 12 f., 20 mit weiteren Definitionen und Nachweisen.
66 Vgl. Kleinschmidt, Rationalisierung, S. 11 mit weiteren Nachweisen.
67 [Fritz] Rittstieg, Grundsätze, Hilfsmittel und Methoden der Bankorganisation, in: Plutus Briefe zur Heranbildung leitender Bankbeamter, 5 (1928), Nr. 1S. 4-20, 4 f. Vgl. auch Haymann, Rationalisierung, S. 2. Zur Begriff Rationalisierung allgemein vgl. Siegel/v. Freyberg, Industrielle Rationalisierung, S. 17-36.
68 Einleitung Plutus-Briefe 1925, S. 278. Vgl. auch Fritz Rittstieg, Organisationsfragen des Bankbetriebes nach dem Kriege, Diss. Freiburg 1922, S. 12 f., zit. bei Rudl, Angestellte, S. 5; Henning, Innovationen, S. 53; Baier, Die Lage, S. 96.
69 Vgl. DAB 6 (1926), November, S. 5; Haymann, Rationalisierung, S. 3. Schon vor dem und im Ersten Weltkrieg hatte es Rationalisierungsansätze gegeben, etwa Schreibmaschinen (vgl. Lothar Gall, Die Deutsche Bank von ihrer Gründung bis zum Ersten Weltkrieg. 1870-1914, in: Gall u.a., Deutsche Bank, S. 1-137, 123; Rudl, Angestellte, S. 70 f. (mit Anm. 1 und 4), 148; Henning, Innovationen, S. 52) oder Rohrpost, wie sie bei der Deutschen Bank schon 1915 eingeführt wurde (vgl. SB 10 (1940), S. 106).
70 Vgl. Monatshefte für die Beamten der Deutschen Bank 1930, S. 24; AK 3 (1936), S. 183 f.; Bankenkonzentration , in: DBa, 1921, Januar, S. 52 f.

ten Ungelernte einfache Tätigkeiten ausführen.[71] Nach der Stabilisierung führten die Banken dann Maschinen anstelle der Ungelernten ein.[72] Mechanisierte Betriebe waren flexibler gegenüber Geschäftsschwankungen.[73] Die Mechanisierung erforderte ihrerseits die Vollendung organisatorischer Neuerungen[74] und mechanisierte Arbeitsplätze führten wiederum zu Dequalifikationstendenzen, so daß sich diese Komponenten der Rationalisierung gegenseitig verstärkten.

Die Rationalisierung war, drittens, nicht nur Anforderungen der Betriebsgröße und Erfahrungen der Inflation geschuldet. Wichtiger noch waren sinkende Verdienstspannen durch Zunahme des bargeldlosen Zahlungsverkehrs, Verkleinerung der Posten, unrentable Arbeitsfelder und auch die Tariferhöhungen der zwanziger Jahre.[75] Eine Rückkehr zur Organisationsform der Vorkriegszeit sei schon aus Kostengründen unmöglich, so hieß es.[76] Die Bankleitungen verfolgten das Ziel, die gleiche Arbeit mit weniger Mitarbeitern zu bewältigen.[77] Vorbilder waren amerikanische Banken,[78] Industrie[79] und Girozentralen der Sparkassen.[80]

Gewerkschaften im Bankgewerbe protestierten vergeblich gegen die Mechanisierung: Sie sei zwar nicht zu umgehen, verbillige die Bankleistungen und erzeuge so neue Nachfrage. Doch sei ihre Durchführung „unsozial", „rücksichtslos", „existenztötend", „affenähnliche Nachahmung nordamerikanischer Verhältnisse". Einsparungen müßten kürzere Arbeitszeiten ermöglichen, statt „daß [...] die nervenaufreibende Arbeit an den Maschinen acht oder gar mehr Stunden täglich geleistet werden muß, nur damit die Bankleitungen zur weiteren Entlassung von Personal schreiten können, um erhöhte Profite einzustreichen."[81]

71 Vgl. Einleitung Plutus Briefe 1925, S. 279; Einleitung, in: Plutus Briefe, 5 (1928), Nr. 1, S. 3.
72 Vgl. Einleitung Plutus Briefe 1925, S. 279 f.; Rittstieg, Grundsätze, S. 7.
73 Vgl. Einleitung Plutus Briefe 1925, S. 279 f.; rr., Bankkalkulation, S. 23.
74 Vgl. Einleitung Plutus Briefe 1928, S. 3; Rittstieg, Grundsätze, S. 6.
75 Vgl. Kalveram, Rationalization, S. 156 f., 164; Rudl, Angestellte, S. 148; Einleitung Plutus Briefe 1925, S. 278-280; Einleitung Plutus Briefe 1928, S. 3; Haymann, Rationalisierung, S. 1; Rittstieg, Grundsätze, S. 5-6; rr., Bankkalkulation, S. 22; Seidenzahl, Bank, S. 311; GB DB 1927, S. 20. Zu Parallelen vgl. Feldman, Allianz, S. 59; Müller-Gebel, Mitarbeiter, S. 64-66; allgemein Kleinschmidt, Rationalisierung, S. 16 f.
76 Vgl. Einleitung Plutus Briefe 1925, S. 279.
77 Vgl. Rudl, Angestellte, S. 255.
78 Vgl. GB CB 1925, S. 7. Das galt auch für Versicherungen: vgl. Feldman, Allianz, S. 59 f.
79 Vgl. Einleitung Plutus Briefe 1928, S. 3.
80 Vgl. Einleitung Plutus Briefe 1925, S. 280; DAB 6 (1926), S. 3. Nach Rudl, Angestellte, S. 71 setzte die Preußische Staatsbank 1916 zum ersten Mal Buchungsmaschinen ein. Auch die Kreditgenossenschaften waren schneller als die Großbanken. Vgl. BBZ 27 (1922), S. 84.
81 Vgl. DBB 15 (1924), S. 30; DBB 16 (1925), S. 49 f.; DBB 19 (1928), S. 67; DAB 9 (1929), S. 22; DBB 21 (1930), S. 98; Der Norddeutsche Bankbeamte, 1932, S. 11 f.; Bankbeamtenwacht. Deutscher Bankbeamtenverein e.V., Gau Südwestdeutschland, 19 (1932), S. 112 f.; Einleitung Plutus-Briefe, S. 278; DDB 13 (1924), S. 151; DKB 5 (1928), S. 1; Kalveram, Rationalization, S. 164; BBZ 31 (1926), S. 50. Vgl. aber auch DBB 23 (1932), S. 63; allgemein: Detlev J. K. Peukert, Die Weimarer Republik. Krisenjahre der Klassischen Moderne, Frankfurt/Main 1987, S. 116 f.

Die Rationalisierung kombinierte Organisationsverbesserung, Mechanisierung und systematisches Controlling.[82] Die Banken teilten ihre Büros räumlich sinnvoll ein und organisierten den internen Ablauf straffer.[83] Moderne Kommunikationsmittel wie Rohr- und Seilpost, Schreib-, Adreß- und Frankiermaschinen und Durchschreibsysteme ersparten Arbeit, erhöhten das Tempo und verhinderten Fehler. Auch standardisierte Zahlungsformulare und v.a. Hollerith- und Powers-Maschinen vereinfachten und sicherten die Buchungen.[84] Laufende Zwischenbilanzen zeigten Organisations- und Rentabilitätsdefizite deutlicher.[85] Neue Kostenrechnungs-Systeme verbesserten das Instrumentarium weiter,[86] bis Deutsche Bank-Direktor Hans Rummel Ende der zwanziger Jahre ein revolutionäres Kostenrechnungs-System entwickelte.[87] Zentral-Revisoren erteilten Filialen Anweisungen, wie sie den Ablauf rationalisieren und Fehler vermeiden sollten.[88] Großbank-Personalabteilungen begannen, Alters- und Tarifstatistiken zu führen.[89]

Die Publikationen über Rationalisierung im Bankgewerbe nahmen seit 1923 rasch zu.[90] Nachdem die Banken zunächst „einer ‚wilden' Organisationsneigung"[91] nachgegeben hatten, bildete sich 1927 ein „Fachausschuß für Bankwesen" beim „Reichskuratorium für Wirtschaftlichkeit".[92] Es entstanden aber weniger wissenchaftliche Institute als in der Industrie,[93] vielleicht weil das Potential technischer Neuerungen im Bankwesen schneller erschöpft war.[94]

82 Vgl. Rittstieg, Grundsätze, S. 5 Zur Organisation allgemein vgl. Hilger, Sozialpolitik, S. 21.
83 Vgl. Kalveram, Rationalization, S. 157; ausführlich Rittstieg, Grundsätze, S. 12-20.
84 Vgl. Kalveram, Rationalization, S. 160; Einleitung Plutus Briefe 1928, S. 3; Rittstieg, Grundsätze, S. 13; SHStA Dresden, Altbanken Dresden, CB, 1132, Vorschriften Commerzbank.
85 Vgl. Kalveram, Rationalization, S. 158.
86 Vgl. rr., Bankkalkulation, S. 24-30; R. Johns-Freiburg, Statistik im Dienste der Bankenorganisation, in: Plutus Briefe zur Heranbildung leitender Bankbeamter, 5 (1928), Brief Nr. 1, Bankorganisation, S. 30-39; Feldman, Allianz, S. 61.
87 Vgl. Seidenzahl, Bank, S. 324-326, Feldman, Bank, S. 263; GB DB 1932, S. 11 f.; GB DB 1933, S. 10; Rummels Aufsätze in MDB 1931, S. 157-162; 1932, S. 57-63 und empirisches Material in SHStA Dresden, Altbanken Dresden, DB, 3937.
88 Vgl. etwa SHStA Dresden, Altbanken Dresden, DB, 6360, DB, Filiale Dresden an DB, Oberbuchhalterei, 23.5.1927; Verwaltungs-Abteilung an DB, Filialbüro, 24.5.1927; DB, Filiale Dresden an DB, Oberbuchhalterei, 26.4.1927.
89 Vgl. HADB, B 236/1, Auszug Niederschrift 1. Personalchefbesprechung Verb. Berl. Bankleitungen, 12.1.1927. Die Industrie tat das bereits. Vgl. Kleinschmidt, Sozialpolitik, S. 31 f., 40.
90 Vgl. Rudl, Angestellte, S. 255.
91 Ein manuelles Durchschreibeverfahren, in: Plutus Briefe, 2 (1925), Nr. 9, S. 286-289, 286.
92 Vgl. DAB 8 (1928), S. 12; DAB 9 (1929), S. 22; MDB 1930, S. 139-141; MVDO 13 (1931/32), S. 1-4; RS CDBB Nr. 166, 22.12.1928, Geschäftsbericht des Deutschen Bank- und Bankiergewerbes für das Jahr 1928, S. 5. Die 1930 vom Centralverband gegründete Auskunftsstelle für bankgewerbliche Betriebsführung zur Rationalisierungsberatung ging nach wenigen Jahren wieder ein. Vgl. RS CDBB Nr. 63, 12.7.1930; RS CDBB Nr. 101,
93 Vgl. Kleinschmidt, Rationalisierung, S. 11 mit weiteren Nachweisen.
94 Vgl. Deutsche Bank, in: BT, Nr. 150, 30.3.1927. Vgl. auch Berliner Handels-Gesellschaft, in: BBZ, 8.2.1929; MDB 1930, S. 139-141; GB CB 1934, S. 12; aber auch Generalversammlung der Disconto-Gesellschaft, in: BBZ, 26.3.1929. 1930 führten die Großbanken ein einheitliches Überweisungsformular ein. Vgl. MVDO 13 (1931/32), S. 3.

Tatsächlich zeigen Kennziffern signifikante Veränderungen der Produktivität.[95] Die Bilanzsumme pro Mitarbeiter verdreifachte sich von 1924 bis 1929:[96]

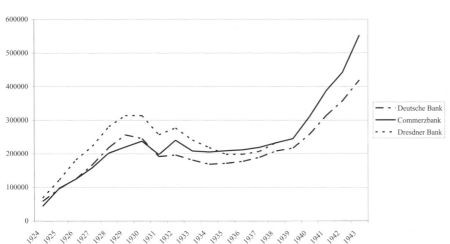

Bilanzsumme pro Mitarbeiter der Commerzbank, der Deutschen Bank und der Dresdner Bank
in RM 1924-1944

In der Disconto-Gesellschaft hatte die Buchhalterei 1914 mit 334 Angestellten täglich 9.080 Posten bewältigt, 1927 erledigten 284 Angestellte täglich 18.961 Posten; und 1928 bearbeiteten 38 Mitarbeiter fünfmal soviel Schecks, wie es 30 Mitarbeiter 1914 getan hatten.[97] Nachdem die Filial- und Depositenkassenbuchhaltung der Commerzbank-Zentrale im ersten Vierteljahr 1925 durchschnittlich mit 92 Mitarbeitern im Monat 216.942 Posten erledigt hatte, schafften im Oktober nach der Umstellung auf Maschinen 47 Mitarbeiter 326.165 Posten. Die Banken veröffentlichten beeindruckende Zahlen über Einsparungen durch Rationalisierung und Zusammenlegung.[98] Auch die Kontenzahl pro Mitarbeiter stieg,[99] ohne daß die Mechanisierung aber das Rentabilitätsproblem gelöst hätte.[100]

95 Zur Problematik der Messung der Produktivität im Bankgewerbe vgl. Baier, Die Lage, S. 95.
96 Vgl. auch Schoele, Zahlungsverkehr. Quelle der Graphik: Berechnungen auf Grundlag der Geschäftsberichte.
97 Vgl. DDB 15 (1926), S. 9 f.; DAB 10 (1930), S. 49 f.; DKB 5 (1928), S. 1.
98 Vgl. Seidenzahl, Bank, S. 326; GB DB 1932, S. 18 f.; Meyen, 120 Jahre, S. 97; GB CB 1926, S. 10; GB CB 1929, S. 8; GB CB 1932, S. 12; GB CB 1932, S. 11. Die Deutsche Bank erklärte um 1940, in ihrer Scheck- und Wechselabteilung würde sich der Arbeitsaufwand ohne Maschinen verdoppeln, in der Buchhaltung vervierfachen. Vgl. RGVA, 1458-1-354, Äusserungen von Kreditinstituten über die Unentbehrlichkeit der Büromaschinen (kein Datum).

Die Bedeutung der Rationalisierung als Ursache für Entlassungen läßt sich kaum von konjunkturellen Einflüssen und den Folgen der Fusionen abgrenzen.[101] Ohne Zweifel machten die Maschinen aber tausende Angestellte überflüssig.[102] Auch die Folgen für Qualifikationsprofile sind schwer zu messen: Konsequente Mechanisierung entlastete „von der mechanischen geisttötenden Arbeit",[103] es bildeten sich qualifizierte Maschinenarbeitsplätze heraus,[104] und ohnehin betraf die Mechanisierung nur einen Teil der Mitarbeiter.[105] Doch sicher drängte die Mechanisierung, kombiniert mit der Zunahme „anspruchsloser" Geschäftsfelder, immer mehr Mitarbeiter auf spezialisierte und eintönige, doch hohe Konzentration verlangende Tätigkeiten ab.[106] Der Barmer Bank-Verein erklärte 1930: „Die laufende Arbeit in den Bankbüros ist im Vergleich zur Vorkriegszeit wesentlich einfacher geworden. Zu ihrer Bewältigung reichen neben wenigen ausgebildeten Bankbeamten angelernte Hilfskräfte in jungen und mittleren Jahren aus."[107] Die Dresdner Filiale der Deutschen Bank berichtete 1927, die „immer schärfere [...] Rationalisierung" habe eine große Zahl von „Quantitätsarbeitern" geschaffen, die „durch Anspannung aller ihrer Kräfte Höchstleistungen zu verzeichnen haben".

99   Deutsche Bank: 1919: 44, 1922: 31, 1924: 15, 1932: 48, 1937: 48, 1939: 49, 1942: 59. Die
     Commerzbank-Geschäftsberichte zeigen von 1929 bis 1932 eine ähnliche Entwicklung. Der
     Sprung von 48 1932 auf 64 1933 geht u.U. auf eine neue Berechnungsweise zurück. Der An-
     stieg auf 78 Konten pro Mitarbeiter 1942 läßt sich darum mit der Deutschen Bank nicht ver-
     gleichen. Eigene Berechnungen auf Grundlage der GB; vgl. auch Baier, Die Lage, S. 97 f.
100 Vgl. DBB 21 (1930), S. 38; Deutsche Bank, in: BT, Nr. 150, 30.3.1927; DAB 8 (1928), S. 30
     f.; HAC, 1/186 II, 68. SAA, 19.9.1934.
101 Zur Industrie vgl. Kleinschmidt, Rationalisierung, S. 12, 309. Feldman, Bank, S. 228 f. bleibt
     vorsichtig. Zahlen wie in HAC, 1/489, Josef G. an Konrad K., 28.4.1925 sind nicht belegbar.
102 Henning, Innovationen, S. 66 erklärt, im Bankgewerbe habe technischer Fortschritt „nicht zu
     einer Vernichtung von Arbeitsplätzen geführt [... sondern zu einer] Ausdehnung der Arbeits-
     platzzahl". So richtig das als Gesamtschau ist, so falsch ist es als Bewertung der Mechanisie-
     rung in den Großbanken während der zwanziger Jahre.
103 Rittstieg, Grundsätze, S. 12. Vgl. auch MVDO 13 (1931/32), S. 193.
104 Der BBV bezahlte „allererste Maschinenkräfte" besser. HAC, 4/49, BBV, An die Direktion
     sämtlicher Filialen, 3.9.1930. Kleinschmidt, Rationalisierung, S. 12 betont, daß die Rationali-
     sierung der Ruhrindustrie „Dequalifikationstendenzen [auslöste], andererseits Anzeichen
     neuer Facharbeiterprofile beobachtet werden"; ebenso Peukert, Weimarer, S. 121.
105 So hieß es 1929, selbst in der Zentrale der Deutschen Bank seien nur sieben Prozent der Mit-
     arbeiter mit rein mechanischen Tätigkeiten beschäftigt. Vgl. MDB 1929, S. 193. Allerdings
     verlangte die „straffere Zuammenfassung [der] Organisation", wie die Commerzbank 1925
     bekannt gab, „daß möglichst auch alle männlichen Angestellten [...] Stenographie und
     Schreibmaschine beherrschen". DDB 15 (1926), S. 11.
106 Vgl. Rudl, Angestellte, S. 256. Zur Mitarbeiterstruktur der Großbanken vgl. Kapitel 2.2. Be-
     fürworter der Mechanisierung gaben zu, manche Tätigkeit sei „de facto zu unrecht mechani-
     siert worden". MVDO 13 (1931/32), S. 193.
107 HAC, 4/49, BBV, An die Direktion sämtlicher Filialen, 3.9.1930; ebenso für die Deutsche
     Bank: SHStA Dresden, Altbanken Dresden, DB, 6364, DB, PA, An die Direktionen unserer
     Filialen (Kopfstellen), 10.7.1933 und für die Commerzbank: HAC, 634. ARS, 1.12.1925.

Deren Aufgabe sei die „meist mühsame Klein- und Massenarbeit, auf deren korrekte und schnellste Erledigung wir aber mehr denn je angewiesen sind".[108]

Über die Folgen waren sich Bankleitungen und Mitarbeiter einig. Einerseits empfanden die Angestellten ihre Tätigkeit als immer mechanischer, stumpfer, anspruchsloser.[109] Andererseits beklagten die Gewerkschaften, das Arbeitstempo sei „zu einer [...] Belastung der Nerven geworden". Dabei habe die „immer mehr zunehmende Verwendung von teilweise elektrischen Buchungs- und Rechenmaschinen [...] das früher durch ziemliche Ruhe ausgezeichnete Bankbüro in vielen Fällen zu Maschinenhallen umgewandelt, in denen in den Hauptgeschäftsstunden ein wahrer Hexensabbat tobt." Nicht umsonst schwelle die „Zahl der Nervenerkrankungen der Arbeitnehmer [... schnell] an".[110] Vor allem ältere Mitarbeiter und die Angestellten übernommener, nicht mechanisierter Betriebe waren den Anforderungen kaum gewachsen.[111]

Die Wirtschaftskrise machte ab 1929 Rentabilität zur Überlebensfrage. Wie in der Industrie wuchs der Druck, Rationalisierungsrückstände aufzuholen.[112] Die Kombination der Krise mit den Großbank-Fusionen von 1929 entfaltete eine durchschlagende Wirkung. Organisationsabteilungen trieben steckengebliebene Rationalisierungsprojekte voran,[113] holten Rückstände gegenüber ihren Konkurrenten auf,[114] gaben immer rigidere Sparvorgaben und ernannten Sonderbeauf-

---

108 SHStA Dresden, Altbanken Dresden, DB, 6360, DB, Filiale Dresden, an: DB, Direktion, PA, 29.12.1927 (Abschrift).

109 Diese Klagen hatten schon im Ersten Weltkrieg begonnen und nahmen dann immer mehr zu. Vgl. Einleitung Plutus Briefe 1928, S. 3; Gall, Bank, S. 123; Rudl, Angestellte, S. 148. Die Deutsche Bank erklärte 1933 rückblickend, es sei einem gelernten Bankangestellten auf „mechanisierten" Posten „kaum zu verdenken, daß er mit der Zeit unzufrieden [...] wird. SHStA Dresden, Altbanken Dresden, DB, 6364, DB, PA, An die Direktionen unserer Filialen (Kopfstellen), 10.7.1933. Der Bankwissenschaftler Wilhelm Kalveram wies auf die Gefahr sinkender Arbeitszufriedenheit bei Maschinenarbeitern hin. Kalveram, Rationalization, S. 164-166; Kalveram erklärte aber, anders als in der Industrie bestehe „die Gefahr des Herabwürdigens des Menschen in die Rolle des Sklaven der Maschine nicht." Die „Bedienung der Maschine [erfordere im Bankgewerbe] volle geistige Mitarbeit des Menschen." BBZ 33 (1928), S. 154.

110 BBW 19 (1932), S. 112 f. In DDB 19 (1930), S. 135 f. heißt es: „Die meisten Kollegen, die zuerst an die Maschine [...] gestellt wurden, glaubten, ,verrückt' werden zu müssen [...]." Vgl. auch DDB 14 (1925), S. 57; DKB 4 (1927), S. 67-69; DKB 5 (1928), S. 1, 83; DAB 8 (1928), S. 59; Lautsprecher auf die Dächer!, in: Vorwärts, 27.3.1929; BBW 19 (1932), S. 66, 98. Schon die Einführung von Schreibmaschinen bei der Bayerischen Vereinsbank um 1900 hatte ähnliche Probleme aufgeworfen: „Die beiden Fräulein wurden weit weg plaziert, weil niemand das Geklapper haben wollte." Zit. bei Rudl, Angestellte, S. 70.

111 DDB 19 (1930), S. 135.; HAC, 1/479, Würbach an Hampf, 16.8.1929. Das Problem entstand auch im Versicherungswesen. Vgl. Feldman, Allianz, S. 59.

112 Zu Industriebetrieben vgl. etwa Berghoff, Hohner, S. 363 f., zu Banken RS CDBB Nr. 121, 2.12.1929, Geschäftsbericht CDBB 1929, S. 1.

113 Vgl. Seidenzahl, Bank, S. 324-326; PR Nr. 708, 8.10.1929; 657. ARS, 26.3.1931. Bei Grundsätzliche, S. 252 heißt es, Banken hätten in der Wirtschaftskrise Maschinen stillgelegt.

114 So führte die Commerzbank das Kostenrechnungssystem Rummels ein (vgl. AK 2 (1935), S. 24 f., 34 f.) und konzentrierte alle Kompetenzen in Berlin (vgl. Kapitel 1.4.).

tragte.[115] Auch die Personalabteilungen rationalisierten ihre Arbeit.[116] Einsprüche von Gewerkschaftsvertretern liefen ins Leere.[117] Die Zwangsfusionen gaben, anders als in der Industrie, 1931/32, noch einmal neue Sparimpulse.[118] Commerzbank-Prokurist S. nannte 1934 wohl zu Recht „die vergangenen 12 Jahre [...] eine Zeit stärkster Konzentration jedes Einzelnen, höchster Anpassungsfähigkeit, [...] äusserster Kraftanstrengung, [...] stärksten Nervenverbrauches".[119]

Auch nach 1933 bemühten sich die Organisationsabteilungen konsequent um Rationalisierung. Mangels durchgreifender Gebührenerhöhungen[120] bestand noch Anfang 1939 Sorge um die Rentabilität.[121] Doch es gabweniger Konfliktpotential. Zwar warnten NS-Vertrauensräte wie früher Gewerkschaften – wenn auch in anderer Terminologie – vor Auswüchsen der Rationalisierung. Robert Ley nannte die Rationalisierung nach „amerikanischen Methoden [...] für die deutsche Rasse völlig unangebracht".[122] Doch forderten Vertreter der NSDAP schon 1933 eine weitere Rationalisierung,[123] 1936 erhob etwa Heinz Adrian von der DAF-Reichsbetriebsgemeinschafts Banken und Versicherungen diese Forderung.[124] Umgekehrt erklärte Otto Christian Fischer als Leiter der Reichsgruppe Banken, 1938: „Entdeckungen, wie sie in der [...] mit Maschinen arbeitenden Industrie [...] unter Umständen ganz grundlegende Veränderungen herbeiführen, seien im Bankwesen seiner ganzen Struktur nach nicht zu erwarten."[125]

So suchten die Organisationsabteilungen nach einzelnen Einsparungsmöglichkeiten,[126] etwa durch Vergleich von Filialen und Analyse ihres Arbeitsab-

---

115 Vgl. TStA Gotha, CB Ilmenau, 3, Anlage zum Filial-Personal-Rundschreiben Nr. 740 [...] vom 22. März 1930, 19.3.1930; vgl. auch PR Nr. 740, 22.3.1930; DDB 20 (1931), S. 51.

116 1931 führte die Commerzbank einheitliche Gehaltsformulare ein. Vgl. PR Nr. 718, 3.2.1931.

117 Der Deutsche Bankbeamten-Verein schimpfte 1932: „Vor dem Kriege hatten wir weniger Organisations-Beratung im Bankgewerbe, dafür aber größere Verdienste. [... Es] dürfte [...] sich empfehlen, [die] Organisations-Büros stark einzuschränken, wodurch viel Geld gespart würde". DBW 19 (1932), S. 112 f. Vgl. auch DDB 19 (1930), S. 159 f.

118 Vgl. etwa 660. ARS, 22.2.1932. Immerhin verzichtete die Dresdner Bank bei der Fusion mit der Danat-Bank auf Einsparungen, indem sie nicht das Danat-Lochkartensystem übernahm. Vgl. BBZ 37 (1932), S. 35 f.; DDB 21 (1932), S. 117; Henning, Innovationen, S. 53.

119 HAC, 1/219 II, Worte des Herrn Prokurist Wilhelm S[...]am 5. April 1934.

120 Vgl. Preusker, Rationalisierung, S. 251; Willi Hamann, Dienstleistung und Publikum, in: DBa, Nr. 39 vom 25.9.1935; GB CB 1934, S. 12; Berliner Tageblatt, 9.5.1935; RGVA, 1458-1-1850, WGPB (Reinhart) an den Reichskommissar für das Kreditwesen (Ernst), 2.12.1935; Rummel, Organisationsfragen, S. 3, 7; HADB, RWB 54, Aktenvermerk Rummel, 1.4.1935.

121 Vgl. RGVA, 1458-1-1761, Vermerk „Betr.: Rationalisierung im Kreditwesen", 5.5.1939; 6. Landesobmännerkonferenz RGB, Sitzung 24.1.1939.

122 BE 1 (1935), S. 139. Zur Commerzbank vgl. AK 3 (1936), S. 72-74, 180-182. Zu DAF und Rationalisierung nach 1933 vgl. Siegel/v. Freyberg, Industrielle Rationalisierung, S. 38.

123 Vgl. Die Banken als Kreditvermittler, in: FZ, Nr. 502/4, 9. Juli 1933.

124 Adrian, Arbeitsbedingungen, S. 105. Vgl. auch BE 1 (1935, S. 108. Nach Siegel/v. Freyberg, Industrielle Rationalisierung, S. 38 f., 77-90 wandte sich DAF seit 1936 verstärkt der „sozialen Rationalisierung" zu.

125 Eine Bankrede , in: DBa 31 (1938), S. 209-211, 210.

126 Vgl. HADB, RWB 54, Aktenvermerk Rummel, 1.4.1935.

laufs[127] und Rationalisierung des zwischenbetrieblichen Verkehrs durch Einheitsformulare.[128] Das im Oktober 1935 gegründete Institut für Bankwissenschaft und Bankwesen beschäftigte sich auch mit Rationalisierungsfragen.[129]

Im Krieg hatten die Banken wegen niedriger Verdienstspannen[130] und der Mitarbeiterknappheit Interesse an Rationalisierung.[131] Schon im März 1939 hatte Dresdner Bank-Betriebsführer Carl Lüer darauf hingewiesen, daß wegen der steigenden Arbeitsanforderungen „die Notwendigkeit einer Rationalisierung [...] gegeben ist", und Hermann Josef Abs erklärte 1941, daß die „großen Zukunftsaufgaben" und niedrige Verdienstspannen mehr Leistung mit weniger Menschen erfordern würden.[132] Zudem übten Staat und Partei Druck aus[133] und beklagten, von „mißmutigen unbefriedigten Stubenhockern [...] lassen sich keine wesentlichen Leistungssteigerungen erwarten. Dazu ist [...] das Festklammern an einem vergilbten Ideal ihrer sozialen Stellung zu stark".[134] Reichsbankvizepräsident Lange erklärte 1941: Wenn Banken „durch Rationalisierungsmaßnahmen Gelder einsparten und [diese] den niedrigen Gehaltsgruppen [zuwendeten], so würde dies bei den Parteistellen sehr viel günstiger beurteilt als [ihre] bisherige Haltung".[135]

Es entstanden neue Rationalisierungsgremien: Die Reichsgruppe Banken gründete entsprechend dem „Wirtschaftlichkeitserlaß" des RWM vom 12. November 1936[136] 1938 einen „betriebswirtschaftlichen Ausschuß" für Rationalisierungsfragen.[137] 1939 kam die zum Reichsaufsichtsamt für das Kreditwesen um-

127 Vgl. CB, Filiale Dresden, PA, an: Filiale Meissen, 27.1.1937, SHStA Dresden, Altbanken Dresden, CB, 3171; HAC, N26, Curt Rabenstein, Informationsreise [...] 1939.

128 Vgl. Hans Rummel, Rationalisierter Ueberweisungsverkehr, in: BA 1940, S. 405 ff.; Rummel, Organisationsfragen, S. 7; RGVA, 1458-1-1762, RGB an RKK 26.1.1938; HADB, Ordner Direktorensitzungen, Direktorensitzung 9.9.1937.

129 Vgl. Gründungsversammlung des Deutschen Instituts für Bankwissenschaft, in: FZ, Nr. 521/2, 12.10.1935; Rummel, Organisationsfragen, S. 6.

130 Allerdings sorgte die „Mengenkonjunktur" im Krieg für steigende Gewinne. Vgl. Günter Keiser, Das vierte Kriegsjahr der Banken, in: Bankwirtschaft 1944, S. 45-50, 45 f.; RGVA, 1458-1-1743, CB an RAK, 4.6.1940; RGVA, 1458-1-490, Lange an Flottmann, 30.4.1941.

131 Vgl. Rummel, Organisationsfragen, S. 7; Abs, Gegenwartsprobleme, S. 779; Großbank-Hauptversammlungen, in: DBa 32 (1939), S. 434-436, 435; Theisinger, Rationalisierungsaufgabe, S. 399.

132 BE 5 (1939), S. 105; Abs, Gegenwartsprobleme, S.779.

133 Vgl. RGVA, 1458-1-1762, NSDAP/Reichsleitung/Kommission für Wirtschaftspolitik (Kröner), 12.4.1939; BAB, R3101, 15551, S. 85f.; Vermerk „Dem Herrn Präsidenten", 24.6.1942; Tagung, S. 134f.; Weitere Rationalisierung im Vordruckwesen, in: BW 1944, S. 136f.

134 Wolfgang Mara, Leistungssteigerung im Bürobetrieb, in: Die Deutsche Volkswirtschaft 1944, Nr. 3, S. 74-77 und Nr. 4, S. 105-109, 75.

135 RGVA, 1458-1-442, Aktenvermerk Ansprache Vizepräsident Lange [...]15.1.1941.

136 Vgl. Michael Schneider, Unterm Hakenkreuz. Arbeiter und Arbeiterbewegung 1933 bis 1939, Bonn 1999, S. 276 [Geschichte der Arbeiter und der Arbeiterbewegung in Deutschland seit dem Ende des 18. Jahrhunderts, 12].

137 Vgl. RGVA, 1458-1-1761, RWM an Reichswirtschaftskammer u.a., 12.11.1936; auch RS CDBB Nr. 134, 3.8.1939.

funktionierte Behörde des Bankenkommissars in den Reichsausschuß für Leistungssteigerung.[138] Die DAF forcierte das betriebliche Vorschlagswesen.[139]

Die Folge war eine Vereinfachung der internen Statistiken und Bilanzen,[140] Mechanisierung in kleinen Bankfilialen,[141] Vereinfachungen im Wertpapiergeschäft,[142] Zinsschätzungen, Einheitsformulare und der Übergang zum jährlichen Abschluß kreditorischer Konten und zur vierteljährlichen Gehaltsüberweisung.[143] Wenig scheinen Bemühungen um genaue Arbeitspläne, Zeitmessungen und psychotechnische Eignungsprüfungen gebracht zu haben.[144] Anders als in der Industrie gab es auch jetzt keine betriebstechnischen revolutionären Neuerungen.[145] Wichtiger waren zwischenbetriebliche Rationalisierungsmaßnahmen[146] etwa im

138 Vgl. RGVA, 1458-1-457, RWM, An das Referat IV Kred 2, 25.10.1939; Referat IV Kred 2, An das Referat III L 3, 2.11.1939; RGVA, 1458-1-1761. Zum Reichsausschuß für Leistungssteigerung vgl. Schneider, Hakenkreuz, S. 277; Hachtmann, Industriearbeit, S. 71 f.

139 Vgl. Kapitel 3.2.

140 Vgl. HAC, 1/104, PR Nr. 1434, 13.10.1939; PR Nr. 1661, 20.4.1943; SHStA Dresden, Altbanken Dresden, DB, 5181, DB, Filialbüro, An Direktionen unserer Filialen, 4.6.1940; Meyen, 120 Jahre, S. 128; Richter, Rationalisierung, S. 193.

141 Vgl. Grundsätzliche, S. 252; Preusker, Rationalisierung, S. 252-254; Georg Beyer, Rationalisierung auch im Bankbetrieb!, in: DBa 32 (1939), S. 761 f.; [Günter] Ke[iser], Die Frauenarbeit im Bankgewerbe, in: BA 1940, S. 163-165, 163; Richter, Rationalisierung, S. 193, Meyen, 120 Jahre, S. 128; Walter Krummel, Aktuelle Fragen der Bankbetriebsgestaltung, in: DBa 33 (1940), S. 124-128; Keiser, Kriegsjahr 1941, S. 4; SHStA Dresden, Altbanken Dresden, 13135, Protokoll Vertrauensratssitzung 5.12.1939, Betriebsappell 2.1.1941, aber auch RGVA, 1458-1-1761, Vermerk „Betr.: Rationalisierung im Kreditwesen", 5.5.1939.

142 Vgl. Arzet, Wertpapiergeschäft; Gradl, Banktechnik, S. 290; Rationalisierung, S. 179; Keiser, Bankenjahr 1941, S. 4; Mithilfe der Kundschaft, in: BW 1943, S. 17 f.; Die erweiterte Sammelverwahrung, in: BW 1943, S. 19 f.

143 Vgl. Gradl, Banktechnik, S. 290; Vereinfachung der Lohn- und Gehaltsabrechnung, in: DDV 1944, Nr. 24, S. 683-684; Die ersten Vereinfachungsmaßnahmen im Kreditgeschäft, in: BA 1942, S. 224 f.; Weitere Rationalisierung im Vordruckwesen, in: BW 1944, S. 136 f.; Kräfteabgabe, S. 418; Meyen, 120 Jahre, S. 128; Richter, Rationalisierung, S. 194-195; BAB, R3101, 15551, verschiedene Schreiben.

144 Vgl. Mara, Leistungssteigerung, S. 74, aber auch Erfolgsmeldungen der DAF in Leistungssteigerung in Verwaltung und Büro, in: DDV 1944, Nr. 16, S. 455; Der „Arbeitsgestalter" im Büro, in: DAZ, 26.5.1944. Zu ersten Bemühungen in den 1920er Jahren vgl. Haymann, Rationalisierung, S. 22 ff., 39 f., 48 ff.; SHStA Dresden, Altbanken Dresden, DB, 4257.

145 Sparkassenvorstand Johannes B. Gradl erklärte 1943, über den erreichten Stand der Rationalisierung sei man schon deshalb nicht hinausgekommen, weil „die deutschen Kreditinstitute im Grunde seit 1914 – wenn auch aus immer wechselnden Ursachen – unter stetem Zwang zur Rationalisierung stehen." Gradl, Banktechnik, S. 288. Vgl. auch Zweifache Bankenrationalisierung, in: DBa 35 (1942), S. 385 f., Abs, Gegenwartsprobleme, S. 779; Richter, Rationalisierung, S. 195; aber auch BE 10 (1944), S. 18 f. Zu Rationalisierungsmaßnahmen in der Industrie vgl. u.a. Berghoff, Hohner, S. 509 f.; Schneider, Hakenkreuz, S. 276-279.

146 Vgl. Bankrede, S. 210; Großbank-Hauptversammlungen, S. 435; Weitere Beiträge zur Rationalisierungsdiskussion, in: BA 1941, S. 370 f., 371. Vgl. auch BAB, R 3101, 15551.

Zahlungsverkehr,[147] doch scheiterten Bemühungen um ein einheitliches Zahlungs-
und Kalkulationssystem.[148]

Rationalisierung war auch eines der Ziele der Filialschließung.[149] Inwiefern
die Banken und die Volkswirtschaft durch die Filialschließung wirklich Arbeit
sparten, ist allerdings zweifelhaft[150]

Der Anstieg der Bilanzsumme pro Mitarbeiter auf neue Höhen im Krieg war jedenfalls nur durch hohe Arbeitsbelastung möglich.[151] Nervenerkrankungen und
Erschöpfungszustände waren die Folge. 1943 vermerkte die Deutsche Bank, daß
ein Teil der Mitarbeiter „durch die auf den Krieg zurückzuführende besonders
hohe berufliche Inanspruchnahme […] vorzeitig arbeitsunfähig geworden sein
dürfte."[152]

1.4 ORGANISATION UND KOMPETENZVERTEILUNG

Die Organisation eines Unternehmens entscheidet mit über dessen Erfolg.[153] Die
Banken bemühten sich darum, zentrale Steuerung und Autonomie der Filialen
auch in der Personalpolitik so auszubalancieren, daß die Zentralabteilungen rasch
Informationen erhielten und ihre Geschäftspolitik daran ausrichten konnten, andererseits die Filialen flexibel auf regionale Märkte, Wettbewerbskonstellationen
und politische Landschaften reagierten.[154] Steuerungsprobleme und strukturelle

147 Vgl. Gradl, Banktechnik, S. 289; Kontrolle und Rationalisierung , in: DBa 35 (1942), S. 137ff.

148 Vgl. Rationalisierung, S. 179; Karl Theisinger, Der Ausbau des betrieblichen Rechnungswesens der Kreditinstitute, in: BA 37/38 (1938), S. 315-320; Theisinger, Rationalisierungsaufgabe, S. 402; BAB, R3101, 15551, S. 85f., Vermerk, 24.6.1942; RGVA, 1458-1-1761, RWM
an Reichswirtschaftskammer u.a., 12.11.1936; Rummel an Wulff, 24.5.1938; Betriebswirtschaftlicher Ausschuß der Reichsgruppe Banken. Referat I; RGVA, 1458-1-1762; 1458-1-
1763.

149 Vgl. Abs, Gegenwartsprobleme, S. 779; Grundsätzliche, S. 251; Arzet, Berufsausbildung, S.
1743-1745; Der Reichswirtschaftsminister zur Bankenrationalisierung, in: BA 1942, S. 225-
227, 226; Beiträge, S. 370; RGVA, 1458-1-1741, RKK, An den Herrn Stadtpräsidenten,
20.9.1939; 1458-1-442, v. Keller/Goedecke, Vorschläge zur Reorganisation des Bankwesens,
kein Datum; Das Kreditwesen nach dem Kriege, kein Autor, kein Datum. Bähr, Bankenrationalisierung, S. 76 sieht „das Ziel eines dauerhaften Abbaus der ‚Übersetzung'" hauptsächlich
im Jahr 1940.

150 Vgl. Walter Berninghaus, Gedanken über die Bankenrationalisierung, in: BW 1943, S. 309-
311; Richter, Rationalisierung, S. 194; Noch rationeller arbeiten – aber das Publikum, in:
DDV 1943, Nr. 16, S. 501; Neuer Personalabzug aus dem Kreditgewerbe , in: BW 1943, S.
273 f.; Schließung, S. 205; Personalfragen, S. 104; Theisinger, Rationalisierungsaufgaben, S.
400.

151 Vgl. Ansprache Rummel auf der Generalversammlung 1941, BAB, R8119F, P10913.

152 HADB, B 315, Bemerkungen zum Abschluß vom 31. Dezember 1943, S. 6; auch B 314,
Bemerkungen zum Abschluß vom 31. Dezember 1942, S. 15.

153 Vgl. Mitusch, Organisationsstruktur, S. 1, 3; Hilger, Sozialpolitik, S. 21.

154 Vgl. MDB 1930, S. 24; GB DB 1932, S. 12; GB DB 1933, S. 10; Feldman, Allianz, S. 55.

Konfliktlinien zwischen Zentralen und Filialen[155] wuchsen mit den Fusionen[156] und der Größe der Banken.[157]

Während Deutsche Bank und Dresdner Bank nur eine Zentrale in Berlin hatten,[158] zog die Commerzbank erst 1932 auch die bei ihrem Geschäftssitz in Hamburg verbliebenen Kompetenzen nach Berlin, um die Entscheidungsstruktur zu straffen.[159] Als Gegengewicht zur Zentralisierung schufen die Banken Anfang der dreißiger Jahre „Kopfstellen"/„Hauptfilialen" zwischen Zentrale und Filialen.[160]

Die für das operative Geschäft zuständigen Vorstände waren in den 1940er Jahren nach dem doppelten Prinzip von regionaler- und Fachzuständigkeit organisiert. Zum einen waren also alle Mitglieder mit Personalfragen in „ihren" Filialen befaßt. Zum anderen war ein Vorstandsmitglied für das Personalwesen insgesamt zuständig. Seit 1934 befaßte sich in manchen Fällen der zum „Betriebsführer" ernannte Vorstand nur mit Personalfragen.[161] Der Aufsichtsrat genehmigte die Ernennung und Beförderung leitender Angestellter. Auch der nach der Bankenkrise gebildete „Arbeits-Ausschuß" behandelte Personalfragen.[162] Alltägliche Entscheidungen traf die Personalabteilung; der Personalchef[163] gehörte zu den stellvertretenden Vorstandsmitgliedern (ab Anfang der 1930er Jahre, „Direktoren der Bank" bei Commerzbank und Deutscher Bank, „A-Direktoren" bei der Dresdner Bank)[164] oder zu den eine Hierarchiestufe tiefer stehenden Abteilungsdirektoren.

Filialen berichteten regelmäßig über ihre Mitarbeiter an die Personalabteilung,[165] legten Gehaltserhöhungen oder Sozialleistungen zur Genehmigung vor

---

155 Vgl. AK 2 (1935), S. 145 f.
156 Vgl. HADB, B 200, Solmssen an Kirdorf, 20.7.1933 (Abschrift); Bank, S. 94.
157 Vgl. Regionalbanken? Beiträge zu einer Banken-Enquête, III, in: FZ, Nr. 464/6, 25.6.1933;
     Ludwig Mellinger, Umorganisation der Kreditwirtschaft, in: DBa Nr. 28 vom 12.7.1933.
     Auch in der Bankenenquête ging es um Steuerungsprobleme. Vgl. u.a. Publizitätsfragen des
     Bankgewerbes. in: BeBZ Nr. 558 vom 29.11.1933; BBC, Nr. 416, 6.9.1933.
158 Hauptsitz der Dresdner Bank war aber Dresden. Vgl. BBZ 25 (1920), S. 65.
159 Vgl. HAC, 1/1861, 35. SAA, 4.12.1931; 659. ARS, 29.12.1931; NBB, 1932, S. 11 f.
160 Vgl. Meyen, 120 Jahre, S. 129; FZ, Nr. 464/6, 25. Juni 1933; GB DB 1932, S. 12; GB DB
     1933, S. 10; Keiser, Bankenjahr 1941, S. 4. Die Commerzbank führte das System der Kopffi-
     lialen wohl weniger konsequent durch. Vgl. BBC, Nr. 556 vom 28.11.1933; TStA Gotha, CB
     Ilmenau, 3, PR Nr. 890, 20.2.1932; HAC, 1/186 I, 44. SAA, 6.10.1932; 45. SAA, 27.10.1932;
     48. SAA, 10.1.1933. Vgl. auch zur Allianz-Versicherung Feldman, Allianz, S. 55-58, 61.
161 Paul Hampf von der Commerzbank und Karl Ritter von Halt bei der Deutschen Bank waren
     nur für wenige Filialen zuständig. Vgl. NA, RG 260, Box 195, Dr. Schilling/Commerzbank,
     Stellung von Aufsichtsrat und Vorstand, (kein Datum).
162 Zum Arbeitsausschuß vgl. James, Bank, S. 335; Feldman, Bank, S. 310 f.
163 Zu Personalchefs vgl. Kapitel 1.5. Bei der Deutschen Bank entschied 1929 über Vollmachten
     und Beförderung zum leitenden Angestellten nicht die Personalabteilung, sondern das Filial-
     büro. Vgl. SHStA Dresden, 13131, 1465, DB, PA, An die Direktionen unserer Filialen,
     1.11.1929.
164 Vgl. GB DB 1931, S. 16; Wolf, Chronik, I, S. 97; SHStA Dresden, Altbanken Dresden, DB,
     6363, DB, Vorstand, An die Direktionen unserer Filialen und Zweigstellen, 8.1.1932.
165 Vgl. RGVA, 1458-1-1780, Theisinger an RKK/Donner, 6.5.1938.

und meldeten seit Mitte der zwanziger Jahre regelmäßig Kennzahlen.[166] Organisations- und Revisionsabteilung führten Kontrollen durch.[167]

Wie die Kreditpolitik entstand also die Personalpolitik im Wechselspiel zwischen den am Gewinn interessierten Filialleitern und der restriktiveren Zentrale.[168] Die Filialkompetenzen mußten aber nicht so schnell der Wirtschaftsentwicklung angepaßt werden wie im Kreditwesen, weil die Kosten von Fehlern nicht so hoch waren.[169] Verstöße wurden kritisiert,[170] doch weniger streng sanktioniert.[171]

Doch seit 1919 war eine konsequente Steuerung wichtiger geworden,[172] denn die Größe der Filialbanken, die strengere Arbeitsgesetzgebung und die Etablierung der Betriebsräte erhöhten die Kosten von Fehlern.[173] Personalabteilungen formalisierten ihre Arbeit, sammelten Daten[174] und vereinheitlichten ihr Rundschreiben- und Richtliniensystem.[175] Sozialpolitische Abteilungen wie in der Industrie[176] bildeten sich aber wohl noch nicht. Der neue Arbeitgeberverband, der Reichsverband der Bankleitungen,[177] koordinierte das Vorgehen gegenüber den Arbeitnehmervertretern.[178] Spannungen entstanden, weil die Zentralen eine einheitliche Steuerung der Filialen[179] und gleichzeitig ein unabhängig wirkendes oder unter den örtlichen Großbankfilialen koordiniertes Auftreten wünschten.[180]

Nach 1933 änderte sich die Organisation der Personalpolitik in den Banken nicht wesentlich,[181] doch die Koordination zwischen den Banken und zwischen

---

166 Vgl. Meyen, 120 Jahre, S. 129; PR Nr. 268, 4.6.1924; Nr. 887, 6.2.1932; AK 4 (1937), S. 141 f.

167 Vgl. Rittstieg, Grundsätze, S. 8; DB 1932, S. 12; MDB 1932, S. 44 f.; AK 3 (1936), S. 183f.

168 Vgl. Feldman, Bank, S. 234; Seidenzahl, Bank, S. 278. Filialleiter zogen sich in der Personal- wie in der Kreditpolitik bei unangenehmen Fragen gerne „hinter Berlin zurück", wie die Commerzbank-Zentrale 1930 kritisierte. PR Nr. 762, 27.5.1930.

169 Vgl. Meyen, 120 Jahre, S. 129.

170 Vgl. u.a. PR Nr. 754, 1.5.1930; Nr. 892, 3.3.1932; Nr. 907, 25.5.1932; Nr. 979, 15.5.1933.

171 Vgl. PR Nr. 709, 9.10.1929.

172 Nach Rudl, Angestellte, S. 67 hinkte vor 1914 die Organisation hinter der Betriebsgröße her.

173 Die Betriebsräte der Filialen tauschten untereinander Informationen aus. Vgl. Kapitel 1.5.

174 Vgl. Kapitel 1.3.

175 Die Commerzbank numerierte Rundschreiben seit etwa 1920. Vgl. auch PR Nr. 708, 8.10.1929. Kritik an „Bürokratisierung": HAC, 6, CB, PA an Niederl. Frankfurt, 23.11.1934.

176 Vgl. Plumpe, Unternehmen, S. 54 f.

177 Vgl. Kapitel 1.5.

178 Vgl. SHStA Dresden, Altbanken Dresden, DB, 1143, DB, PA, An die Direktionen unserer Filialen, 19.3.1923.

179 Vgl. PR NR. 793, 31.10.1930; Nr. 803, 11.12.1930; Nr. 854, 13.8.1931; Nr. 856, 17.8.1931; Nr. 918, 8.7.1932; Nr. 1007, 2.9.1933.

180 Vgl. SHStA Dresden, Altbanken Dresden, DB, 6361, DB an Direktion der DB Filiale Dresden, 20.3.1928; DB an Direktion der DB Filiale Dresden, 20.3.1928; 13135, DrB, Direktion, An unsere Niederlassungen!, 16.3.1928; PR Nr. 1007, 2.9.1933. Örtliche Koordination: Vgl. u.a. PR Nr. 824, 19.3.1931; Nr. 898, 6.4.1932; Nr. 953, 27.1.1933.

181 Zur erfolglosen Forderung nach dem „Führerprinzip" vgl. BBC, Nr. 416, 6.9.1933; Das Programm der Bank-Enquete, in: FZ, Nr. 664/6, 7.9.1933; Feldman, Bank, S. 238; James, Bank, S. 392. Doch hatten sowohl Reinhart bei der Commerzbank als auch Carl Goetz bei der Dresdner Bank als Aufsichtsratsvorsitzende seit 1934/35 (Goetz bis 1943) erweiterte Kompe-

Zentralen und Filialen gewann an Bedeutung. Denn die DAF nutzte regionale Präzedenzfälle, von denen sie durch ihre zentrale Informationssammlung erfuhr, gezielt als Druckmittel auf Zentralebene.[182] Rudolf Lencer als Leiter der Reichsbetriebsgemeinschaft Banken und Versicherungen hatte wohl den Ausbau dieses Informationsvorsprungs im Sinn, als er 1936 gegen ein „Abhängigkeitsverhältnis" der Filialen von der Zentrale wetterte, die „bei jeder Kleinigkeit [...] erst den Verband fragen: Kann ich das auch unbedenklich tun?"[183] Filialen behaupteten: „Wir wollen schon, aber Berlin will nicht. Und wenn ich nach Berlin komme, dann sagt man immer, wir haben nichts dagegen".[184]

Deutsche Bank-Betriebsführer Sippell dagegen forderte die Filial-Vertrauensräte 1937 auf, „verantwortungsbewußt [zu] prüfen, ob [eine] Frage auf die Interessen des Gesamtinstituts übergreift. Alsdann ist selbstverständlich Berlin [...] zu befragen." Konflikte seien „im Hause" auszutragen, statt „mit seinen Klagen zu Außenstellen" zu gehen. Wenn es sich als „unmöglich erwiesen hat, zu einer Verständigung zu kommen", solle man „uns in Berlin unterrichten [...]. Wir haben [...] weitreichendere Erfahrungen, die uns befähigen, Ihnen zu helfen".[185] Bis 1934 übernahm der Reichsverband der Bankleitungen die Koordination, dann die Wirtschaftsgruppe Privates Bankgewerbe und ab 1936 die Reichsgruppe Banken.[186] Es gab auch bilaterale Absprachen.[187]

1.5 AUSHANDLUNGSSTRUKTUREN

Personalpolitik entsteht aus Auseinandersetzungen zwischen Unternehmensleitung und Mitarbeitern, Verbänden und Behörden.[188] Wer waren die Akteure und was waren die Strukturen dieses Aushandlungsprozesses in den Banken?

---

tenzen. Vgl. Börsenblatt, 21.2.1941; RGVA, 1458-1-549, RWM/Koehler, An Referat I/8, 14.6.1937. FZ, 1.7.1934 vermutete eine Erprobung des „Führergedanken[s] im Aktienwesen".

182 Mitte 1933 erklärte der Reichsverband der Bankleitungen, reagiere ein Mitglied alleine auf DAF-Forderungen, so müssten die anderen „das Gleiche [...] tun", um nicht „als ‚unsozial' zu gelten." SHStA Dresden, Altbanken Dresden, Krögiser Bank, 2637, RS RVB, 31.8.1933.

183 Lencer, Leistungsgemeinschaft, S. 28-30.

184 SB 6 (1936), Nov., S. 19; ähnlich zur Dresdner Bank: BE 1 (1935), S. 102.

185 SB 7 (1937), S. 237 f.; fast wortgleich ein Vorstandsmitglied der Dresdner Bank 1935 in BE 1 (1935), S. 102. Vgl. auch Verbot der Weitergabe von Betriebsstatistiken an die DAF in HAC, 1/8, CB, PA an Niederlassung Frankfurt, 10.1.1939. Vgl. auch PR Nr. 1232, 31.12.1936; Nr. 1310, 15.1.1938; Nr. 1217, 5.10.1936; HAC, 1/224 I, CB an Filiale Gotha über Erfurt, 21.1.1937; HAC, 1/224 I, CB an Filiale Erfurt, 27.3.1939.

186 Vgl. LHA Magdeburg, Rep. I 103, Bankhaus Dippe-Bestehorn, Quedlinburg, Nr. 12, Der Vertrauensmann der Fachgruppe Privatbankiers [...], 23.6.1936, Rundschreiben.

187 Vgl. u.a. HAC, 1/247 I, Aktennotiz, 6.7.1939; CB Filiale Mannheim an PA, 25.7.1939, DAF, Gauwaltung Baden an Betriebsführer des Kreises Mannheim, 2.4.1941; CB Filiale Mannheim an PA, 28.4.1941, Aktennotiz, 10.3.1942.

188 Vgl. Plumpe, Mitbestimmung, S. 2, 6, 11 f., 19, 26.

1.5.1 Die Weimarer Republik bis zur Weltwirtschaftskrise

Das Ende des Ersten Weltkriegs bedeutete in den Banken, vielleicht noch mehr als in anderen Branchen, einen tiefgreifenden Umbruch der Arbeitsbeziehungen. In der Zeit des Kaiserreichs waren Gewerkschaften eine Randerscheinung gewesen, „das persönliche Verhältnis des Angestellten zu seinem Prinzipal" stand im Mittelpunkt.[189] Die meisten gut bezahlten Bankangestellten fühlten sich „einer Schicht zugehörig [...], die sich noch stark von der Arbeiterschaft distanzierte." Bei der Dresdner Bank etwa durfte jeder Mitarbeiter jederzeit bei Vorstandsmitglied Eugen Gutmann vorsprechen, und die Gesamtbelegschaft der Berliner Zentrale vom Laufburschen bis zum Direktor machte 1905 zum Jubiläum einen Ausflug.[190] Nicht einmal der Tarifgedanke hatte sich durchgesetzt.[191] Die Arbeitsbeziehungen wiesen patriarchalische Elemente – Fürsorge und Eingriffe ins Privatleben gegen Treue und Vertrauen –[192] auf, ohne daß die Aktiengesellschaften bewußt auf familiäre Rituale zurückgegriffen hätten.[193]

Nach ersten Auseinandersetzungen um Gehaltsforderungen und Mitbestimmung 1913 etwa in der Deutschen Bank[194] nahmen die Konflikte im Krieg zu. Die Einkommen verschlechterten sich im Vergleich zu anderen Branchen, und Bankleitungen zeigten sich ignorant gegenüber Gehaltsforderungen.[195] So wuchs der Zulauf zu den Gewerkschaften. „Die Anzeichen dafür mehrten sich, daß der herkömmliche paternalistische Stil nicht mehr funktionierte."[196] Die letzten Kriegsjahre und die „Novemberrevolution" wirkten als Katalysator. Verspätet gegenüber der Industrie organisierten sich auch die Bankangestellten massenhaft.[197] Gleichzeitig hatte sich die Distanz zwischen den Angestelltengruppen – gelernten

189 DBB 17 (1926), S. 26 f.; Vgl. auch Rudl, Angestellte, S. 105-117; Gall, Bank, S. 120.
190 DDB 19 (1930), S. 94. Vgl. auch Baier, Die Lage, S. 106. Klagen über geringe Gehälter gab es aber schon 1904. Vgl. DAB 7 (1927), S. 11.
191 Vgl. Rudl, Angestellte, S. 117; Krause, Commerz- und Disconto-Bank, S. 172-173, 223, 323.
192 Zur „warmen Fürsorge" vgl. NB, Nr. 71, September 1917, S. 4; auch NB Nr. 76, 1. Dezember 1917, S. 4; BBZ 14 (1909), S. 66 ; zum „Vertrauen" NB, Nr. 33, Februar 1916, S. 3. Commerzbankmitarbeiter mußten Heiraten genehmigen lassen. Vgl. Krause, Commerz- und Disconto-Bank, S. 222.
193 Zur Definition und Differenzierung von „Patriarchalismus"/„Paternalismus" vgl. Berghoff, Unternehmenskultur, S. 167, 178 f.; Berghoff, Hohner, S. 102, 112-120; Martin Fiedler, Betriebliche Sozialpolitik in der Zwischenkriegszeit. Wege der Interpretation und Probleme der Forschung im deutsch-französischen Vergleich, in: GG 22 (1996), S. 350-375, 353-359.
194 Vgl. Gall, Bank, S. 120.
195 Vgl. Feldman, Bank, S. 178. Friedrich Reinhart vom Vorstand der Mitteldeutschen Creditbank soll durch „rücksichtslose Verordnungen [...] selbst die ältesten und ruhigsten Beamten so [...] verbitter[t]" haben, daß sie sich zum Großteil dem sozialistischen Allgemeine Verband der Bankangestellten anschlossen. DDB 8 (1919), S. 197. Tatsächlich gewann der AV bei den Angestelltenratswahlen 1920 alle Sitze bei der MCB. Vgl. DDB 9 (1920), S. 7.
196 Feldman, Bank, S. 178. Vgl. auch. HADB, F1/199, DB an DB, Filiale Bremen, 29.9.1916; Baier, Die Lage, S. 106 f. Zu ersten Anzeichen um 1905 vgl. Krause, Commerz- und Disconto-Bank, S. 281-282.
197 Vgl. Rudl, Angestellte, S. 105. Das Koalitionsrecht ihrer Angestellten erkannten die Banken seit 1913 an, vgl. Krause, Commerz- und Disconto-Bank, S. 280.

„Bankbeamten", Hilfskräften, Boten – vertieft[198] und so war auch die Gewerkschaftslandschaft zersplittert:[199]

Die größte Gewerkschaft, der 1894 gegründete, von Max Fürstenberg geführte unpolitisch-nationale Deutsche Bankbeamten-Verein (DBV), übernahm bis
1918 viele lokale Bankangestelltenverbände. Im Lauf des Ersten Weltkriegs bekannte er sich zum Tarifprinzip und wurde zu einer echten Mitarbeitervertretung,
in der Direktoren nicht mehr Mitglied sein durften.[200] Der DBV arbeitete auf maßvolle materielle Verbesserungen hin, nahm als Vertretung der auf ihren Status als
„Bankbeamte" bedachten ausgebildeten Bankangestellten nur kaufmännische
Angestellte auf und vertrat, in Abgrenzung zu branchenübergreifenden Gewerkschaften, die Bankangestellten „als besondere Schicht der kaufmännischen Angestellten".[201] 1919 ließ der Verband weibliche Mitglieder zu und sprach sich nicht
mehr gegen Frauenarbeit aus, doch seine Funktionäre waren Männer.[202] Die gewerblichen Angestellten verwies der DBV an den 1920 gegründeten „Reichsverband der Bankkassenboten und technischen Bankangestellten Deutschlands".[203]
Leitende Angestellte dagegen, die nicht dem DBV folgen wollten, sammelten sich
in der 1919 gegründeten „Vereinigung der Oberbeamten im Bankgewerbe"
(VDO). Die VDO verstand sich als „Mittler" zwischen Arbeitgebern und Arbeitnehmern, lehnte Tarife für „Oberbeamte" ab und forderte deren überproportionale
Berücksichtigung in den Mitarbeitervertretungen, weil sie wirtschaftlich besonders kompetent seien.[204] Nur Vorstandsmitglieder und Direktoren durften nicht
Mitglieder sein. Alle Angestelltenschichten umwarb dagegen der freigewerkschaftlich-sozialistische Allgemeine Verband der Deutschen Bankangestellten
(AV) – neben dem DBV die wichtigste Gewerkschaft im Bankgewerbe. 1912 gegründet, betonte er den Gegensatz zwischen Arbeitgebern und Arbeitnehmern,
setzte sich für das Tarifprinzip ein und hatte eine politische Ausrichtung. Der vom

---

198 1912 erklärte ein Bankangestellter in einer Umfrage, „die Distanz zwischen den oberen und
     den unteren [werde] immer größer". Zit. bei: Rudl, Angestellte, S. 67. Ein Commerzbankangestellter hatte schon um 1900 kritisiert: „Der Stand ist unrein und proletarisiert". Krause,
     Commerz- und Disconto-Bank, S. 278. Zu 1914-23 vgl. Baier, Die Lage, S. 102 f.
199 Vgl. Artikel Gewerkschaften, in: Meyers Lexikon. 7. Aufl., Fünfter Band […], Leipzig 1926,
     Sp. 142-155, 147; allgemein Peukert, Weimarer, S. 115.
200 Vgl. Rudl, Angestellte, S. 107-113; Gall, Bank, S. 118; DBB 15 (1924), S. 21 f.; DBB 17
     (1926), S. 53; DBB 19 (1928), S. 47-49; DBW 19 (1932), S. 85 f.; BBZ 14 (1909), S. 266,
     297, 323; BBZ 26 (1921), S. 2; BBZ 29 (1924), S. 6-9; BBZ, 30 (1925), S.75 f.; DDB 13
     (1924), S. 9; DDB 14 (1925), S. 85-87. Symptomatisch für die unpolitische Haltung des Verbands ist ein Lied für das Verbandsfest 1924: „Stimmung und Fidelitas/Herrsch' auf unserem
     Feste./Drum, Kollege, quält dich was,/Hau dich auf die Weste!/Schlag den Stumpfsinn tot im
     Nu/Und vergiß die Sorgen./Komm zu unserem Kränzchen du,/Morgen, – morgen – morgen.
     [… Es folgte] eine Ostereierpolonaise. […] Jede Dame […] erhielt ein Osterei gratis." DDB
     13 (1924). S. 70. Vgl. auch DDB 19 (1930), S. 98.
201 Vgl. Feldman, Bank, S. 178; Gall, Bank, S. 118; BBZ, 30 (1925), S. 3 f.; DBW 19 (1932), S.
     78 f.
202 Vgl. Rudl, Angestellte, S. 112 f.; BBZ 23 (1918), S. 8; BBZ 24 (1919), S. 116, 134 und die
     Vorstandslisten in BBZ; DBW.
203 Vgl. Rudl, Angestellte, S. 196; DBB 14 (1921), S. 15.
204 Vgl. Gewerkschaften, Sp. 149; Rudl, Angestellte, S. 179-181, 197; MVDO 3 (1921), Nr. 3, S.
     17; MVDO 9 (1927/28), S. 128; MVDO 11 (1929/30), S. 1f.; DAB 8 (1928), S. 40; BAB,
     R8119F, P807, VDO, Denkschrift Entwurf Betriebsratsgesetz, Juli 1919.

USPD-Mitglied Benno Marx und dem Kommunisten Karl Emonts geführte AV forderte Gleichberechtigung für Frauen, hatte – wenige – weibliche Funktionäre und sprach sich gegen Standesdünkel der Bankangestellten aus. Seine Mitglieder konzentrierten sich in Berlin, besonders in den „organisatorisch und ideologisch reifen Aktienbanken", wie Emonts 1920 schrieb.[205] Der 1920 von dissidenten AV-Mitgliedern um Marcus Greil gegründete sozialistische Konkurrenzverband des AV, der Reichsverband der Bankangestellten (RV), der ebenfalls alle Mitarbeitergruppen ansprach, ging 1925 wieder im AV auf.[206] Daneben standen Gesamt-Angestelltengewerkschaften mit einer Sektion im Bankgewerbe: So stand der den Hirsch-Dunckerschen Gewerkschaften nahestehende, betont unpolitische Gewerkschaftsbund der Angestellten (GDA) seit 1921 allen Mitarbeitergruppen offen.[207] Das gleiche galt für den 1893 gegründeten rechts stehenden Deutschnationalen Handlungsgehilfen-Verband (DHV) mit seiner Sektion für Frauen, dem „Verband der weiblichen Handels- und Büroangestellten". Der antisemitische DHV umfaßte alle kaufmännischen Angestellten. Seine zunächst von einem Herrn Backofen, dann von Kurt Schäffner geführte Sektion Banken warb seit 1922 verstärkt um Mitglieder und nahm ab Mitte der zwanziger Jahre mit zunehmendem Erfolg an Betriebsratswahlen teil.[208] Ende der zwanziger Jahre kamen noch links- und rechtsradikale Splittervertretungen hinzu. Die kommunistische Revolutionäre Gewerkschaftsopposition (RGO) im Bankgewerbe leitete Bodo Müller.[209] Auch die 1929 gegründete Nationalsozialistische Betriebszellen-Organisation (NSBO) gründete Zellen in den Banken. Die NSBO trat aber nicht zu Betriebsratswahlen an und war wegen ihrer Unterordnung unter die NSDAP keine eigentliche Gewerkschaft.[210]

Als die Gewerkschaften Ende 1918 Tarifpartner wurden, bildeten sich lokale und regionale Arbeitgeberverbände heraus. Aus einem Verband der Großbanken zur Abwehr marxistischer Bestrebungen, bald umbenannt in „Verband Berliner Bankleitungen", bildete sich Ende 1919 der „Reichsverband der Bankleitungen", der regionale und lokale Verbände umfaßte. Bis auf die Berliner Handels-Gesellschaft gehörten ihm alle Großbanken an, Vorsitzender war Eduard Mosler von der Disconto-Gesellschaft.[211] Gelegentlich koordinierten auch die geschäftli-

---

205 Vgl. Gewerkschaften, Sp. 147; Rudl, Angestellte, S. 110 f., 117; Feldman, Bank, S. 178 f.; BBZ 24 (1919), S. 51; Beilage zu Nr. 7, S. 2 f.; BBZ, 30 (1925), S. 3; DDB 10 (1920), S. 5; DDB 11 (1922), S. 26 f.; DDB 11 (1922), S. 143 f.; DBB 24 (1933), S. 17 f.; DDB 11 (1922), S. 201; DBB 14 (1921), S. 38. Kassenboten wurden erst 1919 in einer separaten Sektion aufgenommen. Vgl. DDB 18 (1919), S. 35. Emil Lederer, Die Sozialen Organisationen, 2. Aufl. Leipzig/Berlin 1922, S. 65 erklärt den Erfolg des AV mit der Mechanisierung.
206 Vgl. Gewerkschaften, Sp. 150; DBB 16 (1925), S. 10f.; DDB 14 (1925), S. 37. Um alle Mitarbeiter warb auch der wirtschaftsfriedliche Berufsverband Deutscher Bankbeamten. Vgl. Gewerkschaften, Sp. 150; DDB 14 (1925), S. 69.
207 Vgl. Gewerkschaften, Sp. 150; DAB 8 (1928), S. 9, 57-59; BBZ 26 (1921), S. 71.
208 Vgl. Gall, Bank, S. 118; Gewerkschaften, Sp. 147 f.; BBZ 31 (1926), S. 49; DBB 19 (1928), S. 72; DKB 5 (1928), S. 85.
209 Vgl. HAC, 10 Jahre NSBO. Commerz- und Privat-Bank.
210 Vgl. Schneider, Hakenkreuz, S. 165 f.; zur NSBO im Bankgewerbe vgl. Kapitel 1.V.2.
211 Verbandsdirektor war seit 1919 Paul Hampf, sein Stellvertreter Gerald Hemmerich. Nach Hampfs Wechsel zum Barmer Bank-Verein 1921 wurde Hemmerich Verbandsdirektor. Als

chen Interessenverbände, die „Stempelvereinigung"[212] und der Centralverband des Deutschen Bank- und Bankiergewerbes e.V.,[213] die Großbanken in personalpoliti- schen Fragen.[214] Daneben sprachen sich die Banken bi- oder multilateral ab.[215] Bei der Deutschen Bank war bis 1922 Vorstandsmitglied Paul Mankiewitz, dann bis 1927 Carl Michalowsky für Personal zuständig.[216] Personalchef der Dresdner Bank war von 1922 bis 1933 Arthur Schumacher. Im Vorstand war Walther Frisch für Personal zuständig;[217] bei der Commerzbank war es Carl Harter,[218] Per- sonalchef war seit 1921 Paul Hampf.[219]

Die Umbrüche der Arbeitsbeziehungen fanden ihren Ausdruck in neuen be- trieblichen Mitbestimmungsstrukturen: 1917 mußten die Großbanken entspre- chend dem Hilfsdienstgesetz von 1916 Arbeiter- und Angestelltenausschüsse gründen.[220] 1918 wurden unter heftigen Auseinandersetzungen Räte gewählt.[221] Vom AV dominiert, forderten sie Gehaltserhöhungen und Mitbestimmung. Ihre Radikalität und Vermischung der „Befugnisse zwischen Verband und Ausschuss"

1923 Hemmerich zur Disconto-Gesellschaft und Geschäftsführer Krukenberg zur Deutschen Bank gingen, folgte Heinrich Haeffner als Direktor. Günter Dermitzel war Syndikus. Vgl. Ar- tikel Arbeitgeberverband des privaten Bankgewerbes, in: Erich Achterberg/Karl Lanz (Hg.), Enzyklopädisches Lexikon für das Geld-, Bank- und Börsenwesen, Dritte Auflage, Frank- furt/Main 1967, 2 Bde., Bd. I A-H, S. 63; Rudl, Angestellte, S. 170f.; Der Berliner Bank- beamtenstreik , in: DBa 1919, S. 269-271, 270; BBZ 25 (1920), S. 41, 65; BBZ 26 (1921), S.2, 113; BBZ 28 (1923), S. 106, 109; BBZ 35 (1930), S. 134; DDB 9 (1920), S. 2f.; DDB 15 (1926), S. 37; AK 1944/45, S. 19; BAB, R8119F, P8890, RVB, Unseren Angestellten [...], 12.6.1919; SHStA Dresden, 13135, 291, DrB, Direktion, An unsere Niederlassungen, 2.2.1921; HADB, B 236/1, Niederschrift 5. Sitzung Verb. Berl. Bankleitungen, 26.11.1927.
212 Zur 1883 gegründeten „Stempelvereinigung" vgl. Günter Dermitzel, Artikel Standesorganisationen des privaten Bankgewerbes, in: Enzyklopädisches Lexikon für das Geld-, Bank- und Börsenwesen. Zugleich zweite Auflage vom Handwörterbuch des Bankwesens von M. Palyi und P. Quittner, 2 Bde., Frankfurt/Main, Bd. II I-Z, S. 1467-1472, 1467; James, Centralverband, S. 13, 32; Gall, Bank, S. 107 f. Gall, Bank, S. 108 gibt das Gründungsdatum mit 1885 an, Feldman, Bank, S. 141 mit 1900.
213 Vgl. James, Centralverband, S. 9-24, 30 f.; Standesvereinigungen, S. 1469.
214 Vgl. HADB, B 236/1, Auszug Niederschrift erste Personalchefbesprechung Verband Berliner Bankleitungen, 12.1.1927.
215 An einer 1930 eingerichteten Teerunde für Großbank-Vorstandsmitglieder nahmen Deutsche, Dresdner und Danat-Bank, nicht aber die Commerzbank teil. Vgl. Feldman, Bank, S. 272.
216 Vgl. BBZ 32 (1927), S. 54.
217 Hinweis von Dieter Ziegler, 6.3.2003.
218 Harter berichtete regelmäßig dem AR über Personal. Vgl. HAC, Protokolle des Aufsichtsrats
219 Vgl. u.a. DDB 19 (1930), S. 165; HAC, S1/Paul Hampf, Vorstand Commerzbank (Küh- ne/Erkelenz), Betr.: Unser Vorstandsmitglied Paul Hampf, 23.10.1945.
220 Vgl. HADB, F1/199, DB, Direktion, PA an Direktion der Filiale Bremen, 8.9.1917; NB, Nr. 74, 1. November 1917. Zu erfolglosen Abwehr- und Beeinflussungsversuchen vgl. HADB, F1/199, DB, Direktion an Direktion DB Filiale Bremen, 7.9.1917; F1/199, DB, Direktion, PA, an die Direktion der DB Filiale Bremen, 8.9.1917. NB, Nr. 74, 1. Nov. 1917. Gall, Bank, S. 120 erklärt dagegen, die Gewerkschaften hätten erst 1919 Betriebsausschüsse durchgesetzt. Was die Ausschüsse in den Banken bewirkten, ist unklar – in der Industrie setzten sie erhebli- che Forderungen durch. Vgl. Plumpe, Mitbestimmung, S. 78.
221 Vgl. DDB 8 (1919), S. 6; BAB, R8119F, P8891.

verstörten die Bankleitungen.[222] Auch „ältere Beamte, seit Jahren und Jahrzehnten mit dem Schicksal der Bank aufs engste verknüpft," distanzierten sich.[223]

Die konfliktreiche Übergangsphase setzte sich über den Erlaß der „Verordnung über Tarifverträge, Arbeiter- und Angestelltenausschüsse und Schlichtung von Arbeitsstreitigkeiten" (Dezember 1918)[224] bis zum Gesetz über Betriebsräte und zum ersten Tarifvertrag im Bankgewerbe (Februar und Oktober 1920) fort. Sie war geprägt von Verzögerungstaktiken der Bankleitungen gegenüber den Ausschüssen,[225] gescheiterten Tarifverhandlungen der Spitzenverbände[226] und einem zweiwöchigen Streik der Berliner Bankangestellten im April 1919,[227] aber auch von provisorischen betriebsinternen und regionalen Einigungen über Gehalt und Mitarbeiterrechte sowohl vor[228] als auch nach dem Streik.[229]

Die Bankleitungen äußerten sich skeptisch bis schroff ablehnend zur Mitbestimmung.[230] Sie kämpften hartnäckig, doch erfolglos gegen die Bestimmung des

---

222 Vgl. HADB, F1/421, DB, Direktion, PA an die Direktion der DB Filiale Bremen, 27.11.1918; BAB, R8119F, P8891, Notiz „In der 2. Sitzung [...]" (kein Datum [1918]).
223 Erklärung vom 27.11.1918, BAB, R8119F, P8891, zit. bei Feldman, Bank, S. 178; vgl. auch die vorstandsfreundliche Haltung in NB, II. Folge, Nr. 1, 15. Januar 1919, S. 5. Auf Verbandsebene gerierte sich der AV als einzige Vertretung der Bankangestellten und bemühte sich um die Übernahme des DBV. Vgl. DDB 8 (1919), S. 2-4; DDB 8 (1919), S. 38 f.; BBZ 24 (1919), S. 29-31; DBB 24 (1933), S. 17 f.; HADB, F1/421, DB, Direktion, PA, an die Direktion der DB Filiale Bremen, 27.11.1918; MVDO 2 (1920), Nr. 3, S. 22.
224 Vgl. Rudl, Angestellte, S. 170; BBZ 24 (1919), Beilage zu Heft Nr. 1, S. 1 f.
225 Vgl. HADB, F1/421, DB, Direktion, PA an die Direktion der DB Filiale Bremen, 27.11.1918.
226 Vgl. BAB, R8119F, P8890, VBB, Unseren Angestellten zur Aufklärung!, 12.6.1919. Vgl. DDB 8 (1919), S. 98 f., 115-117, 181 f; DDB 9 (1920), S. 29-31; BBZ 26 (1921), S. 150; GB DB 1919, S. 15; BBZ 23 (1919), S. 140 f. Im Juni besetzten Kommunisten die Hamburger Commerzbank. Vgl. Die Deutschen Banken im Juni 1919, in: Die Bank 1919, S. 459-461.
227 Der vom AV angeführte und unter den Angestellen heftig umstrittene Streik dauerte vom 9. bis zum 19. April 1919 (die Deutsche Bank begann einen Tag später), am 22. nahmen die Angestellten die Arbeit wieder auf. Vgl. Rudl, Angestellte, S. 200; Feldman, Bank, S. 179; Bankbeamtenstreik, S. 270; Der Streik der Bankbeamten, in: BT, Nr. 159, 10.4.1919, 1. Beiblatt. BBZ 24 (1919), S. 66; BBZ 26 (1921), S. 150. BAB, R8819F, P8890, Telegramm an Pelzin, 19.4.1919; Bank für Handel und Industrie [...], Zum Bankbeamten-Streik!, in: BT Nr. 182, 24.4.1919; DDB 8 (1919), S. 59-63; DDB 10 (1920). S. 4; BBZ 24 (1919), S. 67; BAB, R8119F. P8890, Antrag I (kein Datum, kein Autor); Bund der Beamten der Deutschen Bank, Aufruf „Mitarbeiter", 9.4.1919. Die filiallose Großbank Berliner Handelsgesellschaft, die nicht dem Reichsverband der Bankleitungen angehörte, hielt ihre Angestellten durch Gehaltserhöhungen vom Streik ab. Vgl. Der Streik, S. 119; Bankbeamtenstreik, S. 270; DDB 18 (1929), S. 37 f. Der Schiedsspruch schrieb Angestelltenausschüsse mit gewissen Rechten und die baldige Aushandlung eines Tarifs vor. Vgl. DDB 8 (1919), S. 63-65. Zum Protest der Bankleitungen dagegen vgl. Bank für Handel und Industrie [...], Zum Bankbeamten-Streik!, BT Nr. 182, 24.4.1919. Rudl, Angestellte, S. 200 und in gewissem Ausmaß Gall, Bank, S. 120 betonen den Erfolg des Streiks, während Feldman, Bank, S. 179-181 ihn für gescheitert erklärt. Tatsächlich ergebnislos blieb ein reichsweit aufsehenerregender Streik der Hamburger Bankangestellten im August. Vgl. Rudl, Angestellte, S. 201; DDB 8 (1919), S. 126-132; BBZ 24 (1919), S. 181-183, BBZ 26 (1921), S. 150.
228 Vgl. DDB 8 (1919), S. 4-8, 34; Feldman, Bank, S. 179.
229 Zu Tarifabschlüssen vgl. Rudl, Angestellte, S. 169-173. Zum Einfluß auf Einstellungen, Kündigungen und Entlohnung vgl. BBZ 25 (1920), S. 10; DDB 8 (1919), S. 175 f., 195-197.
230 Differenzierend erklärte Deutsche Bank-Vorstandsmitglied Wassermann: „Vorbei ist die Zeit, da der [...] Arbeitgeber den Angestellten, den Arbeiter, ausbeuten konnte, und wir bedauern es nicht" (NB, II. Folge, Nr. 1, 15.1.1919, S. 6), während sein Kollege Mankiewitz beklagte,

Betriebsrätegesetzes, Angestelltenvertreter in den Aufsichtsrat zu entsenden. Dies werde den Angestelltenvertretern Einfluß auf wichtige Bereich der Personalpolitik erlauben und werde die für das Bankgeschäft unabdingbare Geheimhaltung gefährden.[231] und versuchten, die verlorene Einigkeit wiederzubeleben. 1920 beschwor etwa Deutsche Bank-Vorstandsmitglied Mankiewitz den „Geist des freundschaftlichen Zusammenwirkens der Leitung und der Beamtenschaft". Wie Generalstab, Offiziere und Soldaten müßten Direktion, „Oberbeamte" und Angestellte einmütig zusammenarbeiten.[232] Loyale Angestellte schlossen sich in „Hausvereinen" zusammen, erklärten „vertrauensvolles Zusammenarbeiten [...] für segensreicher [...] als Kriegsruf und Streitaxt im eigenen Hause"[233] und kritisierten AV und DBV.[234]

1920 verankerte das Gesetz über Betriebsräte vom 4. Februar Mitbestimmungsrechte der Angestelltenvertreter im Aufsichtsrat;[235] am 5. Oktober schloß der Reichsverband mit AV und DBV eine Tarifvereinbarung ab.[236]

Nach dem Betriebsrätegesetz hatte der Betriebsrat eine „doppelte Referenzebene: Betriebswohl und Gruppeninteresse".[237] Er war bei Kündigungen zu hö-

---

die soziale Deutsche Bank sei durch „die neue Ordnung der Arbeitsverhältnisse [...] schwer geschädigt worden" (Feldman, Bank, S. 181) und Hampf vom Reichsverband von „denkbar schlechtesten" Erfahrungen mit der Mitbestimmung sprach (DDB 9 (1920), S. 4).

231 Vgl. Krause, Commerz- und Disconto-Bank, S. 326; Feldman, Bank, S. 181; BAB, R8119F, CDBB, Betr. 17.7.1919; Reichsverband der Deutschen Industrie [...], An Mitglieder der Deutschen Nationalsammlung, August 1919.

232 NB, II. Folge, Nr. 10, 15. Juli 1920, S. 6; vgl. auch NB, II. Folge, Nr. 9, S. 1. Vgl. auch Krause, Commerz- und Disconto-Bank, S. 326.

233 BAB, R8119F, Flugblatt „Unseren Mitgliedern zur Kenntnisnahme", 9.7.1919; Der Beamtencharakter des Bankangestellten , in: DBa 1919, Juli, S. 478-480, 478; Feldman, Bank, S. 177-179; Der Streik, S. 120. Ein Vertreter des Bundes der Beamten der Deutschen Bank gedachte bei der Jubiläumsfeier 1920, „dankbarst alles dessen [...], was die Bank an Wohlwollen, Güte und Fürsorge in diesen langen Jahren [...] geleistet hat". Er revanchierte sich mit „unserem unbeirrbaren Treubekenntnis zur Bank und deren Leitung". NB, II. Folge, Nr. 10, 15. Juli 1920, S. 7; ähnlich ein „Oberbeamten"-Vertreter: NB, II. Folge, Nr. 10, 15. Juli 1920, S. 6 f.

234 Vgl. DDB 8 (1919), S. 15 f.; Beamtencharakter, S. 478. In der Generalversammlung der Disconto-Gesellschaft 1919 redete ein pensionierter Direktor gegen die Forderungen des DBV-Vorsitzenden Fürstenberg: Man habe „zu seiner Zeit noch Lust zur Tätigkeit gehabt, während heute Lust zur Opposition die Regel sei. Früher sei gearbeitet worden, jetzt halte man Versammlungen ab." BBZ 24 (1919), S. 91. Ein Lehrlings der Dresdner Bank bewarb sich um Aufnahme in den Hausverein „weil ich jeden aussergeschäftlichen Verkehr mit Kollegen radikaler Gesinnung vermeiden möchte.". DDB 8 (1919), S. 215; auch DDB 9 (1920), S. 3-4.

235 Das Gesetz über die Entsendung von Betriebsratsvertretern in den Aufsichtsrat vom 15. Februar 1922 präzisierte die Kompetenzen. Vgl. RGBl. I 1920, S. 147 ff.; RGBl. I 1922, S. 209 f.; Plumpe, Mitbestimmung, S. 37-45. Zur Bemühung der Banken, vom Betriebsrätegesetz ausgenommen zu werden, vgl. Feldman, Bank, S. 181 f.; BBZ 27 (1922), S. 23, 37-39; BAB, P887, DB an Reichsregierung/Reichskanzler, 26.1.1920; HAC, 1/648, CB, An den Herrn Reichskanzler, 27.1.1920. Die VDO verlangte erfolglos einen eigenen Betriebsrat der „Oberbeamten". BAB, R8119F, P887, VDO, Denkschriften Mai und Juli 1919. Das Betriebsrätegesetz gab den Angestelltenvertretern weniger Rechte als der Schiedsspruch vom April 1919. Vgl. DDB 9 (1920), S. 42, 207.

236 Am 22. Oktober wurde ein zum Reichstarifvertrag erhoben. Vgl. Baier, Die Lage, S. 48-52; DDB 9 (1920), S. 109f., DDB 10 (1921), S. 3; DBB 23 (1932), S. 85; MVDO 2 (1920), Nr. 3; BBZ 25 (1920), S. 113; BBZ 26 (1921), S. 151; GB DB 1919, S. 15.

237 Plumpe, Mitbestimmung, S. 2-4, 50.

ren,[238] konnte aber kein Veto einlegen,[239] durfte über Einstellungen und Beförderungen nicht mitentscheiden und keine detaillierte Einsicht in die Geschäftsentwicklung nehmen.[240] Filialen und Zentralen wählten Betriebsräte, die dann Vertreter in den Aufsichtsrat wählten.[241] Am 14. November 1922 nahmen erstmals Betriebsratsvertreter an einer Aufsichtsratssitzung der Commerzbank teil.[242]

Die Beziehungen zwischen Betriebsräten und Leitungen blieben einerseits streitig. Die Bankleitungen versuchten, die Mitbestimmung zu unterlaufen,[243] indem sie wichtige Entscheidungen des Aufsichtsrats in Ausschüsse verlagerten, in denen keine Angestelltenvertreter zugegen waren.[244] Das galt auch für Personalfragen.[245] Bankdirektoren rissen Betriebsratsplakate herunter,[246] Betriebsratsmitglieder mußten nach Konflikten ausscheiden.[247] Der DBV kritisierte die „Herr im Hause"-Attitüde der Bankleitungen,[248] die der Motivation schade[249] und „Kriecherei" und „Zuträgerei" fördere.[250] Andererseits hielten etwa DBV-Betriebsräte auf Bitten der Leitung Mitarbeiter zum Sauberhalten der „Bedürfnisräume" an,[251] der AV-beherrschte Commerzbank-Betriebsrat nannte sein Verhältnis zur Direktion konstruktiv,[252] und Bankleitungen äußerten sich anerkennend.[253] In Krisen suchte

---

238 Vgl. Plumpe, Mitbestimmung, S. 45-58.

239 Vgl. Bankbeamtenstreik, S. 270 und Kapitel 2.1.

240 Zu weiterreichenden Forderungen vgl. DDB 8 (1919), S. 175 f.; BAB, R8119F, P887, VDO, Denkschrift Mai 1919; HADB, B 236/2, Vermerk, Herrn Direktor von Stauss, 25.3.1929.

241 Große Filialen wählten einen als Angestellten- und einen Arbeiterausschuß, sehr kleine Betriebe nur einen Betriebsobmann. Vgl. Betriebsrätegesetz § 2.

242 Vgl. Krause, Commerz- und Disconto-Bank, S. 326.

243 Der Elektrokonzern Siemens etwa verhielt sich konstruktiver, die westdeutschen Schwerindustriellen gingen ebenfalls auf Konfrontationskurs. Vgl. Sachse, Siemens, S. 26-27, 102f.

244 Vgl. Feldman, Bank, S. 182; BBZ 27 (1922), S. 89 f., 133.

245 Vgl. u.a. DDB 11 (1922), S. 144-146.

246 Vgl. DDB 8 (1919), S. 193-195; BBZ 26 (1921), S. 225; DDB 10 (1921), S. 179 f., 185; DDB 11 (1922), S. 61 f.; DDB 17 (1928), S. 110, 138; DDB 20 (1931), S. 36 f.; DDB 21 (1932), S. 37, 71; SHStA Dresden, 13135, 291, DrB, Direktion, An unsere Niederlassungen, 15.3.1921; DrB, Direktion, An unsere Niederlassungen!, 9.12.1922; 276, DrB, Direktion, An unsere Hauptniederlassungen, 21.11.1931; DB, 6360, DB, PA an Direktionen der Filialen und Zweigstellen, 23.6.1927.

247 Vgl. u.a. DDB 13 (1924), S. 25; DDB 15 (1926), S. 13; zum DBV DBB 11 (1922), S. 161 f.; BBZ 17 (1922), S. 132; SHStA Dresden, 13135, 291, Urteil des vorläufigen […], 24.1.1922.

248 Vgl. BBZ, 30 (1925), S. 1f.; DBB 15 (1924), S. 1. Der Direktor der Commerzbank Perleberg soll 1921 seine Mitarbeiter als „grüne Bengel", „Kanaillen", „Faultiere", „Revolutionsjünglinge" und „verkommene Lotterbande" beschimpft haben; der Prokurist eine Angestellte als „reines Rübenroß". DDB 10 (1921), S. 239-240; DDB 18 (1929), S. 194, 210. 1923 hatte der der DBV noch die Hoffnung geäußert, die „einseitige diktatorische Betriebsherrschaft" sei vorüber. BBZ 28 (1923), S. 110 f.

249 Vgl. die „Erbitterung" der Commerzbank-Angestellten lähme deren „Anhänglichkeit und Arbeitsfreudigkeit" (NBB, 1932, S. 11f.); vgl. die VDO konstatierte eine „Unzufriedenheit, wie wir sie früher nie gekannt haben" (MVDO 10 (1928/29), S. 131; vgl. auch DDB 17 (1928), S. 77; MVDO 10 (1928/29), S. 222 f.), Kritik des GDA: DAB 10 (1930), S. 40, 98.

250 Vgl. u.a. DAB 10 (1930), S. 40.

251 Vgl. DDB 14 (1925), S. 142 und Kapitel 3.II.3.

252 DDB 11 (1922), S. 163; vgl. auch DDB 8 (1919), S. 196.

253 Vgl. u.a. 669. ARS, 26.5.1934. Die positive Wertung mag aber eine Geste an die entmachteten Betriebsratsvertreter oder eine Mahnung an die nun herrschende NSBO gewesen sein.

man pragmatische Lösungen.[254] Während der DBV AV-beherrschte Betriebsräte
für übertriebene Opposition kritisierte,[255] warf der AV den DBVlern vor, sie beschränkten sich auf Diskussionen „über zu hart gekochte Erbsen, zu dünnen Kaffee".[256] Der DBV konstatierte eine „innere Zersetzung" der Betriebsräte.[257]

Zerstritten wie ihre Betriebsratsvertreter waren auch die Gewerkschaften:[258]
Der DBV etwa warf AV, RV und DHV vor, sie blähten „sich auf und gackern
umso lauter, je fauler das gelegte Ei ist" – wie der „virginische Frosch [...], der
nur sechs Zoll mißt, dem aber eine Stimme furchtbar wie Ochsengebrüll zuteil
wurde."[259] Der AV sei moralisch verworfen: „Vielleicht entspricht [...] Ihren
freigewerkschaftlichen Idealen [...] die Gruppenehe, d.h. es wohnen eine Reihe
von Ehepaaren zusammen; [...] sie lieben sich [...] nach eigenem Willen durcheinander."[260] Dagegen beschimpfte etwa der RV den DBV als „notorischen Zu-
hälter der Bankleitungen"; der AV nannte den DBV den Vertreter der „gewerk-
schaftlich nicht reifen" Angestellten „in Kötzschenbroda oder Teterow" und den
GDA eine „phrasengeschwollene Gesellschaft politischer Eunuchen".[261] Über all
diese Fronten hinweg gab es aber gerade auch in den letzten Jahren vor 1933 er-
staunliche Koalitionen.[262] Bei diesen erbitterten Konflikten ging es um Machtpo-
sitionen wie Betriebsratssitze und die Vertretung in den Gremien der Kranken-
und Rentenversicherungen.

Jahr	DBV	AV	BDB	RDBa	GDA	DHV	RDBo	VDO
1919	39246	k.A.	k.A.	0	k.A.	k.A.	k.A.	1560
1920	55300	20000	k.A.	5232	k.A.	k.A.	2112	2500
1921	61226	30000	4722	7373	k.A.	k.A.	3624	5000
1922	93574	33623	k.A.	k.A.	k.A.	k.A.	3500	4200
1923	110658	46432	7376	k.A.	k.A.	k.A.	5200	4800
1924	53731	15288	6821	k.A.	k.A.	k.A.	3200	4900
1925	40386	15288	6821	0	k.A.	k.A.	3200	4300
1926	31727	11963	5835	0	k.A.	k.A.	3200	4300
1927	31727	11526	k.A.	0	k.A.	k.A.	k.A.	4300
1928	36492	9500	5117	0	k.A.	12200	3480	4100
1929	38967	9258	5006	0	7500	13340	4000	4000
1930	39700	10630	4748	0	k.A.	k.A.	4100	4100
1931	39700	9635	4238	0	k.A.	k.A.	3606	3800

254 Vgl. etwa von Kurzarbeit und den Abbaufonds der Dresdner Bank1931 in Kapitel 3.2.
255 Vgl. DDB 8 (1919), S. 119; DDB 11 (1922), S. 162 f.
256 DDB 9 (1920), S. 101; DDB 15 (1926), S. 61; DDB 21 (1932), S. 122.
257 DBB 16 (1925), S. 37.
258 Vgl. Rudl, Angestellte, S. 201.
259 DBB 14 (1921), S. 41; DBB 15 (1924), S. 47, 54f., 78f.; Titelblatt DBB 22 (1922), Heft Nr.
    5; DBB 22 (1931), S. 19f.; DBB 22 (1931), S. 3; BBW 18 (1931), S. 120; BBZ, 30 (1925), S.
    1f., 6, 13-17; M. Fürstenberg, Die versuchte Zertrümmerung des Deutschen Bankbeamten-
    Vereins, Sonderdruck der Bankbeamten-Zeitung, Anfang Februar 1925, S. 1-4. Rudl, Ange-
    stellte, S. 198 f. stellt für 1918-19 eine Annäherung zwischen DBV und AV fest.
260 DBB 20 (1929), S. 14.
261 DBB 10 (1921), S. 2-4, 114; DDB 12 (1923), S. 29 f.; DDB 16 (1927), S. 135; BZZ, 30
    (1925), S. 18; BZZ, 30 (1925), S. 18. AVler griffen 1922 DBV-Vorsitzenden Fürstenberg tät-
    lich an. Vgl. BBZ 27 (1922), S. 184 f. Vgl. auch DDB 11 (1922), S. 128.
262 Vgl. DBB 14 (1921), S. 29; BZZ 30 (1925), S. 99; DBB 22 (1931), S. 45, 67 f.

Die Zahl der Gewerkschaftsmitglieder insgesamt nahm seit den Massenentlassungen 1924 ab – der AV sagte angesichts des „Abbaugespensts" „kaltes Blut und todähnliche[n] Schlaf" voraus, „bis uns […] ein Sonnenstrahl wachruft".[263]
Die Zerstrittenheit der Gewerkschaften verstärkte den Trend möglicherweise noch.[264] Beim Mitgliederanteil lag der DBV an erster Stelle, der AV an zweiter, bis ihn Ende der zwanziger Jahre der DHV überholte.

Im Betriebsrat behielt der AV bis 1930 die Mehrheit in den Großbanken in Berlin.[265] Dann nahm der DHV-Anteil zu, was der DBV mit der „politische[n] ‚Rechtsschwenkung' der Massen erklärte.[266] 1931 gewann die RGO einen Sitz.

Jahr	DBV	AV	DHV	VDO	RV	Übr.	RGO	Quelle
1920	1	8	0	1	0	0	0	BBZ 25 (1920), S. 10.
1924	2	10	0	0	0	0	0	DBB 15 (1924), S. 78.
1925	3	8	0	2	0	1	0	DBB 16 (1925), S. 37.
1926	2	8	0	2	0	0	0	DBB 17 (1926), S. 35.
1927	3	6	1	1	0	0	0	DBB 18 (1927), S. 27.
1928	3	7	1	2	0	0	0	DBB 19 (1928). S. 31.
1929	2	9	1	2	0	0	0	DBB 20 (1929), S. 29.
1930	2	7	2	2	0	0	0	DBB 21 (1930), S. 32.
1931	2	6	2	2	0	0	1	DBB 22 (1931), S. 35.

Der DBV dagegen beherrschte viele Betriebsräte kleinerer Filialen.[267] Bei der Wahl des „Betriebsausschusses" der Gesamtbank war darum der DBV oft stärker. So war zwar der Berliner Betriebsratsvorsitzende der Commerzbank meist AV-Mann, der DBV aber stellte die Aufsichtsratsvertreter.[268]

263 DDB 14 (1925), S. 9. Quelle der Tabelle: Rudl, Angestellte, S. 198, 271; Statistische Jahrbücher 1924/25-1932; HAC-4/35, Verbandstag der deutschen Bankangestellten; Flugblatt "Entschließung zur Einheitsorganisation", Juni 1919, BAB, R8119F, P8890 mit z.T. widersprüchlichen Angaben. Für den DHV liegen nur für zwei Jahre Daten vor. Eine vom RAM durchgeführte Abstimmung über die Organisationszugehörigkeit erbrachte am 31.3.1925 26839 DBV, 2009 RdBk., 13637 AV, 7767 DHV, 552 VwA, 2447 GDA, zu keiner Organisation 19701, Ungültig 685. Vgl. DDB 14 (1925), S. 55. Diese Daten weichen so stark von den übrigen ab, daß sie nicht zur Füllung der Lücken verwendet werden. „Hausvereine" bleiben außen vor, weil sie nur 1919 antraten und dann Wahlempfehlungen für den DBV abgaben. Vgl. DDB 9 (1920), S. 4-8; 100-102. Der Hausverein der Deutschen Bank hatte 1920 1.100 Mitglieder. Vgl. DDB 9 (1920), S. 5.
264 Das berichtete der DBV 1928. Vgl. DBB 19 (1928), S. 71.
265 Vgl. u.a. DBB 14 (1921), S. 19f., 38, 55; DBB 15 (1924), S. 78; DDB 14 (1925), S. 137; DDB 16 (1927), S. 135. Nur 1919 in der Dresdner und 1931 in der Deutschen Bank hatte der DBV im Angestelltenrat mehr Sitze als der AV. Vgl. DDB 9 (1920), S. 101 f.; DBB 24 (1933), S. 1 f. Die AV-Mehrheit erklärt DBB 14 (1921), S. 38; DBB 24 (1933), S. 1 f.
266 Vor allem in der CB sei „die parteipolitische Einstellung" entscheidend. DBB 21 (1930), S. 32; DBB 22 (1931), S. 45.
267 Vgl. u.a. DBB 20 (1929), S. 58 f.; DBW 19 (1932), S. 65 f.; DBW 19 (1932), S. 117; DDB 16 (1927), S. 135. Das galt auch für große Filialen wie die Hamburger Commerzbank-Niederlassung. Vgl. DDB 8 (1919), S. 119; BBZ 31 (1926), S. 20; BBZ 33 (1928), S. 21; BBZ 34 (1929), S. 26; BBZ 35 (1930), S. 71.
268 Vgl. DDB 16 (1927), S. 135; DBB 22 (1931), S. 45; BBZ 32 (1927), S. 155; 33 (1928), S. 101; 34 (1929), S. 118.

Das Verhältnis der Gewerkschaften zu den Arbeitgebern war sehr unterschiedlich. Der DBV wahrte Respekt;[269] noch weniger konfrontativ ging die VDO vor.[270] Schlecht standen Arbeitgeber und AV. Der Reichsverband war ausdrücklich zur Abwehr „marxistischer Bestrebungen" gegründet worden. Die Bankleitungen fürchteten die Zerstörung traditioneller Werte,[271] destruktive Opposition,[272] Kompetenzüberschreitungen[273] und Gewalt. 1922 soll der Personalchef der Disconto-Gesellschaft Bankwächtern erklärt haben: „Die Horde [– der AV –] hat jetzt Versammlung und jetzt müssen wir uns vorbereiten, im Falle sie das Bankgebäude stürmen will! [... Sie kommen] nur über unsere Leichen herein."[274] 1927 kam es zum Eklat: Nach AV-Spottgedichten auf Deutsche Bank-Vorstandsmitglieder – „Den Herrn von Stauß mit Stiefel und Sporn/Schickt uns der Herr in seinem Zorn" verweigerte der Reichsverband dem Tarifpartner die Anerkennung, bis der Verband Besserung gelobte.[275] Die Revolutionäre Gewerkschafts-Opposition (RGO) verkündete 1929, bald würden „rings um die Deutsche Bank [...] an den Laternenpfählen [... die] fettriefenden Kadaver [der Vorstandsmitglieder Wassermann, Stauß und Kehl] schaukeln."[276]

1.5.2 Weltwirtschaftskrise, Staatsmehrheit und NSBO, 1929-1932

Während der Wirtschaftskrise kam es zu zwei voneinander unabhängigen Entwicklungen, die die Aushandlungsstrukturen in den Banken stark veränderten: Erstens verlangte das Reich für die Sanierung der Banken 1931 die Umbildung der Vorstände[277] und schickte Vertreter in Aufsichtsrat und Arbeitsausschuß der Commerz- und Dresdner, nicht aber der Deutschen Bank.[278] Die Regierung durfte bis zur Reprivatisierung 1937 Gehälter leitender Angestellter kürzen und tat das

269 Vgl. Wünsche der Bankbeamten, in: Berliner Morgenpost, Nr. 81, 4.4.1928.
270 DDB 17 (1928), S. 77.
271 Vgl. Feldman, Bank, S. 180.
272 Vgl. BBZ, 26.3.1929; Vermerk, Herrn Direktor von Stauss, 25.3.1929, HADB, B 236/2.
273 Vgl. DDB 18 (1929), S. 74. 1916 hatte Marx tatsächlich erklärt: „Auch schweigsame Bankdirektionen können [...] gestellt [...] werden, bei welcher Gelegenheit es statt des bequemen Schweigens sehr leicht einmal auch zu verlegenem Stottern kommen könnte." DDB 5 (1916), S. 106. Vgl. auch DDB 12 (1923), S. 37; DDB 12 (1923), S. 47; DDB 12 (1923), S. 106.
274 DDB 11 (1922), S. 189.
275 Vgl. SHStA Dresden, Altbanken Dresden, DB, 6360, DB an DB Dresden, 9.11.27; DB, an Direktion DB Dresden, 9.11.1927; DB Dresden an DB, 10.11.1927; DDB 17 (1928), S. 33, 42-52; DKB 5 (1928), S. 34; HAC, 4/35, RVB, An die Mitglieder der Verhandlungskommission, 13.7.1928; BAB, R8119F, Herrn Dr. Opitz (kein Datum); DKB 5 (1928), S. 57.
276 DDB 18 (1929), S. 25. Die RGO blieb aber als Splittergruppe ungefährlich (vgl. aber SHStA Dresden, Altbanken Dresden, CB, 2999, RS RVB, 9.5.1932). Zum DHV vgl. u.a. Wünsche der Bankbeamten, in: Berliner Morgenpost, Nr. 81, 4.4.1928.
277 Vgl. Kapitel 4.1.
278 Vgl. Kopper, Dirigismus, S. 61; zur Deutschen Bank BAB, R3101, 18568, Claussen an RWM, 27.9.1935; zum Verbleib nach der Reprivatisierung der Commerzbank BAB, R3101, 18612, RWM (Koehler) an RFM, 20.1.1937 ff.; HAC, 1/115, Grüner/Fuchs an den Vorsitzenden des AR der CB, 10.2.1937; HAC, 1/187II, 99. SAA, 2.2.1937; 100. SAA, 22.2.1937.

auch,[279] mit Ausnahme der Deutschen Bank.[280] Neben dem RWM übten auch RFM[281] und Rechnungshof Einfluß aus.[282]

Zweitens gründeten sich die Nationalsozialistischen Betriebszellen-Organisationen (NSBO) der Commerzbank (1929)[283], der Dresdner Bank (1929)[284] und der Deutschen Bank (1930).[285] Wie die NSBO-Fachgruppe Banken in Berlin insgesamt[286] verzeichneten die zunächst nur wenige Mann starken Zellen seit 1930 ein schnelles Wachstum. Die der Commerzbank zählte im Januar 1933 150 Mitglieder, die der Deutschen Bank 280.[287] Die Betriebszellen hielten eiserne Disziplin – „nur zahlende Mitglieder sind Ballast" und werden „rücksichtslos aus[ge]merz[t]"[288] – und veranstalteten Werbe-Wettbewerbe.[289]

Gegen die Gewerkschaften polemisierte etwa der Leiter der Commerzbank-NSBO 1931 bei einem AV-Treffen: „,Nicht die Gewerkschaften werden die deutschen Arbeitnehmer aus Not und Elend erretten, keine internationale Verständigung [...], dazu ist einzig [...] unser Führer Adolf Hitler berufen. Heil!' Unter brausendem Hohngelächter [...] trat [er...] ab."[290] Die AV-Vertreter würden „die

---

279 Vgl. VO des Reichspräsidenten zur Belebung der Wirtschaft vom 4.9.1932 (RGBl. I 1932, S. 425-432, 431) und VO zur Ergänzung und Durchführung des Vierten Teiles der Verordnung des Reichspräsidenten zur Belebung der Wirtschaft [...] vom 27.2.1933 (RGBl. I 1933 S. 89-92, 89). Seit Oktober 1936 entschied bei der Commerzbank ein Auschuß mit Ministerialvertretern. Vgl. HAC, 1/115, RWM an CB, 27.10.1936; BAB, R 3101, 8742, Vermerk Koehler, 1.11.1936; RWM an Claussen, 30.11.1936. Auch nach 1937 behielt das Reich informellen Einfluß. Vgl. Meyen, Bank, S. 114. Danat-Bank-Treuhänder durften Angestellte kündigen und taten das auch. Vgl. VO des Reichspräsidenten über die Darmstädter und Nationalbank [...] vom 13.7.1931 (RGBl. I 1931, S. 359 f.); Hinweis Dieter Ziegler, 6.3.2003.

280 Ministerialrat Abteilungsleiter Wilhelm Koehler, zuständiger RWM-Referent (geb. 1892, Reichskommisar Berliner Börse, Aufsichtsratsmitglied Allgemeine Deutsche Credit-Anstalt, Reichskredit-Gesellschaft), erklärte 1937 rückblickend, die Verordnung vom 27.2.1933 hätte ein Eingreifen des Reichs ermöglicht. BAB, R3101, 18612, RWM (Koehler) an Reichsbankdirektorium. Vgl. auch W[ilhelm] Lenz, Einleitung zu Wilhelm Lenz/Hedwig Singer (Bearbeiter), Reichswirtschaftsministerium, Bestand R7, Koblenz 1991, S. XI-XXV, XIV-XXII.

281 Vgl. u.a. BAB, R3101, 8742, S. 166, RFM an RWM, 11.8.1936.

282 Vgl. Kapitel 3.1; 3.2.

283 Vgl. AK 4 (1937), S. 54-58; abweichend AK 1 (1934), Oktober, S. 5 f. Vgl. auch 10 Jahre, S. 8; AK 1 (1934), Oktober, S. 1; SB 4 (1934), 1.5.1934, S. 12. Zellengründer Alfred Spangenberg wurde hauptberuflicher Gauredner und SA-Führer, sein Nachfolger Overmann schied aus der Commerzbank aus und Hermann Hoene ging 1931 zur Persischen Staatsbank. Im Februar 1931 übernahm Walter Sellnow die Leitung, geboren 1906, ehemaliges Mitglied des Großdeutschen Jugendbundes, seit 1929 NSDAP-Mitglied und nach der Lehrzeit bei der Commerzbank ein halbes Jahr lang arbeitslos. Vgl. AK 4 (1937) S. 54-58; 10 Jahre, S. 8 f.

284 Vgl. BE 5 (1939), S. 48 f.

285 Vgl. SB 8 (1938), S. 265; MNSBO 1-3 (1931-1933), passim.

286 Vgl. AK 4 (1937), S. 54-58.

287 Zur Commerzbank vgl. AK 4 (1937), April, S. 54-58; 10 Jahre, S. 8; AK 4 (1937), S. 54-58; MNSBO 1/2 (1931/32), passim; zur Deutschen Bank vgl. SB 10 (1940), NSBO-Mitteilungen, Juni/Juli 1940, S. 7. Nach Der Deutsche Nr. 282, 2.12.1933 sollen 1932 10% der Deutsche Bank-Zentrale-Mitarbeiter NSBO-Mitglieder gewesen sein. Im Juni 1932 gab es wegen der vielen neuen weiblichen Mitglieder „einen besonderen Vortragsabend [...] für die Kolleginnen". MNSBO 2 (1932), Nr. 4. Die Gesamt-NSBO wuchs von 4.000 Mitgliedern 1931 auf 260.000 Anfang 1933. Vgl. Schneider, Hakenkreuz, S. 159-166.

288 MNSBO 1 (1931), RS Nr. 2, 3, 5, 6, 8; RS Nr.6; 2 (1932) RS Nr. 5; vgl. auch Nr. 7.

289 Vgl. MNSBO 1 (1931), RS Nr. 6, 8, 9, 10; 2 (1932) Nr. 2.

290 DDB 20 (1931), S. 165.

kapitalistischen Arbeitgeber in die Knie" zwingen: „Hinweg mit den marxistischen Spiegelfechtern". Nur die NSDAP gehe „energisch" gegen die „ausbeuteri-
schen und verständnislosen Unternehmer" vor.[291] Die Banken-NSBOs seien ebenso kampfestüchtig wie die Nationalsozialisten aus der Arbeiterschicht: „Ein
Krach, der Stuhl flog auseinander und der Kommunist sackte in die Knie. [...]
Am nächsten Morgen sah man in der Bank manches nachdenkliche Gesicht."[292]

Gleichzeitig unterwanderte die NSBO Gewerkschaften und Betriebsräte.
DBV-Funktionär Spangenberg etwa blieb beim DBV in leitender Stellung, nachdem er 1929 die Commerzbank-NSBO gegründet hatte.[293] Strategisch versuchten
die NSBOs, ihre Vertreter im Betriebsrat zu plazieren: „Parteigenossen und Sym-
pathisierende in der Commerz- und Privat-Bank A.G.! I. In diesem Jahre gilt es,
die bisherige Vormachtstellung des roten AV. für den Angestelltenrat zu brechen
[...]. In der Commerz- und Privatbank stehen uns die Listen des DBV. und DHV.
offen. [...] Die Wahl des Pg. Spangenberg auf der DBV.-Liste ist gesichert. [...].
An der Wahl des an dritter Stelle aufgestellten Herrn Schuhart, der ehemaliger
Reichsbannermann ist, haben wir kein Interesse. [...] Wir müssen [...] versuchen,
die vierten und fünften Kandidaten [auf der DHV-Liste...,] Mink (Stahlhelm) und
den Pg. Sellnow in den Betriebsrat hineinzubringen. [Darum...] bestimme ICH
[als NSBO-Leiter], daß am 27. März alle Mitglieder und Gesinnungsfreunde in
der Commerz- und Privatbank ihre Stimme der Liste 2 DHV. geben. [...]"[294]

Diese Taktik war durchaus erfolgreich. Die AV-Mehrheit in der Commerzbank brach die NSBO so zwar nicht.[295] Doch in der Deutschen Bank erhielten die
von der NSBO empfohlenen DBV und DHV („wir [...] wählen nicht den D.H.V.
oder den D.B.V., sondern unsere nationalsozialistischen Freunde")[296] erstmals
eine Mehrheit.[297] Nur die VDO blieb wegen ihres „Standesdünkels" für die NSBO
undurchdringlich.[298]

Die Atmosphäre heizte sich auf. 1930 warnte ein Direktor der Deutschen
Bank in der Mitarbeiterzeitung: „Wir müssen in der Bank unpolitisch sein, [...]
dürfen ebensowenig das Hakenkreuz wie den Sowjetstern am Rockaufschlag tragen".[299] 1932 drohte ein Mitarbeiter einem Kollegen sogar, er sei „zum Aufhän-

291 DDB 20 (1931), S. 25-27; MNSBO 4 (1934), 1./2. Folge, S. 15; MNSBO 2 (1932), RS Nr. 4,
     8; vgl. auch Nr. 6 und 1 (1931), Nr. 9; 3 (1933), Nr. 1.
292 10 Jahre, S. 14; vgl. auch ebd., S. 9, 16.
293 Vgl. 10 Jahre, S. 8; AK 4 (1937), S. 54-58; DBB 19 (1928), S. 50. In der Deutschen Bank war
     etwa NSBO-Mitglied Fritz Bloß für DBV oder DHV aktiv. Vgl. SB 4 (1934), 17. Folge, S.
     14; HADB, P2/H2, Der Wahlvorstand, Bekanntmachung, 7.4.1931. NSBOler traten als In-
     formanten auch in AV und RGO ein. Vgl. 10 Jahre, S. 8; AK 4 (1937), S. 54-58.
294 DDB 20 (1931); auch AK 4 (1937), S. 54-58; DBB 22 (1931), S. 31f. Nach DBV-Protesten
     drohte die NSBO, ihre Anhänger würden den DBV verlassen. Vgl. DBB 22 (1931), S. 67-68.
295 DDB 20 (1931), S. 53-54.
296 MNSBO 2 (1932), Nr. 4; vgl. auch MNSBO 4 (1934), 1./2. Folge, S. 15.
297 Vgl. DDB 20 (1931), S. 62. Die NSBO-Vertreter blieben aber eine Minderheit, vgl. 10 Jahre,
     S. 8; SB 4 (1934), 17. Folge, S. 14.
298 Vgl. 10 Jahre, S. 8; AK 4 (1937), S. 54-58; MNSBO 4 (1934), 4. Folge, S. 11. Zur Zusam-
     menarbeit von RGO und NSBO vgl. Heinrich A. Winkler, Weimar 1918-1933. Die Geschich-
     te der ersten deutschen Demokratie, München 1993, S. 533 f.
299 MDB 1930, S. 173.

gen vornotiert [...], wenn wir an die Macht kommen". Die NSBO sammelte Informationen über „Marxisten-Funktionäre", um nach der „Machtergreifung" die Bank „von [...] schädlichen Elementen [...zu] säuber[n,] eine[r] große[n] Anzahl unserer Parteigenossen [...] Arbeit" zu verschaffen [und nach der „Machtergreifung"] mit den Feinden des deutschen Volkes ein für allemal aufzuräumen."[300]

Die Gewerkschaften wirkten hilflos: Der DBV lud Nationalsozialisten zum Beitritt ein und warb um die Stimmen von NSBO-Mitgliedern, etwa in der Commerzbank: Der „Spitzenkandidat des D.B.V. [ist] eingeschriebenes Mitglied der N.S.D.A.P.". In der Verbandszeitschrift erschienen antisemitische Äußerungen.[301]

Der AV polemisierte gegen den „Nazi-Spuk"[302] und schikanierte NSBOler.[303] Gleichzeitig aber nannte etwa Emonts 1931 einen NSDAP-Anhänger einen „Arbeitnehmer [..., der] um die Erkenntnis ringt, was zu geschehen hat. [...] Er glaubt, auf dem richtigen Wege zu sein, wenn er [...], den Teufel mit Belzebub aus[...]treib[t]."[304] Marx schrieb: „Mag auch zeitweise die Hakenkreuzfahne [...] wehen; sie wird durch das geeinte Proletariat heruntergeholt, dessen [...] Fahnen rot [... über der] Deutschen Sozialistischen Republik stehen werden."[305]

Die Haltung der Vorgesetzten war zwiespältig. So berichtete Deutsche Bank-Betriebszellenleiter Franz Hertel rückblickend, er sei nach der Betriebsratswahl 1931 „von einer Strafversetzung zur anderen [gerutscht], bis der 30. Januar [...] auch mich vor der Arbeitslosigkeit bewahrte."[306] Doch andererseits berichtete der AV 1931, die Commerzbank protegiere einen des politischen Mordes verdächtigen Nationalsozialisten.[307] Die „begeisterte Hitlerrieke, [...] Martha Wendt" dürfe „in der Bank [...] stundenlang Einladungen für Hitlerveranstaltungen [...] schreiben" und habe „in voller Hitleruniform einen regelrechten Parademarsch vor der staunenden Abteilungsbelegschaft nur so hingelegt".[308]

---

300 MDB 1932, S. 29. DDB 21 (1932), S. 62.
301 Vgl. DBB 22 (1931), S. 19 f.; DBB 19 (1928), S. 91, Anm. 1. DBB 22 (1931), S. 67. Zu antisemitischen Äußerungen vgl. Kapitel 2.3.
302 DDB 20 (1931), S. 2. Vgl. auch DDB 13 (1924), S. 53-54; DDB 13 (1924), S. 108; DDB 20 (1931), S. 25-27; AK 1 (1934), Oktober, S. 5 f.; AK 4 (1937), S. 54-58; 10 Jahre, S. 8; MNSBO 1 (1931), RS Nr. 1.
303 Vgl. DDB 20 (1931), S. 37.
304 DDB 20 (1931), S. 26 f.; DDB 20 (1931), S. 52-54. Ähnlich zur RGO DDB 20 (1931), S. 63.
305 DDB 20 (1931), S. 2.
306 MNSBO 4 (1934), 17. Folge, S. 13. Vgl. ähnlich aus der Commerzbank AK 1 (1934), Oktober, S. 5 f.; AK 4 (1937), S. 54-58. Tatsächlich heißt es in Hertels Qualifikationsbericht von 1931, er sei „häufig nicht an seinem Arbeitsplatz" gewesen und deshalb auf einen Posten „unter ständiger Aufsicht" versetzt worden. „H. ist ein intelligenter Mann [...], der sich aber zu leicht von Freunden u. Bekannten von der Arbeit ablenken läßt." Eine Bemerkung von 1934 ergänzt: „dieses Urteil beruht wohl auf politischen Gegensätzen, die seinerzeit bestanden." HADB, P2/H2, Qualifikationsbericht Hertel, 15.9.1931. Zu Entlassungen vgl. 10 Jahre, S. 9.
307 Vgl. DDB 20 (1931), S. 37.
308 DDB 21 (1932), S. 37.

1.5.3 „Machtergreifung" in Betrieben und Verbänden 1933/34

Nach der NSDAP-Regierungsübernahme am 30. Januar 1933 lief der Betriebs-
ratswahlkampf weiter.[309] Als die Gewerkschaften Position beziehen mußten, leisteten nur die sozialistischen Verbände Widerstand, die von den neuen Machthabern unmittelbar bedroht wurden (die DB-NSBO etwa forderte „Vernichtung des
Marxismus [im] Betrieb").[310]
    Der AV wies zwar auf gemeinsame Ziele von AV und NSDAP hin. Er forder-
te aber „echte Gesinnung" statt „Gleichschaltung"[311] und zitierte im März die
Felddienstordnung des Ersten Weltkriegs: „Beim Angriff wie bei der Verteidigung bildet Vorder- wie Rückenfront des Kämpfers eine mathematisch gleiche
Zielfläche für den Gegner [...] Ehrenvoller aber ist es, die Wunde in der Brust als
im Rücken zu empfangen."[312] Im April wurde der Vorstand „umgebildet": CB-
Betriebsratsvorsitzender Wisnowski ersetzte Emil Mohr als Vorsitzenden; Geschäftsführer Marx wurde „auf seinen Wunsch [...] beurlaubt". Emonts sei in „vo-
rübergehende[r] Schutzhaft". Doch auch der neue Geschäftsführer Ollendorff äußerte sich regimekritisch.[313] Ob es allerdings noch eine Basis gab, ist fraglich.[314]
    Die RGO verteilte in der Deutschen Bank gefälschte NSBO-Flugblätter, wor-
auf die NSBO erklärte: „Wir werden dem Bäckerdutzend unserer Spreerussen
doch bald einmal energisch auf die Schmierfinger klopfen müssen. [...] Der
Kommunismus ist für uns [...] nur noch eine kriminelle Angelegenheit."[315]
    Die übrigen Verbände biederten sich an und hofften auf eine führende Rolle:
Der DBV Berlin lud NSDAP-Mitglieder ein, auf seinen Listen zu kandidieren[316]
und erklärte ungewohnt anti-elitär: „Auch unsere Berufsgenossen marschierten
zusammen mit der N.S.B.O. [...,]. Die Bankangestellten nur ein kleiner Aus-
schnitt in dieser Massenbewegung!"[317] Im April ersetzte der DBV Fürstenberg
durch die NSBO-Führer Rudolf Lencer und Spangenberg,[318] distanzierte sich von
Juden[319] und jubelte: „Der rote Allgemeine Verband ist zur Strecke gebracht [...]
Wer abseits unserer Bewegung steht, wird als Gegner behandelt".[320] Nach der
Besetzung der Gewerkschaftsgebäude Anfang Mai[321] aber lösten die NSBO-

---

309 Vgl. MNSBO 3 (1933), 1.
310 MNSBO 3 (1933), Nr. 2.
311 DDB 22 (1933), S. 16, 26, 37-40.
312 DDB 22 (1933), S. 26; Vgl. auch ebd., S. 37.
313 DDB 22 (1933), S. 43-44. Zu Ollendorf vgl. DDB 22 (1933), S. 33.
314 Vgl. 10 Jahre, S. 10.
315 MNSBO 3 (1933), Nr. 2.
316 Vgl. DBB 24 (1933), S. 1-2; zum Gesamt Verband vgl. BBZ 38 (1933), S. 21.
317 DBB 24 (1933), S. 25f. Noch im Februar hatte es anders geklungen: vgl. ebd, S. 1f.
318 Vgl.. DBB 24 (1933), S. 25 f.; vgl. auch BBZ 38 (1933), S. 78. Daneben trat der frühere Gau-
     Vorsteher Karl Decker in den Vorstand ein. Fürstenberg ging in den Aufsichtsrat; die Ver-
     bandszeitschrift lobte ihn. Vgl. DBB 24 (1933), S. 25 f.; BBZ 38 (1933), S. 48, 68, 77 f.
319 Vgl. BBZ 38 (1938), S. 48.
320 DBB 24 (1933), S. 25f. Der DBV denunzierte auch den DHV, vgl. DBB 24 (1933), S. 17 f.,
     33-36. Vgl. auch BBZ 38 (1933), S. 47, 50.
321 Vgl. Schneider, Hakenkreuz, S. 101-104; Mason, Sozialpolitik, S. 81-86.

Führer vor den Augen perplexer DBV-Funktionäre den Verband auf[322] und forderten die Mitglieder auf, „in der neuen Organisation [...] ihre Pflicht zu tun.“[323] Dagegen avancierte der DHV, der sich sofort gleichgeschaltet hatte, bei der Gründung der Nationalsozialistischen Angestelltengewerkschaft zum Träger des Tarifvertrags.[324] Lencer wurde Leiter der DHV-Reichsfachgruppe Banken.[325] Als er 1934 Leiter der Reichsbetriebsgemeinschaft Banken und Versicherungen wurde, ging der DHV Anfang 1935 in der Arbeitsfront auf.[326]

Der VDO-Vorstand berief sich im März auf die Tradition des „Kampfes gegen den Marxismus“ und forderte die Wahl von Vorständen mit „bejahende[r] Einstellung zu der nationalen Erhebung“ zu wählen. Nur so sei die Eingliederung der „Oberbeamten [...] in die [...] große [...] Zahl der Arbeiter und Angestellten“ zu verhindern. Jüdische Funktionäre mußten ausscheiden; der Vorstand kooptierte NSDAP-Mitglied Johannes Splettstößer.[327] Angeschlossen an die Deutsche Rechtsfront,[328] gab sich der Verband sozial aufgeschlossen und antisemitisch.[329] Als einzige alte Gewerkschaften nahm er Ende 1933 an innerbetrieblichen Verhandlungen teil.[330] Nach einem Streit um die Forderung des VDO, im Vertrauensrat überproportional vertreten zu sein,[331] wies die DAF das VDO-Beitrittsgesuch ab und verlangte im Juni die Liquidation;[332] schließlich löste die Gestapo den Verband im Mai 1935 auf. Lencer nannte es untragbar, „einzelne Schichten aus [den] Betrieben herauszuorganisieren.“ Die VDO habe „Zeit genug [gehabt um...] zu erkennen, daß in unserem heutigen Arbeitsleben für sie kein Platz ist.“ [333] Widerwillig traten die „Oberbeamten“ in die große „Gemeinschaft aller Schaffenden“ ein.[334]

Die Gleichschaltung und Auflösung der Arbeitgeberverbände ging reibungsloser vor sich. Ihre Funktionäre blieben oft die gleichen, wenn sie nicht Juden waren. Der Centralverband widersetzte sich unter seinem kämpferischen jüdi-

---

322 Vgl. DBB 24 (1933), S.33-36.
323 BBZ 38 (1933), S. 80.
324 Vgl. DBB 24 (1933), S. 33-37; BBZ 38 (1933), S. 66; MVDO 15 (1933), S. 36; SHStA Dresden, Altbanken Dresden, Krögiser Bank, 2637, 12.9.1933.
325 Vgl. BBZ 38 (1933), S. 66. Er forderte Angestellte zum Eintritt auf: BBZ 38 (1933), S. 61.
326 Vgl. Kocka, Die Angestellten, S. 191. Nach Gründung der DAF war der DHV zunächst federführendes Mitglied ihrer „Deutschen Angestelltenschaft“ gewesen.
327 MVDO 15 (1933/34), Beilage zu Nr. 1, S. 31-33, 43-45.
328 Vgl. MVDO 15 (1933), Beilage zu Nr. 3 – Juni – 1933, S. 50, 69-70, 81f., 124-126; MVDO 16 (1934), S. 3, 11f. S. 19f.; MVDO 17 (1935), S. 9.
329 MVDO 16 (1934), S. 3; MVDO 15 (1933), S. 70.
330 Vgl. TStA Gotha, CB Ilmenau, 3, Bekanntmachung! (Harter, Hampf, Sellnow), [6.10.1933].
331 Die NSBO betonte, in die Vertrauensräte kämen „nur Nationalsozialisten [..., die] unter der Oberbeamtenschaft sehr dünn gesät sind.“ MNSBO 4 (1934), 4. Folge, S. 11.
332 BuV 1 (1934), 2. Folge, S. 6.
333 AK 2 (1935), S. 69 f.; BuV 2 (1935), 9. Folge, S. 7.
334 Vgl. HAC, 1/169 I, Otto F., Stellungnahme, 12.8.1946; RGVA, 1458-1-352, VDO, Ortsgruppe Berlin an die Leitung der VDO, 14.8.1934 (Abschrift). Allerdings bildete 1934 die Nachfolgeorganisation des Centralverbands, die Wirtschaftsgruppe Privates Bankgewerbe, eine „Arbeitsgemeinschaft der leitenden Bankangestellten“. Deutsche Bank-Direktor Hemmerich war Vorsitzender. HADB, RWB 54, Vermerk Sippell, Betr. WGPB, 4.12.1934.

schen Vorsitzenden Georg Solmssen drei Monate dem antisemitischen Druck.[335]
Am 2. Mai 1933 aber ersetzte der Verband Solmssen durch Otto Christian Fischer
von der Reichs-Kredit-Gesellschaft und den jüdischen Geschäftsführer Bernstein
durch Carl Tewaag. Im „Beirat" blieben jüdische Bankiers.[336] Der Reichsverband
der Bankleitungen trat auf eine Aufforderung Robert Leys hin[337] mit dem
Centralverband der DAF bei;[338] im Juli 1934 liquidierte der Verband.[339] Geschäftsführer Haeffner ging in die Personalabteilung der Deutschen Bank; Syndikus Dermitzel zum Centralverband.[340] Die Stempelvereinigung und ihre regionalen Pendants existierten weiter, ohne personalpolitische Fragen zu behandeln.[341]

    In den Betrieben demonstrierten die NSBOs schon in den ersten Monaten des
Jahres 1933 ihre Macht. Die Zelle der Deutschen Bank veranstaltete einen Umzug
„so richtig nach dem Herzen eines rechten Nazi [...] Kein Schupo weit und
breit[...]. Beim nächsten Aufmarsch haben wir alle Schirmmützen und Haken-
kreuzbinden, dann machen wir jedem SA-Sturmbann Konkurrenz."[342] Die Mitglieder denunzierten Kommunisten und verprügelten „Meckerer", so daß NSBO-
Führer Hertel Anfang 1934 zusammenfassen konnte: „Wir sind höflich, höflich
bis zur letzten Galgensprosse, aber gehängt wird doch."[343] Symbolisch hißten die
Zellen Hakenkreuzflaggen über den Banken. Die Commerzbank-NSBO berichtete
über die Ereignisse von Anfang Februar 1933: „Man versperrte uns den Weg [...]
und trotzdem sind wir [...] auf halsbrecherischen Wegen aufs Dach gekommen.
Sieghaft stieg das Banner des Dritten Reiches am Fahnenmast hervor."[344]

---

335 Vgl. James, Centralverband, S. 47-53. James erklärt, „[b]emerkenswerterweise" habe sich der
    Centralverband vor April „jenen Schritten" verweigert, die „die Deutsche und die Dresdner
    Bank im Frühjahr 1933 mit einer gewissen Bereitwilligkeit gingen". Kopper, Dirigismus, S.
    81 f. betont, daß „eine Selbstgleichschaltung vermieden" und „die nationalsozialistischen
    Forderungen nach Einführung [...] des Arierparagraphen" zurückgewiesen worden seien.
    Doch die Deutsche Bank etwa verdrängte anders als der Centralverband zwei jüdische Vor-
    standsmitglieder erst Ende Mai 1933. Ihre jüdischen Aufsichtsratsmitglieder – die den Bei-
    ratsmitgliedern des Centralverbands entsprechen – behielten die Banken zum Teil bis 1937.
    Vgl. Kapitel 2.3. Falsch ist aber auch die entgegengesetzte Aussage Kurt Freiherr von Schrö-
    ders, der Centralverband habe sich als „erste[r]" und „von sich aus von jedem jüdischen Ein-
    fluß befreit [...], noch bevor die Entjudung der übrigen Wirtschaft durchgeführt wurde."
    Schröder, Ansprache, S. 368.
336 Vgl. James, Centralverband, S. 53 f.
337 Ley hatte im September 1933 noch erklärt, die Verbände sollten in der DAF Säulen bilden;
    „die Verwaltung und die Personalpolitik der angeschlossenen Verbände sei deren Sache."
    SHStA Dresden, Altbanken Dresden, CB, 2999, RS RVB, 7.9.1933.
338 Vgl. SHStA Dresden, Altbanken Dresden, Krögiser Bank, 2637, RS RVB, 10.10.1933.
339 Vgl. HAC, 1/140, Protokoll Hauptversammlung Düsseldorfer Bankenverband e.V.,
    30.7.1934; auch SHStA Dresden, Altbanken Dresden, Krögiser Bank, 6237, RS RVB,
    6.12.1933, Liquidationsabschluß Februar: 1935 Arbeitsbericht WGPB 1933-1936. Zunächst
    hatte es widersprüchliche Signale gegeben. Vgl. SHStA Dresden, Altbanken Dresden, CB,
    2999, RS RVB, 28.4.1933; 6.12.1933; BBC, Nr. 416 vom 6.9.1933.
340 Vgl. Standesorganisationen, S. 1469; SHStA Dresden, Altbanken Dresden, DB, 6365, DB an
    Direktionen unserer Filialen und Zweigstellen, 20.9.1934.
341 Vgl. RS Vereinigung Dresdner Banken und Bankiers: SHStA Dresden, 13118, 140.
342 MNSBO 3 (1933), Nr. 2.
343 MDB 1933, S. 91-93. MNSBO 4 (1934), 1./2. Folge, S. 3f.
344 10 Jahre, S. 10; andere Zeitpunkte in AK 1 (1934), S. 5 f.; AK 4 (1937), S. 54-58. In der
    Deutschen Bank hißten Unbekannte am 10.3.1933 die Hakenkreuzfahne; die NSBO nahm sie

Bei den Betriebsratswahlen gewann der DBV bis zu deren Unterbrechung im März 1933 oft noch Stimmen hinzu, etwa in der Commerzbank Hamburg.[345] Der AV hielt Anteile. Wie in vielen Betrieben machten sich die NSBOs aber daran, die Betriebsräte zu vertreiben,[346] obwohl erst das „Gesetz über Betriebsvertretungen und politische Vereinigungen" vom 4. April 1933 politische Säuberungen erlaubte.[347] In der Commerzbank-Zentrale etwa zwang die NSBO die Gewerkschaften bis auf den AV unter die Einheitsliste „Nationale Sozialisten";[348] im März stellte sie ein Ultimatum: „Auf der roten Seite glaubte man noch den großen Mann spielen zu können. Kurzerhand griff die Betriebszelle durch. […] Ein- und Ausgänge [wurden] blockiert […], das Betriebsratszimmer besetzt, der damalige Betriebsratsvorsitzende höflich aber bestimmt aufgefordert, zu verschwinden. […] Ein telefonischer Anruf [genügte], um Furcht und Schrecken hervorzurufen. Jetzt konnte auch keine Direktion mehr helfen. Trotz verzweifelten Anrufens […] verließ der damalige rote Betriebsratsvorsitzende, eskortiert von […] strammen Schupomännern, das Bankgebäude, um unter dem Gelächter unserer NSBO-Kameraden die freiwillige Schutzhaft zu genießen."[349] Allerdings nahmen Betriebsratsvertreter noch an Besprechungen teil.[350] Erst im Mai 1934 verabschiedete Aufsichtsratsvorsitzender Witthoefft die beiden früheren Vertreter im Aufsichtsrat – mit Dankesworten.[351]

auf Betreiben des Vorstands abends wieder ab und flaggte zum „Heldengedenktag" schwarz-weiß-rot; ab dem 13.3 wehte die Hakenkreuzfahne. Vgl. SB 5 (1935), 6. Folge, S. 9. Während der Weimarer Zeit hatten manche Banken ausdauernden Widerstand gegen die neue Flagge geleistet. 1927 berichtete der AV, am Verfassungstag hätten nur die Danat-Bank und die BHG eine schwarzrotgoldene Fahne gehißt. „Die übrigen Banken haben sich bisher nicht zur Anschaffung einer Reichsfahne […] entschließen können. Die Dresdner Bank hat wieder die grünweiße sächsische Flagge auf ihren Gebäuden hissen lassen und [erklärt, sie] betrachte sich seit ihrer Gründung als sächsisches Institut […]." DDB 16 (1927), S. 110. Vgl. auch DDB 16 (1927), S. 70.

345 Von 443 Stimmen DBV 296, AV 58, VDO 51, DHV 32. Vgl. BBZ 38 (1933), S. 56.
346 Vgl. Mason, Sozialpolitik, S. 83-86; Plumpe, Mitbestimmung, S. 58-64; Schneider, Hakenkreuz, S. 74-76; SHStA Dresden, Altbanken Dresden, Krögiser Bank, 2637, RS RVB, 7.4.1933, 30.12.1933; eine Rundfrage der Commerzbank an Filialen: PR Nr. 972, 26.4.1933.
347 Vgl. RGBl. I 1933 S. 161; auch Gesetze vom 26.9.1933, 27.12.1933 (RGBl I 1933, S. 667, 1117); SHStA Dresden, Altbanken Dresden, CB, 2999, RS RVB, 22.6.1933; 29.9.1933, 30.12.1933.
348 Zur CB vgl. AK 4 (1937), S. 54-58; Zur Industrie Schneider, Hakenkreuz, S. 74-76; Mason, Sozialpolitik, S. 83-86.
349 10 Jahre, S. 10.
350 DDB 22 (1933), S. 43 nennt am 27.4. Wisnowski noch als Commerzbank-Betriebsratsmitglied. Ein nicht nationalsozialistischer DBV-Vertreter war im Mai 1933 in der AR-Sitzung anwesend und stellte im Oktober eine Anfrage. Vgl. 665. ARS, 23.5.1933; 667. ARS, 3.10.1933. Im Oktober 1933 nahm neben NSBO und DAF auch die „Betriebsvertretung" an einer Besprechung teil. Vgl. Bekanntmachung! (Harter, Hampf, Sellnow), o. D. [6.10.1933], TStA Gotha, CB Ilmenau, 3 [3/2/5]. Zum rechtlichen Hintergrund vgl. SHStA Dresden, Altbanken Dresden, Krögiser Bank, 2637, RS RVB, 22.6.1933, 29.9.1933.
351 Vgl. 669. ARS, 26.5.1934. Der ehemalige DBV-Betriebsratsvorsitzende der Commerzbank Hamburg Marggraf blieb bis zu seinem Tod 1944 Angestellter. Vgl. PVRH 21.7.1944. Noch 1936 machte ein früheres DBV-Betriebsratsmitglied dem Vertrauensrat Vorschläge. Vgl. HAC, 1/51, Vertrauensrat CB an Schlüter, 5.11.1936; PVRH 3.11.1936. Zur Behandlung ehemaliger Betriebsratsmitglieder vgl. auch positiv: StA Hamburg, 4829, Notiz „Zur Berufungssache Dr. Paul Marx", 14.10.1947.

Auch in der Deutschen Bank besetzte die NSBO das Betriebsratszimmer.[352] Erst am 4. April aber, dem Tag des Gesetzes über Betriebsvertretungen, wurden alle AV-Vertreter durch NSBOler ersetzt.[353] Als Ende Juni DAF-Führer Robert Ley die NSBO zur endgültigen „Säuberung" der Betriebsräte aufforderte,[354] legte auf Geheiß des Berliner Polizei-Präsidiums „ein grosser Teil der Betriebsratsmitglieder seine Mandate nieder". Mitte August ernannte der Aufsichtsrat die NSBO-Führer Hertel und Bloß als Betriebsratsvertreter;[355] Anfang 1934 ersetzte der Polizeipräsident auf Antrag der NSBO nochmals vier „Oberbeamte".[356]

Die NSBO der Deutschen Bank wuchs von 150 Mitgliedern am 30. Januar 1933 auf 900 am 1. Mai 1933. Man befürchtete Trittbrettfahrer und sozialistische Unterwanderung.[357] Zudem brach der Konflikt zwischen DAF und NSBO aus:

1.5.4 Verbände und Betriebsverfassung seit 1933/34

Nach der Zerschlagung der Gewerkschaften Anfang Mai 1933 machten die Nationalsozialisten sich daran, Verbände und Betriebsverfassung neu zu ordnen. Am 10. Mai 1933 gründete sich die Deutsche Arbeits-Front (DAF) unter Robert Ley als gemeinsame Arbeitnehmer- und Arbeitgeberorganisation zur „Überwindung des Klassenkampfes"[358] Neben der Schulung[359] erhielt sie mit der „Verordnung des Führers über Wesen und Ziel der DAF" vom 24. Oktober 1934 sozialpolitische Zuständigkeiten, die aber nicht klar definiert wurden.[360] Die DAF verdrängte 1934 die NSBO als wichtigste Massenorganisation.[361] Anders als die Gewerk-

---

352 Vgl. SB, 17. Folge, 25.9.1934, S. 13.
353 Vgl. HADB, P2/B835, Bekanntmachung, 7.4.1933; Betriebsrat DB an Vorstand, 4.4.1933; Bekanntmachung, 6.6.1933.
354 Vgl. Schneider, Hakenkreuz, S. 106.
355 Vgl. HADB, P2/B835, Bekanntmachung (Hertel), 28.6.1935; Der Vorsitzende des Aufsichtsrats (Urbig), An den Vorstand der DB, 21.8.1933 (Abschrift). Hertel legte im Dezember 1933 sein Amt als Betriebsratsvorsitzender nieder, als er in die Personalabteilung versetzt wurde blieb aber Betriebszellenobmann. Bloß rückte als Vorsitzender nach. Als Hertel sich zum Aufbau der Reichsbetriebsgemeinschaft beurlauben ließ, rückte Bloß in die Personalabteilung nach Retzlaff wurde Leiter der Betriebsvertretung. Vgl. HADB, P2/B385, Bekanntmachung (Bloß), 8.12.1933; Bekanntmachung (Hertel)/Bekanntmachung (Retzlaff), 4.4.1934.
356 Vgl. HADB, P2/D194, Bekanntmachung (Bloß), 29.1.1934. Ehemalige Betriebsratsmitglieder behielten ihre Stellen. Vgl. HADB, P2/V64. Gewerkschaftler, die den Hitlergruß verweigerten, schieden aus. Vgl. MNSBO 5 (1935), 5. Folge, S. 6; SB 5 (1935), 23./24. Folge, S. 10.
357 Vgl. Mason, Sozialpolitik, S. 97, 108; AK 1 (1934), S. 5f.; AK 4 (1937), S. 54-58. Vgl. SB 10 (1940), NSBO-Mitteilungen Juni/Juli 1940, S. 7. Zur Organisation der NSBO vgl. SB, Berlin-Beilage, 5 (1935), 15. Januar, S. 1; AK 4 (1937), April, Beilage, S. 1f.; MNSBO 2 (1935), 2. Folge, S. 1f., SB 10 (1940), NSBO-Mitteilungen, Juni/Juli 1940, S. 8.
358 Vgl. Schneider, Hakenkreuz, S. 104-106; SB 4 (1934), November, S. 5.
359 Vgl. Schneider, Hakenkreuz, S. 291; Mason, Sozialpolitik, S. 119 und den „Aufruf an alle schaffenden Menschen" vom 27.11.1933 bei Siegel, Leistung, S. 37, auch ebd., S. 64.
360 Vgl. Schneider, Hakenkreuz, S. 182 f., 185; Siegel, Leistung, S. 67 f.; E. Brandstätter, Sozialleistungen der Großbanken des privaten Kreditgewerbes, in: DBa 31 (1938), S. 461-468, 462.
361 Vgl. Schneider, Hakenkreuz, S. 172 f., 180 f.; BuV 2 (1935), 5. Folge, S. 2. Deutsche Bank-Betriebszellenobmann Hertel betonte Anfang 1934 noch, daß die NSBO die Hauptverantwortung im Betrieb tragen und in der DAF eine Führungsrolle übernehmen werde. Vgl. MNSBO 4 (1934), 1./2. Folge, S. 5.

schaften der Weimarer Zeit war sie aber nicht für Tarife zuständig, die den „Treu-
händern der Arbeit" oblagen (s.u.).

Die DAF, die sich Ende 1933 die bisherigen Verbände eingliederte,[362] war einerseits regional,[363] andererseits nach Branchen in „Reichsbetriebsgemeinschaf-
ten" gegliedert. Die Banken gehörten zur Reichsbetriebsgemeinschaft Banken und
Versicherungen,[364] die in die Fachgruppen Banken und Versicherungen unterteilt
war. Die Fachgruppe Banken gliederte sich in fünf Fachschaften, darunter dieje-
nige für Privates Bankgewerbe. Diese Fachschaft hatte vier Sparten, eine davon
waren die Aktienbanken.[365] NSBO-Führer übernahmen die Leitung: Leiter der
Reichsbetriebsgemeinschaft war von 1934 bis 1944 Rudolf Lencer.[366] Lencer,
ehemaliger Angestellter der Deutsch-Südamerikanischen Bank, war wegen seines
ungehobelten Auftretens bei den Arbeitgebern verhaßt.[367] Er erwarb als Vorstandsmitglied der DAF-eigenen Bank der Deutschen Arbeit seit Januar 1938 große wirtschaftliche Macht.[368] Im Krieg war er nach seiner Einberufung für die
Mangelernährung der Bevölkerung russischer besetzer Gebiete verantwortlich.[369]

Auf Arbeitgeberseite fand erst im Februar 1934 eine Neuordnung statt. Der
Centralverband löste sich auf, um als „Wirtschaftsgruppe Privates Bankgewerbe",
Teil der „Reichsgruppe Banken", neu zu erstehen.[370] Leiter der Wirtschaftsgruppe
wurde Friedrich Reinhart, Führer der Reichsgruppe Otto Christian Fischer,[371] die
Fachgruppe Privatbanken leitete der großbankfeindlichen Kurt Freiherr von

362 Vgl. Schneider, Hakenkreuz, S. 176.
363 Vgl. Mason, Sozialpolitik, S. 179-180; BuV 1 (1934), 1. Folge, S. 4, 8; BE 2 (1936), S. 111.
364 Vgl. Schneider, Hakenkreuz, S. 176; RS CDBB Nr. 23, 17.2.1938. Bis März 1933 hießen die
     Reichsbetriebsgemeinschaften Reichsbetriebsgruppen, ab 1938 Reichsfachämter.
365 Die Fachgruppen hießen zunächst Reichsfachschaften. Vgl. BuV 1 (1934), 1. Folge, S. 4, 8.
366 Vgl. BuV/DAF-Walter 1 (1935), S. 5 (vollständige Liste der Leitungspersonen); ebd., S. 31;
     Feldman, Allianz, S. 127 f.; BW 1944, S. 261. Zum Beirat vgl. BuV 1 (1934), 1. Folge, S. 2 f.
     Deutsche Bank-Betriebszellenobmann Franz Hertel führte die Fachgruppe Banken. Vgl. BuV
     1 (1934), 1. Folge, S. 4, 8; vgl. auch SB 4 (1934), 17. Folge, S. 13. Rudolf Lencer, geb.
     10.8.1901 in Schönborn, Realschule/Oberrealschule, Lehrzeit Commerz- und Privatbank
     Kirchhain, Tätigkeit in verschiedenen Bank- und Industriefirmen, tätig, Tätigkeit in der
     Bankangestelltenbewegung, Betriebszellenobmann, Betriebsratsvorsitzender und Mitglied des
     Aufsichtsrats als Angestelltenvertreter in der Deutsch-Südamerikanischen Bank AG, seit 1930
     in der NSDAP als Redner in Berlin, 12.3.1933 Stadt- und Bezirksverordneter in Berlin, Stadt-
     rat Bezirksamt Treptow, Mitglied Sachverständigenbeirat NSBO-Leitung, 11.4.1933 bei der
     Gleichschaltung der früheren Gewerkschaften zum Vorsitzenden des Deutschen Bankbeam-
     tenvereins und zum NSBO-Beauftragten für die Hirsch-Dunckerschen Gewerkschaften be-
     stimmt, später Leiter der Organisationsabteilung des Gesamtverbandes der Deutschen Arbei-
     ter, Oberste Leitung der NSBO, Reichsbetriebszellenleiter Banken und Versicherungen. Vgl.
     Das Deutsche Führerlexikon 1934/35, 1934 Berlin.
367 Vgl. Feldman, Allianz, S. 128.
368 Vgl. GB BDDA 1937; NA, RG 260, Box 207, Interrogation Joachim Riehle, 17.8.1946.
369 Vgl. James, Centralverband, S. 265.
370 Grundlage waren das Gesetz zur Vorbereitung des organischen Aufbaues der deutschen Wirt-
     schaft vom 27.2.1933, RBGl. I 1934, S. 185 f. und die Erste VO zur Durchführung des Geset-
     zes zur Vorbereitung des organischen Aufbaues der deutschen Wirtschaft vom 27.11.1934,
     RGBl. I 1934, S. 1194-1199.
371 Vgl. James, Centralverband, S. 76-92.

Schröder.[372] Die Wirtschaftsgruppe übernahm die Information und Koordination ihrer Mitglieder, Preisabsprachen, „Aufklärung" über Banken, „Unterstützung der Behörden"[373] und mit der Ausbildung eine Aufgabe des aufgelösten Reichsverbands der Bankleitungen.[374] Sie sollte kein Interessenverband sein,[375] vertrat aber faktisch die Interessen des Bankgewerbes, auch in personalpolitischen Fragen.[376] Daneben hielten die Banken über Personen wie Reinhart, Deutsche Bank-Vorstandsmitglied Emil Georg von Stauß oder die Dresdner Bank-Vorstandsmitglieder Emil H. Meyer und Karl Rasche Kontakte zur Regierung.[377]

Wichtige personalpolitische Fragen wurden 1933 der Verhandlung von Arbeitgebern und Arbeitnehmern entzogen und staatlichen Instanzen zugewiesen. Seit Juni 1933 waren die „Reichstreuhänder der Arbeit" für die Tarifpolitik zuständig,[378] die auch die Vertrauensräte kontrollierten.[379] 1933 wurde der NSBO-Gründer und Brandenburger Treuhänder Johannes Engel Sondertreuhänder für die Banken, 1935 übernahm der hessische Treuhänder Franz Josef Schwarz diese Aufgabe, 1938 dessen Nachfolger Fritz Schmelter und 1944 Leon Daeschner.[380]

Das Reichswirtschaftsministerium übernahm nach den Intermezzi Alfred Hugenbergs und Kurt Schmitts Ende Juli 1934 Hjalmar Schacht, schon seit 1933 Reichsbankpräsident. Er hatte die Rolle eines Verteidigers der Aktienbanken, bis er 1937 zurücktrat. Es folgten Hermann Göring, dann Walther Funk.[381] Der Leiter der zuständigen Hauptabteilung IV, Joachim Riehle, vertrat von 1938 bis 1945 die

---

372 Zu Schröder vgl. James, Centralverband, S. 263-268. Schröder ersetzte Reinhart nach dessen Tod 1943 als Wirtschaftsgruppen-Vorsitzender. Vgl. Neue Vertrauensmänner der Wirtschaftsgruppe [...], in: BW 1944, S. 256 f.; James, Centralverband, S. 263-266.
373 Vgl. James, Centralverband, S. 90.
374 Vgl. Standesvereinigungen, S. 1469.
375 Vgl. Otto Christian Fischer, Die Einführung des neuen Leiters der Wirtschaftsgruppe [...], in: BW 1943, S. 365-367, 366; ders., Aufgaben, S. 84; Mason, Sozialpolitik, S. 120.
376 Vgl. u.a. Kapitel 4.3. 1942 klagten Hans Rummel und Oswald Rösler gegenüber Reichsbank-Vizepräsident Emil Puhl „dass [...] in den zur Vertretung des Bankgewerbes berufenen Stellen (Reichsgruppe, Wirtschaftsgruppe usw.) keine Persönlichkeiten wären, die [...] über die Fähigkeit verfügten, das Bankgewerbe kämpferisch zu den Formen zu führen, die die heutige Zeit erfordert." RGVA, 1458-1-443, Puhl, Aktennotiz, Betr.: Allgemeine Fragen des Bankgewerbes, 13.8.1942 (Abschrift). Otto Christian Fischer war besonders schlecht angesehen. Vgl. HADB, B203, Aktennotiz Mosler, 7.12.1938.
377 Vgl. Stauß vgl. Feldman, Bank, S. 281 f., James, Bank, S. 392, 394; zu Rasche vgl. BE 1 (1935), S. 87; zu Reinhart vgl. respektvolle Äußerungen in Privatarchiv Warburg Hamburg, Akte CB, Notizen, Notiz betr. CB, Max M. Warburg, 20.2.1935; NA, RG 260, Box 197, Deuss, Bericht über die Umstände [...],15.1.1947. Andererseits war Reinhart für einige Posten nur zweite Wahl gewesen, vgl. etwa Briefwechsel in HADB, B 200, Umschlag Nr. 71.
378 Vgl. Gesetz über Treuhänder der Arbeit vom 19. Mai 1933, RGBl. I 1933, S. 285. Die Treuhänder wurden am 15. Juni 1933 ernannt. Vgl. Mason, Sozialpolitik, S. 107.
379 Vgl. Schneider, Hakenkreuz, S. 169; Mason, Sozialpolitik, S. 107, 164.
380 Vgl. SHStA Dresden, Altbanken Dresden, Krögiser Bank, 2637, RS RVB, 23.11.1933; zu Engel Köpfe, S. 122; Siegel, Leistung, S. 53; zu Schwarz BuV 2 (1935), 3. Folge, S. 3; Siegel, Leistung, S. 53; BuV/DAF-Walter 2 (1936), S. 161; zu zu Schmelter BE 4 (1938), S. 150; Siegel, Leistung, S. 53; zu Daeschner Siegel, Leistung, S. 53.
381 Vgl. Ludolf Herbst, Das nationalsozialistische Deutschland. 1933-1945. Die Entfesselung der Gewalt: Rassismus und Krieg, Frankfurt/Main 1996, S. 120, 168; Kopper, Dirigismus, S. 80 f.; 214

Interessen der Großbanken. Dagegen ging der für Personalfragen bis zur Reprivatisierung zuständige Wilhelm Koehler auf Konfrontationskurs zu den Banken.[382]

Wie sahen die realen Machtstrukturen und Frontstellungen im Vergleich zur Weimarer Republik aus? Die DAF erzwang schnell eine hohe Mitgliederzahl,[383] indem sie gewerkschaftliche und neue Sozialleistungen versprach[384] und Beitrittsunwilligen mit Entlassung drohte.[385] Die Bankleitungen forderten zum Eintritt auf;[386] Dresdner Bank und Bank der Deutschen Arbeit machten 1935/36 die DAF-Mitgliedschaft zur offiziellen Einstellungsvoraussetzung.[387] Die Commerzbank-Zentrale verlangte 1937 eine Meldung nicht Eingetretener und Deutsche Bank-Betriebsführer Halt rüffelte 1938 einen Zweigstellenleiter, der den Beitritt verweigert hatte.[388]

Die Dresdner Bank meldete im August 1935 den Beitritt aller Zentrale-Mitarbeiter,[389] Deutsche Bank und Commerzbank zogen 1937 nach.[390] Ende 1935 waren alle Filialmitarbeiter der Dresdner Bank beigetreten, 1938 die der Deutschen und Commerzbank.[391]

Anders als die DAF sollte die NSDAP nur eine Elite der Mitarbeiter werben. Der Anteil der Parteimitglieder stieg etwa in der Commerzbank, auch durch Druck von Direktoren auf ihre Angestellten,[392] bis 1944 auf 10 % unter den Tarifangestellten der Zentrale und auf 6 % bis 28 % in den Filialen.[393]

---

382 Vgl. Kapitel 2. und 4.
383 Die DAF geriet Mitte 1933 wegen säumiger Beitragszahlen und Beschwerden der Arbeitgeber gegen die Abzüge in finanzielle Schwierigkeiten. Vgl. Mason, Sozialpolitik, S. 111, 180.
384 Vgl. Mason, Sozialpolitik, S. 180; AK 2 (1935), S. 98; AK 3 (1936), S. 67 f., 180-182.
385 Vgl. SHStA Dresden, Altbanken Dresden, Krögiser Bank, 2637, RS RVB, 4.8.1933; AK 3 (1936), S. 77, 125; BE 1 (1935), S. 58, 75; PVRH 3.2.1936; BuV 2 (1935), 11. Folge, S. 1; AK 4 (1937), S. 49.
386 Der Reichsverband der Bankleitungen erklärte im Sommer 1933, der Beitritt sei freiwillig, forderte aber im Dezember zum Beitritt auf (vgl. SHStA Dresden, Altbanken Dresden, Krögiser Bank, 2637, RS RVB, 4.8.1933, 6.12.1933), ebenso wie Deutsche Bank und Commerzbank (vgl. SHStA Dresden, Altbanken Dresden, 6364, DB, PA, An die Direktionen unserer Filialen (Kopfstellen), 7.12.1933; SB 5 (1935), 4. Folge, S. 2; PR Nr. 1025, 15.12.1933; Nr. 1027, 28.12.1933; 1051, 11.4.1934.. Der Centralverband nahm für sich in Anspruch, der DAF seit 1934 bei der Erfassung geholfen zu haben. Vgl. Arbeitsbericht WGPB 1933-1936. Zum lokalen „Wettbewerb" zwischen Banken um Vorschüsse zum Kauf von DAF-Festanzügen vgl. HAC, 1/6, CB, PA an Direktion der Niederlassung Frankfurt a.M., 7.3.1934; CB, Niederlassung Frankfurt an Centrale, PA, 10.3.1934.
387 SHStA Dresden, 13135, 451, DrB, PA, An unsere Kopf- und selbständigen Niederlassungen, 6.8.1935; GB BDDA 1936. Im November 1935 hatte der Centralverband diese Beschäftigungsvoraussetzung für zulässig erklärt. Vgl. RS CDBB Nr. 165, 22.11.1935, S. 4 f.
388 Vgl. PR Nr. 1302, 10.12. 1937; HADB, P2/M426, Halt an Miethe, 25.1.1938 und 2.2.1938.
389 BE 1 (1935), S. 101.
390 PR Nr. 1302, 10.12. 1937.
391 Vgl. SB 5 (1935), 4. Folge, S. 2; SB 6 (1936), 2. Folge, S. 14; BE 2 (1936), S. 3; AK 5 (1938), S. 2; HAC, 1/481, CB, Filiale Mainz an: Zentrale. PA, 14.12.1937.
392 Dresdner Bank-Betriebsführer Lüer forderte 1939, „von jüngeren Arbeitskameraden [...], dass sie sich in der Partei oder einer ihrer Gliederungen aktiv betätigen." SHStA Dresden, 13135, 451, Lüer, An die Gefolgschaft!, 24.6.1939.
393 Vgl. HAC, 1/169 II, Bericht der Filiale Kassel (Köhler/Eberhard), 10.10.1946; Jung, Bericht „Hereingenommene Mefo-Wechsel [...]", 10.9.1946; Bericht CB Düsseldorf (H. Schlag/unleserlich), 18.9.1946; HAC, 1/169 I, Geschäftspolitik der Niederlassung Essen. Die Filiale Düsseldorf hatte sich 1938 gerühmt, daß „von den männlichen Gefolgschaftsmitglie-

Wie steuerten die NS-Organisationen ihre Mitglieder? Die Reichsbetriebsgemeinschaft lenkte die Mitarbeiterschaft zentral, anders als die Gewerkschaften vor 1933. Die Zeitschrift „Bank und Versicherung" ging an alle Angestellten, eine zweite Version an Amtswalter. Die Betriebszeitungen veröffentlichten zentral zur Verfügung gestellte Artikel. [394] Organisatorische Schlagkraft demonstrierte man mit Massenkundgebungen,[395] riesigen „Reichsarbeitstagungen",[396] Betriebsappellen[397] und Betriebsversammlungen.[398] Systematisch sammelte die Reichsbetriebsgemeinschaft Informationen über Unternehmen. Lencer besichtigte Banken (1938 rund vierhundert);[399] das DAF-Sozialamt veranlaßte 1934 eine Untersuchung des Statistischen Reichsamts über Bankangestellte,[400] und der „Leistungskampf der Betriebe" lieferte sozialpolitische Daten.[401] Die DAF-Betriebskartei erlaube es, so Lencer 1936, „das Urteil für fast 42000 deutsche Bank- und Versicherungsbetriebe [...] abzugeben. Es ist nicht so, daß wir ein totes Blatt Papier vor uns haben, sondern hier ist die lebendige Gestaltung der Betriebe [...] festgehalten. Wenn jemand zu mir [...] kommt und fragt: was ist mit dem Betrieb los, so können wir ihm [...] sozialpolitisch [und] wirtschaftlich ein Bild von der Kraft des [...] Betriebes geben."[402] Betriebs-,[403] Reichs- und Gau-Schulungen,[404] NS- und Betriebs-

---

dern über 18 Jahre [...] 41 Parteigenossen [seien] = 40%, 17 Pol. Leiter = 13%, 15 SA-Männer = 12%". HAC, S3/386, Berufserziehungsarbeit innerhalb der Betriebsgemeinschaft der CB Filiale Düsseldorf, Typoskript, 1.10.1938, S. 10. Es war nicht möglich, die Aussagen der Quellen durch andere Daten zu verifizieren.

394 Das betraf nicht nur Artikel über nationalsozialistische Ideologie, sondern auch bei konkret auf die Banken zugeschnittenen Artikeln scheint es eine Koordination gegeben zu haben. Die Kritik von Deutsche Bank-Betriebszellenobmann Hertel an der mangelnden Berücksichtigung von Nationalsozialisten bei der Beförderung (SB 7 (1937), S. 81) war zum Teil wortgleich mit einem in der Betriebszeitung der Dresdner Bank 1936 veröffentlichten angeblichen Brief eines Hamburger Mitarbeiters (BE 2 (1936), S. 211). Ob Hertel die Formulierung aus dem Brief übernahm oder ob beide Artikel auf einer Vorlage der DAF beruhten, bleibt unklar.

395 Vgl. Lencer, Sozialgestaltung, S. 58; DBa 31 (1938), S. 1478-1484; AK 2 (1935), S. 147-150; SB 5 (1935), März, S. 4.

396 Vgl. SB 6 (1936), S. 19; SB, Berlin-Beilage, 15.1.1937, S. 2; AK 4 (1937), S. 171f.; Das Fachamt „Banken und Versicherungen", in: DBa 31 (1938), S. 1350; SB 8 (1938), S. 255-264. Zu sozialpolitischen Ausschüssen der RBG vgl. DBa 31 (1938), S. 1478, der DAF allgemein Siegel, Leistung, S. 76-82.

397 Vgl. DBa 31 (1938), S. 1482.

398 Vgl. MNSBO 4 (1934), 1./2. Folge, S. 12; AK 2 (1935), S. 137 f.

399 Vgl. DBa 31 (1938), S. 1478-1484, 1482; AK 1 (1934), November; SB 4 (1934), 19. Folge, S. 4; SHStA Dresden, Altbanken Dresden, DB, 6367; DB Dresden an Zentrale, 11.5.1936.

400 Vgl. Die Angestellten im Bankgewerbe, in: BK 3 (1935), März, S. 41.

401 Vgl. Kapitel 3.2.

402 Lencer, Leistungsgemeinschaft, S. 27f. Zum „Betriebsfragebogen" der DAF. vgl. RS CDBB Nr. 131, 1.12.1934; RS CDBB Nr. 40, 15.3.1935; RS CDBB Nr. 99, 19.7.1935; RS CDBB Nr. 64, 7.5.1936. Der Centralverband wies seine Mitglieder 1937 an, der DAF keine Auskünfte über Lehrlinge zu geben (vgl. RS CDBB Nr. 18, 4.2.1937; Nr. 70, 29.4.1937), wohl aber über DAF-Mitglieder und -Amtswalter (vgl.. RS CDBB Nr. 119, 6.7.1939).

403 Vgl. AK 2 (1935), S. 115f., 127; AK 3 (1936), S. 8-10; AK 4 (1937), S. 191f.; AK 6 (1939), S. 35, 38; SB 6 (1936), April, S. 2-5. HAC, 1/8, Jahresberichtskarte.

404 Vgl. DBa 31 (1938), S. 1780; Lencer, Sozialgestaltung, S. 58; AK 2 (1935), S. 100, 116, 144 f.; AK 3 (1936), S. 169f.; AK 4 (1937), S. 178; SB 7 (1937), S. 210 f.; HAC, 1/8, Jahresberichtskarte.

feste[405] brachten NS-Funktionsträger viel häufiger zusammen als Gewerkschafts- und Betriebsratsfunktionäre vor 1933.

Auf Arbeitgeberseite veranstalteten die Reichsgruppe Banken und die Wirtschaftsgruppe Privates Bankgewerbe regelmäßig Tagungen,[406] und die Landesobmänner der RGB leiteten Ausschüsse auch zu Ausbildungsfragen.[407]

Das Verhältnis der Bankleitungen zu den NS-Gliederungen blieb gespannt, Einige Mitglieder der Bankleitungen gaben zwar öffentliche Bekenntnisse zur neuen Ordnung des Arbeitslebens ab. Commerzbank-Abteilungsleiter Ludwig Holbeck etwa berichtete 1937 aus New York, wenn „man [...] die Streikposten mit ihren [...] Schildern gesehen und in den Mittags- und Abendstunden Reden wutschnaubender Kommunisten gehört hat", sei man froh, „daß wir unter unserem Führer Adolf Hitler in einem Ordnungsstaat leben".[408] Doch die DAF wurde wegen ihrer Expansionsbestrebungen und ihres Auftretens als Interessenvertretung als Gefahr gesehen.

DAF und Reichsbetriebsgemeinschaft wollten ihre Mitgliederzahl, ihre Kompetenzen und materiellen Ressourcen vergrößern. Sie wollten materielle Zugeständnisse der Bankleitungen erstreiten, weil sie sich nur so gegenüber ihren Mitgliedern legitimieren konnten. DAF-Hauptamtsleiter Selzner erklärte 1936 vor der Reichsbetriebsgemeinschaft, „daß, wenn man den ideellen Zielen die Durchsetzung verschafft, dann die materiellen Auswirkungen nicht ausbleiben."[409] Ley wollte die DAF als beherrschende „sozialpolitische Trägerorganisation zwischen Betrieb und Staat" etablieren, der alle sozialpolitischen finanziellen Ressourcen unterstanden.[410] Denselben Plan vertrat 1934 auch Reichsbetriebsgemeinschafts-Leiter Lencer.[411] Die RBG erfragte Daten, die zu ermitteln sie kein Recht hatte.[412]

Reichs- und Wirtschaftsgruppe kämpften darum gegen die befürchtete „Supergewerkschaft",[413] während sie Harmonie beschworen.[414] So betonte die Deutsche Bank 1935, die DAF dürfe nur „ausgleichend wirken, ohne daß [... ihr] Dis-

405 Vgl. AK 1 (1934), November, S. 14; AK 3 (1936), S. 172; AK 4 (1937), S. 157, 172; SB 4 (1934), 25.9.1934, S. 11 f; SB 5 (1935), 30.9.1935, S. 13 f.; SB 6 (1936), 3./4. Folge, S. 12-16; SB 6 (1936), 11. Folge, S. 1-3, 12-20.
406 Vgl. Landesobmännertagung der Reichsgruppe Banken , in: BA 37/38 (1938), S. 307.
407 Vgl. LHA Magdeburg, Rep. I 115 Oschersleben Bank, Grosse & Co., Nr. 13, Landesobmann der Reichsgruppe Banken [...] für den Wirtschaftsbezirk Mitteldeutschland [...] (Körner), im April 1936.
408 AK 4 (1937), S. 186.
409 Vgl. Mason, Sozialpolitik, S. 174 f. Claus Selzner, Die Deutsche Arbeitsfront und ihre Stellung in der Wirtschaft, in: Erste Reichsarbeitstagung, S. 47-56, 50 f.
410 Vgl. Mason, Sozialpolitik, S. 174-178; Schneider, Hakenkreuz, S. 188.
411 Vgl. für die Versicherungswirtschaft Feldman, Allianz, S. 127 f. Zum Bankwesen sind die Quellen dünn: BAB, R8119F, P408; James, Centralverband, S. 120
412 Vgl. HAC, 1/8, CB, PA, an: Direktion der Niederlassung Frankfurt a.M., 18.1.1934; CB, PA, an: Direktion der Niederlassung Frankfurt, 10.1.1939; Jahresberichtskarte (Abschrift); HADB, Ordner Direktoren-Sitzungen, Aktennotiz, Betr.: Direktorensitzung vom 25.3.1941 in Berlin. Auch die NSDAP verlangte etwa Einsicht in Personalakten der Dresdner Bank. Vgl. RGVA, 1458-1-551, NSDAP/Der Stellvertreter des Führers an RWM, 26.7.1939.
413 Vgl. Schneider, Hakenkreuz, S. 251.
414 Vgl. AK 2 (1935), S. 69 f.; Lencer, Sozialgestaltung, S. 63; Otto Christian Fischer, Zum Eintritt in die Arbeitsfront, in: Der Ring, Heft 49, 8.12.1933.

positionsbefugnisse [...] zugebilligt sind. Alleiniger Träger der Verantwortung [...] ist lediglich die Betriebsführung."[415] Ein DAF-Redner erklärte umgekehrt 1936, die „Reichsgruppen, waren zum grossen Teil mit Menschen besetzt, die dem Nationalsozialismus ablehnend [...] gegenüberstehen. Aber sie halten sich sehr geschickt an der Grenze, so dass man bei ihnen nicht ganz fest zupacken kann, man würde da wie in eine Gummimasse hineingreifen. Aber gerade darum sind sie so gefährlich."[416] Nach heftigen Auseinandersetzungen[417] klagte die Reichsbetriebsgemeinschaft 1938 öffentlich, die Zusammenarbeit mit der Reichsgruppe Banken habe sich, anders als die mit der Reichsgruppe Versicherungen, „recht schwierig gestaltet".[418] Immerhin schätzten die Arbeitgeber die Macht der DAF so hoch ein, daß die Deutsche Bank 1939 erklärte, die vom Regime geforderte Freistellung von 500 Arbeitskräften erscheine „nur dann möglich [...], wenn uns von seiten der Deutschen Arbeitsfront bei der Kündigung des Dienstverhältnisses die entsprechende Unterstützung gewährt wird."[419]

Das Ziel der Nationalsozialisten, den Interessenausgleich in die Betriebe zu verlegen,[420] goß das Gesetz zur Ordnung der nationalen Arbeit vom 20.1.1934 (AOG) in eine juristische Form. Der „Betriebsführer" stand mit uneingeschränkter Entscheidungsmacht an der Spitze der „Betriebsgemeinschaft". Er hatte „für das Wohl der Gefolgschaft" zu sorgen", die ihm dafür die „Treue" hielt. Beide arbeiteten „gemeinsam zur Förderung der Betriebszwecke und zum gemeinsamen Nutzen von Volk und Staat".[421] Der Betriebsführer schlug im Benehmen mit dem NSBO-Betriebsobmann einen „Vertrauensrat" vor, den die Mitarbeiter wählten. In Filialunternehmen berief er einen „Beirat" aus Filial-Vertrauensratsmitgliedern.[422] Beide berieten ihn bei „der Verbesserung der Arbeitsleistung, der Gestaltung [...der] Arbeitsbedingungen [...], der Stärkung der Verbundenheit aller Betriebsangehörigen". Auch sie sollten sie keine Interessenvertreter sein.[423]

Das Ideal der „Betriebsgemeinschaft" vereinte frühere Leitbilder der Bankleitungen und der Gewerkschaften. Patriarchalische Elemente des AOG – Fürsorge gegen Treue – nahmen Banken-Betriebsordnungen und Betriebszeitungsartikel auf.[424] Ein Bezug auf den Betriebsführer als Vater findet sich aber selten;[425] das

---

415 SHStA Dresden, Altbanken Dresden, DB, 6366, DB, PA, An Direktionen Filialen, 5.2.1935.
416 BrLHA, Rep. 53, Abgabe 1989, CB Luckenwalde, Nr. 8, 137, Auszug Vortrag über das Thema Aufbau und Aufgaben der Deutschen Arbeitsfront [...] (kein Autor, kein Datum), S. 9-10. Dagegen meldete etwa der Landesobmann der RGB für Mitteldeutschland 1936 „reibungslose" Zusammenarbeit mit der DAF. Vgl. LHA Magdeburg, Rep. I 115 Oscherslebener Bank, Grosse & Co., Nr. 13, Landesobmann der Reichsgruppe Banken, April 1936.
417 Vgl. James, Centralverband, S. 120-122.
418 DBa 31 (1938), S. 1481.
419 RGVA, 1458-1-1761, Deutsche Bank (Rummel/Halt) an RKK (Wulff), 10.2.1939.
420 Treuhänder sollten nur „sozialpolitische Letztinstanzen" sein. Mason, Sozialpolitik, S. 118.
421 RGBl. I, 1934, S. 45-56. Hier §§ 1 und 2.
422 Vgl. AOG, §§ 6, 7, 17.
423 AOG, § 6.
424 Vgl. HAC, 1/102.Vgl. AK 1 (1934), Oktober, S. 6 f.; AK 3 (1936), S. 114; MDB 1933, S. 49.
425 Halt bezeichnete sich bei der Deutschen Bank als „Vater des Betriebs" und wurde als solcher bezeichnet. Vgl. MNSBO 6 (1936), 3./4. Folge, S. 2; SB 7 (1937), S. 242.

Wort „Patriarchalismus" fiel, anders als in anderen Firmen, nie.[426] Ein Betriebs-
zeitungs-Artikel betonte 1934, das neue Gemeinschaftsgefühl dürfe nicht „patriar-
chalisch" sein. „[Wir] leben in einer Zeit, die weltenfern von jener liegt."[427] In-
haltlicher Kern der Betriebsgemeinschaft war eine völkische Variante dessen, was
Deutsche Bank-Vorstand Mankiewitz 1920 als militärisches Ideal präsentiert hatte. Jeder einzelne arbeite „als ein vielleicht nur kleines, aber doch notwendiges
Glied in dem riesigen Organismus der großen Bank."[428] Die „Betriebsgemeinschaft" des Bankgewerbes sollte – in bewußter Abgrenzung vom „Gewinnstreben" der „liberalistischen" Zeit – dem Volksganzen dienen.[429] Daneben stand ein
bisher vom AV vertretenes Ideal: „Kein Standesdünkel, kein Klassenstolz trennt
die [...] Schichten der Belegschaft. Ob Arbeiter, Bote oder Angestellter, ohne
Unterschied ordnen sie sich ein in die braunen Reihen."[430] Deutsche Bank-
Betriebszellenobmann Hertel forderte das Ende der „marxistisch-liberalistischen"
Trennung zwischen Arbeitern, Angestellten, Oberbeamten und Direktoren".[431]

Das Gegenstück zur Integration der „Betriebsgemeinschaft" war der
Ausschluß der Juden, die man für die bisherige Entzweiung verantwortlich machte. 1938 erklärte Lencer, „daß nach der Entfernung der Juden [...] ihr Geist ent-
fernt werden müsse. Betrieb und Gefolgschaft gehören untrennbar zusammen in
[...] ihrer Ehre."[432] In der rassisch reinen, klassenlosen Betriebsgemeinschaft
sprach jeder seine Meinung aus,[433] „Arbeitskameraden" schafften vereint im „ehr-
lichen Wettstreit" und ließen Karrierismus und Hinterlist hinter sich.[434] Freiwillige individuelle Höchstleistung überwand die „Gleichmacherei", und es entstand
eine „Leistungsgemeinschaft".[435]

Die Vertrauensräte der großen Deutsche Bank- und der Commerzbank-
Niederlassungen wurden 1934 mit deutlicher Mehrheit gewählt.[436] Doch es gab,

---

426 Vgl. Berghoff, Hohner, S. 111 f.
427 MDB 1934, S. 82.
428 MDB 1933, S. 49.
429 Vgl. MNSBO 4 (1934), 4. Folge, S. 5f.; AK 1 (1934), Oktober, S. 6f.; AK 2 (1935), S. 36 f.
     Das bedeutete auch politische Propagandaarbeit, vgl. SHStA Dresden, Altbanken Dresden,
     DB, 2938, DB, Sekretariat der Stempelvereinigung, An die auswärtigen Bankenvereinigun-
     gen, Nummer 22, 29.3.1933; AK 2 (1935), S. 16 f.; SHStA Dresden, Altbanken Dresden, CB,
     3171, Dienstanweisung! (gez. Silbermann, Betriebsobmann), 2.4.1938.
430 AK 1 (1934), Oktober, S. 5 f.; vgl. auch AK 3 (1936), S. 114; MNSBO 4 (1934), 5. Folge, S.
     4 f.; SB 3. Folge, 15.2.1934, S. 2.
431 SB 3. Folge, 15.2.1934, S. 1-4.
432 SB 8 (1938), S. 103; zur „Bereinigung" von „asozialen Zeitgenossen" BE 1 (1935), S. 23.
433 Vgl. AK 3 (1936), S. 28 f.; HAC, 1/102, Betriebsordnung Commerzbank Hamburg, § 9.
434 AK 1 (1934), Dezember, S. 17 f.; AK 2 (1935), S. 1 f., 16-20, 68; AK 3 (1936), S. 65 f.
435 Vgl. AK 1 (1934), Oktober, S. 6 f.; AK 1 (1934), November, S. 9 f.; Dezember, S. 2; AK 2
     (1935), S. 147-150; AK 4 (1937), S. 140 f.
436 Der Vertrauensrat der Commerzbank-Zentrale erzielte wohl ein schlechteres Wahlergebnis
     als der der Deutschen Bank, und die Ergebnisse in den Hamburger Niederlassungen beider
     Banken lagen schlechter in den Berliner Zentralen. Vgl. AK 2 (1935) Mai, S. 5f.; AK 4
     (1937), 58f.; MNSBO 5 (1935), 8./9. Folge, S. 3; MNSBO 4 (1934), 7. Folge, S. 6; HADB,
     P2/D194, Bekanntmachung (Sippell), 14.4.1934; Sopade-Berichte, 1935, S. 446. Die Daten
     sind problematisch, weil unklar ist, wie Stimmenthaltungen gewertet wurden.

gerade in kleinen Filialen, auch schlechte Ergebnisse.[437] Die Vertrauensräte blieben bis 1945 im Amt, weil die Wahlen nach 1935 ausgesetzt wurden.[438]

Den Großbanken gelang es, einige unbequeme Vertrauensratsmitglieder loszuwerden.[439] In der Deutschen Bank verlor Franz Hertel im Gegenzug zur Ernennung Karl Ritter von Halts zum Personalchef 1936 alle Ämter[440] und wurde durch Werner Retzlaff ersetzt.[441] Halt entließ auch Filial-Obmänner.[442] In der Dresdner Bank legte Betriebszellenobmann und Vertrauensratsmitglied Erwin Voth im August 1936 seine Ämter nieder.[443] Jerome Sillem ersetzte ihn als Betriebszellenobmann.[444] Leitende Figur des Vertrauensrats der Commerzbank blieb dagegen von 1933 bis 1939 Walter Sellnow;[445] aber auch hier wurden unliebsame Vertrauensräte versetzt.[446]

Neben dem Vertrauensrat gab es einen NSBO-Betriebszellenobmann, der für die „politische Ausrichtung" der Mitarbeiter verantwortlich war[447] und dessen Amt 1936 durch das des DAF-Betriebswalters bzw. ab 1937 Betriebsobmanns ersetzt wurde.[448] Die Führer der NS-Gliederungen übernahmen auch dieses Amt.

Schließlich überzog die DAF die Betriebe mit einem Netz von „Amtswaltern": 348 in der Deutsche Bank-Zentrale 1935, 1938 schon 400; in der Commerzbank 1939 250. 1936 soll es im Kreditwesen reichsweit 36.000 „Amtswalter"

---

437 Die Mitarbeiter der Filiale Görlitz der DB ließen Kandidaten durchfallen, die die Entlassung einer halbjüdischen Mitarbeiterin erzwungen hatten. Vgl. Vgl. HADB, P5/74, Auszug DAF/Schlesien/Kreiswalter, 13.10.1936; SB 5 (1935), 8./9. Folge, S. 12-17. In der Filiale Eisenach der Dresdner Bank erhielt der Vertrauensrat nach beinahe 100 % 1934 im Jahr 1935 nur noch knapp über 50 %. Hinweis Dieter Ziegler, 6.3.2003.

438 Vgl. Siegel, Leistung, S. 45 f. Eine sozialhistorische Untersuchung der Vertrauensratsmitglieder würde den Rahmen dieser Arbeit sprengen. Auf den ersten Blick zeigt sich, daß fast alle Vertrauensratsmitglieder der Commerzbank bis 1931 in die NSDAP eingetreten waren. Vgl. AK 2 (1935) S. 7 f.; 60 f., S. 75, 86. Die Vertrauensratsmitglieder der Deutschen Bank waren schon vor ihrer Amtsübernahme zum Teil durchaus erfolgreiche Angestellte. Das zeigen Qualifikationsbögen: HADB, P2/D194, QB 19.9.1932; P2/B385, QB 5.4.1933; P2/R127, QB 16.3.1922/9.12.1933; P2/S177, QB 20.11.1932; P2/S1100, QB 3.9.1930.

439 Dies gelang in vielen Unternehmen. Vgl. u.a. Berghoff, Hohner, S. 454.

440 Vgl. HADB, P2/H2, Rundschreiben für die Gefolgschaft der DB (Retzlaff), 6.5.1936. Nach mehrfachen Versetzungen wurde Hertel entlassen. Vgl. Korrespondenz ebd. Hertel brachte auch NSBO-Funktionäre und Vertrauensratsmitglieder gegen sich auf. Vgl. DB, Betriebsrat, An die Spruchkammer Nürnberg, 1.8.1947, Anlage „Zu Spalte 7 und 6" (Abschrift).

441 Vgl. SB 6 (1936), 5./6. Folge, S. 2-3; SB 7 (1937), S. 48. Retzlaff wurde 1939 einberufen und durch Fritzsche, dann Werner Elsner ersetzt. Vgl. SB 10 (1940), S. 105, SB 11 (1941), S. 36.

442 Vgl. James, Bank, S. 343; HADB, P2/H307, Notiz Halt, 26.9.1941.

443 Vgl. BE 2 (1936), S. 167. Entscheidender Mann der Betriebszelle der Dresdner Bank war Hans Oberberg, der freigestelltes Vertrauensratsmitglied, aber nicht Betriebszellenobmann wurde. Vor Voth war Martin Machule Betriebszellenobmann gewesen, aber noch vor der „Machtergreifung" nach München versetzt worden. Hinweis von Dieter Ziegler, 6.3.2003.

444 Vgl. BE 2 (1936), S. 167; 3 (1937), S. 39; BE 4 (1938), S. 127.

445 Vgl. AK 11 (1944), S. 19.

446 Vgl. HAC, 1/169 I, CB Filiale Braunschweig, Bericht „In den Jahren nach [...]" (kein Titel), ohne Autor/ohne Datum; Bericht „Geschäftspolitik der Niederlassung Essen".

447 Vgl. MNSBO 4 (1934), 21. Folge, S. 1f.; Meyer, Aufgaben, S. 112.

448 Vgl. Anordnung des Reichsleiters der DAF vom 8. Mai 1937..BuV/DAF-Walter 4 (1938), S. 10; AK 4 (1937), S. 158.

gegeben haben.[449] Sie waren für Sozialleistungen der DAF zuständig, ihre Kompetenzen waren aber nicht klar begrenzt.[450] Oft mischten sie sich in betriebliche Fragen ein,[451] übernahmen aber auch eine Disziplinierungsfunktion.[452]

Auf der Arbeitgeberseite verhandelten „Betriebsführer" der Zentralen und Filialen und Personaldirektoren. „Betriebsführer" der Commerzbank war 1933 Carl Harter, nach dessen Pensionierung 1935 Joseph Schilling. Schilling mußte 1936 zurücktreten, weil er seine jüdische Sekretärin nicht entlassen wollte.[453] Zunächst ersetzte ihn Personalchef Paul Hampf, ein altes Parteimitglied,[454] mußte den Posten aber an Eugen Boode abgeben, weil er kein ordentliches Vorstandsmitglied war.[455] Als Boode 1939 in den Ruhestand ging und Hampf 1943 in den Vorstand aufrückte, wurde Hampf wieder Betriebsführer.[456]

Die Deutsche Bank verband eine Konzession an die Partei in der Person des Betriebsführers mit einem taktischen Schachzug. 1936 kam als Ergänzung für Betriebsführer Karl Sippell, der sich den Auseinandersetzungen nicht mehr gewachsen fühlte,[457] Karl Ritter von Halt, ein alter Nationalsozialist von einer Münchener Privatbank.[458] Dafür verlor Betriebsobmann Hertel 1936 seinen Posten. 1938 löste Halt Sippell ab und blieb bis 1945 in diesem Amt.[459] Personalchef war der frühere Direktor des Reichsverbands der Bankleitungen, Hemmerich.[460]

Die Dresdner Bank ernannte Hans Schippel zum Betriebsführer. 1938 folgte ihm der neu eingetretene Carl Lüer,[461] der nach seinem Weggang 1941 wiederum von Schippel ersetzt wurde, um 1942 zurückzukehren. Als Personalchef ersetzte Adolf Gaebelein 1933 den Demokraten Arthur Schumacher.[462]

Auch in den Betrieben prallten die Interessen von NS-Funktionären und Arbeitgebern aufeinander. Trotz der Versicherung, entsprechend den AOG-Vorschriften keine Interessenvertreter zu sein,[463] und trotz gegenseitigen Lobs für gute Zusammenarbeit[464] mußten sich die NS-Funktionäre legitimieren.[465] Hertel

449 Vgl. MNSBO 2 (1935), 2. Folge, S. 1f.; MNSBO 8 (1938), S. 43; AK 6 (1939), S. 35, 38; Rudolf Lencer, Die Betriebs- und Leistungsgemeinschaft in der Bank- und Versicherungswirtschaft, in: Reichsbetriebsgemeinschaft, Erste Reichsarbeitstagung, S. 26-33, 27.
450 Die Kompetenzen der Amtswalter waren unklar. Vgl. AK 3 (1936), S. 1f.; AK 4 (1937), S. 1.
451 Vgl. AK 3 (1936), S. 17 f.; AK 4 (1937), Januar, Beilage, S. 1 f.; allgemein Siegel, Leistung, S. 83 f. Zu Amtswaltern „als Helfer der Firmenleitung" vgl. Berghoff, Hohner, S. 458 f.
452 Vgl.. AK 3 (1936), Februar, S. 17f.; Erwin Preis, Die betriebliche Mannschaftsführung, in: DDV 1944, Nr. 23, S. 668-670.
453 Vgl. Kapitel 2.3.
454 Vgl. BLHA Potsdam, CB Luckenwalde, Abgabe 1989, 5, Bekanntmachung, 3.9.1936.
455 Vgl. BLHA Potsdam, CB, Abgabe 1989, 5, Bekanntmachung, 3.9.1936.
456 Vgl. PR Nr. 1646, 6.1.1943.
457 Vgl. MNSBO 4 (1934), 6. Folge, S. 7; HADB, Ordner Direktoren, Abschnitt Mandel.
458 Vgl. MNSBO 6 (1936), 3./4. Folge, S. 2; SB 7 (1937), S. 282.
459 Halt übernahm das Amt des Betriebsführers am 4.10.1938. Vgl. SB 8 (1938), S. 227-232
460 Vgl. BuV 1 (1934), 6. Folge, S. 1.
461 Vgl. BE 4 (1938), S. 121 f.
462 Vgl. Hinweis von Dieter Ziegler, 6.3.2003.
463 Vgl. AK 2 (1935), S. 69 f., 111 f.; AK 3 (1936), S. 114, 180-182; MNSBO 4 (1934), 1./2. Folge, S. 2; 3. Folge, S. 1; SHStA Dresden, 13135, 451, Die Deutsche Arbeitsfront, Gauwaltung Berlin, August 1939, An die Vertrauensräte!.
464 Vgl. AK 4 (1937), S. 8; AK 5, (1938), S. 1; AK 7 (1940), S. 2; SB 7 (1937), S. 3; SB 8 (1938), S. 266 f.; HAC, 1/51, passim.

versprach 1933, er werde nicht „den Unternehmern auf den Leim" gehen und für „Bonzensessel [und] ein fabelhaftes Einkommen [...]den Mund halten, wie das früher unsere marxistischen Bonzen so schön gekonnt haben." 1934 erklärte die NSBO der Deutschen Bank, Vertrauensratsmitglieder hätten auch „die sozialen Belange der Gefolgschaft wahrzunehmen".[466]

Trotz Hinweisen auf pragmatische Zusammenarbeit[467] und erfolgreiche sozialpolitische Beratungstätigkeit von Vertrauensratsmitgliedern[468] überwiegen die Hinweise auf Konflikte: Penetranter als die Weimarer Betriebsräte forderten die NS-Aktivisten Informationen und Kompetenzen, die ihnen nicht zustanden. Bankleitungen verteidigten die Zuständigkeit des „Betriebsführers" für Personal- und Gehaltsfragen,[469] denn bei ihm kreuzten sich „mehr als bei dem Betriebsobmann die Kräfte der sozialen und wirtschaftlichen Dynamik".[470] Manche Vertrauensräte erreichten Einblick in Rundschreiben, Personalakten, geschäftliche und sozialpolitische Informationen.[471] In der Deutschen Bank eroberten die NS-Funktionäre kurzfristig sogar Stellen in der Personalabteilung; doch die Leitung machte das durch geschickte Manöver wieder rückgängig.[472] Versuche anderer Vertrauensräte, in die Personalabteilung zu gelangen, scheiterten.[473] So gingen die Konflikte auf und ab, ohne zur Ruhe zu kommen.[474] 1937 stellte ein Vertrauensmitglied der Dresdner Filiale der Dresdner Bank fest, „daß es in den letzten 3 Jahren nicht möglich gewesen ist, ein auf Vertrauen beruhendes Verhältnis zu schaffen, daß im Gegenteil eine zunehmende Entfremdung eingetreten ist."[475]

465 Vgl. AK 3 (1936), S. 180-182.
466 MNSBO 4 (1934), 1./2. Folge, S. 3. MNSBO 4 (1934), 21. Folge, S. 1f.
467 Vgl. PVRH 24.5.1934; 3.2.1936; HAC, 1/51, Nationalsozialistische Betriebszelle CB Hamburg, An Pg. Arnold B., 19.7.1935; HADB, P2/R127, Dr. Karl Ritter von Halt, an: Herrn Willy Briese, 24.7.1953; HAC, 1/169 I, Bericht „Einstellung und Haltung der Commerzbank in Dortmund [...]", 6.8.1946.
468 Vgl. HADB, P2/E205, Sippell/Hemmerich/Hoppe, An die Mitglieder [...] des Vertrauensrats [...], 7.5.1934; MNSBO 4 (1934), 8. Folge, S. 14.
469 Vgl. MH 1933, November/Dezember, S. 84; SB 4 (1934), 8. Folge, 15.5.1934; SB 7 (1937), S. 237f. Vgl. auch SB 5 (1935), Juni, S. 10 f.; PR Nr. 1088, 19.10.1934; TStA Gotha, Commerzbank Ilmenau, 3 [3/2/5], An die WGPB, 6.10.1934, (Abschrift); WGPB, An die .... Bank, 12.10.1934; PR Nr. 1074, 28.7.1934.
470 SB 7 (1937), S. 239; auch SB 7 (1937), S. 237f.
471 Vgl. PVRH 8.2.1937; SHStA Dresden, 13135, 415, Protokolle Vertrauensratssitzungen 30.5.1934, 30.8.1934, 19.11.1934, 10.11.1934, 9.12.1936, 18.12.1936, 29.12.1936, 7.5.1937; SB 7 (1937), S. 238 f.; SHStA Dresden, 13135, 451, DrB, PA, An die Direktionen unserer Niederlassungen, 3.4.1939; PR NR. 1314, 19.1.1938.
472 Vgl. MNSBO 4 (1934), 1./2. Folge, S. 3; SB 4 (1934), 17. Folge, S. 14; HADB, P2/B385, Mitteilung „Betr.: Unterschriftenverzeichnis" (Sippell), 24.4.1934 und weitere Korrespondenz. Es wurde eine besondere Stelle zur Förderung „alter Kämpfer" eingerichtet, die mit einem Gründungsmitglied der NSBO besetzt wurde. Vgl. SB 8 (1938), S. 231.
473 Vgl. BE 1 (1935), S. 84; SHStA Dresden, 13135, 415, Protokoll Vertrauensratssitzung 30.5.1934 und weitere Protokolle; SB 7 (1937), S. 242; SB 8 (1938), S. 234, 266. HADB, Ordner Direktorensitzungen, Aktennotiz, Betr.: Direktorensitzung vom 25.3.1941.
474 Vgl. AK 3 (1936), S. 11, 17f.; SB 7 (1937), S. 244f.
475 SHStA Dresden, 13135, 415, Protokoll Vertrauensratssitzung 26.4.1937.

2. MITARBEITERBESCHAFFUNG UND VERDRÄNGUNG DER JUDEN

Nur Unternehmen, die ihre Mitarbeiterzahl und –struktur anpassen, bleiben wettbewerbsfähig, gerade im personalintensiven Bankwesen. Arbeitsgesetzgebung und soziale Aspekte begrenzen die Optionen.

Das NS-Regime griff ab 1933 mit zwei Zielen in die Mitarbeiterbeschaffung ein: Unternehmen sollten einerseits gezwungen werden, Mitarbeiter einzustellen, um die Arbeitslosigkeit zu senken. Andererseits sollten sie jüdische Mitarbeiter zu entlassen. Auf welche wirtschaftlichen und mikropolitischen Konstellationen trafen diese Interventionen?

Dieses Kapitel beschreibt zunächst die Entwicklung der Mitarbeiterzahl und -struktur. Auf welche wirtschaftlichen Erfordernisse und mikropolitischen Interessen stieß die nationalsozialistische Intervention zur Einstellung von Mitarbeitern ab 1933? Ein zweiter Abschnitt untersucht, auf welche Interessenkonstellationen die Intervention zur Verdrängung der jüdischen Mitarbeiter ab 1933 traf.

Es wird sich zeigen, dass die Entlassung jüdischer Mitarbeiter nur in einem Teil der Fälle den wirtschaftlichen Interessen der Banken widersprach und ein Ventil für vielfältige Konflikte zwischen sozialen Gruppen der Angestelltenschaft bot, die die Belegschaften seit Beginn der Entlassungen 1924 zunehmend gespalten hatten.

2.1 MITARBEITERZAHL: INFLATIONSBOOM, ENTLASSUNGEN UND DIE WENDE VON 1933

Schon im Krieg hatte sich die Mitarbeiterzahl der Großbanken durch Fusionen und erhöhtes Arbeitsvolumen fast verdoppelt.[1] Nach Kriegsende mußten die Banken gefallene Angestellte ersetzen;[2] Inflation und Spekulationsblüte des Effektengeschäfts verlangten nach Unmengen von Personal. Der Direktor der Deutschen Bank Hamburg berichtete 1920, Abteilungsleiter drohten „täglich mit einem Zusammenbruch der Arbeit, da diejenigen Herren, die sie beherrschen, an der Grenze der Leistungsfähigkeit stehen".[3] Angestelltenräte nahmen ihr bis 1920 geltendes Recht auf Einspruch gegen Einstellungen kaum wahr.[4]

---

1 Vgl. Meyen, Bank, S. 93; Lüke, BHG, S. 174 f.; GB CB 1923. Vgl. Feldman, Bank, S. 177.

2 Von 1664 Commerzbank-Mitarbeitern 1914 fielen im Krieg 257, die Dresdner Bank verlor 530 Angestellte. Vgl. Meyen, Bank, S. 92; Commerzbank, 100 Jahre, S. 59.

3 HADB, F1/82, DB, Filiale Hamburg an Peil, 16.2.1920. Zur Abwerbung von Bankangestellten durch andere Branchen vgl. Baier, Die Lage, S. 108 f.; Carl. L. Schmitt, Die Probleme der Bankgewinne (Schluß), in: DBa 1922, Februar, S. 96-102, 98; DDB 10 (1921), S. 56; DDB 10 (1921), S. 192; zu kurzfristigem Personalüberhang vgl. HADB, F1/199, DB Filiale Frank-

Die Banken zogen Arbeitskräfte aus allen Branchen.[5] Damit fand ihr Bedeutungszuwachs als Arbeitgeber in einer boomenden Branche einen Höhepunkt: Von 1875 bis 1925 stieg die Zahl der Erwerbstätigen im Bankwesen auf mehr als das zwölffache (von 17.239 auf 215.148);[6] die Mitarbeiterzahl der Dresdner Bank wuchs von 1877 bis 1925 auf das zweihundertzehnfache (von 45 auf 9.484). Deutsche und Commerzbank nahmen eine ähnliche Entwicklung.[7] Die Filialgroßbanken beschäftigten also einen immer größeren Teil der wachsenden Bankangestelltenschaft.[8] Mit der Stabilisierung kehrte sich der Trend um.

Durch den Wegfall des „Inflationsgeschäfts" 1923 wurde ein Großteil der Mitarbeiter überflüssig. Das Ende der Aufwertungsarbeiten 1926, die Mechanisierung seit 1924 und die Übernahme von Regional- und Privatbanken erlaubten weitere Einsparungen.[9] Die Dresdner Bank setzte ihren Filialen 1924 die Entlassung von 60 bis 70 % der Angestellten zum Ziel.[10] Die Bankleitungen verwiesen auf den Geschäftsrückgang und steigende Kosten durch Tariferhöhungen,[11] und Commerzbank-Vorstandsmitglied Pilster soll den Betriebsrat beschieden haben: „[I]n Amerika habe ihn im Restaurant eine Studentin als Kellnerin bedient. Den abgebauten Bankangestellten sei daher zu raten, ebenfalls im Gastwirtsgewerbe Arbeit zu suchen."[12] Weil Gewerkschaften über Tarife, nicht aber über Entlassungen zu verhandeln hatten und Betriebsräte kein Vetorecht gegen Entlassungen hatten, stand die Entscheidung über Entlassungen den Bankleitungen frei.[13] Gewerkschaftsproteste blieben erfolglos:[14] „Als Zeitungshändler", so die AV-Zeitschrift, als „wilde Gepäckträger, Zündholzverkäufer usw. konnte man [die...] Opfer einer wildgewordenen Abbaubestie in den Straßen antreffen. [...] Mochten

furt an Filiale Bremen, 22.3.1919; DB, Direktion an Direktion DB Filiale Bremen, 3.3.1919; HADB, F1/421, DB, Direktion, PA an DB Filiale Bremen, 19.9.1919.

4   Vgl. DDB 8 (1919), S. 175, 195-197, 210-212. Der AV sprach sich nur gegen die Einstellung entlassener Offiziere aus. Vgl. DDB 10 (1921), S. 192 f. Der Tarifvertrag beendete die bisherige Praxis der Großbanken, keinen Angestellten einzustellen, der noch bei einer anderen Bank in Stellung war – ein Erfolg für die Gewerkschaften. Vgl. RTV 1920 § 6; RTV 1920, § 7; Rudl, Angestellte, S. 116; auch DDB 10 (1921), S. 239 f.

5   Vgl. Rudl, Angestellte, S. 128; zum Kaiserreich ebd., S. 30 f.; Gall, Bank, S. 122.

6   Vgl. Statistik des Deutschen Reichs, Bd. 418, Volks-, Berufs- und Betriebszählung vom 16. Juni 1925, Berlin 1930, S. 96. Für 1923 liegen keine Zahlen vor. Berufs- und Gewerbezählungen aufeinander zu beziehen, ist methodisch problematisch. Ich übernehme darum direkt zwei Vergleiche des Statistischen Reichsamts (1875-1925, weiter unten 1925-1939).

7   Vgl. Geschäftsberichte Commerzbank, Deutsche und Dresdner Bank.

8   Zum Anteil der Sparkassen und Genossenschaften vgl. Rudl, Angestellte, S. 31, 128.

9   Vgl. BBZ 31 (1926), S. 50; HADB, B 236/1, DB an 8 Uhr-Abendblatt/Hirsch, 24.11.1927; VBB, 1.12.1927; GB CB 1929, S. 8; GB CB 1932, S. 12.

10   SHStA Dresden, Altbanken Dresden, 230, DrB, Direktion an Niederlassungen, 4.11.1924.

11   Vgl. Feldman, Bank, S. 228; HADB, B 236/1, DB an 8 Uhr-Abendblatt/Hirsch, 24.11.1927; VBB, 1.12.1927.

12   DDB 14 (1925), S. 117.

13   Vgl. Streik, S. 120; Bankbeamtenstreik, S. 270. Es gelang den Gewerkschaften nicht, überArbeitsvermittlungen den Arbeitsmarkt zu kontrollieren (Rudl, Bankangestellte, S. 113-115). Zu den Erfolgen der Gewerkschaften vgl. DDB 13 (1924), S. 67, 150; BBZ, 30 (1925), S. 1-3.

14   BBZ, 30 (1925), S. 1-3, 5; DAB 5 (1925), S. 5; DDB 14 (1925), S. 1.

sie zugrunde gehen oder, sofern es weibliche Angestellte waren, als Priesterinnen der Liebe eine mehr oder minder fröhliche Auferstehung feiern."[15] Ein Arbeitsloser berichtete: „Ich wurde im April 1924 von der Commerz- und Privat-Bank entlassen. Ich war 14 Monate stellungslos. Das Unglück verfolgte mich von Tag zu Tag. Vier Wochen war ich Kassierer bei einem Reklameverlag, pro Woche 30 Mk. brutto. Nach vier Wochen war der Verlag pleite. […] Es ging mit mir von Woche zu Woche immer mehr bergab. Kleidung und Wäsche total abgerissen. Jeden Mut und Lust zum weiteren Leben verloren. Endlich, nach 14 Monaten, kam Rettung. Ich wurde Stundenhelfer bei der Post […], atmete auf, jedoch nur kurze Zeit, dann kamen die Gläubiger und das Wohlfahrtsamt, welches ich, um nicht zu verhungern, in Anspruch nahm. Ich wurde zum Offenbarungseid getrieben, mein ganzer Lohn gepfändet usw. Der Gerichtsvollzieher ständiger Gast. […] Mittagessen war […] Luxus".[16]

Ab 1926 entstand durch die Geschäftsausweitung wieder ein Bedarf nach Arbeitskräften.[17] Deutsche und Dresdner Bank erklärten den „Abbau" für beendet,[18] die Commerzbank stellte sogar wieder ein.[19]

Die Rationalisierung ermöglichte aber ab 1927 weitere Entlassungen;[20] dazu kamen Sparzwänge durch die Wirtschaftskrise seit 1929/30[21] und, so die Bankleitungen, durch die Tariferhöhungen.[22] Bei den Großfusionen 1929 lag in „der Personalersparnis […] einer der größten […] Vorteile", so Deutsche Bank-Vorstandssprecher Wassermann.[23] Die Bankleitungen sahen die sozialen Sprengkraft der Entlassungen,[24] doch, wie die Deutsche Bank 1933 resümierte: „Die Sorge um die Erhaltung der Bank […] hat uns jahrelang keine andere Wahl gelassen, als den Wettlauf mit den rapide sinkenden Einnahmen und […] ansteigenden Risiken mit allen Mitteln durchzuhalten". [25]

Gewerkschaften konnten kaum Entlassungen verhindern,[26] sondern höchstens Abfindungszahlungen durchsetzen.[27] Nur den Lehrlingszustrom minderten sie

15   DDB 14 (1925), S. 1, zit. bei Rudl, Angestellte, S. 212.
16   DDB 15 (1926), S. 76; vgl. auch DDB 14 (1925), S. 117.
17   Vgl. Kapitel 1.1. und 1.3.
18   GB DB 1926, S. 22.
19   Die Bank erklärte das mit außerordentlicher Geschäftszunahme, der AV mit besonders radikalen Entlassungen bis 1926. Vgl. DDB 18 (1929), S. 74; GB CB 1927, S. 11; GB CB 1928, S. 7; Die Berliner Großbanken im Jahre 1928, in: BeBZ Nr. 135, 1.3.1928.
20   Meyen, Bank, S. 94 übersieht die Entlassungen von 1928-30.
21   1929 forderte die Commerzbank von Filialen die Entlassung von 10 % der Mitarbeiter, noch bevor die Organisationsabteilung Rationalisierungspläne vorlege. PR Nr. 704, 24.9.1929.
22   Vgl. GB DB 1926, S. 22; GB DB 1927, S. 20. Zu den Tariferhöhungen vgl. Kapitel 3.1.
23   DDB 18 (1929), S. 173. Die Leitung der Disconto-Gesellschaft und Friedrich Reinhart äußerten sich ebenso. Vgl. BBZ 34 (1929), S. 151 f.; BBZ 34 (1929), S. 24; etwas vorsichtiger CB-Aufsichtsratsvorsitzender Witthoefft (ebd., S. 23 f.).
24   Vgl. die Äußerung von Ferdinand Lincke, stellvertretendes Vorstandsmitglied der Commerzbank, in PWH, Akte CB, Notizen, Notiz für die Herren Chefs, 27.10.1931.
25   SHStA Dresden, Altbanken Dresden, DB, 6364, DB, PA, An die Direktionen unserer Filialen, 10.7.1933.
26   Vgl. HADB, B 236/2, Notizen Dr. Krukenberg in der GV vom 26.3.1929; zu Erfolgen DDB 19 (1930), S. 160. Die VDO stimmte Kündigungen zu, vgl. MVDO 11 (1929/30), S. 89, 119.

Mitte der 1920er Jahre einige Zeit durch Propaganda über die schlechten Berufsaussichten im Bankgewerbe.[28] Auch die Betriebsräte scheiterten mit ihrem Einspruch meist,[29] und auch Proteste die Filialdirektoren, gegen überproportionale Entlassungen in den Filialen konnten nichts ausrichten.[30] 1929 „überlistete" etwa die Commerzbank-Zentrale ihre Filiale Mainz, indem sie „eine Liste mit Angestellten, die versetzt werden könnten" erbat und nach Erhalt dieser Liste erklärte: „Aus Ihrem Schreiben [...] haben wir ersehen, dass 10 Angestellte bei Ihnen entbehrlich sind [... und bitten Sie], die Kündigung zum nächstzulässigen Termin sofort zuzustellen."[31]

Die Banken behielten eine „Reserve", was ebenso betriebswirtschaftlich sinnvoll war [32] wie Einstellungsstops bei Fusionen.[33] Immerhin hatten die Betriebsräte Einzelerfolge.[34] Deren spektakulärster war Kurzarbeit zur Erhaltung von 200 Arbeitsplätzen in der Deutschen Bank 1932.[35] Betriebsräte scheinen umgekehrt auch Angestelltenproteste gedämpft zu haben.[36] Die Bankleitungen förderten bei den

27   Zu Abfindungen vgl. Kapitel 3.2; zur Rücknahme von Rückstufungen NBB, 1932, S. 11f.
28   Vgl. BBZ 31 (1926), S. 19; HADB, 236/1, RDB, 25.3.1927 (Abschrift); HADB, B236/1, Bericht, 8.2.1927; Krukenberg, „Vergleich zwischen Personal-Bestand [...]"; SHStA Dresden, Altbanken Dresden, DB, 1143, DB, PA an Direktion Dresden, 28.8.1925; DB Dresden an DB, Direktion, PA, 17.9.1925.
29   Vgl. HAC, 1/479, Betriebsrat CB, Filiale Mainz an Direktion der CB, Filiale Mainz, 14.12.1929; HAC, 1/6, passim; HAC, 4/49, BBV, Personal-Büro an Direktion Mainz, 7.11.1929. Die Commerzbank nannte nach der Fusion mit dem BBV 500 Angestellte „entbehrlich"; 1933 waren tatsächlich 482 entlassen. Vgl. 662. ARS, 11.5.1932; GB 1933.
30   Vgl. HAC, 1/479; zum Anteil der Entlassungen HADB, B 236/1, Vermerk „Vergleich zwischen Personal-Bestand und Personal-Unkosten" (um 1929); Kopper, Dirigismus, S. 222; aber auch DDB 21 (1932), S. 118).
31   Vgl. PR Nr. 677, 5.4.1929; HAC, 1/479, CB Filiale Mainz an Centrale, PA, 13.4.1929; CB PA an CB Filiale Mainz, 25.9.1929. In der Commerzbank löste auch die Unterstellung der Hamburger Niederlassung unter Berlin Entlassungen in großem Maßstab aus. Vgl. NBB, 1932, S. 11 f.; HAC, 1/186 I, 32. SAA, 2.6.1931; 35. SAA, 4.12.1931. Die Deutsche Bank beugte dem Widerstand der Filialleiter durch eine aktive Informationspolitik vor, indem sie Filialdirektoren die Rationalisierungspläne vorstellte. Vgl. Seidenzahl, Bank, S. 324-326.
32   Vgl. SHStA Dresden, Altbanken Dresden, DB, 6362, DBV an DB, Vorstand, 29.12.1930 (Abschrift); DB an DBV, 31.12.1930 (Abschrift); HAC, S3, Protokoll 673. SAR, 24.1.1935.
33   Vgl. DBB 20 (1929), S. 83f; SHStA Dresden, Altbanken Dresden, DB, 3163, DB, PA, An die Direktionen unserer Filialen, 8.10.1929; PR Nr. 668, 25.2.1929; HAC, 4/49, BBV, PA an alle Direktionen, 9.3.1932; Ziegler, Verdrängung, S. 193
34   Der Commerzbank-Betriebsratsvorsitzende Wisnowski will 1932 150 Kündigungen verhindert haben, Simniewski von der Deutschen Bank 200. Vgl. DDB 21 (1932), S. 60 f., 119, 121.
35   In der Commerzbank kam kein solcher Tausch zustande. Vgl. DBB 23 (1932), S. 67-68; DDB 21 (1932), S. 119, 123 f.; SHStA Dresden, Altbanken Dresden, Krögiser Bank, 2637, RS RVB, 30.3.1932, 25.6.1932, 6.10.1932. Der DB-Betriebsratsvorsitzende erklärte, in ihm habe „der Mensch" über den „Gewerkschafter" gesiegt. DDB 21 (1932), S. 119.
36   Der CB-Arbeitsausschuß vermerkte am 10.6.1932: „Personalabbau: [die Arbeitsausschußmitglieder] Harter & Schwand[t] bestätigen, dass nach Aussprache mit Angestelltenvertreter alles beruhigt sei." HAC, 1/54, Protokoll Berlin, 10.VI.32.

Entlassungen gezielt den Aufbau einer Stammbelegschaft, indem sie wertvolle Mitarbeiter versetzten, statt sie zu entlassen.[37]

Angestellte standen in der Weltwirtschaftskrise noch relativ gut da. So waren 1933 40% aller Industriearbeiter arbeitslos, dagegen nur 13% der Angestellten.[38] Doch fanden sich die Bankangestellten auf dem Höhepunkt eines stetigen Abbaus seit 1923.[39] Deutsche wie Commerzbank bemühten sich, neue Stellen für Entlassene zu suchen.[40] Auch wenn das oft erfolgreich gewesen sein mag, fanden sich aber tausende auf einem überschwemmten Arbeitsmarkt ohne Aussicht auf Anstellung.[41] Im Dezember 1932 berichtete eine Berliner Tageszeitung: „Ein junger Mann fällt mir auf, der besonders unterernährt und übermüdet aussieht. Ich erfahre, daß er Bankbeamter ist, schon seit Jahr und Tag abgebaut. Da die Erwerbslosenunterstützung fürs Sattessen *und* anständige Kleidung nicht ausreicht, zieht er letzteres vor, denn ‚vielleicht finde ich doch einmal etwas'. Er glaubt kaum selbst daran [...]. Ein kleines Zimmer kann er nur von acht Uhr abends bis sieben Uhr morgens bewohnen, tagsüber ist es an einen Nachtarbeiter vermietet. Was er tagsüber mache? Zuerst gehe ich in die Zeitungsfilialen und sehe die ‚Kleinen Anzeigen' durch. Wie viele Wege bin ich vergebens gegangen, wieviel Briefe habe ich verschrieben. Wenn Hunderte schon vor mir da sind, wie soll da die Wahl auf mich fallen."[42] Schon die Geschäftsberichte zeigen, wie sehr seit der Inflation Entlassungen die Personalpolitik beherrschten.[43]

37 Die Deutsche Bank richtete 1928 eine „Personalausgleichsstelle" ein, Vgl. SHStA Dresden, Altb. Dresden, DB, 6361, DB an Direktion Filiale Dresden, 10.10.1928; DBB 20 (1929), S. 83 f. Auch die Commerzbank erfaßte und versetzte systematisch Mitarbeiter. Vgl. PR Nr. 677, 5.4.1929; HAC, 1/479, CB, PA, an: Direktion der Filiale Mainz, 25.9.1929; CB Filiale Mainz an Centrale, PA, 13.4.1929, PA, 10.9.1929. 1938 galt diese Strategie bei allen Filialgroßbanken. Vgl. MAM, 1458-1-1780, Theisinger/RGB an Donner/RKK, 6.5.1938. Zum Interesse an einer Stammbelegschaft vgl. HADB, B 236/1, RDB, 25.3.1927 (Abschrift).

38 Mason, Sozialpolitik, S. 89 f.

39 Vgl. Sachse, Siemens, S. 105; Jürgen Kocka, Angestellte zwischen Faschismus und Demokratie. Zur politischen Sozialgeschichte der Angestellten: USA 1890-1940 im internationalen Vergleich, Göttingen 1977, S. 298 f. [Kritische Studien zur Geschichtswissenschaft, Bd. 25].

40 Die Deutsche Bank trug während der Einarbeitungszeit beim neuen Arbeitgeber das Gehalt, das auf die Abfindungssumme angerechnet wurde. Vgl. Feldman, Bank, S. 228; DDB 18 (1929), S. 173; DBB 20 (1929), S. 83 f. Die Commerzbank beurlaubte die zur Entlassung vorgesehenen Angestellten vorzeitig, damit sie Arbeit suchen könnten, und weil „bei der menschlich begreiflichen Stimmung [...] intensive Arbeit sowieso nicht zu erwarten ist." Vgl. PR Nr. 705, 26.9.1929; Nr. 710, 9.10.1929 ; Nr. 711, 11.10.1029 ; Nr. 937, 8.11.1932.

41 1932 hieß es in der Commerzbank, von von 4000 entlassenen Angestellten bekämen nur 7% eine Pension. Vgl. HAC, 1/54, Die stellvertretenden [...] an RWM, 9.11.1932.

42 Zit. in: BBZ 23 (1932), S. 92.

43 Quelle der Graphik: Geschäftsberichte; Commerzbank-Zahlen für 1923/24: HAC, Akte Personalbestand 1923-1945. In Aufsichtsratssitzungen war für 1924 von einem Höchststand von 25.400 bzw. 25.000 Angestellten die Rede. Vgl. HAC, 630. ARS, 2.12.1924; 632. ARS, 19.3.1925. 1923 hatte die Commerzbank 26.618 Mitarbeiter beschäftigt. Vgl. Krause, Commerzbank, S. 322. Abweichend von den Angaben des Geschäftsberichts gibt das Protokoll einer Arbeitsausschußsitzung für Oktober 1937 einen Mehrbestand von 150 Mitarbeitern gegenüber dem Vorjahreszeitraum an. Vgl. HAC, 1/1811, 106. SAA, 5.10.1937.

Die Verwüstung durch Stabilisierung, Fusionen, Mechanisierung und Welt-wirtschaftskrise, zeigt eine Statistik, die die Mitarbeiter der Vorgängerinstitute einbezieht. Die Deutsche Bank zum Beispiel senkte unter dieser Perspektive den Mitarbeiterstand von 1923 bis Ende 1932 um über 70% von 57.460 auf 16.614:[44]

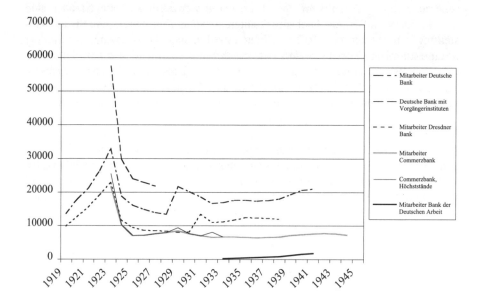

Die Fusionen erhöhten das Konfliktpotential noch weiter, weil sie Belegschaften unterschiedlicher Unternehmen zusammenbrachten. Der Geschäftsbericht der Deutschen Bank und Disconto-Gesellschaft für 1929 meldete zwar, beide Banken seien „rasch […] zu einem homogenen, in ihrer beider Vergangenheit wurzeln-de[n] Ganzen" verschmolzen. Doch berichtete ein Direktor: „Nach der Fusion hat sich keineswegs die Harmonie so einfach herstellen lassen". Die „Disconto-Leute [hätten] sich als etwas Besonderes" gefühlt „auf Grund ihrer Gehälter […,] ihrer Pensionsansprüche, [und] ganz anderen Arbeitsweise".[45] Ein Commerzbank-Mitarbeiter schrieb noch 1948, er habe sich jetzt „in der Familie des [Barmer Bank-Vereins] durchgesetzt", nachdem die Commerzbank den BBV immerhin schon 1932 übernommen hatte.[46]

Die Gefahren von Entlassungen und Fusionen sahen Arbeitnehmer und Ar-beitgeber ähnlich. Der AV konstatierte 1931 eine „Entwicklung vom konservati-ven, seßhaften, in die Pensionierung automatisch hereinwachsenden Bankbeamten

---

44 Quelle der Graphik: HADB B 236/2, Aufstellungen „DG/DB, 4.3.1927; "Personalbestand […], 21.5.1929. Zur Dresdner Bank und zur Danat-Bank vgl. Ziegler, Verdrängung, S. 193.
45 GB DB 1929, S. 30. HADB, Ordner Direktoren bis 1945, Notiz Besuch A. Jährig, 14.2.1969.
46 HAC, Commerzbank-Altbankarchiv, v12, Friedrich an CB, PA (Auszug), 23.2.1948.

zum modernen, unsteten, flüchtigen, gehetzten und rationalisierten, durch Deflation und Rationalisierung dezimierten Bankangestellten des vierten Jahrzehnts des 20. Jahrhunderts".[47] Die Commerzbank-Betriebszeitung formulierte 1936 in NSBO-Terminologie: „Der Kampf um den Arbeitsplatz [...] ließ sogar in dem besten Kerl die schlechtesten Instinkte sich entwickeln [...] der Haß zog in die Betriebe".[48] DHV-Vertreter Kastenbein mahnte 1929 daß „in den Großbetrieben, besonders am Berliner Platze, die Gruppen extremster Richtung, Kommunisten und Nationalsozialisten, einen [...] Boden finden".[49] Auch Deutsche Bank-Vorstandssprecher Wassermann gab das zu, aber: „[D]ie Auffassung können wir nicht teilen, daß, um nicht eine Revolution zu bekommen [...], wir als Privatbetrieb nach andern als privatwirtschaftlichen Grundsätzen arbeiten müssen [...]."[50]

1933 kehrte sich die Entwicklung im Bankwesen zum ersten Mal wieder um: Sofort nach der „Machtergreifung" setzten die Nationalsozialisten die Banken unter Druck, Mitarbeiter einzustellen. In der Commerzbank-Generalversammlung 1933 forderte Alfred Spangenberg als Leiter der NSBO Banken Berlin, jetzt müsse der „Personalabbau [...] zu Ende sei[n]".[51] Vertreter der Regierung verlangten ebenfalls ein Ende der Entlassungen: Reichsarbeitsminister Seldte forderte den Reichsverband der Bankleitungen auf, keine weiteren Mitarbeiter zu entlassen. Im Oktober berichtete ein Privatbankier, bei der Konzessionsvergabe im Rahmen des Kreditwesengesetzes solle „die ‚sociale' Einstellung der einzelnen Geschäfte geprüft werden: z. B. ob diesen Winter über Neueinstellungen von Angestellten erfolgt sind." Staatssekretär Fritz Reinhardt erklärte 1934: „Der [...] Personalbestand muß gehalten werden [, selbst wenn] die Bank infolgedessen gezwungen ist, ihre Dividende um ⅛, ¼ oder um ½ % zu kürzen."[52]

Auf der Betriebsebene übte die NSBO Druck aus,[53] applaudiert von den untergehenden Gewerkschaften: DBV-Funktionär Michael Perret erklärte in seiner letzten Verlautbarung im Juni 1933 befriedigt: „Jetzt, wo eine starke deutsche Staatsführung vorhanden ist, haben sich die Bankleitungen bequemt, [...] Neueinstellungen [...] anzuordnen."[54] Gegenüber den durch kein Gesetz gedeckten NS-

---

47 DDB 20 (1931), S. 52-54, 53.
48 AK 3 (1936), S. 31 f.; auch MAM, 1458-1-1780, VDO an RKK, 5.12.1931 u. 14.12.1931.
49 Feldman, Bank, S. 266; DDB 18 (1929), S. 173-179
50 Zit. in: DDB 18 (1929), S. 174-176. Nach Seidenzahl, Bank, S. 332 lehnte die Deutsche Bank 1931 eine Fusion mit der Danat-Bank auch aus Angst vor weiteren Entlassungen ab.
51 BBK 27.6.1933; auch BBZ, 27.6.1933 und Äußerungen Lencers in BBZ 38 (1938), S. 63; 79.
52 SHStA Dresden, Altbanken Dresden, DB, 6364, RAM an [...] RVB, 6.4.1933; LHA Magdeburg, Rep. 103, Bankhaus Dippe-Bestehorn, Quedlinburg, Nr. 11, Eichborn an v. Moller, 21.10.1933. MNSBO 4 (1934), 4. Folge, S. 6.
53 So erklärte die CB Frankfurt 1933, dass sie „falls wir [Angestellten] die Kündigung [...] zustellen, Weiterungen zu erwarten haben." HAC, 1/6, CB Niederlassung Frankfurt an Centrale, PA, 26.9.1933. Der Vertrauensrat der Dresdner Bank Dresden wollte über Einstellungen mitentscheiden. Vgl. SHStA Dresden, 13135, 415, Protokoll Vertrauensratssitzung 30.5.1934.
54 DBB 24 (1933), S.33-36. Vgl. auch SHStA Dresden, Altb. Dresden, CB, 2999, RS RVB, 4.5.1933; Sächsische Staatsbank, 1246, Rschr. DBV; Altbanken Dresden, DB, 6364, DB an Leitung DBV, 8.5.1933; 665. ARS, 23.5.1933.

Forderungen zeigten die Arbeitgeberverbände Konzessionsbereitschaft,[55] bemühten sich auch bei unverschämtem Auftreten des DHV um konstruktive „Ausspra-chen"[56] und Otto Christian Fischer forderte, es dürfe „keinen Bankdirektor geben, bei dem nicht [...] das soziale Gefühl überwiege".[57]

Obwohl die Banken noch nicht wieder wirtschaftlich Tritt gefaßt hatten (das geschah erst 1936/37) und Filialzusammenlegungen 1933 den Entlassungsdruck erhöhten,[58] stellten die Banken wegen des politischen Drucks 1933 wieder mehr Mitarbeiter ein, als sie entließen. Die Deutsche Bank schrieb im April 1933 an ihre Filialen: „Sollte bei einer unserer Niederlassungen [der] Personalabbau [...] wider Erwarten noch nicht beendet sein, so legen wir Wert darauf, daß diesbezüg-liche weitere Schritte, entsprechend dem Wunsche des Herrn Reichsarbeitsminis-ters, einstweilen unterbleiben."[59] Statt Überstunden leisten zu lassen, stellte man Hilfskräfte ein;[60] die Deutsche Bank verkündete das Ende des „Abbaus".[61]

1935 verzeichneten die ersten Filialen Überkapazitäten.[62] Doch Einberufun-gen zum Reichsarbeitsdienst und Militär nahmen Bankangestellte vom Arbeits-markt,[63] an manchen Orten gab es keine arbeitslosen Bankangestellten mehr.[64]

Die Mitarbeiterzahlen stiegen in der Deutschen und der Dresdner Bank noch leicht,[65] doch in der Commerzbank sanken sie.[66] Zeitgenossen erklärten das mit

55   Der Reichsverband unterstützte die Einstellungsforderungen des DBV und DHV. Vgl. SHStA Dresden, Altbanken Dresden, CB, 2999, RS RVB, 4.5.1933; RS RVB, 22.6.1933.
56   SHStA Dresden, Altbanken Dresden, CB, 2999, RS RVB, 22.6.1933.
57   Publizitätsfragen des Bankgewerbes, in: BeBZ Nr. 558 vom 29.11.1933.
58   Vgl. Kapitel 1.1 und Filialzusammenschlüsse der Großbanken, in: FZ, 13. November 1933.
59   SHStA Dresden, Altbanken Dresden, DB, 6364, DB an Direktionen Filialen/Zweigstellen, 13.4.1933. Die Commerzbank stellte Entlassungen zurück. Vgl. 665. ARS, 23.5.1933.
60   Vgl. PR Nr. 975, 11.5.1933; SHStA Dresden, Altbanken Dresden, CB, 3169, CB Dresden an CB Meissen, 30.6.1933; 13135, 356, DrB, Direktion An unsere Niederlassungen, 8.5.1933.
61   SHStA Dresden, Altbanken Dresden, DB, 6364, DB, PA, An Direktionen Filialen, 10.7.1933.
62   Vgl. SHStA, Altbanken Dresden, DB, 6367, DB, PA, An Direktionen unserer Filialen, 5.9.1936; DB, PA, An die Direktionen unserer Filialen, 15.1.1935; HADB, Ordner Direkto-rensitzungen, Aktennotiz, 17.9.1935; Direktorensitzung 6.10.1936.
63   Vgl. GB DB 1933, S. 17; Der Bank-Kaufmann, 28.12.1933; SHStA Dresden, Altbanken Dresden, DB, 6366,DB, PA, An die Direktionen unserer Filialen, 22.10. 1935.
64   Vgl. PR Nr. 1048, 22.3.1934; SHStA Dresden, Altbanken Dresden, DB, 6365, DB an Direktionen Filialen, 23.1.1934.
65   Vgl. GB DB 1934; 1935. Zu Einberufungen zum RAD ab 1935 vgl. u.a. AK 2 (1935), S. 133f. Zur Unterbringung „überflüssiger" Angestellten im Saargebiet vgl. SHStA Dresden, Altbanken Dresden, DB, 6366, DB, PA, An die Direktionen unserer Filialen, 15.1.1935. Wie viele Neueinstellungen ehemalige Angestellte betrafen, bleibt unklar. Die Dresdner Bank stellte 1936 nur noch einen „Wartegeldempfänger" ein. Vgl. MAM, 1458-1-549, Bericht DRuT DrB, 1937, Expl. Nr. 3.
66   Der Geschäftsbericht 1934 suche das zu verschleiern, indem er erklärte, von 6740 Angestell-ten Ende 1933 seien „abgesehen von Pensionierungen, durch Verheiratung und Übergang in andere Berufe 380 Angestellte ausgeschieden, während 440 Angestellte neu eingestellt wur-den." Wenn man „Pensionierungen, durch Verheiratung und Übergang in andere Berufe" hin-zurechnete, ergab sich eine sinkende Mitarbeiterzahl. Korrekt ist vermutlich die Angabe in Revisionsberichten von 6645 Mitarbeitern Ende 1934, obwohl andererseits laut dem Protokoll der Arbeitsausschußsitzung am 10. Oktober 1934 noch 6830 Angestellte in der Commerz-

der Unnachgiebigkeit der Commerzbank gegenüber politischem Druck[67] oder mit ihrer größeren „Personalreserve" aus der Weltwirtschaftskrise.[68]

Örtlich hatte der Druck der NS-Gliederungen Erfolg; so setzte sich der Vertrauensrat der Commerzbank Frankfurt durch,[69] der in Hamburg scheiterte mit seinem Einspruch gegen Kündigungen.[70] Die Banken glichen regionale Personalüberhänge durch systematische Versetzungen aus[71] und perfektionierten den Personalausgleich.[72]

Die Forderung nach Einstellung „alter Kämpfer" wurde unterstützt vom Reichsverband der Bankleitungen.[73] Eine Neufassung des Reichstarifvertrages, erlaubte politische Einstellungskriterien.[74] So akzeptierte die Deutsche Bank Dresden 1934 nur Lehrlinge, die einer Parteigliederung angehörten,[75] die Betriebsordnung der Dresdner Commerzbank-Filiale erklärte: „Bei der Einstellung […] wird […] auf die Einstellung zum nationalsozialistischen Staat besonderes

bank beschäftigt waren. Vgl. DRuT CB 1934, S. 6; DRuT CB 1935, S. 5; AAS 10.10.1934. Der Geschäftsbericht für 1935 gab die Entlassungen zu. Vgl. GB CB 1935. Die Bank verwies aber in einem Rundschreiben darauf, daß sie „um den Arbeitsmarkt nicht zu belasten, überzählige Arbeitskräfte durch[halte]". PR Nr. 1101, 12.1.1935.

67 HADB, RWB 54, Aktenvermerk Rummel, Der Geschäftsbericht der CB, Geheim, 1.4.1935. Auch der DBV in Sachsen hatte im Mai 1933 von der „als hartgesotten geltende[n] Commerzbank" gesprochen. SHStA Dresden, Altbanken Dresden, Sächsische Staatsbank, 1246, DBV Gau Sachsen, RS Nr. 19, 16.5.1933. Vgl. aber auch anders ebd., Betriebszellenleitung Sächsische Staatsbank Dresden an Kreisleitung NSBO Dresden, 23.5.1933.

68 So Deutsche Bank-Vorstandsmitglied Sippell, vgl. HADB, RWB 54, Notiz Sippell, 3.4.1935. Die „Personalreserve" der Commerzbank lag noch Anfang 1935 bei 300 bis 400 Angestellten. Vgl. 673. ARS, 24.1.1935. Auch Mitte 1935 erklärte das stellvertretende Vorstandsmitglied Kühne dem Vertrauensrat, die Bank habe „noch einen Personalüberschuss". PVRH 24.5.1935; vgl. auch PVRH 22.8.1935. Aber auch die Dresdner Bank sprach noch 1937 von einer „Personalreserve". Vgl. MAM, 1458-1-550, DrB, PA an RWM/Koehler, 20.5.1937.

69 Vgl. HAC, 1/6, CB Niederlassung Frankfurt an Centrale, PA, 20.3.1934. „Es ist ohne weiteres anzunehmen", teilten die Direktoren ihrer Zentrale mit, „dass auch der Treuhänder der Arbeit, wenn er sich mit der Angelegenheit befassen müsste, den Standpunkt unseres Vertrauensrates teilen würde." HAC, 1/8, CB Frankfurt an Centrale, PA, 16.4.1935.

70 Vgl. PVRH 22.8.1935; PVRH 25.10.1935.

71 Vgl. SHStA Dresden, Altbanken Dresden, DB, 6365, DB an Direktion unserer Filialen, 19.9.1934; SHStA Dresden, Altbanken Dresden, DB, 6366, DB, PA, An die Direktionen unserer Filialen, 15.1.1935; DB, PA, An die Direktionen unserer Filialen, 22.10.1935; SHStA Dresden, Altbanken Dresden, DB, 6367, DB, PA, An die Direktionen unserer Filialen, 5.9.1936; HADB, Ordner Direktorensitzungen, Aktennotiz, 17.9.1935, S. 11-12; SHStA Dresden, 13135, 451, DrB, Direktion, An die Direktionen unserer Niederlassungen, 8.8.1935; HAC, 1/8, CB Frankfurt, an: CB, Personal-Abteilung, 16.2.1935. Als Hilfskräfte solle man „Wartegeldempfänger" und Pensionäre einstellen, wenn nötig. Vgl. SHStA Dresden, 13135, 451, Richtlinien für eine einheitliche Handhabung von Personalfragen [1935].

72 Als Ziel nannte die Dresdner Bank eine „gleichmässige Lenkung unserer […] Unkostenpolitik", die „Erhaltung des Arbeitsplatzes" und „die Heranziehung eines guten Nachwuchses". SHStA Dresden, 13135, 451, DrB, Direktion, An die Direktionen unserer Niederlassungen, 8.8.1935; auch Richtlinien für die einheitliche Handhabung von Personalfragen [1935].

73 Vgl. SHStA Dresden, Altbanken Dresden, CB, 2999, RS RVB, 12.6.1933.

74 Vgl. SHStA Dresden, Altbanken Dresden, CB, 2999, RS RVB, 23.11.1933.

75 Vgl. SHStA Dresden, Altbanken Dresden, DB, 6365, DB Dresden an Zentrale, 27.4.1934.

Augenmerk gerichtet." Die Bank berücksichtige „auch die Ratschläge des Vertrauensrates".[76] Die Frankfurter Commerzbank stellte auf Druck des NSDAP-Kreisleiters 1935 einen „alten Kämpfer" ein, sehr zum Unwillen der Zentrale.[77]

Die „2.000 Neueinstellungen [...] bei drei Großbanken in Berlin" seit 1933 waren für Reichsbetriebsgemeinschafts-Leiter Lencer 1935 der wichtigste Erfolg der NSBO.[78] Die NSBO-Zeitungen schmückten das ausgiebig propagandistisch aus. So beschrieb die NSBO-Zeitung der Deutschen Bank ein „wahres Ereignis" am 1. Mai 1933: „Heinz Stagler preßt sich frierend in die erregte Menge, hungrig sieht er auf den umlagerten Wursthändler [...]. Da! Da: Die NSBO seiner früheren Arbeitsstätte! ‚Kollegen! Kameraden!' Seine, seine Freunde! Dort! Einige der braunen Ordner eilen aus der Kolonne auf ihn zu, fassen ihn unter [...]. Als Heinz am späten Mittag darauf erwacht in der Wohnung eines der Kameraden, die [...] sich seiner aus ganzem Herzen angenommen, - da trat eben der Freund herein. ‚So oller Knabe, nun leg dich fest und sicher in die Posen. Hab gleich heut früh bei unsrer Betriebszelle angefragt: morgen heißt's: Angetreten zum Wiedereintritt [...] Heinz streckt sich in den Kissen: ‚Du Knast, Lieber! Ich habe die Arbeit wieder, die Freunde und Deutschland!'"[79]

Nach Entlassungen 1936 stieg der Arbeitskräftebedarf Ende des Jahres mit der wirtschaftlichen Erholung der Banken und zunehmenden Einberufungen. Zwar erklärte die Dresdner Bank noch 1937, sie habe für ihre „Betriebsreserve" noch immer keine reguläre Beschäftigung.[80] Doch an immer mehr Orten entstand Vollbeschäftigung.[81] Der Vertrauensrat der Commerzbank Hamburg, der 1935 noch mit seinem Einspruch gegen Kündigungen gescheitert war, konnte Mitte 1936 Neueinstellungen durchsetzen.[82]

Doch andere Branchen wuchsen schneller und zogen Mitarbeiter aus dem Bankgewerbe ab. Das galt etwa für die Rüstungsindustrie.[83] Seit 1936 litten Banken „beträchtlich unter der Neigung neuentstehender Behörden und Unternehmen, Bankbeamte zu höheren Sätzen wegzuengagieren" und „jüngerer, mit dem Betrieb

76 SHStA Dresden, Altbanken Dresden, CB, 3170, Betriebsordnung CB Dresden, 23.8.1934.

77 Vgl. HAC, 1/8, CB Frankfurt an Centrale, PA, 16.4.1935; CB, PA an Direktion der Niederlassung Frankfurt 18.4.1935. Die Dresdner Bank in Dresden reaktivierte 1933 unter dem Druck des Vertrauensrats „alte Kämpfer" unter ihren „Wartegeldempfängern", pensionierte aber andere Parteigenossen 1935/36 gegen heftigen Widerstand des Vertrauensrats endgültig. Vgl. SHStA Dresden, 13135, 415, 10.10.1935. Laut Mason, Sozialpolitik, S. 130-134 war „die Versorgung alter Kämpfer mit Arbeitsplätzen [...]der erfolgreichste Aspekt der nationalsozialistischen Arbeitsbeschaffungspolitik."

78 BuV 2 (1935), 4. Folge, S. 1.

79 MNSBO 4 (1934), 8. Folge, S. 9

80 RGVA, 1458-1-550, DrB, PA, An den Reichs- und Preussischen Wirtschaftsminister/Koehler, Betr.: Unterbringung älterer Angestellter, 20.5.1937.

81 Vgl. Keiser, Frauenarbeit, S. 163; SHStA Dresden, Altbanken Dresden, DB, 6367, DB, PA, An die Direktionen unserer Filialen, 5.9.1936; AK 3 (1936), 180-182; HAC, 1/481, CB, Filiale Mainz an Zentrale, PA, 15.7.1937; SHStA Dresden, Altbanken Dresden, CB, 3172, CB, Filiale Dresden, PA, An die Leitung der Filiale Kamenz, 7.1.1938.

82 Vgl. PRVH 24.6.1936; PVRH 25.9.1936; PVRH 8.10.1936.

83 Vgl. Hans Pohl u.a., Die Daimler Benz AG in den Jahren 1933-1945, Stuttgart 1986, S. 135; Berghoff, Hohner, S. 390 f.

noch nicht verankerter Kräfte [...], in die Industrie abzuwandern."[84] Unter staatlicher Lenkung[85] wurden Mitarbeiter in die Rüstungsindustrie „umgesetzt".[86]

Durch die Expansion in die eroberten Gebiete stieg seit Ende 1938 der Mitarbeiterbedarf,[87] obwohl die Banken auch einheimische Angestellte übernahmen.[88] Gleichzeitig stieg der Sog der Rüstungsbetriebe.[89] Zunehmend wurde auch die Expansion der Bank der Deutschen Arbeit spürbar: 1941 wollten Mitarbeiter der Commerzbank Erfurt zu „unserer neuen Konkurrenz, der Bank der Deutschen Arbeit, [wechseln...] Die [...dortige] Bezahlung durchweg nach Tarifgruppe IV bei Uebernahme der vollen Sozialbeiträge und erhöhte Sozialzulagen" habe „Unzufriedenheit und Unruhe auch in unsere [...] Gefolgschaft hineingetragen."[90] Zudem mußten Banken Mitarbeiter für Verwaltung und Staatsbanken in den Ostgebieten abgeben.[91]

Trotz der Aufwärtsbewegung seit 1933 verlor also das Bankwesen als Arbeitgeber insgesamt an Bedeutung und die Großbanken nahmen einen immer weniger wichtigen Platz im Bankwesen ein. Von 1925 bis 1939 sank die Zahl der Erwerbstätigen im Geld-, Bank- und Börsenwesen (auf dem Gebiet des „Altreichs") von 231.200 auf 212.700, also um 8 %. Die Gesamtzahl der Erwerbspersonen war aber in der selben Zeit um 7,1 % gestiegen.[92] Innerhalb der schrumpfenden Branche beschäftigten die Großbanken immer weniger Mitarbeiter. So ging die Mitarbeiterzahl der Deutschen Bank (einschließlich Vorgängerinstitute) im gleichen Zeitraum um 19,2 % zurück. Der Anteil ihrer

84 Keiser, Frauenarbeit, S. 163; SB 7 (1937), S. 242. Doch mag das „Standesbewußtsein" der Bankangestellten deren Abwanderung gebremst haben. Vgl. Rudl, Bankangestellte, S. 116. Wechsel zu den schlechter bezahlenden Sparkassen erwähnen zeitgenössische Artikel kaum, wohl aber die Abwanderung unterbezahlter Sparkassenmitarbeiter in die Privatwirtschaft. Vgl. u.a. BuV/DAF-Walter 3 (1937), S. 76, 89. Ein Wechsel zur Sparkasse „auf Veranlassung der politischen Leitung": HAC, 1/8, CB Fulda an PA, 25.3.1937.

85 Vgl. Gesetz über die Einführung eines Arbeitsbuches vom 26. Februar 1935 (RGBl. 1935 I, S. 311); Gesetz über Arbeitsvermittlung, Berufsberatung und Lehrstellenvermittlung vom 5. November 1935 (RGBl. 1935 I, S. 1281); RS CDBB Nr. 16, 31.1.1936; auch Kapitel 2.2.

86 Vgl. SHStA Dresden, Altbanken Dresden, CB, 3172, CB, Filiale Dresden an Filiale Kamenz, 18.7.1935; PR Nr. 1211, 22.8.1936; PR Nr. 1222, 13.11.1936; SHStA Dresden, Altbanken Dresden, DB, 6367, DB, An Direktionen unserer Filialen und Zweigstellen, 28.1.1936. 1939 erklärte die Deutsche Bank, ihre Mitarbeiter würden „sich weigern [...], die Kündigung [und „Umsetzung"] zu akzeptieren, wenn nicht von seiten der DAF. der nötige Rückhalt gewährt würde." MAM 1458-1-1761, DB (Rummel/Halt) an RKK (Wulff), 10.2.1939.

87 Vgl. etwa PR Nr. 1523, (kein Datum [1941]); PR Nr. 1540, 22.7.1941.

88 Bei der Deutschen Bank entstand Ende 1938 sogar Personalüberschuß. Vgl. SHStA Dresden, Altbanken Dresden, DB, 6373, DB, An die Direktionen unserer Filialen, 8.12.1938.

89 HAC, 1/481, CB, Filiale Mainz an Zentrale, 15.12.1938.

90 HAC, 1/224 II, CB Erfurt an OA, Berlin, 23.4.1941; auch ebd. CB Erfurt an PA, 18.4.1941. Es scheint nicht, wie im 1. Weltkrieg (vgl. HADB, F1/199, DB, Direktion an DB Bremen, 11.8.1916), Abwerbungen zwischen Großbanken gegeben zu haben.

91 Vgl. SHStA Dresden, Altbanken Dresden, 6373, DB, PA, an Direktionen unserer Filialen, 7.8.1942; DB, PA, An die Direktionen unserer Filialen, 26.6.1943; DB, PA, an Direktion unserer Filiale Görlitz, 25.10.1941; DB, PA, An die Direktionen unserer Filialen, 29.8.1941; 6376, DB, PA, An die Direktionen unserer Filialen, 10.5.1943.

92 Die Erwerbstätigen im Kredit- und Versicherungswesen, in: DBa 35 (1942), S. 109 f.

Mitarbeiter an der Gesamtzahl der Erwerbspersonen im Geld-, Bank- und Börsenwesen verringerte sich damit von 10,3 % 1925 auf 8,2 % 1939.[93] Der Anteil
der Sparkassen und der Kreditgenossenschaften nahm in der selben Zeit erheblich
zu. Während 1925 32.584 Mitarbeiter der Deutschen Bank, der Dresdner Bank
und der Commerzbank 21.977 Sparkassenmitarbeitern gegenübergestanden hatten, überholten die Sparkassen 1933 mit 37.584 die drei Filialgroßbanken mit ihren 34.686 Mitarbeitern.[94] Das ist umso bemerkenswerter, als Mitteldeutsche Creditbank, Disconto-Gesellschaft, Danat-Bank und Barmer Bank-Verein in den
Großbanken aufgegangen waren.

Die Intervention der NS-Regierung zur Einstellung neuer Mitarbeiter 1933
widersprach zu diesem Zeitpunkt noch der wirtschaftlichen Logik, wurde aber
getragen von der Erwartungshaltung der seit 1924 ununterbrochen mit Entlassungen konfrontierten Bankangestellten, die sich die NS-Gliederungen und die noch
nicht aufgelösten Gewerkschaften wirkungsvoll artikulierten. Das Vorbild der
Industrieunternehmen, deren wirtschaftlicher Aufschwung bereits begonnen hatte,
hätte einen Widerstand noch schwieriger gemacht. Gerüchte über die Berücksichtigung der Einstellungspolitik bei der Konzessionsvergabe an Banken und die
Bemühung um einen guten Ruf sprachen wirtschaftlich für Konzessionen. Zudem
standen die Banken als zum Teil verstaatlichte Unternehmen und angesichts ihres
schlechten Rufs vermutlich unter besonderem Druck. Ein wichtiger Faktor könnte
außerdem gewesen sein, daß die Bankleitungen eine wirtschaftliche Erholung für
die nächsten Jahre voraussahen und deshalb Einstellungen unter dem wirtschaftlichen Gesichtspunkt möglicherweise nur verfrüht, aber nicht gänzlich widersinnig
erschienen. Die Verdrängung von Juden erlaubte zugleich einen gewissen Ausgleich (s.u.), es findet sich aber keine Quelle, die dieses zynische Kalkül belegt.
Ab 1936 machte die wirtschaftliche Erholung der Banken und die zunehmende
Einberufung von Mitarbeitern Einstellungen für die Banken dann auch wirtschaftlich sinnvoll.

Der Kriegsausbruch verschärfte 1939 trotz vorsorglicher Einstellungen und
Personalumverteilungen[95] den Personalbedarf.[96] Die Ministerien zwangen Deutsche Bank und Dresdner Bank, hunderte Angestellte freizusetzen,[97] die Einberu-

---

93 Vgl. zur Anzahl der Erwerbspersonen insgesamt: Die Erwerbstätigen, S. 109 f. Für 1939 dient
    als Berechnungsgrundlage die Zahl der Erwerbstätigen im Reich inklusive der eingeglieder-
    ten Gebiete. Denn auch die Geschäftsberichte der Deutschen Bank geben die Mitarbeiterzahl
    des Gesamtinstituts an. Die Ergebnisse werden dadurch verfälscht, daß die Geschäftsberichte
    immer auch die Mitarbeiter der Filialen außerhalb des Reichsgebiets mitrechnen.
94 Vgl. Statistisches Jahrbuch des Deutschen Reichs, Bd. 462, Volks-, Berufs- und Betriebszäh-
    lung vom 16. Juni 1933, Heft 2, Berlin 1935, S. 42; Geschäftsberichte Großbanken.
95 Pläne für den Mobilmachungsfall entstanden, Umverteilungen sollten Lücken schließen. Vgl.
    PR Nr. 1363. 20.9.1938; PR Nr. 1432, 7.10.1939. HAC, 1/524, CB, PA an Direktion der Fili-
    ale/Direktion der Zweigstelle […], 28.9.1938. Vgl. HAC, 1/8, CB, PA an CB Frankfurt,
    28.4.1938; SHStA Dresden, Altbanken Dresden, CB, 3172, CB, Filiale Dresden an CB, Filia-
    le Kamenz, 1.8.1939; CB, Filiale Kamenz an CB, Filiale Dresden, PA, 31.7.1939.
96 Vgl. AK 6 (1939), S. 51-55, 128f.; Großbank-Hauptversammlungen, in: DBa 32 (1939), S.
    434-436, 435. Zur Deutschen Bank vgl. MAM, 1458-1-1780, RKB, Vermerk, 5.7.1939.

fungen stiegen immer weiter.[98] Das Bankgewerbe wurde als nicht unmittelbar kriegswichtige und von Parteivertretern angefeindete Branche besonders hart betroffen.[99] Seit 1942 herrschte zunehmender Mangel, so bei der Commerzbank:[100]

Einberufene Mitarbeiter der Commerzbank im 2. Weltkrieg

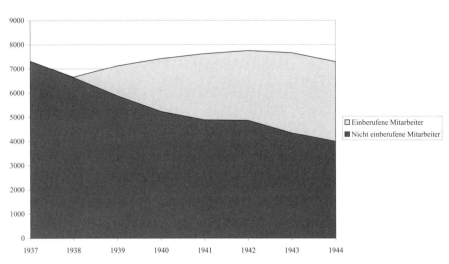

1942 schimpfte ein Commerzbank-Angestellter: „Die Minderwertigkeitskomplexe bezüglich des Begriffs ‚kriegswichtig' sind anscheinend bei den Banken [...] sehr ausgeprägt[....] Jedes Kaffeehaus [zeigt ...] mehr Existenzkraft."[101] Filialschließungen, Rationalisierung, höhere Wochenarbeitszeit und Fremdarbeiter glichen den Arbeitskräftemangel nicht aus.[102] Zunehmend überforderte die Entwicklung

98   Vgl. 156. SAA, 4.2.1942; 168. SAA, 10.3.1943; BLHA, Rep. 53, Abgabe 1989, CB Lucken-
     walde, Nr. 4, 137; PR 14.12.1944; SHStA Dresden, Altbanken Dresden, DB, 6373, passim.
99   Vgl. Grundsätzliche, S. 251; Die Banken, S. 102f., Kräfteabgabe, S. 417 f.
100 Quelle der Graphik: HAC, Ausführliche Bilanzen. Die Entwicklung der CB entspricht der der
     Deutschen Bank bis auf Abweichungen von 1 %. Bei der DB waren Ende 1940 28,6 % der
     Mitarbeiter eingezogen gegen 29,4 % bei der CB, 1941 34,9 % gegen 35,8 %, 1942 37,40 %
     gegen 37,2 %, 1943 44,10% gegen 43,2 % und 1944 46,8 % gegen 45,2 %. Die Daten für
     1944 gelten möglicherweise für unterschiedliche Monate. Vgl. HADB, Große Bilanzbände.
101 CAMT 32 AQ 50; Erich B. an Direktor S., 23.7.1943; auch Meyen, Dresdner Bank, S. 128.
     Zum Kampf der Reichsgruppe Banken gegen Einberufungen vgl. MAM, 1458-1-492, Fischer
     an RWM, 12.2.1942; PR (ohne Nr.), 14.12.1944.
102 Schließungen vgl. Personalfragen, S. 104; HAC, 1/104, PR Nr. 1618, 10.7.1942; SHStA
     Dresden, Altbanken Dresden, DB, 6376, DB, PA, An Direktionen unserer Filialen, 10.5.1943;

die Steuerungskapazitäten der Zentralen:[103] das chaotische Ende einer von Umbrüchen geprägten Entwicklung zwischen 1919 und 1945. Umbrüche prägten auch die Entwicklung der Mitarbeiterstruktur seit 1919:

Der Beauftragte [...] (gez. Hildebrandt) an Präsidenten der Landesarbeitsämter, 7.5.1943, in: DB, PA, An die Direktionen unserer Filialen, 19.5.1943. Arbeitszeit vgl. Leistungsbedingte Erhöhung der Arbeitsentgelte im privaten Bankgewerbe, in: DBa 34 (1941), S. 283; Keiser, Bankenjahr 1941, S. 4. Fremdarbeiter vgl. Korrespondenz in RGVA, 1458-1-492.

103 Vgl. HAC, 1/103, PR Nr. 1544, 1.8.1941; HAC, 1/104, PR Nr. 1626, 15.8.1942 ; CAMT 32 AQ 50, Erich B. an Herrn Direktor S., 23.7.1943; SHStA Dresden, 13135, 415, Protokoll Vertrauensratssitzung 15.3.1944.

2.2 MITARBEITERSTRUKTUR: „BANKBEAMTE" IM ABWEHRKAMPF

Wirtschaftliche Verwerfungen, Mechanisierung und gesellschaftliche Veränderunge wirbelten seit 1919 die Struktur der Bankbelegschaften durcheinander. „Bankbeamte" gerieten durch Entlassungen, Billigarbeitskräfte und die Veränderung der Anforderungen unter Anpassungsdruck. Der Kampf der Generationen, Geschlechter und Tarifgruppen sollte über 1933 hinaus dauern.[104]

Die erste *Front zwischen gelernten und ungelernten Mitarbeitern* entstand durch die Zunahme unqualifizierter Geschäftsfelder, Arbeitsteilung und Mechanisierung.[105] Im Ersten Weltkrieg zum Ausgleich der Einberufungen,[106] ab 1919 zur Ersetzung gefallener Mitarbeiter[107] und vor allem zur Bewältigung der Inflationsarbeit[108] stellten die Banken Hilfskräfte aus allen Branchen ein. Zeitgenössische Stimmen erklären, Hilfskräfte bewährten sich so gut, daß sie zur Billigkonkurrenz für die gelernten „Bankbeamten" würden.[109] Andere sprachen von einer „Minderung der Qualität der ganzen Klasse", und ein Prokurist einer Frankfurter Großbankfiliale erklärte über das Inflationspersonal: „1/3 arbeitet gut, 1/3 arbeitet schlecht und 1/3 sucht Differenzen."[110] Nach der Stabilisierung entließen die Banken vor allem diese Hilfskräfte. Commerzbank-Vorstandsmitglied Harter lobte Ende 1925, die „Verbesserung [...] durch Ausscheiden der nicht bankmässig Ausgebildeten";[111] der DBV-Vertreter im Aufsichtsrat unterstützte die „Entfernung" der „unbrauchbaren Elemente".[112]

Die „Rückkehr zum gelernten Bankbeamten" hätte aber die Einsparungsmöglichkeiten der Mechanisierung ungenutzt gelassen.[113] 1925 forderte die Deutsche Bank ihre Filialen auf, die Mitarbeiterstruktur an die „Einführung mechanischer Arbeitsmethoden" anzupassen, 1929 „an Stelle der höher bezahlten älteren Beamten billigere jüngere oder weibliche Kräfte zur Bedienung der Maschinen" zu be-

104 Dabei gab es nicht den *einen* wichtigsten Trend (vgl. Sachse, Siemens, S. 107). Ein Unternehmensvergleich funktioniert nur punktuell (vgl. Rudl, Angestellte, S. 21 f., 123, 205 f.).
105 Vgl. Kapitel 1; zur Zeit vor 1919 Gall, Bank, S. 123; Krause, Commerz- und Disconto-Bank, S. 236-241.
106 Vgl. Rudl, Angestellte, S. 143; Meyen, Dresdner Bank, S. 92.
107 Vgl. Feldman, Bank, S. 177 ff.; Krause, Commerz- und Disconto-Bank, S. 279.
108 Vgl. Feldman, Bank, S. 181. Es bleibe, so die Deutsche Bank Hamburg 1920, „nichts anderes übrig, als Qualität durch Quantität zu ersetzen". HADB, F1/82, DB, Filiale Hamburg an P[.], 16.2.1920. Zur Suche nach qualifizierten Kräften vgl. HADB, F1/421, DB, PA an DB Filiale Bremen, 1.6.1918; HADB, P1/145, DDG an Filiale Mainz, 22.3.1922.
109 Rudl, Angestellte, S. 128.
110 Baier, Die Lage, S. 97, 103.
111 Vgl. Feldman, Bank, S. 226 ff. 634. ARS, 1.12.1925. 1926 waren unter 144190 stellungslosen Angestellten 1340 ausgebildete Bankangestellte. HADB, B 236/1, VBB, 1.12.1927.
112 634. ARS, 1.12.1925. Vgl. auch Gall, Bank, S. 122; Rudl, Angestellte, S. 113-115.
113 Vgl. Einleitung Plutus Briefe, S. 279.

schäftigen.[114] In der Deutschen Bank sank bis 1930 der Anteil der Tarifgruppe III im Vergleich zu den Gruppen I und II.

Zwar entließen die Banken von 1924 bis in die dreißiger Jahre weniger gelernte als ungelernte Angestellte,[115] doch die Zahl mechanischer Arbeitsplätze nahm zu. So wurden „intelligente und tüchtige, auch ältere Arbeitskräfte [...] auf das Gebiet der Massenarbeit gedrängt", wie die Deutsche Bank 1927 berichtete.[116]

Mitarbeiter der Deutschen Bank nach Tarifgruppen
1927-1938

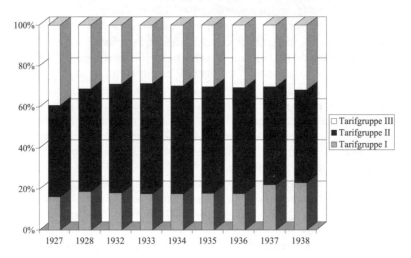

Diese Entwicklung ging auch unter dem NS-Regime weiter. 1933 beschwerte sich zwar Rudolf Lencer über ungelernte Mitarbeiter.[117] Doch die Deutsche Bank etwa stellte 1933 das Ziel auf, „die mechanischen Posten in der Bank [...] bewußter als bisher mit [...] männlichen Angestellten zu durchsetzen, die nicht aus den Reihen der gelernten Bankbeamten stamm[en..., nämlich] den Volksschulentlas-

---

114 SHStA Dresden, Altbanken Dresden, DB, 1143, DB Dresden an DB, Direktion, PA, 17.9.1925; 3162, DB, PA, An die Direktionen unserer Filialen und Zweigstellen, 10.8.1925; Feldman, Bank S. 285; Vgl. auch zum Barmer Bank-Verein HAC, 4/49, BBV, An die Direktion sämtlicher Filialen, 3.9.1930; zu Genossenschaften BBZ 27 (1922), S. 84.

115 Commerzbank-Vorstandsmitglied Harter sagte 1936, unter den seit 1923 „durch den Abbau von 25.400 auf 7.100 ausgeschiedenen Angestellten [befänden] sich nur etwa 9% ausgebildeter Bankbeamter". 635. ARS, 15.3.1936.

116 SHStA Dresden, Altbanken Dresden, DB, 6360, DB, Filiale Dresden an DB, Direktion, PA, 29.12.1927 (Abschrift). Vgl. Henning, Innovationen, S. 63 f. zur Zeit vor 1914. Ähnliches berichtete der AV über die Einführung des Commerzbank-Maschinensystems bei der Mitteldeutschen Creditbank: DDB 19 (1930), S. 135; zu Rückstufungen DKB 7 (1930), S. 16; DBB 22 (1931), S. 68f.; PR Nr. 729, 28.1.1930; MDB 1930, S. 63; MDB 1931, S. 85; zur Verzögerung aus „sozialen Rücksichten" vgl. HAC, 4/49, BBV, An die Direktion sämtlicher Filialen, 3.9.1930.

117 Vgl. BAB, R 2501, 6928, Stenographische Protokolle der Bankenenquête, 8. Sitzung, 29. November 1933, S. 714.

senen, [... die auch] auf einem etwas einseitigeren Posten zufrieden" seien.[118] Die Mitarbeiterknappheit des Zweiten Weltkriegs überbrückten die Banken nicht nur kurzfristig mit Hilfskräften,[119] sondern überprüften den Arbeitsablauf „planmäßig nach Möglichkeiten zum Einsatz minder qualifizierter Arbeitskräfte [...,] ein Aktivum [..., das nach] dem Kriege noch seinen Nutzen tragen wird".[120]

Es gab auch eine *Front zwischen den Generationen.* Gewerkschaften berichteten seit 1924 von Entlassungen älterer, verheirateter, kinderreicher Angestellter.[121] Den Betriebsräten werde ihre Zustimmung abgepreßt.[122] Dagegen betonten die Bankleitungen, sie schonten ältere Mitarbeiter,[123] doch zwängen die Erhöhungen und Altersstaffel der Tarife sie aus Rentabilitätsgründen zu deren Entlassung.[124] Die Literatur ist geteilter Ansicht darüber, wieviel „soziale Rücksichten" die Vorstände nahmen.[125] Tatsächlich standen für die Banken natürlich „soziale" Aspekte

---

118 SHStA Dresden, Altbanken Dresden, DB, 6364, DB, PA, An die Direktionen unserer Filialen, 10.7.1933. Vgl. auch Halt, Ausbildungskapazität, S. 127; Meyer, Aufgaben, S. 116.

119 Zu Frauen vgl. BLHA Potsdam, CB Luckenwalde, Abgabe 1989, 5, PR Nr. 1420, 29.8.1939; HAC, Personalbögen, Tarif-Personal Berlin, A-J, Personalbogen Martha Ellen G.; HADB, Großer Bilanzband 1940, Bericht „Die sachlichen Unkosten"; zu Pensionären Meyen, Bank, S. 128; AK 6 (1939), S. 128f.; BLHA Potsdam, CB Luckenwalde, Abgabe 1989, 5, PR Nr. 1471, 3.4.1940; HADB, B377, DB, PA, 22.11.1939. Der Anteil der „Stundenarbeiter" stieg von 0,3 % 1939 auf 5,4 % Ende 1942. Vgl. HAC, Mitarbeiterstatistik.

120 Keiser, Bankenjahr 1941, S. 4. Vgl. auch Arzet, Gedanken, S. 675 f.

121 Vgl. DBB 15 (1924), S. 23, 69 f.; DDB 13 (1924), S. 67; DDB 14 (1925), S. 117; Rudl, Angestellte, S. 212f. Zur Benachteiligung Älterer in der Inflationszeit Baier, Die Lage, S. 28. Diese Vorwürfe blieben immer präsent. Vgl. Kreditinstitute und Börsen. Commerz- und Privat-Bank, in: BBC, 17.4.1928; DDB 15 (1926), S. 142; DDB 16 (1927), S. 137; DDB 17 (1928), S. 77; DAB 8 (1928), S. 1; DAB 9 (1929), S. 71; NBB, 1932, S. 11f.; DDB 18 (1929), S. 176; DDB 21 (1932), S. 122

122 Vgl. DAB 9 (1929), S. 81; NBB, 1932, S. 11.

123 Vgl. GB DB 1925, S.22; GB DB 1927, S. 20. Kreditinstitute und Börsen; Feldman, Bank, S. 266; MDB 1930, S. 63; MVDO 14 (1932), S. 11. HADB, Ordner Direktorensitzungen, Niederschrift über die Filialdirektorensitzung vom 11. März 1926. Vgl. auch HADB, B 236/1, Vermerk Krukenberg, „Vergleich zwischen Personal-Bestand [...]", kein Datum (1927).

124 Im Tarifkonflikt 1925 erklärte der RDB, die Banken seien „zur Selbsterhaltung gezwungen [...] ältere Kräfte durch jüngere weibliche und daher billigere Arbeitskräfte zu ersetzen. Durch die weit fortgeschrittene Rationalisierung der Betriebe ist hierzu die Möglichkeit ohne weitere gegeben." SHStA Dresden, 13135, 230, DrB, Direktion/RDB, „Zum Tarifstreit im Bankgewerbe", 27.1.1925. Vgl. auch Feldman, Bank, S. 229; GB DB 1926, S. 22; GB DB 1927, S. 20. 1927 hieß es, Natürlich wähle „ein Kaufmann bei einer Wahl zwischen einer teueren und einer gleichwertigen billigeren Kraft die billigere". HADB, B 236/1, VBB, 1.12.1927. 1932 sammelte der Reichsverband Material über die kontraproduktive Wirkung des Kündigungsschutzes. Vgl. SHStA Dresden, Altbanken Dresden, CB, 2999, RS RVB, 18.8.1932. Das Material kam nicht zum Einsatz. Vgl. ebd., RS RVB, 5.1.1933.

125 Während Feldman, Bank, S. 227, 229 und Meyen, Bank, S. 94 die Darstellung der Vorstände übernehmen, erklärt Rudl daß bei den Entlassungen ab 1924 „soziale Härten zu beklagen waren, daß [...]kostenorientiert [...] entschieden wurde, und daß die Bankleitungen [...] ihre Vorstellungen von einem optimalen Personalbestand durchsetzen konnten". Die Zunahme des Anteils älterer Angestellter nach 1925 erklärt er nicht mit „sozialen Rücksichten", sondern mit der Veränderung des Altersaufbaus der Bevölkerung. Rudl, Angestellte, S. 211, 234.

an zweiter Stelle nach den Leistungen, in der Zeit der Stabilisierung[126] wie der Weltwirtschaftskrise.[127] Zwar sprachen das Ziel der „Verjüngung"[128] und Kostengründe für die Entlassung älterer Angestellte;[129] doch im Sinne einer „Stammbelegschaft"[130] und des guten Rufs war ihre Weiterbeschäftigung wirtschaftlich vorteilhaft, solange sie dem „Leistungsprinzip" nicht widersprach.[131]

In der Weltwirtschaftskrise setzten Gewerkschaften und staatliche Institutionen „soziale" Kriterien durch. Die Commerzbank-Betriebsleitung entschied allein über Entlassungen,[132] aber die Deutsche Bank handelte 1929 „Richtlinien" für die Fusion mit Betriebsrat und Gewerkschaften aus.[133] Am „Abbauplan" der Dresdner und der Danat-Bank 1931 war dazu noch das Reich beteiligt, das einen „Härtefonds" vom RM 20 Mio. finanzierten: Kündigungen sollten zunächst auf „freiwilligen Abbau" zurückgreifen und „auf die sozialen Verhältnisse […]hinsichtlich der Höhe ihrer Abfindung vollste Rücksicht […] nehmen".[134]

126 Die Deutsche Bank lobte Ende 1923, daß ihre Filialen „in steigendem Maße dazu übergegangen [seien], sich von solchen Angestellten zu trennen, deren Leistungen nicht voll befriedigen." SHStA Dresden, Altbanken Dresden, DB, 1143, DB an Direktion der Filiale Dresden, 1.12.1923. Die Dresdner Bank wies 1924 ihre Filialen ab, bei der Entlassung von mindestens 50 % der Angestellten „auf persönliche Verhältnisse nur in den geringsten Fällen Rücksicht" zu nehmen. „Es ist uns klar, daß wir auch an älteren Beamten oder solchen, die schon längere Zeit bei uns tätig sind, nicht vorübergehen können." SHStA Dresden, 13135, 230, DrB, Direktion, An unsere Niederlassungen!, 12.5.1924.

127 Die Commerzbank-Zentrale wies 1929 ihre Filialleiter an, bei den Entlassungen „in erster Linie das Leistungsprinzip, in zweiter Linie […] auch die Führung, Dienstalter und etwaige soziale Verhältnisse des Einzelfalles [… zu] berücksichtigen." PR Nr. 705, 26.9.1929; vgl. auch PR Nr. 707, 30.9.1929; DDB 15 (1924), S. 11. Die Deutsche Bank orientiert die Entlassungen ebenfalls an der Leistungsfähigkeit. Vgl. HADB, B 236/1, DB an Redaktion 8 Uhr-Abendblatt/Hirsch, 24.11.1927; vlg. auch RDB an RAM, 23.10.1929, abgedr. in: DDB 18 (1929), S. 190.

128 Vgl. Seidenzahl, Bank, S. 324-326.

129 Vgl. HAC, 4/49, Notiz „Besuch Denkhaus am 9.9.1930 in Mainz", 13.9.1930; HADB, Ordner Direktoren-Sitzungen, Niederschrift Besprechung „am 13. ds. Mts." [1929].

130 Vgl. GB DB 1927, S. 20; HADB, B 236/1, DB an Redaktion 8 Uhr-Abendblatt/Hirsch, 24.11.1927; F1/199, DB an Direktion Filiale Bremen, 2.6.1916; HADB, Ordner Direktoren-Sitzungen, Niederschrift Besprechung „am 13. ds. Mts." [1929]).

131 Vgl. HADB, P9/M22, Vermerk, 6.7.1932; MDB 1930, S. 63; DDB 18 (1929), S. 174; HAC, 1/479; CB, PA, an: Direktion der Filiale Mainz, 24.11.1930; Meyen, Bank, S. 94; Ziegler, Verdrängung, S. 193; SHStA Dresden, 13135, 356, Filialdirektoren-Zusammenkunft 16.9.1931; HAC, 1/479, CB, PA, an Direktion der Filiale Mainz, 24.11.1930.

132 Vgl. 662. ARS, 11.5.1932. Der DBV rief das Reich als Mehrheitsaktionär: vgl. DDB 21 (1932), S. 45; NBB, 1932, S. 11f.

133 1929 drohten die Gewerkschaften noch vergeblich, sie würden durch Zuziehung des RAM eine „soziale" Durchführung der Entlassungen erzwingen. DDB 18 (1929), S. 174.

134 Vgl. Ziegler, Verdrängung, S. 193; DDB 21 (1932), S. 46. Die Angestelltenorganisationen waren mit dieser Regelung im großen und ganzen einverstanden. Vgl. ebd.; DDB 21 (1932), S. 116; Meyen, Bank, S. 94. Zu Frühpensionierungen vgl. auch SHStA Dresden, 13135, 356, Filialdirektoren-Zusammenkunft 16.9.1931. Möglicherweise führte die die Dresdner Bank bis 1933 ihren Personalabbau mehr als die anderen Banken über Pensionierungen durch. Vgl. MAM, 1458-1-550, DrB, PA an RWM/Koehler, 20.5.1937.

Von den kaufmännischen Tarifangestellten der Deutschen Bank waren Ende 1926 45,1% mehr als zehn Jahre in der Bank, Ende 1927 47,7 %, Anfang 1928 51,8 % und im April 1929 schon 54,6 %.[135] Auch der Altersdurchschnitt der Beitragszahler des BVV stieg stark an.[136] Allerdings senkten die Frühverrentungen den Altersdurchschnitt bestimmter Mitarbeitergruppen; so waren Anfang 1930 waren 50 % der Filialdirektoren der Deutschen Bank über 50 Jahre alt, Anfang 1933 nur noch 35 %.[137] Im Bankenvergleich lag der Altersdurchschnitt der Deutschen Bank 1928 und 1933 am höchsten.[138]

Nach 1933 forderten NSBO und Vertrauensrat, verheiratete Familienväter in Lohn und Brot zu bringen;[139] 1934 schrieb die „Anordnung über die Verteilung von Arbeitskräften" den Austausch junger gegen ältere Angestellte vor.[140] 1936 ordnete die „Fünfte Anordnung über den Arbeitseinsatz in dem Vierjahresplan" die Unterbringung älterer Angestellter in den Banken an.[141] Die Dresdner Bank sollte 350 aufnehmen, setzte aber eine Senkung durch;[142] die Commerzbank pensionierte bis 1936 leitende Angestellte vorzeitig.[143] Die Banken widersetzten sich also dem Druck, wie auch einzelne Filialen sich gegen ältere Angestellter sperrten.[144] Doch glich sich die Altersstruktur der Filialgroßbanken höherem Niveau an. Die Deutsche Bank beschäftigte 1936 60 % über 35jährige Mitarbeiter, der Anteil bei der Commerzbank stieg von 52 % 1936 auf 55 % Ende 1937.[145]

---

135 Vgl. HADB, B 236/1, Aufstellung Personal-Bestand am 31. Dezember 1927/1. Januar 1928 und HADB, B 236/2, Vergleich zwischen Personal-Bestand und Personal-Unkosten"; Personal-Bestand am 1. April 1929.

136 Über 35jährige hatten 1928 noch 37,3 % ausgemacht, 1931 waren es 46,6 %, 1933 52 %. Vgl. Rudl, Angestellte, S. 235.

137 Vgl. Ziegler, Verdrängung, S. 193 f.

138 Anfang 1928 hatte die Deutsche Bank 35,6% Angestellte über 40 Jahre, die Commerzbank 19,5%, die Dresdner Bank 23,9%. Vgl. HADB, B 236/2, Vermerk „Bei Gelegenheit" (ohne Autor), 21.2.1928. Zu 1933 vgl. SHStA Dresden, Altbanken Dresden, DB, 6364, DB, PA, An die Direktionen unserer Filialen, 10.7.1933.

139 Vgl. SHStA Dresden, Altbanken Dresden, DB, 6364, DB, PA, An die Direktionen unserer Filialen, 10.7.1933.

140 Vgl. RS CDBB Nr. 94, 4.9.1934.

141 Vgl. RS CDBB Nr. 180, 23.12.1936; RS CDBB Nr. 77, 13.5.1937. Zum hinhaltenden Widerstand der Banken vgl. PR Nr. 1080, 18.9.1934; SHStA Dresden, Altbanken Dresden, DB an Direktionen unserer Filialen und Zweigstellen, 4.9.1934.

142 MAM, 1458-1-550, DrB, PA an RWM/Koehler, 20.5.1937; RWM/Koehler, An den Herrn Präsidenten der Reichsanstalt für Arbeitsvermittlung und Arbeitslosenversicherung, 9.6.1937; Niederschrift über die am 20. September 1937 [...] stattgefundene Besprechung [...]; Niederschrift über die am 20. September [...] stattgefundenen Besprechung.

143 Vgl. HAC, Personal Berlin S-Z, Döring an Commerz- und Disconto-Bank AG 20.4.1955, Akte Alfred Selz.

144 Vgl. SHStA Dresden, Altbanken Dresden, DB, 6367, DB, PA, An die Direktionen unserer Filialen, 5.9.1936.

145 Vgl. HADB, Ordner Direktorensitzungen, Direktorensitzung 6.10.1936; GB CB 1936; 1937. Die Angaben über Mitarbeiter über 40 Jahre widersprechen sich: Der Geschäftsbericht der Deutschen Bank für 1937 gibt 43,2 % an, der für 1938 45 %. Die Dresdner Bank meldete 1937 36 %, 1938 knapp 40 %. Dagegen sprach die Dresdner Bank 1937 von 36,8 % bei der

Zudem gab es einen *Konflikt zwischen Tarifangestellten und „Oberbeamten"*.
Die Gewerkschaften warfen den Bankleitungen vor, bei Entlassungen leitende
Angestellte zu schonen.[146] Das stritten Vorstandsmitglieder öffentlich ab.[147] Die
VDO aber berichtete bei den Fusionen von 1929 von einer entsprechenden Zusa-
ge,[148] und intern erklärten Dresdner und Deutsche Bank, für leitende Angestellte
gelte eine Schonfrist.[149] So stieg etwa in der Commerzbank nach Entlassungen der
Anteil leitender Angestellter. Erst 1933 entließ die Bank mehr leitende als Tarif-
angestellte;[150] 1936 sank deren Anteil unter den der Vor-Fusions-Zeit.

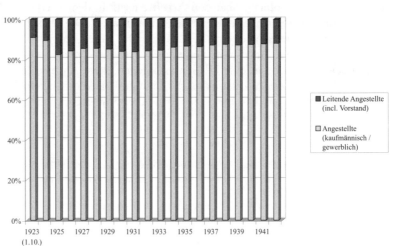

Leitende Angestellte und kaufmännische/gewerbliche Angestellte der Commerzbank
1923-1943

Deutschen Bank und 33 % bei der Dresdner Bank. Vgl. GB DB 1937, 1938; GB DrB, 1937,
1938; MAM, 1458-1-550, DrB, PA an RWM/Koehler, 20.5.1937.

146 Vgl. BBZ, 30 (1925), S. 1-3; DAB 5 (1925), S. 5; DAB 6 (1926), November, S. 7; DDB 19
·(1930), S. 135; DAB 9 (1929), S. 14; Seidenzahl, Bank, S. 321f.

147 Die Deutsche Bank will in den Jahren bis 1925 rund 1000 „Oberbeamte" entlassen haben
(GB DB 1925, S. 22; Feldman, Bank, S. 227), die Commerzbank „4 stellv. Vorstandsmitglieder, 258 leitende Beamte und 642 Oberbeamte" (634. ARS, 1.12.1925). Wassermann erklärte
1929, durch die Fusion von Deutscher Bank und Disconto-Gesellschaft würden 323 Direktoren und Prokuristen ausscheiden (Feldman, Bank, S. 266). 1930 erklärte er, es seien 24,8%
der Direktoren ausgeschieden, 24,6% der Prokuristen und nur 14,2% der Tarifangestellten
(vgl. MDB 1930, S. 63; auch GB DB 1930, S. 17). Zur Commerzbank vgl. HAC, 1/54, Die
stellvertretenden Direktoren [...] an RWM, 9.11.1932.

148 Vgl. MVDO 10 (1928/29), S. 223; MVDO 11 (1929/30), S. 107.

149 SHStA Dresden, Altbanken Dresden, DrB, Direktion, An unsere Niederlassungen, 2.10.1924;
DDB 18 (1929), S. 174. Beim Elektrokonzern Siemens stieg in Entlassungsphasen analog der
Anteil der Angestellten verglichen mit dem der Arbeiter; vgl. Sachse, Siemens, S. 107.

150 Harter erklärte Ende 1933, die Pensionierung 20 leitender Angestellter werde jährlich rund
RM 150.000.- ersparen. Vgl. HAC, 1/186 II, 62. SAA, 12.12.1933. Leitende Angestellten
wurden auch zu Tarifangestellten zurückgestuft. Vgl. z.B. HAC, Personalbögen, Personal
Berlin A-J, Interims-Zeugnis für Wilhelm Bo[.], 9.4.1932.

Eine vierte Front betraf den *Anteil von Frauen an der Belegschaft*. Bis 1914 hatten die meisten Großbanken keine Frauen eingestellt.[151] Im Krieg beschäftigten sie notgedrungen weibliche Hilfskräfte[152] und vereinzelt Lehrlinge.[153] Die Deutsche Bank erklärte 1916, daß nur unverheiratete Frauen in Frage kämen,[154] und zwar „für untergeordnete […] Stellen […], auf denen Sie dauernd verharren".[155] Während der DBV sich aus Furcht vor Senkung des Gehaltsniveaus gegen Frauen einsetzte,[156] forderte der AV deren gleiche Bezahlung.[157]

1919 wollten die Banken den Frauenanteil verringern,[158] mußten aber wegen des explodierenden Mitarbeiterbedarfs immer mehr Frauen einstellen. Die weiblichen Hilfskräfte[159] waren billiger[160] und bewährten sich etwa in der Commerzbank gut.[161] Mit der Stabilisierung entließen die Banken weibliche Hilfskräfte überproportional,[162] unterstützt vom DBV.[163] Als sich das Geschäft erholte, stellten die Banken ab 1926 wieder mehr weibliche Mitarbeiter und Lehrlinge ein. In der Zentrale der Deutschen Bank waren 1928 31,2 % der Lehrlinge Frauen.[164]

Wie in anderen Branchen[165] öffnete die Mechanisierung weiblichen Mitarbeitern die Tür, denn viele Mitarbeiter meinten: „An die Schreibmaschine gehört ein Mädchen."[166] Skeptisch blieb man gegenüber der Verwendung in der eigentlichen

---

151 Vgl. Rudl, Angestellte, S. 143; Meyen, Dresdner Bank, S. 92; Gall, Bank, S. 123. Der Frauenanteil im Bankgewerbe war schon von 1875 bis 1907 von 0,71 % auf 5,5 % gestiegen. Vgl. Lövinsohn, Frauenarbeit, S. 9.
152 Vgl. Henning, Innovationen, S. 57; Lövinson, Frauenarbeit, S. 15.
153 HADB, F1/199, DB an DB, Filiale Bremen, 29.9.1916; weitere Korrespondenz. 1916 war die Bremer Filiale die einzige, die weibliche Lehrlinge einstellte. Vgl. DB, PA an an DB, Filiale Bremen, 19.5.1916, HADB, F1/199.
154 Vgl. HADB, F1/199, DB, an die Direktion der Filiale Bremen, 29.12.1916.
155 HADB, F1/199, DB an DB, Filiale Bremen, 29.9.1916.
156 HADB, F1/199, DB an DB, Filiale Bremen, 29.9.1916.
157 Vgl. Feldman, Bank, S. 181; DDB 10 (1921), S. 121; DDB 12 (1923), S. 36; DDB 13 (1924), S. 181; DDB 14 (1925), S. 144. 1913 hatte der AV erklärt, wenn man beide gleich bezahle, werde sich „die Frauenfrage […] von selber lösen […, d]a die Frau bekanntlich 40% weniger leistet als der Mann." BBZ 18 (1913), S. 45. Anders als Rudl, Angestellte, S. 113 vermutet, ist diese Äußerung wohl ironisch gemeint.
158 Vgl. HAC, 3/44, Mappe D., Personalbogen Gertrud D.; HADB, F1/199, DB, Direktion an der DB Bremen, 3.3.1919. Lövinson, Frauenarbeit, S. 15 stellt aber fest, daß Ende 1919 mit rund 10 % noch mehr Frauen im Bankgewerbe arbeiteten als 1913 (5 %), daß also „von dem durch Zufall auf ein Sieb gekommenen Probequantum trotz kritischer Auslese ein ganz ansehnlicher, als gut befundener Rest übrig geblieben ist."
159 Vgl. Henning, Innovationen, S. 58.
160 Vgl. Feldman, Bank, S. 227; Rudl, Angestellte, S. 128; GB DB 1922, S. 20.
161 Vgl. DAB 7 (1927), Dezember, S. 3.
162 Henning, Innovationen, S. 57; Lövinson, Frauenarbeit, S. 18 f. Auch für die Entlassungen der Stabilisierungszeit erklärt ebd., S. 16, der Frauenanteil sei auf höherem Niveau geblieben.
163 Vgl. BBZ 30 (1925), S. 50.
164 Vgl. HADB, B236/1.
165 Vgl. für die Angestellten bei Siemens. Vgl. Sachse, Siemens, S. 112 f., 108.
166 MDB 1933, S. 50 und die Aussage der Personalabteilung der Deutschen Bank in SHStA Dresden, Altbanken Dresden, DB, 6363, DB, PA an Direktionen unserer Filialen und Zweigstellen, 25.5.1932. Vgl. auch MDB 1930, S. 78f.; auch Lövinson, Frauenarbeit, S. 25 f. Dage-

Bankarbeit.[167] Mitarbeiter der Deutschen Bank erklärten in der Betriebszeitung, Frauen wollten nur einen „„Kollegen' fürs ganze Leben [...] finden". Das erkläre, daß manche „junge Damen in Balltoilette die Buchungsmaschinen bedienen."[168] Oder: „Lieber zehn Männer als eine Frau. Die Männer kann man wenigstens mal ordentlich anpfeifen! Und bei den Frauen hindert einen ein gewisses kavaliermäßiges Empfinden daran, außerdem kann ich keine Frau weinen sehen."[169] 1932 resümierte die Personalabteilung der Deutschen Bank, Frauen mit Banklehre könnten „später meist doch nicht auf höheren Posten beschäftigt werden [...] wie männliche Angestellte mit gleicher Vorbildung und gleichen Leistungen".[170] So konzentrierten sich weibliche Mitarbeiter weiter in einfacheren und schlechter bezahlten Tätigkeitsbereichen. In der Commerzbank brachte es bis 1932 nur eine einzige Frau zur Bevollmächtigten. In der Zentrale der Deutschen Bank waren Ende 1928 in der höchsten Tarifgruppe (III + 10) 1928 gar keine Frauen, in Gruppe III 2,6 %, in Gruppe II 13,5 % und in der Gruppe I 51,6 %.[171]

In der Weltwirtschaftskrise ergriffen die Banken zum dritten Mal innerhalb von sechs Jahren die Gelegenheit, den Frauenanteil zu senken, stellten kaum noch weibliche Lehrlinge ein[172] und entließen verstärkt Frauen (darunter alle verheirateten).[173] Die Deutsche Bank bot Frauen seit 1928 mit Heiratsbeihilfen Anreize zum Ausscheiden.[174] Der Frauenanteil der Commerzbank lag höher der der Deutschen und Dresdner Bank, seine Entwicklung entspricht aber dem Trend:[175]

---

gen kam Hans Rehmenklau, Menschenökonomie im Bankbetrieb, Berlin 1930, S. 59 f. „zu dem Endresultat, daß die Frau [...] wegen ihres, vom Manne verschiedenen, eigenartigen Seelenlebens und ihrer ‚mütterlichen' Bestimmung, ihrer [...] körperlichen Disqualifikation [...] nicht für die [...] Bankarbeit geeignet ist."

167 Vgl. Lövinson, Frauenarbeit, S. 29-31.

168 MDB 1930, S. 78 f. Vgl. auch Lövinson, Frauenarbeit, S. 44.

169 MDB 1930, S. 78 f. Vgl. auch Lövinson, Frauenarbeit, S. 26.

170 SHStA Dresden, Altbanken Dresden, DB, 6363, DB, PA, an Direktionen unserer Filialen und Zweigstellen, 25.5.1932.

171 Vgl. HADB, B236/1.

172 Vgl. SHStA Dresden, Altbanken Dresden, DB, 6363, DB, PA, an Direktionen unserer Filialen und Zweigstellen, 25.5.1932; SHStA Dresden, Altbanken Dresden, DB, 6364, DB, PA, An die Direktionen unserer Filialen, 10.7.1933.

173 1933 hatte die Deutsche Bank „schon seit Jahren kein verheirateten Frauen mehr im Betrieb". SHStA Dresden, Altbanken Dresden, DB, 6364, DB, PA, An die Direktionen unserer Filialen, 10.7.1933. Vgl. auch MDB 1933, S. 50.

174 Vgl. Kapitel 3.2.

175 Quelle der Graphik: für CB: HAC, Ausführliche Bilanzen; für DBV Kaiser, Frauenarbeit, S. 163; BA 1941, S. 135; Pensionsbetreuung, S. 41. 1923 soll der Frauenanteil bei den Berliner Großbanken nur bei 28,8 % gelegen haben, 1925 nur bei 12,6 %. Vgl. Henning, Innovationen, S. 57; Rudl, Angestellte, S. 232 f. Commerzbank und BVV lagen, trotz kleinerer Abweichungen, insgesamt im Trend des gesamten Geld-, Bank- und Börsenwesens (4,6 % 1907, rund 30 % auf dem Höhepunkt der Inflation, 20,7 % 1925). Vgl. Henning, Innovationen, S. 55. Bis 1933 stieg der Anteil hier auf 22 %, statt, wie bei den Großbanken, zu fallen. Ebd. Vgl. auch die z.T. unterschiedlichen, aber im Trend gleichen Daten bei Rudl, Angestellte, passim.

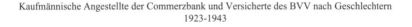

Kaufmännische Angestellte der Commerzbank und Versicherte des BVV nach Geschlechtern
1923-1943

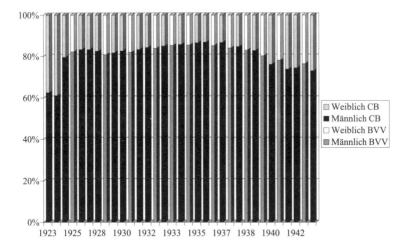

Ab 1933 verlangten die NS-Gliederungen eine Verringerung des Frauenanteils.[176] Im Juli 1933 wies die Deutsche Bank ihre Filialen an, „Ihren Bestand an weiblichem Personal allmählich herabzumindern, um für junge Männer neue Arbeitsplätze zu schaffen," ungeachtet der besseren Eignung von Frauen für manche Posten.[177] Im August schlossen sich Banken und Reichsverband der Kampagne der Regierung und der Partei gegen das „Doppelverdienertum" an, um so den Einstellungsdruck abzufedern.[178] Sie wehrten sich aber gegen übereifrige NS-Aktivisten erfolgreich,[179] bis RAM und RWM die Kampagne im November 1933 untersag-

176 Publizitätsfragen des Bankgewerbes. Aus dem Enquête-Ausschuß, in: BBZ, Nr. 558, 29.11.1933. Vgl. auch BAB, R 2501, 6928, Stenographische Protokolle der Bankenenquête, 8. Sitzung, 29. November 1933, Hauptexemplar, S. 722-726; der Kommentar eines Mitarbeiters der Deutschen Bank in MDB 1933, S. 50.

177 SHStA Dresden, Altbanken Dresden, DB, 6364, DB, PA, An die Direktionen unserer Filialen, 10.7.1933.

178 Die Commerzbank erklärte: „Gerade weil wir [...] ausserstande sind, die Bekämpfung der Arbeitslosigkeit durch Neueinstellungen zu unterstützen, müssen wir umso tatkräftiger alle anderen Möglichkeiten, Familienväter wieder in Lohn und Brot zu bringen, erschöpfen." PR Nr. 1004, 26.8.1933.

179 Vgl. SHStA Dresden, Altbanken Dresden, Krögiser Bank, 2637, RS RVB, 25.8.1933; SHStA Dresden, Altbanken Dresden, CB, 2999, RS RVB, 2.9.1933; 8.9.1933; 11.9.1933; 25.10.1933; 15.11.1933; 25.11.1933; TStA Gotha, CB Ilmenau, 3, PR Nr. 1004, 26.8.1933; 2.9.1933, 11.9.1933, 25.10.1933, 15.11.1933, 25.11.1933; allg. Mason, Sozialpolitik, S. 134.

ten.[180] Die materiellen Anreize zum Ausscheiden aber stiegen; zur „Heiratsbeihilfe" der Deutschen Bank[181] kamen staatliche Ehestandsdarlehen;[182] die Dresdner Bank erklärte 1935: „[W]eibliche Lehrlinge [sollen] nicht eingestellt werden."[183]

Schon bald durchkreuzte wieder Mitarbeitermangel die Pläne der Personalabteilungen und der NS-Regierung. Martha Wendt vom Vertrauensrat der Commerzbank stand 1936 noch relativ allein, als sie sich gegen die Verdrängung von Frauen einsetzte.[184] 1937 aber schwenkte die DAF vom Prinzip „Mutter statt Arbeiterin [...] zur Lösung des Problems Mutter und Arbeiterin" um und setzte sich für die Einstellung von Frauen ein.[185] 1938 forderte Lencer die Banken auf, weibliche Lehrlinge einzustellen. Deutsche Bank-„Betriebsführer" Halt sperrte sich zunächst: „Wir haben es bis jetzt aus grundsätzlichen Erwägungen abgelehnt."[186] Ende 1939 bemühte sich die Reichsgruppe aber schon um weibliche Bewerber,[187] und die Commerzbank änderte ihre Anforderungen von „in erster Linie nur männliche[n] Bewerber[n]" 1940 zu „möglichst viele Lehrlinge [...], ganz gleich, ob [...] männliche oder weibliche" 1941.[188] 1941 erklärte der „Betriebsführer" der Commerzbank Hamburg seinem Vertrauensrat, „daß in Zukunft mit der vermehrten Einstellung von weiblichen Arbeitskräften zu rechnen ist". Die Bank werde „die weiblichen Arbeitskameraden [...] behalten".[189] Außerdem wiesen die Zentralen der Großbanken Mitte 1939 die Filialen an, weibliche Hilfskräfte einzustellen.[190] Deutsche Bank-Personaldirektor Haeffner erklärte: „Man nehme hier, was nur eben noch geeignet sei."[191] 1941 lag der Frauenanteil schon etwa bei 40 %.[192]

Die Parteigliederungen forderten nun auch Leitungspositionen für Frauen; allen voran Commerzbank-Vertrauensratsmitglied Martha Wendt.[193] Die Bank der Deutschen Arbeit erklärte im Geschäftsbericht für 1940, für die „unserem Volke

---

180 Vgl. Kahrs, Arbeitsämter, S. 20 f.
181 Vgl. MNSBO 4 (1934), 1./2. Folge, S. 3.
182 Vgl. Mason, Sozialpolitik, S. 133.
183 SHStA Dresden, 13135, 451, Richtlinien für einheitliche Handhabung Personalfragen [1935].
184 Vgl. Wendt, Aufgaben, S. 235.
185 Siegel, Leistung, S. 100 f.
186 SB 8 (1938), S. 269.
187 Vgl. SHStA Dresden, Altbanken Dresden, CB, 6238, Kanz an die Mitglieder der Fachgruppe Private Aktienbanken im Wirtschaftsbezirk Sachsen, 30.12.1939.
188 Vgl. PR Nr. 1488, 4.9.1940; PR Nr. 1553, 8.9.1941; auch PR Nr. 1491, 21.9.1940; PR Nr. 1627, 18.8.1942. Zur Deutschen Bank vgl. SHStA Dresden, Altbanken Dresden, DB, 6370, DB, PA, an Direktionen unserer Filialen, 30.1.1941.
189 PVRH 26.8.1941; 11.11.1941.
190 Vgl. BLHA Potsdam, CB Luckenwalde, Abgabe 1989, 5, PR Nr. 1406, 24.5.1939.
191 Allerdings „sei der Tarif auch hier sehr niedrig", und es sei deshalb schwierig, gegen die Konkurrenz der besseren Gehälter in der Industrie Mitarbeiterinnen zu bekommen. MAM 1458-1-1780, RKB/Fessler, Vermerk, 5.7.1939. Auch in Filialen in den besetzten Gebieten entsandten die Banken Frauen. Vgl. HADB, F1/421, DB, Filialbüro an Direktionen unserer Filialen und Zweigstellen in Aachen, Bremen [...], 28.8.1918; HAC, N26, Brief Anni Schwengler, „Es war einmal...", 26.10.1983. Der Frauenanteil bei den Großbanken lag 1939 noch unter dem der Privat- und Regionalbanken. Vgl. Keiser, Frauenarbeit, S. 164.
192 Vgl. Keiser, Bankenjahr 1941, S. 4.
193 Vgl. AK 6 (1939), S. 22 f.

nach dem Kriege erwachsenden großdeutschen Aufgaben" würden die Banken „in verstärktem Maße weibliche Gefolgschaftsmitglieder auf den mit Verantwortung verbundenen Arbeitsplätzen" beschäftigen müssen. „Wir sind dabei, entsprechende Aufbaukameradschaften zu bilden, deren Teilnehmer [...] das weibliche Führerkorps der Bank darstellen sollen."[194] Dagegen hielt etwa Wirtschaftsgruppen-Mitarbeiter Günter Keiser daran fest, der Anstieg des Frauenanteils seit 1919 sei auf die Zunahme „technische[r] und schematische[r] Arbeitsgänge" zurückzuführen. Nur dafür „ließen sich Frauen [...,]sogar besser als Männer, einsetzen."[195]

Die Belegschaft der Großbanken war 1933 als Folge der wechselhaften Konjunkturentwicklung, der Fusionen, der Mechanisierung und gesellschaftlicher Umwälzungen 1933 dezimiert, zusammengewürfelt und tief zerstritten. Männer und Frauen, Alte und Junge, Tarifangestellte, „Oberbeamte" und Hilfskräfte fochten seit der Inflation heftige Kämpfe aus, die sich in der Weltwirtschaftskrise zuspitzten. Ihren sozusagen feuilletonistischen Ausdruck fand die Verunsicherung der Bankangestellten in den unablässigen Überlegungen darüber, ob der Begriff des „Bankbeamten" noch gerechtfertigt sei. Nach „den Erfahrungen der letzten zehn Jahre", so hieß es in einer Umfrage des DBV 1930, sei es „töricht [...,] noch von Bankbeamten zu reden. Dem Charakter ihres Angestelltenverhältnisses fehlt jedes Merkmal des Beamtentums."[196] Dieser zersplitterten Belegschaft versprach die NSDAP 1933 nicht nur ein Ende der Entlassungen. Die Nationalsozialisten versprachen auch die Einigung der „Betriebsgemeinschaft" durch Ausstoßung von „Schädlingen". Sie machten für alle Friktionen eine Mitarbeitergruppe verantwortlich, die bisher quer zu den meisten Fronten gestanden hatte: die Juden.

Jüdische Bankmitarbeiter wurden damit potentiell zum Ventil erstens für soziale Aversionen und zweitens für den Entlassungsdruck, den der NS-Staat erzeugt hatte, als er die Banken entgegen den wirtschaftlichen Bedürfnissen zu einem Ende der Entlassungen drängte. Wie reagierten die Banken?

---

194 GB BDDA 1940.
195 Keiser, Frauenarbeit, S. 163. Ein anderer Autor erkannte 1944 an, daß Mädchen in „ Lehrabschlußprüfungen [...] vorbildliche Ergebnisse erzielt" hätten, empfahl aber, sie „in erster Linie [...] als Hilfskräfte zu verwenden". Zit. bei Krause, Mitarbeiterinnen.
196 DAB 10 (1930), S. 40-41, 40. Vgl. auch DDB 13 (1924), S. 67. Zur Entwicklung der Begriffe Bankangestellter und Bankbeamter vgl. Rudl, Angestellte, S. 13-19.

2.3 DIE VERDRÄNGUNG DER JUDEN

Jüdische Bankangestellte[197] entsprachen als Vertreter des „Kapitals" und der „jüdischen Rasse" gleich zwei Feindbildern der NSDAP. Die „Entjudung" der Wirtschaft, gerade auch der Banken, war zentral für die NS-Judenpolitik und wurde in
wenigen Jahren in Phasen wechselnder Intensität vollendet.[198] Juden hatten in
allen Filialgroßbanken seit deren Gründung eine wichtige Rolle gespielt.[199] Doch
schon 1938 konnte der Commerzbank-Vertrauensrat seine Errungenschaften so
zusammenfassen: „Sonderzahlungen als Beteiligung am Gewinn. Endgültige Lösung der Judenfrage, Betriebsausflüge".[200] Auch Deutsche und Dresdner Bank
waren 1938/39 fast „judenrein".

Bilanzen und Personalstatistiken zeigen auf den ersten Blick keine Friktionen
infolge der Verdrängung.[201] Wie konnten die Banken hunderte – oft altgediente,
hochqualifizierte – Mitarbeiter, die sich nur in der angeblichen „Rasse" von ihren
Kollegen unterschieden, so schnell relativ konfliktfrei verdrängen? Wie sehr entsprach die Verdrängung wirtschaftlicher Rationalität, und welchen Interessen im
mikropolitischen Aushandlungsprozeß entsprach sie?[202] Bremsten Banken die
Verdrängung, nahmen sie sie hin oder unterstützten sie sie? Gab es „Spielräume"?[203] Spielte bei deren Nutzung die ideologische Einstellung der Unternehmensleitung eine Rolle?[204] Eine vergleichende Untersuchung der Großbanken

---

197 „Juden" meint Personen, die von der "Judenpolitik" betroffen wurden, ungeachtet ihres
Selbstverständnisses. Vgl. Martin Fiedler, Die „Arisierung" der Wirtschaftselite: Ausmaß und
Verlauf der Verdrängung der jüdischen Vorstands- und Aufsichtsratsmitglieder in Deutschen
Aktiengesellschaften, in: Irmtrud Wojak/Peter Hayes (Hg.), „Arisierung"im Nationalsozialismus – Volksgemeinschaft, Raub und Gedächtnis, Frankfurt/Main 2000, S. 59-83, 61.
198 Fiedler, Verdrängung, S. 59.
199 Vgl. Gall, Bank, S 129-131; Ziegler, Verdrängung, S. 189; Detlef Krause, Jüdische Traditionslinien in der Commerzbank von ihrer Gründung im Jahr 1870 bis zur Mitte der Weimarer
Republik, in: Herbst/Weihe, Die Commerzbank, S. 20-42.
200 AK 5 (1938), S. 71.
201 „Verdrängung" bedeutet das Ausscheiden wegen gegen den Betreffenden als Juden gerichteten Maßnahmen wie Entlassung, Pensionierung, psychischem, finanziellem, physischem oder
anderem Druck. Der Begriff ist insofern problematisch, als er eine gezielte Unternehmens-
Politik zu bezeichnen scheint. Es kam aber etwa bei Firmen in jüdischem Besitz vor, daß Juden ausschieden, ohne daß man von „Verdrängung" spräche. Aus dem Bankhaus Warburg
schieden nach 1933 überproportional viele jüdische Angestellte aus, um zu emigrieren. Vgl.
Rosenbaum/Sherman, Warburg, S. 208. Auch den Druck, den NS-Aktivisten von außerhalb
des Unternehmens ausübten, kann man nicht den Unternehmen zuschreiben.
202 Vgl. u.a. die bei Fiedler, Verdrängung, S. 74 f., 78 f. genannten Faktoren.
203 Diese Frage stellen etwa auch Ziegler, Verdrängung, S. 189; Fiedler, Verdrängung, S. 75.
204 Vgl. Avraham Barkai, Die deutschen Unternehmer und die Judenpolitik im „Dritten Reich",
in: Ursula Büttner (Hg.), Die Deutschen und die Judenverfolgung im Dritten Reich, Hamburg
1992, S. 207-229, 221 f.; Ziegler, Verdrängung, S. 214.

wirft über den Forschungsstand hinaus[205] neues Licht auf diesen Bereich. Dabei ist die von Banken oft getroffene Aussage, jüdische Mitarbeiter seien objektiv „nicht mehr zu halten" gewesen,[206] zu differenzieren, indem man durch Vergleiche mit dem Verhalten anderer Banken oder Filialen und mit dem Widerstand der Banken in anderen Bereichen des Personalwesens über Spielräume reflektiert. Vergleichsperspektiven sind aber mit Vorsicht zu wählen.[207]

2.3.1 Der Ablauf der Verdrängung

Schon 1932 vermuteten Zeitgenossen eine Verdrängung von Juden aus dem Bankgewerbe.[208] Hatte die Zerstörung marktwirtschaftlicher und demokratischer Mechanismen durch die wirtschaftliche und politische Krise der Weimarer Republik ab 1929 und der Anstieg des Antisemitismus in den seit 1931 zum Teil verstaatlichten Großbanken tatsächlich schon zu einem Rückgang jüdischer Mitarbeiter geführt? Und wenn ja: Waren dies bewußte Verdrängungen oder die Folgen allgemeiner Tendenzen der Mitarbeiterbeschaffung?

---

205 Die im Rahmen dieser Arbeit ausgewerteten Akten erlauben eine einigermaßen zuverlässige Rekonstruktion der Entlassung, aber keine detaillierte Untersuchung von Pensionen und Abfindungen. Die Rekonstruktion von Einzelfällen, wie sie Ziegler für die Dresdner Bank auf Basis von Personalakten jüdischer Mitarbeiter unternommen hat, ist wegen der Vernichtung fast aller Personalakten bei der Commerzbank nur in den wenigen Fällen möglich, in denen Korrespondenz der Filialleitung vorliegt. Anders als James, Arisierung, S. 28 es darstellt, würden die Personalakten der Deutschen Bank eine umfassende Rekonstruktion der Verdrängung erlauben. Das würde aber den Rahmen dieser Arbeit sprengen.

206 Die Commerzbank argumentierte in Rückerstattungsverfahren oft, man habe einen Mitarbeiter „so lange wie möglich" beschäftigt oder habe ihn entlassen „müssen". (vgl. HAC, Personal Berlin, H-L, Akte Georg L., Hansa-Bank an Wiedergutmachungsamt, 15.8.1951). Auch die Literatur nennt die Entlassung oder Versetzung von Juden gelegentlich unausweichlich. Vgl. Feldman, Allianz, S. 163; Meyen, Bank, S. 118 f.; Kopper, Dirigismus, S. 135.

207 Kopper, Dirigismus, S. 135 vergleicht die Verdrängung des jüdischen Vorstandssprechers der Deutschen Bank, Wassermann, 1933 mit dem vorgeblichen Festhalten der IG Farben an jüdischen Aufsichtsratsmitgliedern „bis zuletzt". Das ist problematisch, weil erstens die IG Farben noch stärker vom Auslandsgeschäft abhingen als die Deutsche Bank, zweitens Vorstandsmitglieder schwerer zu halten waren als Aufsichtsratsmitglieder und drittens auch manche jüdischen Aufsichtsratsmitglieder und leitenden Angestellten der IG Farben früh ausschieden. Vgl. Hayes, Industry, S. 117; Jens Ulrich Heine, Verstand & Schicksal. Die Männer der I.G. Farbenindustrie AG in 161 Kurzbiographien, Weinheim u.a. 1990, S. 221; Hayes, Big Business, S. 260. Überzeugender sind Vergleiche individueller wie Hans Fürstenberg, Erinnerungen. Mein Weg als Bankier und Carl Fürstenbergs Altersjahre, Wiesbaden 1965, S. 203 und Ziegler, Verdrängung, S. 212 f. Apodiktisch urteilt Jonathan Steinberg, Die Deutsche Bank und ihre Goldtransaktionen während des Zweiten Weltkriegs, München 1999, S. 88.

208 Eine Verdrängung vor 1933 vermutete schon 1930 für gehobene Positionen im Bankgewerbe der jüdische Journalist Alfred Marcus. Vgl. Alfred Marcus, Die Juden im deutschen Bankwesen, in: Jüdische Wohlfahrtspflege und Sozialpolitik 1 (1930), S. 339-351, 341, 344 f.; ders., Zur Lage der jüdischen Bankangestellten in Deutschland, in: JWuS, 2 (1931), 289-296, 293; Mosse, Jews, S. 8, 328, Anm. 86, 365, 373; Hayes, Big Business, S. 255 schließen sich an.

Anders als Warenhäuser[209] waren Banken trotz des ansteigenden Antisemitismus[210] nicht das Ziel antisemitischer Boykotte.[211] Trotz Rückgangs des Auslandsgeschäfts hatten die Banken doch noch so viele ausländische Kunden, dass ihnen eine Rufschädigung im Ausland durch offenen Antisemitismus nicht gleichgültig sein konnte.[212] Aus Rücksicht auf jüdische oder nicht antisemitische inländische Kunden bemühten sich Großbanken bewußt, den Eindruck des Antisemitismus zu vermeiden.[213] Das Reich als Mehrheitsaktionär übte in der Dresdner und Commerzbank keinen Druck auf Juden aus. Der allgemeine Entlassungsdruck richtete sich zunächst strukturell unterdurchschnittlich auf jüdische Mitarbeiter. Denn diese waren überproportional unter den leitenden Angestellten vertreten, die in Entlassungswellen zunächst eine – kurze – Schonzeit genossen.[214]

Der Antisemitismus im Bankwesen aber stieg merklich. Solchen Antisemitismus hatte es schon vor 1919 vereinzelt gegeben.[215] So kritisierten etwa der DHV in seinen Verlautbarungen und Bankangestellte in Interviews die angebliche Herrschaft der Juden besonders in der Dresdner Bank.[216] Umgekehrt hatte dem späteren Vorstandsmitglied der Deutschen Bank Gwinner während dessen Lehrzeit in Frankfurt 1874 ein Buchhalter Bernstein erklärt: „Herr Gwinner, 96 Prozent von de Christe sin dumm, 4 Prozent sin gescheit; Sie gehör'n zu dene 4 Prozent."[217] Nach dem Ersten Weltkrieg stieß beispielsweise 1920 ein neu ernannter jüdischer Prokurist der Dresdner Bank laut Aussage des Filialleiters dort auf so viel Widerstand, daß die Bank ihn versetzte.[218] Angestellte der Dresdner Bank Stettin versuchten 1924, ihren Filialdirektor „durch antisemitische Hetze in öffent-

---

209 Vgl. Ernst Gottfried Lowenthal, Die Juden im öffentlichen Leben, in: Werner E. Mosse/Arnold Paucker (Hg.), Entscheidungsjahr 1932: Zur Judenfrage in der Endphase der Weimarer Republik, zweite revidierte und erweiterte Auflage Tübingen 1966, S. 51-86, 78 [Schriftenreihe wissenschaftlicher Abhandlungen des Leo Baeck Instituts, Bd. 13]; Lenz, Karstadt, S. 77, 121 f., 126, 130, 135, 144 f., 165 f., 176. Mosse, Jews, S. 328 f., 373 erkennt keine eindeutige Auswirkung der Krise auf die Position der Juden in der Wirtschaft.

210 Vgl. u.a. Herbst, Deutschland, S. 49-53, 57 f., James, Bank, S. 320; Mosse, Jews, S. 321, 328 f., 373, 398.

211 Vgl. James, Arisierung, S. 37. In den Quellen tauchte nur ein Bankier auf, der mit Antisemitismus warb: Der Berliner Privatbankier Willi Bruss stellte sein Geschäft 1923 als „das einzige christliche Bankgeschäft in Berlin [...], frei von jüdischem Kapital" dar (DDB 12 (1923), S. 88), fiel aber freilich auch bald dem Wahnsinn anheim. Vgl. DDB 13 (1924), S. 132.

212 Vgl. Kapitel 1.1; zur Rücksicht auf ausländische Kunden vgl. Lenz, Karstadt, S. S. 101, 115; Hayes, Industry, S. 90.

213 Vgl. Thomas Weihe, Die Verdrängung der Juden und der Wettbewerb um Kunden im Nationalsozialismus, in: Ludolf Herbst/Thomas Weihe (Hg.), Die Commerzbank und die Juden. 1933-1945, München 2004, S. 43-73.

214 Vgl. Kapitel 2.2.

215 Ein DB-Mitarbeiter karikierte einen polnischen Juden: „die Deitschen sind gitte Leit". NB, Nr. 35, März 1916, S. 6.

216 Vgl. Krause, Commerz- und Disconto-Bank, S. 278-279.

217 MDBDB 1927, S. 50.

218 Vgl. Ziegler, Dresdner Bank.

licher Volksversammlung" aus seiner Stellung zu drängen.[219] Der DHV äußerte sich offen antisemitisch, unterschwellig taten das auch AV und DBV.[220] DBV und VDO hatten aber jüdische Mitglieder;[221] der AV wandte sich gegen Antisemitismus.[222] Auf Vorstandsebene vermutete Max Warburg Antisemitismus bei Großbanken, es gab aber keinen offenen Streit.[223] Abgesehen von vereinzelten Fällen von offenem und aggressivem Antisemitismus gilt: Angriffe auf Juden aus der Mitarbeiterschaft und in Verbandszeitungen waren im Vergleich zu denen auf Frauen, Hilfskräfte oder Sozialisten gemäßigt.[224] Antisemitismus verlief als schwach sichtbare Frontlinie quer zu den übrigen Konflikten. Ziegler hat allerdings ermittelt, daß zumindest die jüdischen weiblichen Angestellten der Dresdner Bank sich durch ihre bessere Ausbildung und Herkunft aus höheren sozialen

---

219 SHStA Dresden, 13135, 356, DrB, Direktion, An unsere Filial-Direktionen, 29.3.1924. Zwei Angestellte der Deutschen Bank, im Nebenberuf ehrenamtliche Leiter des Deutschvölkischen Treubundes für Nacktkultur, akzeptierten 1924 in ihrem Luftbad in Friedrichsdorf „Nur arische Frauen und Männer!". DDB 13 (1924), S. 106.

220 1923 erklärte der DHV den DBV-Vorsitzenden Fürstenberg für „semitisch infiziert", DDB 12 (1923), S. 69. Vgl. auch BBZ 29 (1924), S. 79. Der AV berichtete, Angestellte hätten dem Dresdner Bank-Direktor Ritscher den Spitznamen „der jüdische Ludendorff" gegeben: „Den ehrenden Beinamen wollen wir uns [...] merken". DDB 13 (1924), S. 106. Vgl. auch DDB 14 (1925), S. 32. Der DBV machte sich über die Selbstdarstellung des DHV als „Gemeinschaft mit wurzelfester Gesinnung" lustig: „Schön. Also wurzelfeste Gesinnung. Woran sieht man das? Frl. Israel (die nicht nur so hieß) war viele Jahre Vorsitzende des [weiblichen Zweigs des DHV] V.w.A.; sie gehörte der demokratischen Partei an." BBZ 30 (1925), S. 81.

221 1920 war etwa der jüdische Depka-Vorsteher Leo D. Beisitzer der MCB-Betriebsgruppe der VDO, 1921 kam der jüdische Depka-Vorsteher der Commerzbank Max G. in den Vorstand der Vereinigung. Vgl. MDVDO 2 (1920), S. 58; MDVDO 14 (1932), S. 117, 119. In Berlin waren 1927 u.a. die Juden E., D. und T. VDO-Mitglieder. Vgl. MDVDO 9 (1927/28), S. 57.

222 Vgl. u.a. DDB 10 (1921), S. 184, 225 f.; DDB 12 (1923), S. 69; DDB 16 (1926), S. 12.

223 Warburg notierte, CB-Direktor Lincke habe „auffallend" für einen jüdischen CB-Filialdirektor „geschwärmt", um „Vorurteilsfreiheit" zu zeigen. PWH, CB, Notizen, Notiz für die Herren Chefs, 18.1.1929. Während Feldman vor 1933 keinen Antisemitismus unter Bankmanagern diagnostiziert, hält James es für möglich, daß „Großunternehmer – vielleicht sogar viele – unterschwellig einige der verbreiteten Vorurteile teilten." Doch habe in „der Weimarer Republik [...] der Antisemitismus nicht zu den in den Reihen der deutschen Wirtschaftselite als akzeptabel geltenden Denkhaltungen gehört, erst recht nicht in den Reihen der Bankiers." James, Arisierung, S. 23 f. Auch Hayes, Big Business, S. 272 stellt fest, die Angehörigen der deutschen Wirtschaftselite hätten dem Antisemitismus 1933 eher skeptisch gegenübergestanden. Vgl. auch Zwei Generationen im deutschen Bankwesen. 1833-1914, Frankfurt/Main 1978 [Schriftenreihe des Instituts für bankhistorische Forschung e.V., Bd. 2], S 35 f.; Reinhard Neebe, Großindustrie, Staat und NSDAP 1930-1933. Paul Silverberg und der Reichsverband der Deutschen Industrie in der Krise der Weimarer Republik, Göttingen 1981 [Kritische Studien zur Geschichtswissenschaft, Bd. 45], S. 194; Hayes, Big Business, S. 255 f., Mosse, Jews, S. 309; Helmut Böhme, Artikel Emil Kirdorf, in: Neue Deutsche Biographie. Hg. v. d. Historischen Kommission bei der Bayerischen Akademie der Wissenschaften, Bd. 11, Berlin 1977, S.666 ff., 668., Barkai, Die deutschen Unternehmer, S. 221 f. Unbelegt bleibt die These zum Antisemitismus im Bankwesen bei James, Arisierung, S. 22.

224 Vgl. zu diesen anderen Konflikten Kapitel 1.5; 2.2.

Schichten deutlich von ihren nichtjüdischen Kolleginnen abhoben und darum relativ stärker in höheren Gehaltsgruppen vertreten waren.[225]

Anfang der dreißiger Jahre trat der Antisemitismus in den Vordergrund. NSBO-Mitglieder beschimpften den „judenfreundliche[n...] ‚Daitschen' Bankbeamtenverein",[226] und DBV-Funktionär Perret verwahrte sich gegen die Behauptung, er sei „bei jüdischen Bankiers zum Frühstück" gewesen.[227] Kommunisten erklärten absurderweise, ein bei der Commerzbank beschäftigter SA-Führer sei das „Lieblingskind der jüdisch durchsetzten Commerzbank-Direktion".[228] Reichskanzler Brüning sprach negativ über das „jüdische" Bankwesen,[229] ein jüdischer Publizist erklärte, Juden eigneten sich vor allem für leitende Stellungen[230] und erachteten mechanisierte Arbeitsplätze „als wenig erstrebenswert".[231] Ein jüdischer Commerzbank-Abteilungsleiter soll nach dem NSDAP-Wahlerfolg 1930 versucht haben, „die Partei vor der ganzen Abteilung lächerlich zu machen. [...E]in kurzer jüdischer Parademarsch, rechts um, der Arm flog hoch [,er rief] laut durch den Kassenraum: Heil Hitler!"[232] Die Betriebszeitung der Deutschen Bank erinnerte 1932 beschwörend an alte, nicht rassistische Konfliktlinien: Alle Bankmitarbeiter seien im „Streben nach sozialer Besserstellung" einig, egal wo sie „nach rassischen Gesichtspunkten stehen".[233]

Wie verlief vor diesem Hintergrund die Entwicklung in den Banken? In den Privatbanken sank zwar der Anteil jüdischer Leiter,[234] aber als Folge eines Generationsumbruchs, nicht bewußter Verdrängung.[235]

---

225 Vgl. Ziegler, Dresdner Bank.

226 DDB 20 (1931), S. 126.

227 DBB 22 (1931), S. 12. Ein DBV-Mitglied beklagte, daß „der ‚jüdische' Hagen, Köln, Ehrenmitglied des DBV" sei, bis DBV-Vorsitzender Fürstenberg ihm das Wort entzog. DDB 20 (1931), S. 12. Vgl. auch ebd., S. 25-27. Nach James, Bank, S. 334 wurde DB-Vorstandssprecher Wassermann in der Bankenkrise „auch als Jude und Zionist angegriffen".

228 Vgl. Hakenkreuz und Davidstern, in: Welt am Abend, 10.3.1931, abgedr. in: AK 3 (1936), S. 178.

229 Vgl. James, Bank, S. 394

230 Vgl. Marcus, Juden, S. 344 f.; ders., Lage, S. 290, 292.

231 Marcus, Juden, S. 345.

232 10 Jahre, S. 15. Wassermann, schlug vor, die NSDAP durch Regierungsbeteiligung zu neutralisieren. Vgl. Feldman, Bank, S. 281 f. Er ließ 1931 das NSDAP-Programm kursieren, in dem er antisemitische Passagen angestrichen hatte. Vgl. James, Bank, S. 281 f. Juden lehnten öffentliche Ämter aus Angst vor Antisemitismus ab. Vgl. Warburg, Aufzeichnungen, S. 43 f., 64, 71, 122; Ekkehard Wandel, Hans Schäffer 1886-1967, Stuttgart 1974, S. 133 f.; Hans Schäffer, Meine Zusammenarbeit mit Carl Melchior, in: Carl Melchior. Ein Buch des Gedenkens und der Freundschaft, Tübingen 1967, S. 35-106, 79 ff.

233 MDBDB 1932, S. 30.

234 Fiedler, Verdrängung, S. 66-68 führt nach den vage belegten Thesen u.a. von Wilhelm Treue, Die Juden in der Wirtschaftsgeschichte des rheinischen Raumes 1648-1945, in: ders., Unternehmens- und Unternehmergeschichte aus fünf Jahrzehnten, Stuttgart 1989, S. 113-160, 148, 151 [Zeitschrift für Unternehmensgeschichte, Beiheft 50]; Mosse, Jews, S. 8, Hayes, Big Business, S. 255 f. zum ersten Mal einen quantitativen Nachweis (nicht aber für Banken).

235 Vgl. Fiedler, Verdrängung, S. 6; Ziegler, Kontinuität, S. 49. In der IG Farben sank die Zahl der jüdischen Vorstandsmitglieder in den letzten Jahren vor 1933 drastisch. Doch es gibt keine Belege dafür, daß vor der Machtergreifung Juden als Juden verdrängt worden wären. Vgl.

In der Commerzbank gibt es keinen Beleg für einen Rückgang des Anteils von Juden an der Gesamtbelegschaft vor 1933;[236] in der Dresdner Bank ging ihr Anteil nachweislich nicht zurück.[237] Während bei der Dresdner Bank 1933 unter rund 11.000 Angestellten mit rd. 540 jüdischen Angestellten knapp 5 % der Belgschaft Juden waren,[238] lag der Anteil bei der Commerzbank mit mindestens 109 Juden unter den 6617 Mitarbeitern bei rund 1,6 %. Damit war er dreimal niedriger als bei der Dresdner Bank, aber immer noch doppelt so hoch wie der Anteil von rund 0,8 % Juden an der Gesamtbevölkerung.

Auch der Anteil jüdischer Mitglieder der Geschäftsleitung blieb gleich. Bei der Commerzbank waren es vor wie nach 1933 zwei unter 13 bzw. 14:[239] Ludwig Berliner blieb Vorstandsmitglied; Curt Joseph Sobernheim trat aus, aber Georg Lust wurde Anfang 1933 zum „Direktor der Bank" befördert.[240] Bei der Dresdner

---

Hayes, Big Business, S. 256; Heine, Verstand, S. 49, 83 f., 95 f., 110 f., 115-117, 122 f.; H. Hopff, Kurt H. Meyer 1882-1951, in: Chemische Berichte 92 (1959), S. CXXV. Der Anteil jüdischer Mitglieder des Aufsichtsrats betrug nach Heine, Verstand, S. 226, 231, 249, 262, 270 f., 272, 274 f. sowohl im Zeitraum 1926 bis 1932 als auch von 1933 bis 1938 fast 25 Prozent. Vgl. auch ebd., S. 199 f., 201 f., 217-221., 253 f., 255-259. Hayes, Industry, S. 90.

236 Zur Zahl jüdischer Mitarbeiter vgl. eigene Berechnungen auf Grundlage verschiedener Quellen, einsehbar im HAC. Der bis 1934 amtierende Aufsichtsratsvorsitzende Witthoefft häwar vermutlich gegen eine Verdrängung eingestellt. Er protestierte nach 1933 gegen antijüdische Maßnahmen in der Wirtschaft. Vgl. Kapitel 2.3. Commerzbank-Filialleiter setzten sich Ende der zwanziger Jahre für jüdische wie für nichtjüdische Mitarbeiter ein. Vgl. HAC, 1/479, CB Mainz an Direktion CB, 21.10.1927. Nur eine Quelle weist in eine andere Richtung. Laut der Aussage einer Filialleitung nach 1945 war für die Pensionierung eines jüdischen Mitarbeiters am 1. Januar 1933, die sich „anbahnende Machtübernahme der NSDAP" neben Rationalisierungsbedarf und einer Erkrankung des Mitarbeiters der Grund. HAC, Akte Döring, „Schriftwechsel mit Hamburg betr. jüd. Pens."; Fragebogen Bankverein Westdeutschland, „Betrifft Abfindung ", 13.4.1950.

237 Vgl. Ziegler, Verdrängung, S. 194 -196; auch die leicht abweichenden Zahlenangaben bei Hayes, Big Business, S. 262. Zieglers Ergebnisse widerlegen die These von Hayes, Big Business, S. 274. OMGUS – Finance Division, Financial Investigation Section, Ermittlungen gegen die Dresdner Bank 1946, bearb. v. d. Hamburger Stiftung für Sozialgeschichte, Nördlingen 1986, Einleitung, S. XXXII zitiert allerdings eine Aussage Goetz' von 1946, die Berufung Samuel Ritschers in den Vorstand der Dresdner Bank sei 1931 „beinahe an seiner ‚nichtarischen Abkunft' gescheitert" und er sei zunehmend angefeindet worden.

238 Vgl. Ziegler, Dresdner Bank. Eine Aufstellung des Vorstands der Dresdner Bank nennt 446 „nichtarische" Mitarbeiter Anfang April 1933. Vgl. BAB, R 3101, 8728, DrB/Direktion an RWM, 14.8.1933. Marcus, Lage, S. 291 f. schätzt den Anteil jüdischer Bankangestellter 1930 insgesamt auf rund 5%.

239 Der Begriff „Geschäftsleitung" umfaßt für die Dresdner Bank nach Ziegler, Verdrängung, S. 194 f. Vorstandsmitglieder und „A-Direktoren" bzw. Generalbevollmächtigte. Für die Commerzbank umfaßt er dementsprechend Vorstandsmitglieder und stellvertretende Vorstandsmitglieder bzw. ab 1932 „Zentraldirektoren" mit Sitz in Berlin.

240 Vgl. GB CB 1931-1933. Es gibt nach Wolf, Chronik, I, S. 92 keinen Beleg dafür, daß der Rücktritt des jüdischen Vorstandsmitglieds Sobernheim etwas mit dessen Judentum zu tun gehabt hätte. Sobernheim sei wegen geschäftlicher Fehler zurückgetreten. Verglichen mit 1928 war der Anteil Anfang 1933 zwar geringer, aber nicht signifikant. 1928 hatte es drei jüdische Mitglieder der Geschäftsleitung gegeben und 27 % jüdische „stellvertretende Direktoren der Zentrale" im Gegensatz zu knapp 22 % Ende 1932. Zum Anteil jüdischer „stellvertre-

Bank waren drei Juden unter sechs Vorstandsmitgliedern und sechs unter acht A-Direktoren.[241] Juden waren unter den leitenden Angestellten deutlich überrepräsentiert.[242]

Als am 30. Januar 1933 die NSDAP an die Macht kam, verfolgte sie eine uneinheitliche und schwer einzuschätzende Politik gegenüber den Juden. Zwar stellte die Parteiführung Gesetze gegen Juden zunächst zurück. Bankrotte jüdischer Firmen im Inland und Sanktionen ausländischer Geschäftspartner hätten die Wirtschaftserholung gefährdet. Doch vereinzelt preschten Landesregierungen vor, und Boykotte und „Einzelaktionen" der NS-Gliederungen setzten jüdische Einzelhändler und Warenhäuser unter Druck.[243] Unternehmen wie die Schuhfirma Salamander oder das Warenhaus Karstadt, vom Inlandsmarkt abhängig, durch Boykotte existentiell gefährdet oder auf staatliche Kredite angewiesen, entließen schon jetzt jüdische Angestellten, zum Teil unter Verletzung geltenden Rechts.[244] Auch im Bankwesen gab es unlegitimierte Aktionen. Die NSDAP Duisburg wollte dem „jüdischen Unternehmen" Deutsche Bank verbieten, die Hakenkreuzfahne zu hissen.[245] In den Banken übernahm die antisemitische NSBO die Macht. Wie Hjalmar Schacht als neuer Reichsbankpräsident am 7. April in einem Brief beklagte, gab es „dauernd Eingriffe in die Zusammensetzung der Direktionen [di-

---

tender Direktoren der Zentrale" 1928: Krause, Jüdische Traditionslinien; Ende 1932: Anteil der jüdischen Direktoren Ei., Gl., So., Jo., Le., Fr., Lu. und Ne. an den Unterzeichnern des Briefes in HAC-1/54 , „Die stellvertretenden Direktoren [...]" an RWM, 9.11.1932.

241 Vgl. Ziegler, Verdrängung, S. 194 ff.; zu stellv. und Abteilungsdirektoren vgl. Ziegler, Dresdner Bank.

242 Vgl. die genauen Aufstellungen bei Ziegler, Dresdner Bank.

243 Vgl. Barkai, Unternehmer, S. 210 f.; Karl Dietrich Bracher/Wolfgang Sauer/Gerhard Schulz, Die nationalsozialistische Machtergreifung, Köln 1962, S. 53 f.; Saul Friedländer, Das Dritte Reich und die Juden. Erster Band. Die Jahre der Verfolgung 1933-1939, München 1998, S. 50; Hayes, Big Business, S. 262f.; Herbst, Deutschland, S. 73 ff.; Lenz, Karstadt, S. 169; Joseph Walk (Hg.): Das Sonderrecht für die Juden im NS-Staat. Eine Sammlung der gesetzlichen Maßnahmen und Richtlinien - Inhalt und Bedeutung, Heidelberg 1981, S. 4. Im Frühjahr 1933 postulierte nach Albert Fischer, Jüdische Privatbanken im „Dritten Reich", in: Scripta Mercaturae, 28 (1994), S. 1-54, 12 eine Arbeitsgruppe des preußischen Innenministeriums in einen Gesetzesentwurf „zur Stellung der Juden", Juden nicht zu leitenden Stellen im Bankwesen zuzulassen.

244 Zu Karstadt und anderen Warenhäusern vgl. Lenz, Karstadt, S. 218, 173-183; Bajohr, Arisierung, S. 55 f.; Hayes, Big Business, S. 257; Genschel, Verdrängung, S. 73-75. Zu Salamander vgl. Petra Bräutigam, Mittelständische Unternehmer im Nationalsozialismus. Wirtschaftliche Entwicklungen und soziale Verhaltensweisen in der Schuh- und Lederindustrie Badens und Württembergs, München 1997 [Nationalsozialismus und Nachkriegszeit in Südwestdeutschland, Bd.6], S. 41 f., 59 ff., 154 f., 159, 255-258. Zur besonderen Verwundbarkeit derjenigen Firmen, die von NS-Einzelhändlerorganisationen oder von öffentlichen Aufträgen abhängig waren vgl. auch James, Arisierung, S. 45-47.

245 Vgl. James, Bank, S. 341; Albert Fischer, Hjalmar Schacht und Deutschlands "Judenfrage". Der "Wirtschaftsdiktator" und die Vertreibung der Juden aus der deutschen Wirtschaft, Köln/Weimar/Wien 1995, S. 130-134 [Wirtschafts- und Sozialhistorische Studien, Bd. 2]. Vgl. auch Kopper, Dirigismus, S. 74-76. Die NSDAP photographierte und „warnte" Personen, die mit dem Warburg sprachen, worauf immer mehr Bekannte ihn mieden. Vgl. Warburg, Aufzeichnungen, S. 148.

verser Banken] durch N.S. Fachorganisationen".[246] Schacht konnte den Übergriffen nicht dauerhaft Einhalt gebieten.[247] Betriebswirtschaftlich erhöhten die politisch erzwungenen Einstellungen den Entlassungsdruck – Verdrängung konnte ein Ventil sein. Zudem verminderte etwa die Commerzbank ab 1933 den Anteil leitender Angestellter,[248] unter denen Juden ja besonders stark vertreten waren.

Es ist aber nicht nachweisbar, daß Commerzbank oder Dresdner Bank bis April 1933 viele jüdische Mitarbeiter entlassen hätten. Der Rücktritt des jüdischen Dresdner Bank-Vorstandsmitglieds Wilhelm Kleemann – den der „halbjüdische" Vertraute des Wirtschaftsministers Hugenberg, Reinhold Quaatz, ersetzte – läßt sich nicht auf antisemitischen Druck der Bank zurückführen.[249] Der Rücktritt des gerade erst in den Commerzbank-Aufsichtsrat berufenen Sobernheim[250] hatte mit Sobernheims geschäftlichen Mißerfolgen und desolater Finanzlage zu tun.[251] Ein Zeitungsbericht, Reichswirtschaftsminister Hugenberg habe ihn als Juden unter Druck gesetzt, ist bisher noch nicht durch die Akten bestätigt oder falsifiziert.[252] Während die Dresdner Bank Anfang 1933 sogar noch 3 jüdische Mitarbeiter einstellte,[253] kostete in Einzelfällen schon jetzt Antisemitismus Juden den Arbeitsplatz. In Worms etwa brach antisemitische Gewalt immer wieder aus;[254] der

---

246 Zit. nach Fischer, Schacht, S. 131.

247 Vgl. Kopper, Dirigismus, S. 74-78, 226-228; Fischer, Schacht, S. 129-131. Auch die Parteiführung verbot antijüdische Übergriffe auf die Wirtschaft. Vgl. Genschel, Verdrängung, S. 45 f., 50. Schacht wollte grundsätzlich die Rolle der Juden in der Wirtschaft einschränken, trat aber gegen „Einzelaktionen" ein. Vgl. Fischer, Schacht, S. 223; Bajohr, Arisierung, S. 164.

248 Vgl. Kapitel 2.2.

249 Vgl. Ziegler, Dresdner Bank; Ziegler, Verdrängung, S. 197; Kopper, Dirigismus, S. 221. Karl Heinz Roth, Der Weg zum guten Stern des „Dritten Reiches": Schlaglichter auf die Geschichte der Daimler-Benz AG und ihrer Vorläufer (1890-1945), in: Angelika Ebbinghaus (Hg.), Das Daimler-Benz-Buch. Ein Rüstungskonzern im Tausendjährigen Reich. Hg. v. d. Hamburger Stiftung für Sozialgeschichte des 20. Jahrhunderts, Nördlingen 1987, S. 27-389, 136 behauptet, Kleemann habe gehen müssen, weil er „wegen überzogener Kreditspekulationen diskreditiert" gewesen sei, ohne das zu belegen.

250 Sobernheims Ausscheiden bezeichnete der Arbeitsausschuß am 13.12.1932 als „wünschenswert" und bestätigte es am 16.6.1933. Vgl. HAC, 1/186I, 47. SAA, 13.12.1932; HAC, 1/186II 54. SAA, 16.6.1933.

251 Nach Wolf, Chronik, II, S. A-164 mußte Sobernheim wegen seiner schlechten finanziellen Lage gehen. Der Arbeitsausschuß hielt 1932 fest, Schulden Sobernheims in Höhe von RM 1,7 Mio. seien „derzeit nicht hereinzuholen und einstweilen zurückgestellt worden." HAC, 1/186, 38. SAA, 13.4.1932.

252 Vgl. Martin Münzel, Die deutsche Wirtschaftselite und ihre jüdischen Mitglieder. Kontinuität und Diskontinuität 1927-1955, Paper für die Tagung Die Deutsche Wirtschaftselite im 20. Jahrhundert: Kontinuität und Mentalität, Bochum, 11.-13.Oktober 2001, S. 24. In der Presse gab es allerdings auch Fehlinformationen über die Ausschaltung der Juden aus der Wirtschaft (wie etwa die falsche Aussage zur Verdrängung in Der Wirtschaftliche Vernichtungskampf gegen die Deutschen Juden im Dritten Reich. Dargestellt von der ökonomischen Abteilung des jüdischen Weltkongresses, Paris/Genève/New York 1937, S. 78).

253 Vgl. Ziegler, Dresdner Bank.

254 Vgl. Michael Brodhaecker, Menschen zwischen Hoffnung und Verzweiflung. Der Alltag jüdischer Mitmenschen in Rheinhessen, Mainz und Worms während des ‚Dritten Reiches',

jüdische Bevollmächtigte der Commerzbank Worms, B., nahm unmittelbar nach „erneuten antisemitischen Ausschreitungen" Urlaub und bat um Versetzung. Die Zentrale lehnte ab: Es liege „keine geeignete Vakanz" vor. Und so informierte der Filialleiter: „Sie müssten [...], sofern eine Wiederaufnahme Ihrer Arbeit bei der Zweigstelle Worms nicht ratsam erscheinen sollte, uns ein Kündigungsschreiben zukommen lassen". B. kündigte.[255] Im März signalisierte der Vorstand der Dresdner Bank den jüdischen Direktoren ihrer Nürnberger Filiale, dass ihr Judentum in der Stadt der Reichsparteitage ein Problem sei.[256]

Der gesetzlose Antisemitismus beunruhigte die Regierung. Die Lage der Wirtschaft und vor allem des Außenhandels blieb prekär, wichtige Unternehmen und das Bild des Landes im Ausland mußten geschützt werden. „Damit die Entwicklung nicht völlig aus dem Ruder lief, beschloß Hitler, den antisemitischen Heißspornen den Wind aus den Segeln zu nehmen."[257] So traf die Regierung im April 1933 die ersten offiziellen Maßnahmen gegen Juden. Sie organisierte einen „Judenboykott" vom 1. bis zum 3. April und erließ am 7. April das „Gesetz zur Wiederherstellung des Berufsbeamtentums" (GWBB).

Das Gesetz schrieb die Entlassung von Juden aus dem öffentlichen Dienst vor, eingeschränkt durch die sogenannte Frontkämpferklausel. NS-Aktivisten bemühten sich immer wieder um seine Ausweitung auf die Privatwirtschaft.[258] Im NS-„Doppelstaat"[259] herrschte Rechtsunsicherheit. Staatliche Stellen erließen vereinzelt diskriminierende Anordnungen,[260] auch gegen jüdische Bankangestellte. In Frankfurt etwa entzog ein zum „Kommissar" der Börse ernannter „alter Kämpfer" jüdischen Händlern die Zulassung.[261] Solche Aktionen lehnten Verwal-

Mainz 1999, S. 244 f. [Studien zur Volkskultur in Rheinland-Pfalz, 26]. Zur allgemeinen Entwicklung vgl. ebd., S. 233-244, 248-250.

255 Vgl. HAC, 1/482, CB Mainz an Zentrale, PA, 23.3.1933; CB, PA an Direktion CB Mainz, Vertraulich, 24.3.1933; CB Mainz an Jakob B., 28.3.1933. Es gibt Hinweise, daß B. möglicherweise unter Druck gesetzt wurde. Vgl. HAC, 1/220I, [CB Worms] an Zentrale, 30.8.1933 (Durchschlag). Noch im März war B. im Qualifikationsbogen positiv bewertet worden. Vgl. HAC, 1/482, Qualifikationsbogen Jakob B., Filiale Mainz, Zweigstelle Worms, 18.3.1933.

256 Vgl. Ziegler, Dresdner Bank.

257 Herbst, Deutschland, S. 75.

258 Vgl. Herbst, Deutschland, S. 75-79; Kopper, Dirigismus, S. 77. Zur Frage der „geschützten Nichtarier" (Frontkämpferklausel) ausführlich Ziegler, Dresdner Bank.

259 Zu dem Spielraum durch Rechtsunsicherheit, der unterschiedliche Verwaltungspraktiken förderte, vgl. Ernst Fraenkl, Der Doppelstaat, Frankfurt/Main 1974, S. 26, 89.

260 Vgl. Uwe Dietrich Adam, Judenpolitik im Dritten Reich, Düsseldorf 1972, S. 87, Anm. 103; Walk, Sonderrecht, S. 37, 50., Simone Ladwig-Winters, Wertheim. Geschichte eines Warenhauses, Berlin 1997, S. 99. Deutsche Bank-Vorstandsmitglied Mosler hörte im November 1933 das Referat eines Herrn Moser, angeblich „Vorsitzender des Bank- und Börsenausschusses der NSDAP". Moser erklärte, „in einem, für die Jahrhunderte jetzt zu gründenden, nationalsozialistischen Deutschland [könne] ein noch so mächtiges jüdisches Bankhaus [...] keine dauernden Garantien mehr bieten". BAB, R8119F, P417.

261 So verlor der Börsenhändler der Frankfurter Filiale der Commerzbank vor November 1933 sein Aufgabengebiet und wurde seitdem niedriger bezahlt. Vgl. HAC, 1/6, CB Niederlassung Frankfurt an Centrale, PA, 2.11.1933 und weitere Briefe.

tungsbeamte unter der Ägide Schachts ab.[262] Partei und Ministerien verboten „Einzelaktionen" gegen Juden in der Wirtschaft;[263] Initiativen zur offiziellen Identifizierung „jüdischer" Unternehmen scheiterten an Schacht.[264] Erlasse der Partei und des Arbeitsministeriums wandten sich gegen Entlassungen von Juden durch Betriebsvertretungen.[265] Auch die Mehrzahl der Gerichte verbot fristlose Kündigungen von Juden.[266] Gegen frist*gemäße* Kündigungen – und die Kündigungen der Großbanken waren fristgemäß –[267] war dagegen kaum etwas zu machen. Ein Einspruch aufgrund des Betriebsrätegesetzes erforderte die Zustimmung der Betriebsvertretung, die aber schon in der Hand der NSBO war. Erst mit dem Erlaß des AOG 1934 konnten Arbeitnehmer ohne die Betriebsvertretung Einspruch erheben.[268] Erfolglos blieben auch Klagen wegen unbilliger Härte vor Gericht.[269]

Wie veränderte dies die rechtlichen Rahmenbedingungen für Banken? Zur uneinheitlichen Rechtsprechung kam ein Spielraum bei der Umsetzung des Gesetzes. Es galt für Unternehmen in mehrheitlich staatlichem Besitz, und damit für Commerzbank und Dresdner Bank.[270] Die staatlichen Mehrheitsaktionäre – also

262 Vgl. Genschel, Verdrängung, S. 61, 64, 67-75, 82f., 89-91, 108; Fürstenberg, Erinnerungen, S. 232; Hayes, Big Business, S. 259; Fischer, Schacht, S. 148-168.

263 Vgl. Kopper, Dirigismus, S. 77f., 227f.; Fischer, Privatbankiers, S. 8 (Anm. 35), 9 (Anm. 37); Walk, Sonderrecht, S. 27, 50; Fischer, Schacht, S. 141f. (Anm. 638); Bräutigam, Unternehmer, S. 248 (Anm. 17).

264 Allerdings ordnete ein Erlaß des RWM schon am 5. September 1933 die „grundsätzliche" Bevorzugung „deutschstämmiger" Firmen bei der Vergabe öffentlicher Aufträge an. Vgl. Kopper, Dirigismus, S. 227.

265 Vgl. Walk, Sonderrecht, S. 10, 19, 22, 62.

266 Allerdings galt das erst ab Mitte 1933, nachdem nach dem 1. April eine Reihe fristloser Kündigungen genehmigt worden waren. Vgl. Andreas Rethmeier, „Nürnberger Rassegesetze" und Entrechtung der Juden im Zivilrecht, Frankfurt/Main u.a. 1995, S. 267f.; Martin Brasch, Das Recht des jüdischen Arbeitnehmers, in: JWuS 4 (1933/34), S. 219-222; 220-222.

267 Vgl. zur Deutschen Bank HADB, B 381, Bericht „Verhalten [...]" (gez. Briese), 20.8.1946. Bei der Commerzbank gibt es keinen Beleg für fristlose Kündigungen. Die Erlaubnis im neuen Tarifvertrag, bei Einstellungen politischen Vorgaben der Regierung Rechnung zu tragen (vgl. Kapitel 2.1.) öffnete auch die Tür dafür, Juden zumindest nicht mehr einzustellen.

268 Vgl. Brasch, Recht, S. 221-223. Rethmeier, Rassegesetze, S. 269 führt detailliert aus, welche Einspruchswege im Rahmen des Betriebsrätegesetzes zulässig waren, ignoriert aber die Besetzung der Betriebsvertretungen durch die NSBO.

269 Vgl. Rethmeier, Rassegesetze, S. 269 f.

270 Laut § 1 Abs. 2 des GWBB galt das Gesetz auch für Beamte von „Unternehmungen", die laut der Dritten Verordnung des Reichspräsidenten zur Sicherung der Wirtschaft und Finanzen [...] vom 6. Oktober 1931 (RGBl. I S. 537, Dritter Teil Kap. V Abschn. I § 15 Abs. 1) den Körperschaften des öffentlichen Rechts gleichgestellt waren. Diese Unternehmen waren unter anderem die, „deren Gesellschaftskapital sich mit mehr als der Hälfte im Eigentume von Körperschaften des öffentlichen Rechtes [...] befindet". Vgl. auch BAB, R 3101, 8728, RWM/Koehler an Zentralabteilung, 16.9.1933. Wie Ziegler, Verdrängung, S. 198 betont, dehnte § 1 der Zweiten VO zur Durchführung des GWBB vom 4.5.1933 (RGBl. I, 1933, S. 233) den Geltungsbereich des Gesetzes noch einmal ausdrücklich auf „Angestellte oder Arbeiter [...] von Körperschaften des öffentlichen Rechts sowie diesen gleichgestellten Einrichtungen und Unternehmungen" aus. § 1 Abs. 3 des GWBB ermächtigte außerdem ausdrücklich die Reichsbank – den Mehrheitsaktionär der Commerzbank –, in ihrem Geschäftsbereich Anordnungen für die Durchführung zu treffen. Vgl. dazu auch BAB, R3101, 8742,

bei der Dresdner Bank das Reichswirtschaftsministerium und bei der Commerzbank die Reichsbank-Tochter Deutsche Golddiskont-Bank (Dego) – durften Anordnungen zur Umsetzung des Gesetzes treffen.[271] Im Oktober 1933 präzisierte das RWM die Bestimmungen folgendermaßen: Unternehmen, deren Aktienmehrheit bei der Dego lag, wurden nicht mehr direkt den „Körperschaften des öffentlichen Rechts" im Sinne des Gesetzes gleichgestellt, sondern die Reichsbank als Muttergesellschaft der Dego konnte über die Anwendung entscheiden.[272] So ordnete das RWM die Umsetzung der gesetzlichen Vorschriften in der Dresdner Bank an.[273] Vergeblich wandte der Vorstand am 20.5.1933 beim Arbeitsausschuss ein, dass es „angesichts der starken Auslandsbeziehungen und der ausgebreiteten jüdischen Kundschaft der Bank" sozusagen „Selbstzerstörung" sei, wenn man als einzige Großbank jüdische Mitarbeiter entlassen müsse. Auch könne man „nicht sofort" alle „eingearbeiteten und wertvollen Kräfte" ersetzen.[274] Für die Commerzbank aber entschied die Reichsbank zu Koehlers Ärger anders.[275]

Die unklare Rechtslage und uneinheitliche Äußerungen der Nationalsozialisten führten dazu, daß etwa Max Warburg die Zukunft optimistisch einschätzte[276] und auch Friedrich Reinhart vermutete, „die Juden würden wieder ihre Stellungen

---

RWM/Koehler an Präsidenten des Reichsbank-Direktoriums, Diktat 20.11.1934 (Entwurf); RWM/Koehler/Nehrkorn) an Reichsbank-Direktorium, 29.11.1934 (Entwurf).

271 Vgl. § 1 Abs. 4 GWBB.

272 Vgl. Ziegler, Dresdner Bank.

273 Die Korrespondenz in BAB, R 3101, 8728 erweckt den Eindruck, daß Koehler für die Anwendung des Gesetzes verantwortlich war, obwohl die eigentliche Anweisung Koehlers an die Dresdner Bank nicht vorhanden ist, dagegen eine Anweisung eines Kollegen an die Akzeptbank. Vgl. ebd., RWM/Spindler an Akzeptbank A.G., 14.8.1933.

274 Zit. bei Ziegler, Dresdner Bank.

275 Koehler wies schon im September 1933 darauf hin, die Reichsbank als Eigentümerin der Deutschen Golddiskontbank könne die Anwendung des Berufsbeamtengesetz in der Commerzbank anordnen. Vgl. BAB, R 3101, 8728, RWM/Koehler an Zentralabteilung, 16.9.1933. Am 20. November 1934 erkundigte er sich bei der Reichsbank, ob sie die Anwendung angeordnet habe. Das Reichsbank-Direktorium erwiderte am 15.12.1934 man habe „hinsichtlich der Anwendung [...] bei der Commerz- und Privat-Bank A.G. [...] nichts veranlaßt ". Vgl. BAB, R3101, 8742, RWM/Koehler an Präsident des Reichsbank-Direktoriums, 20.11.1934; Reichsbank-Direktorium an RWM, 15.12.1934. Unbelegt bleibt die Gleichsetzung der Dresdner Bank und der Commerzbank in Yad Vashem-Archiv, Ball-Kaduri-Sammlung Zeugenberichte, Nr. 196, Richard Glaser, Die Juden in deutschen Großbanken von 1933-1937, 18.11.1957; falsch ist die in Das Schwarzbuch - Tatsachen und Dokumente, [Paris 1934.] Neuaufl. Berlin 1983, S. 371 zitierte Meldung der „BZ am Mittag" vom 7.4.1933, die vom Staat kontrollierten Banken, Dresdner Bank, Commerzbank und „Reichskreditbank" hätten wegen des GWBB alle Juden entlassen. In der Reichsbank selbst wandte Schacht das Berufsbeamtengesetz an. Vgl. Fischer, Schacht, S. 136 f.

276 Vgl. Warburg, Aufzeichnungen, S. 51, 146; Kopper, Arisierung, S. 111. Schacht erklärte gegenüber Deutsche Bank-Vorstandsmitglied Solmssen er im Juli 1933, „ich [also Solmssen] brauche mir nicht die geringsten Sorgen zu machen. Meine Stellung sei A 1, und ich solle keinem Angriff weichen." HADB, B 200, Umschlag Nr. 67, Solmssen an Kirdorf, 20.7.1933.

bekommen."[277] Der Privatbankier Kurt v. Eichborn dagegen sah 1933 einen Konzessionsentzug für „nichtarische" Banken voraus,[278] und NSBO-Landesobmann Spangenberg den Wegfall der Frontkämpferklausel des Berufsbeamtengesetzes.[279] Noch waren die Banken erheblich im Ausland engagiert. Schacht beschwerte sich im November 1933 bei Propagandaminister Goebbels über Zeitungsartikel gegen jüdische Vertreter der Dresdner Bank in Amsterdam, da die Banken nun einmal „immer noch jüdische Debitoren und Kreditoren besitzen".[280] Im Inland scheint Schacht Boykotte der Großbanken fast völlig verhindert zu haben.[281] Doch wurden die Banken wegen ihrer jüdischen Mitarbeiter angegriffen.[282] Antisemitische Kunden wanderten zu den Sparkassen ab, die kaum Juden beschäftigten[283] und teilweise die Konten und Kredite jüdischer Kunden kündigten.[284] Jüdische Banken verloren Kunden.[285] Schacht selbst deutete an, personelle Konzessionen seien angebracht.[286] Umgekehrt machten aber Juden zunehmend Geschäfte mit „judenfreundlichen" Unternehmen und lösten ihre Verbindungen zu antisemitischen Banken.[287] Ein Geschäftsfreund der Deutschen Bank trat wegen deren anti-

---

277 Yad Vashem-Archiv, Ball-Kaduri-Sammlung Zeugenberichte, Nr. 196, Richard Glaser, Die Juden in deutschen Großbanken von 1933-1937, 18.11.1957. Der Quellenwert der Aussagen Glasers ist fraglich.

278 LHA Magdeburg, Rep. 103, Bankhaus Dippe-Bestehorn, Quedlinburg, Nr. 11, V. Eichborn an v. Moller, 21.10.1933.

279 Vgl. MNSBO 4 (1934), S. 7.

280 BAB, R3101, 18567, Schacht an Goebbels, 6.11.1933. Die Bank erklärte, sie handle „nicht [aus] prosemitischen Beweggründen" sondern nach „ganz kalten Erträgnisrechnungen." DrB an Schacht, 3.11.1933. Die Deutsche Bank bemühte sich, einem ausländische Aktionär ihr Verhalten gegen Juden zu erklären. Vgl. BAB, R8119F, P15, Briefwechsel Schlitter/Samuels. Noch immer übte die stark im Ausland engagierte IG Farben bei der Verdrängung Zurückhaltung. Vgl. Hayes, Industry, S. 92, 94, 110, 117 128, Heine, Verstand, S. 221; Hayes, Big Business, S. 260. Die Vertreter der Firma wiesen auf verhängnisvolle Folgen der „Judenpolitik" hin. Vgl. Hayes, Industry, S. 91, 94, 100, 106f., 112. Hayes, Big Business, S. 257.

281 Vgl. Fischer, Privatbanken, S. 6. Vom Boykott Anfang April waren Banken ganz verschont geblieben. Vgl. Genschel, Verdrängung, S. 52. Anders als die Filialgroßbanken wurden kleine jüdische Privatbankiers schon 1935 in den Ruin getrieben.Vgl. LHA Magdeburg, Rep. I 103, Bankhaus Dippe-Bestehorn, Quedlinburg, Nr. 12, Moller an Fischer, 3.6.1935.

282 Der Direktor der Deutschen Bank Erfurt erklärte, es werde „aus der Kundschaft an der derzeitigen Besetzung der Filiale [mit jüdischen Mitarbeitern] Kritik geübt". HADB, RWB 54, Aktenvermerk Sippel, Betr. Filiale Erfurt, 19.12.1933. Vgl. auch Mosse, James, Jews, S. 331, Anm.12. Nachdem die Deutsche Bank die Todesanzeige eines jüdischen „Direktors der Bank" im „Völkischen Beobachter" veröffentlicht hatte, beschwerte sich das Parteiblatt: Es herrsche „Empörung, [...] bei den nationalsozialistischen Angestellten Ihres Unternehmens [...], dass der [...]Jude [...] einen Nachruf im [...] ‚Völkischen Beobachter' erhält." HADB, B 200, Umschlag Nr. 77, Völkischer Beobachter an AR und Vorstand DB, 16.5.1934.

283 Vgl. Marcus, Lage, S. 290. Allerdings geriet etwa 1935 der Vorsitzende des Brandenburgischen Sparkassen- und Giroverbandes Zieger wegen seiner jüdischen Frau unter Druck. Vgl. Kopper, Dirigismus, S. 241 f.

284 Vgl. Kopper, Dirigismus, S. 233.

285 Vgl. Kopper, Dirigismus, S. 232.

286 Vgl. Kopper, Dirigismus, S. 78 ff., James, Bank, S. 336.

287 Vgl. Bajohr, Arisierung, S. 159.

semitischer Personalpolitik aus dem Regionalbeirat aus[288] und der NSBO-Obmann der Dresdner Bank, Filiale München fürchtete die Abwanderung jüdischer Kunden wegen der Anwendung des „Berufsbeamtengesetzes"[289] Der jüdische Kassierer der Commerzbank Mainz warb erfolgreich jüdische Kunden.[290] Der Wettbewerb um antisemitische Kundschaft sprach also für die Verdrängung, der um jüdische Kunden sprach dagegen.

In den Banken forderten die NS-Aktivisten die Verdrängung der Juden,[291] verhängten Gruß- und Redeverbote[292] und wurden auch gewalttätig. „Der Krug geht so lange zum Brunnen, bis er bricht", berichtete Deutsche Bank-Obmann Hertel über einen jüdischen Mitarbeiter, der die NSBO kritisierte. „Es dauerte auch gar nicht lange, und der Krug zerbrach. Es war ein einfacher Krug. Er trug die schlichte und aufschlußreiche Aufschrift ‚Cohn'."[293] Der „Beauftrage des Führers für Wirtschaftsfragen" intervenierte gegen jüdische Direktoren,[294] Angestellte ohne irgendwelche Legitimationen maßten sich Eingriffe in die Personalpolitik anderer Banken an,[295] „jeder quilibet ex populo" traute sich, eine Gestalt wie Deutsche Bank-Vorstandsmitglied Georg Solmssen anzufeinden.[296] NS-Aktivisten denunzierten jüdische Direktoren der Dresdner Bank unter anderem wegen ihrer persönlichen Schulden.[297] Normale jüdische Angestellte wurden erst recht angegriffen.[298] Bankleitungen wehrten solche illegalen Vorstöße nur mit dem Argument ab, sie gefährdeten die Autorität der Betriebsleitungen.[299] Die Juden selbst

---

288 Vgl. BAB, R8119F, P 32.

289 BAB, R3101, 18567, S. 117, Hans Fraaß [?], Obmann der Betriebszelle DrB München an NSBO München, 22.9.1933. Schon im Juli 1933 hatte die Dresdner Bank vom RWM für jüdische Angestellte Ausnahmen vom GWBB erbeten, weil „infolge ihrer engen persönlichen Beziehungen zur jüdischen Kundschaft durch ihren Abgang eine Abwanderung jener Kundschaft [...] zu befürchten ist." BAB, R 3101, 8728, Aufstellung „Im gegenwärtigen" (o.D.).

290 Vgl. HAC, 1/480: Qualifkationsbogen Jakob H. 1934.

291 Ein Bericht der Deutschen Bank erklärt: „Bald nach der Machtübernahme [...] wurde 1933 seitens der Betriebszelle [der Deutschen Bank] die Forderung erhoben, alle jüdischen und jüdisch versippten Angestellten zu entlassen." HADB, B 381, Bericht „Verhalten [...]" (gez. Briese), 20.8.1946. Die meist 1934 beginnenden Quellen bestätigen das. Vgl. u.a. BuV 1 (1934), 1. Folge, S. 3; James, Arisierung, S. 35; MNSBO 4 (1934), 5. Folge, S. 5; MNSBO 4 (1934), 10. Folge, S. 5 f.; SB 4 (1934), 21. Folge, S. 12; Ziegler, Verdrängung, S. 213; Meyen, Bank, S. 118; AK 2 (1935), S. 68, 69 f., 80, 85.

292 Vgl. HAC, Personal Berlin A-G, Akte Erich A., Berichte o.D. und vom 8. Juni 1953.

293 MDB 1933, S. 91-93.

294 Vgl. HADB, RWB 54, W. Keppler (i.A. Kranefuss) an Sippell, 7.7.1934.

295 In der Mainzer Commerzbank setzten Angestellte anderer Banken ohne jede gesetzliche Grundlage durch, daß ein jüdischer Commerzbank-Angestellter nicht mehr zur Abrechnung in der örtlichen Reichsbankstelle geschickt wurde.Vgl. HAC, 1/480, CB Mainz an Direktion DrB, 8.9.1933; CB Mainz an Zentrale, 9.9.1933, CB an CB Mainz, 12.9.1933.

296 HADB, B 200, Solmssen an Kirdorf, 20.7.1933.

297 Vgl. Ziegler, Dresdner Bank.

298 Vgl. HAC, 1/480, Beurteilungsbogen H., 1934 und CB Mainz an Centrale, PA, 26.3.1934. Vgl. auch HADB, RWB 54, Aktenvermerk Sippel, Betr. Filiale Erfurt, 19.12.1933; Mosler an Reinhart, 17.7.1934; Ziegler, Dresdner Bank.

299 Zum Commerzbank-Vorstandsmitglied Bandel im Aufsichtsrat von Karstadt vgl. Lothar Gall, A man for all seasons? Hermann Josef Abs im Dritten Reich, in: Zeitschrift für Unterneh-

waren – nach ihrem Ausschluß aus den Interessenvertretungen der Bankangestellten –[300] ohne Lobby im Bankgewerbe. Zwar protestierten jüdische Bankiers in den ersten Monaten des Jahres 1933. Georg Solmssen schrieb erbitterte Briefe[301] und Max Warburg versuchte erfolglos, nichtjüdische Manager zu einem Protestbrief zu bewegen.[302] Solidarität von Nichtjuden kam vor, war aber die Ausnahme: Im Kieler Institut für Seeverkehr und Weltwirtschaft erklärte der Vorstandsvorsitzende angesichts der Rücktrittsforderungen gegen Warburg seinen Rücktritt.[303] In der Dresdner Bank baten „arische" Angestellte den Reichsinnenminister, einen Juden als „geschützten Nichtarier" einzustufen, obwohl er nicht im Weltkrieg gekämpft hatte. Es sei „ein Mißgeschick [...], das Herrn Dr. B[...] nicht mehr zum Frontkämpfer im Sinne des Gesetzes hat werden lassen." Der Kollege sei „menschlich und beruflich wertvoll" und habe „stets [...] mit Hochachtung von der nationalsozialistischen Bewegung gesprochen." Die Angestellten der Filiale Glogau der Deutschen Bank ließen 1935 die Vertrauensratskandidaten durchfallen, weil die Kandidaten vorher die Entlassung einer „Halbjüdin" durchgesetzt hatten.[304] Sogar

mensgeschichte 43 (1998), S. 123-175, 129; zu Friedrich Reinhart vgl. GSTA PK I. HA Rep. 92, NL Daluege, S. 21 f., Kommissarische Betriebsvertretung Hüttenwerke C. Wilh. Kayser & Co.- an Preußisches Innenministerium z.H. Daluege, Bericht an die NSBO; Reinhart an Sdeblock, 18.4.1933. Unmittelbar stellte sich dieses Problem Solmssen: „Wir haben 16000 Beamte zu betreuen. Es ist unmöglich, diesen, besonders in so bewegten Zeiten, als Autorität gegenüberzutreten, wenn sie wahrnehmen, dass diese Autorität seitens der staatlichen Organe durch Deklassierung der Persönlichkeit untergraben wird." HADB, B 200, Solmssen an Kirdorf, 20.7.1933.

300 Vgl. Kapitel 1.5.; ein Beispiel in BBZ 38 (1933), S. 79.
301 Zit. nach James, Bank, S. 336. Vgl. auch BAB, R8119F, P15, Solmssen an Schwabach, 16.5.1933. Solmssen grenzte sich allerdings auch gegen „das Judentum" ab und bestätigte dabei indirekt, daß die Mehrzahl der deutschen Juden nicht so „national" gesinnt sei wie er. 1933 schrieb Solmssen: „Ich lehne ab, mich mit dem Judentum als solchem in einen Topf werfen zu lassen." Seine Veröffentlichungen zeigten, „dass ich für das von Herrn Hitler in so grossartiger Weise verwirklichte Ziel der nationalen Erhebung seit Jahrzehnten in Wort und Schrift ohne Rücksicht auf den Tadel oder Beifall der Machthaber und der Menge eingetreten bin [...]." HADB, B 200, Brief Solmssen an Kirdorf, 20.7.1933 (Abschrift). Vgl. auch Informationen zu einer angeblichen Initiative Solmssens und Warburgs bei Göring bei Martin Sommerfeldt, Ich war dabei. Die Verschwörung der Dämonen 1933-1939. Ein Augenzeugenbericht, Darmstadt o.J. [1949], S. 41. Zu Protesten des jüdischen Vorstandssprechers der Deutschen Bank, Oscar Wassermann, vgl. Kopper, Dirigismus, S. 75 f.
302 Vgl. Barkai, Unternehmer, S. 212., Avraham Barkai, Warburg, S. 390ff., Hayes, Big Business, S. 258, 275, Anm. 18., Schäffer, Melchior, S. 103., Kopper, Dirigismus, S. 234, Barkai, Boykott, S. 76 ff.; Bajohr, Arisierung, S. 160-162. Andererseits war Warburt etwa bereit, Berufsbeschränkungen für Juden zu akzeptieren. Vgl. Bajohr, Arisierung, S. 161, 163.
303 Vgl. Kopper, Dirigismus, S. 229 f. Franz Heinrich Witthoefft, Commerzbank-Aufsichtsratsvorsitzender von 1915 bis 1934 protestierte gegen die antijüdische Politik. Vgl. Bajohr, Arisierung, S. 80 f. Auch der stellvertretende Vorsitzende des Reichsverbands der Deutschen Industrie, Müller-Oerlinghausen und der Industrielle Paul Reusch sprachen sich gegen die antijüdischen Maßnahmen aus. Vgl. Neebe, Industrie, S. 173 f.; Warburg, Aufzeichnungen, S. 152; NBE, Bd. 8, S. 256.
304 BAB, R 3101, 8728, DrB an Reichsminister des Innern, 27.6.1933; HADB, P5/74, Auszug DAF/Schlesien/Kreiswalter, 13.10.1936.

Mitglieder der NSBO der Dresdner Bank setzten sich erstaunlicherweise für sozial schwache, „tüchtige" oder „nationale" jüdische Kollegen ein.[305] In allen Großbanken setzte im April 1933 eine Entlassungswelle für Juden ein, der eine an- und abschwellende, aber kontinuierliche Verringerung der Zahl jüdischer Mitarbeiter folgte. Nur die Dresdner Bank wandte dabei das Berufsbeamtengesetz an,[306] während Commerzbank und Deutsche Bank ihre Mitarbeiter „normal" entließen.[307] Doch die Ergebnisse waren ähnlich.

Die Verdrängung jüdischer Vorstandsmitglieder war als „Nachspiel" der Revirements der Bankenkrise leicht durchzuführen.[308] Die Commerzbank versetzte im September 1933 Ludwig Berliner zu ihrer Amsterdamer Tochter Hugo Kaufmann & Co.'s.[309] In der Geschäftsleitung blieb Georg Lust.[310] Ebenso delegierte die Dresdner Bank Chefsyndikus Hugo Israel im Oktober 1933 zu Hugo Kaufmann, wo sie eine Minderheitsbeteiligung hielt.[311] Im September ging Vorstandsmitlied Siegmund Bodenheimer, im November „A-Direktor" Walter Bernhard. Auch der „Halbjude" Quaatz schied aus.[312] Ende 1934 verließen die "A-Direktoren" Georg Wolfson, Hans Lessing und Georg Sander die Bank.[313] Es blieben Vorstandsmitglied Ritscher[314] und „A-Direktor" Otto Heymann.[315] Die

305 Vgl. BAB, R 3101, 8728, Betriebsrat DrB/Oberberg an Vorstand DrB/Schippel, 19.8.1933; RWM/Koehler an DrB, 22.8.1933; Betriebsratsvorsitzender DrB (Oberberg), an RMdI, 11.5.1933. Auch im März 1934 befürwortete der Betriebszellenobmann noch die Weiterbeschäftigung eines Juden. Vgl. BAB, R 3101, 8729, Betriebszelle DrB, 23.3.1934; Gesuch DrB, Depositenkasse 16, 10.8.1934. Der nationalsozialistisch dominierte Betriebsrat beantragte auch Abfindungen für Mitarbeiter, die als Kommunisten entlassen wurden. Vgl. BAB, R 3101, 8728, DrB/Direktion an RWM, 14.8.1933.

306 Die Dresdner Bank ermittelte anläßlich der zweiten DVO zum GWBB durch Fragebogen systematisch die Frontkämpfer unter ihren jüdischen Mitarbeitern. Sie entließ alle „nicht privilegierten Nichtarier", wenn auch meistens mit einem Aufschub. Vgl. Ziegler, Dresdner Bank; Ziegler, Verdrängung, S. 199 f. Die Bank ging mit der Ausfüllung von Fragebogen durch alle Mitarbeiter über die gesetzlichen Vorschriften hinaus. Vgl. ebd., S. 199, Anm. 40 und MAM, 1458-1-550, Neumann an Schacht, 26.2.1937.

307 In Personalakten der Commerzbank gibt es keine Fragebögen zum „rassischen Status". Erst 1941 klärte die Bank, welche jüdischen Pensionäre Frontkämpfer waren. Vgl. PR Nr. 1482, 19.7.1940. Hätte sie das Berufsbeamtengesetz angewandt, hätte schon eine Statistik vorgelegen. Auch in der Entschädigungskorrespondenz fehlten Hinweise auf das Berufsbeamtengesetz. Der einzige Mitarbeiter, der das GWBB als Entlassungsgrund nannte, nahm die Aussage zurück. Vgl. HAC, Personal Berlin H-L, Akte Max L., Korrespondenz Strauss/CB 1962.

308 Vgl. James, Arisierung, S. 24 f.

309 Vgl. HAC, 1/186II ,59. SAA, 3.10.1933. Welchen Einfluß staatliche Stellen hierauf hatten, zeigen die Akten der Bank oder des RWM nicht. Krause, Jüdische Traditionslinien vermutet aufgrund eines Artikels in Berliner Börsen-Bericht, 7.4.1933, das Reich habe das gefordert.

310 Vgl. HAC, 1/186I, 48. SAA, 10.1.1933.

311 Vgl. Kopper, Dirigismus, S. 222 f., Ziegler, Verdrängung, S. 202.

312 Vgl. Ziegler, Verdrängung, S. 202; Kopper, Dirigismus, S. 221. Beide 1933 entlassenen jüdischen Vorstände fielen unter die Ausnahmeklausel des Berufsbeamtengesetzes, hätten also nicht entlassen werden müssen. Quaatz dagegen war weder Frontkämpfer noch seit 1914 beschäftigt. Vgl. BAB, R 3101, RWM/Koehler an Freytagh-Loringhoven, 28.10.1933.

313 Vgl. Ziegler, Verdrängung, S. 202.

314 Vgl. Kopper, Dirigismus, S. 62 f.; ebd. S. 221 unbelegte Thesen zu Ritscher.

Deutsche Bank teilte schon im Mai 1933 das Ausscheiden der Vorstandsmitglieder Theodor Frank und Oscar Wassermann mit. Solmssen schied 1934 aus.[316] Diese relativ schnelle Verdrängung geschah auf eine Andeutung Hjalmar Schachts hin.[317] 1934 starb ein jüdischer „Direktor der Bank", Fritz Bruck.[318] Brucks Kollege Ernst Mandel wurde „wegen der veränderten Verhältnisse" anders als die mit ihm von der Disconto-Gesellschaft gekommenen Karl Ernst Sippell und Oswald Rösler nicht zum ordentlichen Vorstandsmitglied ernannt;[319] er behielt aber zunächst seinen Posten. Im August 1935 hatten Commerzbank, Dresdner und Deutsche Bank also noch ein jüdisches stellvertretendes Vorstandsmitglied; die Dresdner Bank hatte noch ein jüdisches Vorstandsmitglied.[320]

Im Commerzbank-Aufsichtsrat behielt der einzige Jude, Albert Katzenellenbogen, seinen Sitz, während ein bekannter demokratischer Politiker ausscheiden mußte.[321] Es gibt keinen Anhaltspunkt dafür, daß die Dego-Bank als Mehrheitsaktionär Druck auf politisch unliebsame Aufsichtsratsmitglieder ausgeübt hätte.[322] Im Dresdner Bank-Aufsichtsrat blieben zwei Juden. Auch bei der Deutschen Bank gab es noch jüdische Aufsichtsratsmitglieder. Solmssen wurde nach seinem Ausscheiden aus dem Vorstand 1934, anders als Frank und Wassermann, dem Aufsichtsrat zugewählt.[323]

In der Commerzbank verließen 20 von 109 jüdischen Mitarbeitern 1933 die Bank, 14 im Jahr 1934 und 8 im Jahr 1935 vor Erlaß der Nürnberger Gesetze. Im Oktober 1935 blieben noch 67.[324] In der Dresdner Bank genehmigte das RWM für einen Teil der „nicht geschützten Nichtarier", die die Bank zum 31.7.1933 gekün-

---

315 Vgl. Ziegler, Verdrängung, S. 202.

316 Vgl. James, Arisierung, S. 25-27; Kopper, Dirigismus, S. 132-135, 145f., 223, 341; James, Bank, S. 333-341.

317 Vgl. James, Arisierung, S. 25; James, Bank, S. 336.

318 Vgl. GB DB 1933; GB DB 1934; HADB, Ordner Direktoren u.a. bis 1945, Todesanzeigen und biographische Notiz.

319 HADB, Ordner Direktoren u.a. bis 1945, Notiz Dr. Ernst A. Mandel, 2.11.1967. Als das jüdische Aufsichtsratsmitglied Max Steinthal 1935 Vorstandsmitglied Schlieper um Beförderung seines Sohnes bat, entgegnete Schlieper: „Gegenwärtig müsste die Richtschnur sein: Quieta non movere, aber sobald eine Änderung eingetreten sei, würde er [...] Vorschläge mit allem Wohlwollen behandeln [...]." HADB, RWB 54, Aktennotiz M[ax] St[einthal], 3.5.1935.

320 Selbst aus der BHG, die juristisch vom Reich unabhängig, und von der Bankenkrise wenig berührt worden war und deren Geschäftsinhaber allesamt Juden waren, schied schon 1933 Geschäftsinhaber Siegfried Bieber aus. Außerdem schuf die Bank 1933 neben den Geschäftsinhabern eine „Direktion", die sie mit „arischen" Direktoren besetzte. Die beiden anderen jüdischen Geschäftsinhaber, Hans Fürstenberg und Jeidels, blieben vorerst in ihrer Position. Vgl. Lüke, BHG, S. 245.

321 Vgl. Wolf, Chronik, II, S. A-100 f. Er erhielt einen lukrativen Revisor-Posten. Vgl. 57. SAA, 2.8.1933.

322 Die Dego-Bank genehmigte als Mehrheitsaktionär im Juni 1933 eine Vorschlagsliste für den Aufsichtsrat, auf der Sobernheims Name nicht mehr auftauchte. Sie erhob aber keine Einwände gegen die Wiederwahl Katzenellenbogens und verweigerte die Zuwahl des Privatbankiers Kurt Freiherr von Schröder, der Nationalsozialist, Antisemit und Großbankenfeind war.

323 Vgl. James, Bank, S. 338 f.

324 Vgl. eigene Berechnungen auf Grundlage zahlreicher Quellen, einsehbar im HAC.

digt hatte, eine befristete Weiterbeschäftigung bis höchstens zum 30.6.1934. Am 1.1.1934 blieben von geschätzten 540 jüdischen Angestellten noch 200 „geschützte" und 80 „nicht geschützte Nichtarier", im Oktober 1935 nur noch zwei „nicht geschützte Nichtarier" und rund 140 „geschützte Nichtarier".[325] Die Deutsche Bank beschäftigte 1936 (der Monat ist unbekannt) noch 101 jüdische Mitarbeiter.[326] Im Oktober 1935 waren also sowohl in der Commerzbank als auch in der Dresdner Bank noch etwas über 1 % jüdische Mitarbeiter beschäftigt; in der Deutschen Bank 1936 noch etwas unter 0,6 %. Auch hier mag der Anteil im Oktober 1935 um 1 % gelegen haben. Der Anteil der Juden war 1935 also bei den drei Banken auf einem ähnlichen Stand angelangt.

Die Zentralen in Berlin überließen das Schicksal jüdischer Tarifangestellter in den Filialen meist den Filialleitern[327] und ließen damit antisemitische Konzessionen zu.[328] Auf die örtlichen Veränderungen stellten sie sich schnell ein. Die Commerzbank etwa gab nach dem Ausschluß ihres jüdischen Frankfurter Vertreters von der Börse 1933 dem zweiten Effektenhändler 1934 Prokura: „Bei der augenblicklichen grossen Nachfrage nach fähigen arischen Börsenhändlern müssen wir [...] ihm unbedingt eine Position schaffen, die ihn in allen Teilen befriedigt."[329] Die Vorstände gingen im Fall exponierter leitender Angestellter in den Filialen aber auch aktiv vor, wobei möglicherweise die Dresdner Bank besonders rasch handelte. Im April berief der Vorstand der Dresdner Bank entsprechend seiner Ankündigung vom März die konfessionell jüdischen Direktoren seiner Nürnberger Filiale ab und ernannte einen Nationalsozialisten zum stellvertretenden Filialdirektor. Im selben Monat riet der Vorstand der Deutschen Bank einem jüdischen Filialdirektor zu einem – jetzt noch möglichen – freiwilligen Abgang riet.[330] Die Zentralen waren auch selbst betroffen; die der Commerzbank zog einen jüdischen Revisor zurück, als die Braunschweiger Betriebszelle mit einem SA-Aufmarsch drohte.[331] Deutsche Bank-„Betriebsführer" Sippell dagegen setzte

---

325 Vgl. Ziegler, Dresdner Bank; Ziegler, Verdrängung, S. 203-205.

326 Von 101 1936 noch beschäftigten jüdischen Mitarbeitern waren 74 Tarifangestellte, Lehrlinge oder gewerbliche Angestellte und 27 außertarifliche Angestellte. Vgl. HADB, B 381, „Verzeichnis der Nichtarier/Dr. Sippell". Die Behauptung von James, Arisierung, S. 28, die Deutsche Bank habe sich von „rangniedrigeren jüdischen Mitarbeitern [...] eher später, vor allem 1937/38" getrennt als von leitenden Angestellten, bedarf angesichts dieser Daten – rund 27 % leitender Angestellte unter den jüdischen Mitarbeitern – zumindest des Beweises, daß der Anteil leitender Angestellter 1933 höher gewesen war.

327 Vgl. HADB, RWB 54, Aktenvermerk Sippell, 19.12.1933; HADB, B 381, Bericht „Verhalten [...]" (gez. Briese), 20.8.1946; Vgl. HAC, 1/480; James, Arisierung, S. 27.

328 So pensionierte etwa die Dresdner Bank ihren Nürnberger Filialdirektor im Juli 1933, obwohl der Mitarbeiter „geschützter Nichtarier" war. Er habe „in den letzten Wochen derart starke Angriffe von den verschiedensten Seiten – nach unserer Auffassung zu Unrecht – erfahren, dass ihm ein Weiterarbeiten unmöglich ist und auch nicht im Interesse der Bank liegt." BAB, R 3101, 8728, DrB an RWM/Köhler, 4.7.1933.

329 HAC, 1/6, CB Niederlassung Frankfurt an Centrale, PA, 7.3.1934.

330 Vgl. James, Arisierung, S. 27 f.; HADB, B 200, Umschlag Nr. 80.

331 Aktennotiz, Seiffe, Braunschweig, 26.7.1946, HAC, 1/169, Bd. 1.

gegen Widerstand eine Inspektionsreise mit einem jüdischen Kollegen durch.[332] In den Zentralen selbst gab es Konzessionen; im Mai 1934 hielt die Deutsche Bank es für untunlich, einen Juden nach Berlin zu übernehmen; ein jüdischer Abteilungsdirektors wurde entlassen.[333] Bei der Dresdner Bank soll Samuel Ritscher ab 1933 als Jude bei Verhandlungen mit dem Reich „in den Hintergrund" getreten sein.[334] Präzedenzfälle in Filialen, Zentralen und Verbände schwächten die Stellung der Juden insgesamt. Juristisch unhaltbare, bisherige Gepflogenheiten mißachtende Forderungen gewannen wegen der Unsicherheit über den „Regierungswillen" Durchschlagskraft.

Entsprechend der wirtschaftlichen Logik federten die Banken die Verdrängung aber ab, indem sie qualifizierte jüdische Mitarbeiter stärker verteidigten. Oft spielten auch persönliche Bekanntschaft oder die Überzeugungen einzelner Mitarbeiter eine wichtige Rolle.[335] Commerzbank-Aufsichtsratsvorsitzer Friedrich Reinhart bewegte persönlich drei leitende Angestellte zum Bleiben.[336] Der Direktor der Deutsche Bank-Filiale Erfurt sprach sich gegen die Entlassung eines geschäftlich wertvollen jüdischen Angestellten aus.[337] Die Dresdner Bank verlangte sogar – vergeblich – eine dauerhafte „Judenquote" von 1%, die eine Selektion nach Qualität ermöglicht hätte. Für eine jüdische Sekretärin, die keine guten Leistungen erbrachte, wurde dagegen bewußt kein Ausnahmeantrag gestellt. Auch ohne gesetzlichen Zwang wurden „geschützte Nichtarier" entlassen. Insgesamt nutzte die Bank „die rassische Diskriminierung dafür [...], jüdische Angestellte, auf deren weitere Mitarbeit sie verzichten zu können glaubte, bei vergleichsweise geringen Abfindungen außer Dienst zu setzen." Außerdem gab es eine Selektion nach Dienstalter: Junge Mitarbeiter, die nur niedrige Abfindungen erhielten, wurden eher früh entlassen.[338] Schließlich galten in Einzelfällen auch soziale Ge-

---

332 Vgl. HADB, RWB 54, Aktennotiz (gez. Biffar), 27.9.1934 (Abschrift!); Artikel Jüdische Inspekteure bei der DD-Bank, in: Preußische Zeitung, 3.10.1934; Aktenvermerk Sippell, Geheim, 5.10.1934. Zum örtlichen Nachgeben vgl. auch Kopper, Dirigismus, S. 226 f., Ziegler, Verdrängung, S. 212 f.; PVRH, 25.10.1934. Vgl. aber auch Meyen, Dresdner, S. 119.

333 Vgl. HADB, B 200, Umschlag Nr. 80, Aktennotiz O. 1.5.1934.

334 Kopper, Dirigismus, S. 62. Konzessionen in der Personalpolitik aus Furcht vor politischen Folgen beschränkten sich nicht auf Juden. Vgl. HADB, B200, Umschlag Nr. 63, Brief an Wilhelm de W[...], 15.9.1933 (Durchschlag).

335 Ziegler, Dresdner Bank charakterisiert die Verteidigung wertvoller Arbeitskräfte als „individuelles, einzig auf persönliche Initiative zurückzuführendes [Handeln]. Humanitäre Überlegungen als wiederkehrendes Motiv sind bei der Dresdner Bank nicht zu erkennen."

336 Vgl. Yad Vashem-Archiv, Ball-Kaduri-Sammlung Zeugenberichte, Nr. 196, Richard Glaser, Die Juden in deutschen Großbanken von 1933-1937, 18.11.1957. Vgl. auch HAC, Personal Berlin, H-L, Akte Georg Lust, Hansa-Bank, an das Wiedergutmachungsamt beim Landgericht Hamburg, 15.8.1951; Hansa-Bank, an das Wiedergutmachungsamt beim Landgericht Hamburg, 8.9.1951. Zu antisemitischen Äußerungen Reinharts vgl. Wirtschaftsblatt der Industrie- und Handelskammer zu Berlin, 7.11.1935, Heft 31, 33. Jahrgang, S. 2058.

337 HADB, RWB 54, Aktenvermerk Sippell, Betr. Filiale Erfurt, 19.12.1933. Vgl. auch die selektive Verteidigung kommunistischer Mitarbeiter durch den Fabrikanten Hohner bei Berghoff, Hohner, S. 428, 454.

338 Vgl. Ziegler, Dresdner Bank; Ziegler, Verdrängung, S. 200 ff. Vgl. auch Kopper, Dirigismus, S. 221 f.; Meyen, Bank, S. 119.

sichtspunkte.[339] Eine zweite Taktik war die Verschiebung jüdischer Mitarbeiter auf dem internen Arbeitsmarkt zum Ausgleich regionaler Ungleichgewichte. Die Banken reagierten auf die regionale Ausprägung des Antisemitismus wie allgemein auf regionale Ungleichgewichte des Arbeitsmarktes. Am wirkungsvollsten war die Versetzung ins Ausland.[340] Manchmal nahm man Juden durch Rückstufungen „aus der Schußlinie",[341] die dann auch weniger Gehalt und bei späteren Entlassungen eine niedrigere Abfindung bekamen.[342]

Die bisherigen antijüdischen Maßnahmen hatten den Druck auf Juden in der Wirtschaft nur zeitweise vermindert. Nach außenpolitischen Erfolgen der Regierung 1935 wurden ungesetzliche Aktionen wieder häufiger. Parteiaktivisten forderten die Umsetzung des NSDAP-Programms.[343] NS-Aktivisten setzten jüdische Bankmitarbeiter unter Druck. Die Betriebszeitung der Dresdner Bank gab 1935 ihrer „Traurigkeit" über die „Provokation" bekannt, daß „Juden mit ‚Heil Hitler'" grüßten. Die „arischen Gefolgschaftsmitglieder [verbäten sich] solche Grüße der Juden – im übrigen Jude bleibt Jude, auch wenn er getauft ist – ganz energisch". Außerdem seien bei manchen „Arbeitskameradinnen" ärgerliche „Taktlosigkeiten" zu verzeichnen: „2 ½ Jahre nach der Regierungsübernahme durch die NSDAP. [...] scheuen sie sich nicht, mit Nichtariern freundlich zu verkehren."[344] Lencer erklärte am 19. Juni 1935, die "Judenfrage" im Bankgewerbe werde „zum gegebenen Zeitpunkt gelöst werden. Ich habe auf meinen Betriebsbesichtigungen festgestellt, daß in den Maschinenabteilungen nie Angehörige der jüdischen Rasse zu finden sind. Aus diesem Grunde geht mein Vorschlag dahin, daß man [...] eine

339 Vgl. HADB, RWB 54, Aktenvermerk Sippell, Betr. Filiale Erfurt, 19.12.1933. Die Dresdner Bank beantragte im Juli 1933 für 57 jüdische Angestellte aus geschäftlichen Gründen eine Ausnahme vom Berufsbeamtengesetz, für 33 Mitarbeiter aus sozialen Gründen. Vgl. BAB, R 3101, 8728, Aufstellung „Im gegenwärtigen [...]" (o.D.).

340 Bei der Commerzbank ist nur die Versetzung Berliners bekannt. Lusts Wechsel zu Hugo Kaufmann fand statt, als die Bank nicht mehr der Commerzbank gehörte. Zur Dresdner Bank vgl. Ziegler, Verdrängung, S. 211 f.; zur Deutschen Bank vgl. James, Arisierung, S. 28. Auch die IG Farben ging so vor. Vgl. Hayes, Industry, S. 93, 127; Hayes, Big Business, S. 257.

341 Vgl. James, Bank, S. 340 f.; HADB, RWB 54, Aktenvermerk Sippell, Betr. Filiale Erfurt, 19.12.1933. HAC, Personal Berlin A-G, Akte Erich A., Bericht (ohne Autor, Datum, Titel) und Bericht Erich A., 8. Juni 1953.

342 Vgl. Ziegler, Verdrängung, S. 207; HAC, 1/563, CB Nürnberg an Zentrale, PA, 22.9.1936.

343 Vgl. Herbst, Deutschland, S. 129-142, 149-155; Genschel, Verdrängung, S. 108-111. Im Sommer 1935 wollten Parteiaktivisten in Bielefeld einen jüdischen Bankdirektor, der einen „Ruf ‚als Liebhaber deutscher blonder Mädchen' genießt", mit „einem Schild am Hals" durch die Stadt führen. Otto Dov Kulka, Die Nürnberger Rassegesetze und die deutsche Bevölkerung im Lichte geheimer NS-Lage- und Stimmungsberichte, in: VfZ 32 (1984), S. 582-624, 611.

344 BE 1 (1935), S. 73. Anfang September kritisierte die Zeitung, daß Juden zu Luftschutzwarten ernannt worden seien: „Wer war von der Tapferkeit dieser Leute so übermäßig überzeugt? Was würde geschehen, wenn die erste Bombe einschlägt? Würde nicht das Gegenteil von dem erreicht werden, was beabsichtigt wird? Wir dachten, die Gefolgschaft solle gerade vor Gasen geschützt werden?" BE 1 (1935), S. 86. Die NSBO der Deutschen Bank drängte darauf, nunmehr im innerdeutschen Briefverkehr „Heil Hitler" zu verwenden. Juden sei das zwar verboten, doch dürfe man den Gruß nicht wegen der Beschäftigung einiger jüdischer Unterschriftsträger unterlassen. SB, 1935, 1. Folge, S. 11 f.

Auswechslung vornimmt, damit der Eindruck beseitigt wird, als ob Juden für diese Maschinenarbeit zu gut wären. Außerdem kann nicht geduldet werden, daß Angehörige der jüdischen Rasse [...] Qualifikationsberichte über deutsche Volksgenossen oder sogar Parteigenossen abgeben. Wir sind bestrebt, alle diese Fragen in energischer, aber durchaus taktvoller Weise zu klären." Langfristig werde das „Parteiprogramm restlos durchgeführt".[345]

Die Regierung kam den Forderungen wieder entgegen. Am 15. September 1935 erließ sie die sogenannten „Nürnberger Gesetze", das „Reichsbürgergesetz" und das „Gesetz zum Schutz des deutschen Blutes". Sie ordneten unter anderem die Entlassung aller verbliebenen jüdischen Beamten an und verboten Eheschließung und außereheliche Geschlechtsverkehr zwischen Juden und Nichtjuden. Damit versuchte Hitler wiederum, den Forderungen der Basis zu genügen, ohne die Wirtschaft und die auswärtigen Beziehungen Deutschlands zu sehr zu belasten.[346] Ein Teil der Zeitgenossen hielt nun Rechtssicherheit und wirtschaftliche Stellung der Juden in Deutschland für gesichert.[347] Tatsächlich aber blieb der „langfristige" Wille der Regierung unklar. Teile der Partei betrachteten auch diese Gesetze wieder nur als einen ersten Schritt.[348]

Die Partei erließ Anweisungen, sich an die Gesetze zu halten; doch extensive Auslegung führte dazu, daß auch jetzt kein Schlußstrich gezogen war. Die Gerichtsurteile bestätigten ab Oktober 1935 wieder die Rechtmäßigkeit von Kündigungen aus „rassischen" Gründen.[349] Sie erkannten im öffentlichen Dienst erstmals auch die fristlose Kündigung jüdischer Frontkämpfer oder die fristgerechte, gelegentlich auch die fristlose Kündigung von „Mischlingen" als rechtens an.[350] Zwar wurde das "Reichsbürgergesetz" nicht auf Privatbetriebe ausgedehnt, zwar wurden Commerzbank und Dresdner Bank 1937 reprivatisiert und unterlagen darum keinen Vorschriften für Staatsbetriebe mehr.[351] Der Centralverband informierte seine Mitglieder über die „Nürnberger Gesetze" und wies unberechtigte Entlassungsforderungen zurück.[352] Doch Koehler vom RWM etwa versuchte, die „Nürnberger Gesetze" auch auf die Commerzbank anzuwenden: Ohne Rücksicht

---

345 AK 2 (1935), S. 69 f.

346 Vgl. Fischer, Schacht, S. 168-175., Genschel, Verdrängung, S. S. 112-116., Herbst, Deutschland, 150-159. Die Entlassung der bisher „privilegierten Nichtarier" unter den Beamten zum 31.12.1935 wurde auf Körperschaften des öffentlichen Rechts ausgedehnt, nicht aber, wie das GWBB, ausdrücklich auf „diesen gleichgestellte Einrichtungen". Zweite VO zum Reichsbürgergesetz vom 21.12.1935, RGBl. I 1935, S. 1524f.

347 Vgl. Bräutigam, Unternehmer, S. 270 f., Fischer, Schacht, S. 173 f., 180; Fürstenberg, Erinnerungen, S. 212f.

348 Vgl. Kopper, Dirigismus, S. 238., Bräutigam, Unternehmer, S. 279 f.

349 Vgl. Hayes, Big Business, S. 259 (Anm. 29), Bräutigam, Unternehmer, S. 249 (Anm. 24), Genschel, Verdrängung, S. 133 f.

350 Vgl Rethmeier, Rassegesetze, S. 270. Die gesetzliche Lage von „Mischlingen" und ihre Behandlung bei der Dresdner Bank stellt ausführlich Ziegler, Dresdner Bank dar.

351 Vgl. unterschiedliche Ansichten über Auswirkungen der Reprivatisierung auf die Verdrängung bei Kopper, Dirigismus, S. 222 und in dem bei Ziegler, Verdrängung, S. 204 zitierten Schreiben Schippel an Koehler im RWM vom 11.3.1937.

352 Vgl. RS CDBB Nr. 156, 8.11.1935; Nr. 159, 15.11.1935; Nr. 160, 12.11.1936.

auf die Gesetzeslage erklärte er 1936, es sei „im Hinblick auf die Nürnberger Gesetze [...] erwünscht [..., daß] auch die reichsbeteiligten Banken sich in nicht allzuferner Zeit von den jüdischen Angestellten bereinigt sehen möchten."[353] Der Chefsyndikus der Dresdner Bank erklärte in einem Gutachten, auch nach der Reprivatisierung blieben die Vorschriften des GWB gültig, weil sie über die Betriebsordnung (Voraussetzung zur Einstellung ist DAF-Mitgliedschaft, Juden dürfen keine DAF-Mitglieder sein) schon in der Bank etabliert seien.[354]

Die Zahl der „Einzelaktionen" und der „Arisierungen" scheint zunächst zurückgegangen zu sein.[355] Initiativen zum Ausschluß jüdischer Banken aus dem öffentlichen Anleihegeschäft scheiterten,[356] ebenso Initiativen zur Kennzeichnung jüdischer Geschäfte.[357] Doch trotz Stabilisierungszeichen[358] zerstörten die Gesetze auch die wirtschaftliche Stellung der Juden weiter.[359] Die Kriminalisierung von Eheschließungen und Beziehungen zwischen Juden und Nichtjuden belastete in gewisser Weise jeden privaten Umgang und damit auch die geschäftliche Zusammenarbeit.[360] Zunehmend erfolglos wandten sich Ministerien, besonders das RWM, gegen „Einzelaktionen" in der Privatwirtschaft und die negativen wirtschaftlichen Folgen der Unklarheit in der „Judenpolitik".[361] Schachts Widerstand blieb uneindeutig: 1935 kündigte er Gesetze über die Stellung der Juden in der Wirtschaft an,[362] Ende 1936 verteidigte er nur „Mischlinge" wirklich entschieden.[363] Das RWM ordnete schon 1935 die Ersetzung jüdischer Firmenvertreter im Ausland an, wenn es der Firma keinen Schaden bringe, und ließ 1936 „jüdische" Exportfirmen systematisch erfassen.[364] Juden verloren laut Anordnung des RWM vom 14. November 1935 reichsweit ihre Zulassung an der Börse,[365] obgleich Friedrich Reinhart als Vorstandsvorsitzender der Berliner Börse dies erst 1938 umsetzte.[366] Tatsächlich brachen die volkswirtschaftlichen Argumente dafür weg,

---

353 BAB, R3101, 8742, Vermerk Koehler, 4.3.1936.
354 Vgl. Ziegler, Dresdner Bank.
355 Vgl. Herbst, Deutschland, S. 153; Fischer, Schacht, S. 183 f., Genschel, Verdrängung, S. 115.
356 Vgl. Kopper, Dirigismus, S. 238.
357 Vgl. Kopper, Dirigismus, S. 248 f.
358 Vgl. Adam, Judenpolitik, S. 153 f., 159; Friedländer, Juden, S. 133; Fischer, Schacht, S. 193; Bräutigam, Unternehmer, S. 269 f., 276 f.; Walk, Sonderrecht, S. 143, 153.
359 Vgl. Fischer, Schacht, S. 182 f.; OMGUS, Dresdner Bank, S. 80; anders Barkai, Boykott, S. 65.
360 Vgl. Herbst, Deutschland, S. 158 f., 200 f.
361 Vgl. Kopper, Dirigismus, S. 227, 233, 238; Fischer, Schacht, S. 173 f., 178, 182 f., 188, 194, 196; Walk, Sonderrecht, S. 138, 144; Bräutigam, Unternehmer, S. 274 f.
362 Vgl. RWM an Reichswirtschaftskammer, 14.10.1935, abgedr. in RS CDBB Nr. 156, 8.11.1935
363 Vgl. RWM an Reichswirtschaftskammer, 28.10.1936, abgedr. in: RS CDBB Nr. 160, 12.11.1936.
364 Vgl. Fischer, Schacht, S. 174, 199.
365 Abgedr. bei Walk, Sonderrecht, S. 140.
366 Vgl. HADB, B 200, Umschlag Nr. 71, Börsenvorstand zu Berlin/Reinhart an DB, 22.3.1938. 1935 hatte die Dresdner Bank-Betriebszeitung einen Artikel der Zeitung „Der Judenkenner" abgedruckt, der die Berliner Börse als „eine Art Hebräer-Oase" kritisierte. BE 1 (1935), S. 56; vgl. auch Wirtschaftsblatt der IHK zu Berlin, 15.2.1935, S. 261.

Juden in der Wirtschaft unbehelligt zu lassen, als der Rüstungsaufschwung an Schwung gewann und der Handel mit Westeuropa zurückging.[367]

Auch betriebswirtschaftlich brachen Barrieren gegen eine Verdrängung. In den Großbanken bestand weiterhin Personalüberhang und sie entließen Mitarbeiter.[368] Das Auslandsgeschäft ging weiter zurück.[369] Im Inlandsgeschäft gewann die Unterbringung von Reichsanleihen an Bedeutung – und hier war es schädlich, ein „jüdisches" Unternehmen zu sein. Selbst das prominente Bankhaus M.M. Warburg mußte hinnehmen, daß seine Quote am Reichsanleihekonsortium herabgesetzt wurde.[370] Auch im Kreditgeschäft war es nicht ratsam, als „jüdische" Bank zu gelten.[371] Die jüdische Kundschaft geriet weiter unter Druck: Die zunehmend staatlich gelenkte Wirtschaft benachteiligte „jüdische" Unternehmen bei der Vergabe von Staatsaufträgen, Devisen, Rohstoffen und Arbeitskräften.[372] Die Großbanken selbst wiesen ab 1935 zur Vorsicht bei Krediten an Juden an.[373]

Für die jüdische Mitarbeiter der Großbanken hatten die rassistische Teilung der Wirtschaft zwiespältige Auswirkungen. Judenfeindschaft wurde ein Werbemittel. Die Sparkasse Coburg etwa weigerte sich seit September 1935, Juden als Kunden zu akzeptieren.[374] Nachdem die DAF-eigene Bank der Deutschen Arbeit in ihrer Betriebsordnung vom Januar 1936 festhielt, „Nichtarier, Mischlinge oder mit Nichtariern und Mischlingen Verheiratete können nicht Mitglieder der Betriebsgemeinschaft sein",[375] war ein neuer Maßstab gesetzt. Parteigliederungen drohten Banken wegen deren jüdischen Mitarbeitern mit der Kündigung von Konten,[376] und Filialen orientierten sich zunehmend auf den Wettbewerb um parteina-

---

367 Vgl. Fischer, Schacht, S. 198; James, Bank, S. 318; James, Arisierung, S. 51.

368 Vgl. Kapitel 2.1.

369 Vgl. Kapitel 1.1. Daß ein umfangreiches Auslandsgeschäft die „Entjudung" jetzt noch bremsen konnte, zeigt das Beispiel der IG Farben. Vgl. Hayes, Industry, S. 159, 198 f., 200. Zum Druck auf Juden im Ausland Hayes, Industry, S. 198, 224.

370 Vgl. Christopher Kopper, Privates Bankwesen im Nationalsozialismus: Das Hamburger Bankhaus M.M. Warburg & Co., in: Plumpe/Kleinschmidt, Unternehmen, S. 61-73, 68-72. Commerzbank-Vorstandsmitglied Paul Marx hatte dem Warburg-Geschäftsinhaber Spiegelberg schon 1936 erklärt, für „Mitwirkung" Warburgs bei der Reprivatisierung der Commerzbank sehe er „nach Lage der Dinge keinen Raum". PWH, CB, Notizen, Notiz betreffend CB, Dr. Spiegelberg, 14.10.1936.

371 Vgl. Herbst, Deutschland, S. 200-202.

372 Vgl. Herbst, Deutschland, S. 201.

373 Vgl. James, Arisierung, S. 54.

374 Leserbrief: „Die Coburger Sparkassen [...]", in: Der Stürmer Nr. 14/1938. Die Mainzer Volksbank soll ein Schild aufgehängt haben, nach dem Juden das Betreten verboten war. Vgl. HAC, 312/188, Direktor W. an: CB, PA, 20.6.1947.

375 GB BDDA 1936. Vgl. zu „Mischlingen" BAB, R 8120, 737, BDDA, Niederlassung Prag an Zentrale, 28.10.1941.

376 Im Mai 1937 berichtete der Direktor der Deutschen Bank Mainz: „In einer [...] Versammlung der NS-Frauenschaft ist [...] Protest eingelegt worden gegen die Unterhaltung von Konten [...] bei der DD Bank Filiale Mainz, mit der Bemerkung, dass heute noch ein Jude im Direktorium vertreten sei." HADB, P1/145, Aktenvermerk Direktor Otto S., 20.5.1937.

he Kunden.[377] Mit der sozialen Isolierung jüdischer Mitarbeiter durch die „Nürnberger Gesetze" nahm ihr „Wert" für Geschäftsbeziehungen zu nichtjüdischen
Kunden ab.[378]

Andererseits rückten die jüdischen Deutschen in ihrer Isolation näher zusammen[379] und gingen von antisemitischen zu „judenfreundlichen" Banken.[380] Die
Banken behielten mit Rücksicht darauf bewußt jüdische Mitarbeiter, solange die
Konkurrenz noch Juden beschäftigte.[381] Selbst Emil Heinrich Meyer, Mitglied des
Vorstands der Dresdner Bank und der SS, der 1936 die „Lösung der Judenfrage"
im Bankgewerbe forderte, akzeptierte solche geschäftlich „vernünftigen" Rücksichten.[382]

Der mikropolitische Druck dagegen wuchs ununterbrochen. DAF und NSBO
setzten sofort nach dem Erlaß der „Nürnberger Gesetze" ihre antisemitischen Angriffe fort und verstärkten sie noch. [383] Schon der Bericht der Dresdner Bank-
Betriebszeitung über den Nürnberger Parteitag von 1935 forderte die Lösung der
„Judenfrage".[384] Die DAF-Führung soll nach dem Nürnberger Parteitag von der
Deutschen Bank die Entlassung aller Juden gefordert haben.[385] Und der Vertrauensrat der Commerzbank-Zentrale forderte im Oktober 1935, die Beseitigung der
„Schwierigkeiten [...] die sich der [...] der Betriebsgemeinschaft entgegenstellen
[,...] vor allem die bei den Banken noch ungelöste Judenfrage [... Die] Anwesen-
heit von Juden in leitenden Stellen [sei] absolut nicht fördernd für das Ansehen

---

377 Beim Betriebsappell der Commerzbank Mainz Anfang 1936 erklärte Direktor W.:
     "[...I]nfolge der Nürnberger Gesetze geht [...] manches Konto den Banken verloren. Dafür
     müssen wir Ersatz haben. [...W]erben Sie [...] in der SA [...] und räumen Sie mit den dum-
     men Ideen auf, dass man zur Sparkasse gehen muss, wenn man ein Spar[-]konto eröffnen
     will." HAC, 1/480, Typoskript „Betriebsappell", 2.1.1936. Die Commerzbank in München
     machte einen wesentlichen Teil ihres Geschäfts mit der NSDAP-Zentrale und entließ auch
     deshalb einen jüdischen Direktor. HAC, Personal Berlin S-Z, Akte Alfred S., Döring an Com-
     merz- und Credit-Bank, 5.1.1956 und weitere Dokumente.
378 Vgl. Fürstenberg, Erinnerungen, S. 153.
379 Vgl. Grünfeld, Gerechte, S. 14. Zu guten Beziehungen nichtjüdischer Angestellter zu Juden
     vgl. James, Arisierung, S. 23.
380 Vgl. HAC, 1/480, CB Mainz an Zentrale, PA, 27.2.1936; zum Beispiel Warburgs Kopper,
     Privates Bankwesen, S. 68 f.; Fischer, Privatbanken, S. 15.
381 HAC, 1/481, CB, PA an CB Mainz, 3.2.1937. Vgl. auch HAC, 1/25; James, Arisierung, S. 28.
     Auch bei der Entlassung NS-belasteter Mitarbeiter 1945 orientierten sich die Banken anein-
     ander. Vgl. HAC, 1/202, CB Mainz an CB, 13.8.1945.
382 Vgl. Meyer, Aufgaben, S. 116. Vgl. auch weitere Beispiele in HAC, 1/480, CB Mainz an
     Zentrale, PA, 27.2.1936; Ziegler, Verdrängung, S. 212 f., Genschel, Verdrängung, S. 112 f.,
     Fischer, Schacht, S. 169 ff.; HADB, F 56/6, DB, Zentrale an DB Aachen, 20.4.1937.
383 Der Druck weitete sich auch territorial aus, als die Partei verstärkt die Entlassung jüdischer
     Mitarbeiter im Ausland forderte. Vgl. Fischer, Schacht, S. 183, Anm. 46; Genschel, Verdrän-
     gung, S. 128ff., Anm. 52; Hayes, Industry, S. 198.
384 „[G]erade im Bankbetriebe gibt es eine Judenfrage". Sie sei „nicht gelöst, wenn der letzte
     Jude unsere Arbeitsstätte verlassen hat, sondern [...] wenn jüdisches Denken, Kriechertum
     und Klinkenputzerei ausgerottet" seien. BE 1 (1935), S. 102.
385 Vgl. HADB, B 381, Bericht „Verhalten [...]" (gez. Briese), 20.8.1946. Hierfür gibt es keinen
     zeitgenössischen Beleg.

des betreffenden Instituts".[386] Anfang 1936 erklärte Betriebsobmann Walter Sellnow noch, nach dem Erlaß der „Nürnberger Gesetze" wolle man „in eiserner Disziplin verharren, bis auch in der freien Wirtschaft das letzte jüdische Bollwerk
fällt".[387] Doch im Herbst ging auf der ersten „Reichsarbeitstagung" der Reichsbetriebsgemeinschaft Dresdner Bank-Vorstandsmitglied Emil Heinrich Meyer einen
Schritt weiter: „Auch die Lösung der Judenfrage gehört zu den selbstverständli-
chen Aufgaben des Betriebsführers innerhalb der Bankwirtschaft. [...] Soweit
noch [...] nichtarische Angestellte vorhanden sind [,...] kann nach drei Jahren seit
der Machtübernahme erwartet werden, daß dieser Zustand in absehbarer Zeit bereinigt wird."[388] So redete denn auch Sellnow im Oktober 1936 auf einer Betriebsversammlung schon aggressiver: „Wenn [...] Ende des Jahres einige Juden
aus unserem Betriebe ausscheiden, so ist damit erst der Anfang gemacht [..., bis]
diese Angelegenheit bald eine endgültige Erledigung erfährt."[389] Commerzbank-
„Betriebsführer" Schilling mußte zurücktreten, weil er sich weigerte, seine jüdische Sekretärin zu entlassen.[390] Ende 1936 soll die DAF-Führung von der Commerzbank ultimativ die Entlassung jüdischer leitender Angestellter gefordert haben;[391] parallel zur DAF agitierte die NSDAP-Presse.[392]

Um die „Entjudung" durchzusetzen, bemühten sich die NS-Aktivisten verstärkt um Informationen. In der Dresdner Bank stellte die Personalabteilung im
Oktober 1935 auf Betreiben der DAF eine Liste der „Rassejuden" auf. Der Vertrauensrat der Commerzbank griff auf eine Umfrage der Betriebszeitung zurück.[393] Anfang 1937 versuchte die Reichsbetriebsgemeinschaft, über Anfragen an
die Filialen Auskunft zu erhalten. Die Commerzbank-Zentrale wies ihre Filialen
an, – fälschlicherweise – zu antworten, die Bank habe keine jüdischen Mitarbeiter
mehr,[394] und Deutsche Bank-Personalchef Halt blieb gegenüber den Betriebsob-

---

386 AK 2 (1935), S. 111 f. Vgl. auch AK 2 (1935), 69 f., S. 101, 115 f., 128.
387 AK 3 (1936), S. 1 f.
388 Meyer, Aufgaben, S. 115 f.; AK 3 (1936), S. 180-182. Robert Ley sagte auf der Schlußkund-
   gebung: „Wie oft hat man uns gesagt: Wenn ihr nur eines lassen würdet, den Judenkampf eu-
   res Programmes! [...] ‚Wer soll denn unsere Banken leiten, wenn es keine Juden mehr gä-
   be?'" Aber: „Jud bleibt Jud [...]! Das ist die Parole. Wir geben nie nach!" Robert Ley, Rede,
   in: Reichsbetriebsgemeinschaft, Erste Reichsarbeitstagung, S. 239-246, 239 f., 244.
389 AK 3 (1936), S. 180-182; auch AK 3 (1936), 63, 163; AK 4 (1937), S. 74; AK 5 (1938), S. 2.
390 Vgl. NA, RG 260, Box 195; RG 260, Box 197, Commerz. 9.11.45; auch AK 3 (1936), S. 180-
   182.
391 Ein ehemaliger jüdischer leitender Angestellter der Commerzbank berichtet, Anfang 1937
   habe die DAF gefordert,„ich und 2 andere noch tätige jüdische Direktoren müßten bis zum 1.
   Juli 1937 entlassen werden, andernfalls würden unsere Konten bei der Bank gelöscht werden." Yad Vashem-Archiv, Ball-Kaduri-Sammlung Zeugenberichte, Nr. 196, Richard Glaser,
   Die Juden in deutschen Großbanken von 1933-1937, 18.11.1957.
392 So meldete der „Stürmer" im August 1937: „Die Commerzbank Beuthen hatte bis vor kurzem
   den „Juden Wachsmann zum Direktor" Der Stürmer, Nr. 32, 4.8.1937.
393 Vgl. AK RS Nr. III, 6.3.1936, SHStA Dresden, Altbanken Dresden, CB, 3172; Ziegler,
   Verdrängung, S. 204 f.
394 Vgl. HAC, 1/224 I, CB an Direktion der Filiale Gotha über Erfurt, 21.1.1937; „An die anfragende Dienststelle der" DAF.

männern im Oktober 1937 vage.[395] Für den Widerstand einzelner gegen die Verdrängung gibt es aber nur unsichere Indizien.[396]

Die Vorstöße der Vertrauensräte und Parteivertreter ergänzten sich gerade wegen ihrer Unberechenbarkeit wirksam;[397] Zentral- und Filialebene und die verschiedenen Banken wirkten aufeinander zurück. In Mainz ging der Vertreter der Fachgruppe Banken im Februar 1936 gegen einen jüdischen Commerzbank-Mitarbeiter vor,[398] nachdem die Deutsche Bank ihren jüdischen Prokuristen zum 1. Januar freigestellt hatte.[399] Der Commerzbank-Filialleiter mußte auf Befehl der Zentrale nachgeben.[400] Seinen letzten jüdischen Mitarbeiter konnte er nur so lange unter Verweis auf einen bei der Deutschen Bank noch beschäftigten jüdischen Direktor verteidigen,[401] bis im März 1937 der Vertrauensrat der Deutsche Bank-Filiale und der Kreiswirtschaftsberater dessen Ausscheiden durchgesetzt hatten.[402] Die Commerzbank-Zentrale befal die Entlassung des jüdischen Mitarbeiters unter Verweis auf die – zweifellos bei der Berliner Personalabteilung der Deutschen Bank gewonnenen – Information, in der Deutsche Bank Mainz sei mit „einer Veränderung" vor Jahresende zu rechnen.[403]

Auch die soziale Diskriminierung nahm zu. Im Herbst 1935 beschwerte die Betriebszeitung der Dresdner Bank sich darüber „daß Volksgenossen sich um einen jüdischen Angestellten versammeln, ihm zur Feier seines Geburtstages die Hand schütteln und auf sein Wohl anstoßen".[404] Wer in jüdischen Geschäften

---

395 Halt erklärte, die „Judenfrage [sei] in unserem Institut so gut wie gelöst [...]. Damit ist der Beweis erbracht, daß wir unser Ziel unablässig im Auge behalten, wenngleich ein endgültiger Termin, genau so wie bei den anderen Großbanken, nicht [...] angegeben werden kann. Seien Sie aber versichert, daß wir das [...] Ziel erreichen." SB 7 (1937), S. 243.

396 Commerzbank-Betriebsobmann Sellnow schwor die Parteimitglieder unter den Angestellten 1938 ein: „Als Parteigenossen können wir auch nicht untereinander in den Fragen unserer Weltanschauung verschiedener Ansicht sein. So kann es z.B. in der Judenfrage keine verschiedenen Meinungen geben. der Direktor oder Prokurist kann hier nicht, weil er leitender Angestellter ist, einen anderen Standpunkt vertreten, als der einfache Angestellte [...]." AK 5 (1938), S. 2. Vgl. auch Wilhelm Treue, Widerstand, S. 922; Fürstenberg, Erinnerungen, S. 260 f., 276; Kopper, Dirigismus, S. 45 ff.

397 Vgl. die Aktivitäten des Vertrauensrats der Dresdner Filiale der Dresdner Bank in SHStA Dresden, 13135, 415.

398 HAC, 1/479, CB Filiale Mainz an Zentrale, PA, 27.2.1936.

399 Vgl. HADB, P9/K 22, DB Mainz an Zentrale, PA, 3.10.1935; S.K. an DB, PA, 3.10.1935.

400 HAC, 1/479, CB Zentrale/PA an Filiale Mainz, 28.2.1936

401 HAC, 1/481, CB, PA an CB Mainz, 3.2.1937.

402 HADB, P1/145, O.S. an Sippell, 22.5.1937; Sippell an O.S., 26.5.1937; Aktenvermerk S., betreffend: Direktor H.M., 17.6.1937; O.S. an Sippell, 9.7.1937. Anfang Januar 1938 teilte der nunmehr alleinige „arische" Filialdirektor dem Kreiswirtschaftsberater mit, „Mitarbeiter jüdischer Herkunft [würden] bei der Filiale Mainz nicht mehr beschäftigt." HADB, P1/145; S. an Kreiswirtschaftsberater Jamin, 7.1.1938.

403 Vgl. HAC, 1/481, CB an Direktion Filiale Mainz, 28.6.1937; CB Mainz an Zentrale, PA, 29.6.1937; CB Mainz an Zentrale, PA, 30.6.1937; CB an Direktion Filiale Mainz, 1.7.1937, HAC, 1/481.

404 BE 1 (1935), S. 120. Der Vertrauensrat der Dresdner Bank Dresden erhob 1937 Einspruch gegen Gehaltserhöhungen für Mitarbeiter, die am Begräbnis eines jüdischen Mitarbeiters teil-

kaufte[405] oder zu jüdischen Kunden freundlich war,[406] geriet unter Druck. Die
DAF wollte Lehrlinge der Filiale Hannover der Deutschen Bank nur zur Prüfung
zulassen, wenn die Filiale nicht mehr mit jüdischen Banken zusammenarbeite.[407]
Je mehr Macht die NS-Gliederungen über das Betriebsleben gewannen, desto
größer war der Bereich, aus dem Juden ausschlossen waren. „Kameradschafts-
heime", Feste oder DAF-Ausbildungskurse blieben Juden verschlossen.[408] Der
Betriebsobmann der Deutschen Bank forderte 1936 zum Tragen der NSDAP-,
NSBO- oder DAF-Abzeichen auf, damit die „wenigen noch im Betriebe vorhandenen Juden […], abgesehen von ihren sonstigen unterscheidenden Merkmalen,
auch daran erkennbar sein [sollten], daß sie das Zeichen der schaffenden Arbeit
nicht tragen dürfen".[409] Die Anfeindungen durch Kollegen wurden heftiger;[410]
„Arier" hofften auf Aufstiegsmöglichkeiten durch freiwerdende Stellen.[411]

genommen hatten. Vgl. SHStA Dresden, 13135, 415, Protokoll Vertrauensratssitzung
26.2.1937.

405 Gegenüber Kunden jüdischer Geschäfte hieß es: „Diese Dinge sollen nur einmal kurz ange-
deutet werden, damit diejenigen, die es angeht, wissen, daß wir uns sehr dafür interessieren.
Wir wollen hoffen, daß es uns erspart bleibt, deutlicher zu werden." AK 2 (1935) September,
S.100 f. Vgl. auch SB 5 (1935), 16. Folge, S. 3; BE 1 (1935), S. 152; PVRH 11.5.1937; HAC,
1/169 II; Bericht „Bei der Niederlassung Köln" ohne Titel/ohne Autor/ohne Datum.

406 Ein Artikel in der NSBO-Betriebszeitung der Deutschen Bank erklärte 1935, seit dem Erlaß
der „Nürnberger Gesetze" seien manche Angestellte besonders freundlich zu Juden. Sie wirkten „kläglich […], wenn die Würde aus dem Körper entfleucht – und sie in betonter […] tiefer Verbeugung vor dem Juden verharren. […] Ach, wenn ich nur dürfte, ich weinte um dich.
Aber sieh, es sitzen hier so viele Nationalsozialisten herum, die so gar kein Verständnis für
mein Mitleid haben, darum zeige ich dir in allen meinen Bewegungen […], was ich – trotzdem – noch für dich empfinde." SB 5 (1935).

407 Vgl. DB, Filiale Hannover, an: Holthusen & Co., 18.1.1938, HADB, F88/526, zit. bei James,
Arisierung, S. 111.

408 Im März 1936 verkündete CB-Aufsichtsratsvorsitzender Reinhart, die Feste und Vorträge der
Bank dürften künftig nur noch DAF-Mitglieder besuchen. Vgl. AK 3 (1936), S. 41. Juden
durften keine Werksbüchereien leiten. Vgl. DB, PA, An die Direktionen unserer Filialen,
10.9.1935, SHStA Dresden, Altbanken Dresden, DB, 6366. Der Gesangsverein der Deutschen
Bank weigerte sich, für einen jüdischen ehemaligen Direktor und Mäzen zu singen. Vgl. SB 5
(1935), 23./24. Folge, S. 10 f., auch Dezember/Julmond, S. 12.

409 SB 6 (1936), 10. Folge, S. 2. Wer sich weigere, riskiere als Judenfreund den Ausschluß aus
der „Betriebsgemeinschaft".

410 Vgl. HAC, 1/480, CB Mainz an Zentrale, PA, 27.2.1936; Beurteilungsbogen Jacob H.,
17.3.1936; James, Arisierung, S. 35. Die Commerzbank Hannover soll einen Juden Anfang
1937 auf „Grund der Beschwerde über ihn bei der Personalabteilung in Berlin wegen körper-
licher Unsauberkeit und auf Drängen der radikaleren Stellen der Beamtenschaft" entlassen
haben. Bericht ohne Titel/ohne Autor, 14.9.1946, in: HAC, 1/169 II.

411 Vgl. HAC, 1/480. Ein Mitarbeiter der Personalabteilung der Deutschen Bank schlug vor,
durch Pensionierung eines jüdischen Prokuristen einen leitenden Posten für Vertrauensrat
Fritz Bloß freizumachen. Vgl. HADB, P2/B385, Notiz, Herrn Dr. von Halt/Herrn Dr. Haeffner, 31.10.1936. Ein in Mainz wohnender Angestellter der CB Frankfurt erkundigte sich
1937, wann der letzte Jude in Mainz ausscheide. Er wolle dann nach Mainz versetzt werden,
um Fahrtzeit zu sparen. Vgl. HAC, 1/481, CB Mainz an Zentrale. PA, 15.7.1937; CB, PA an
Direktion Filiale Mainz, 19.7.1937. Umgekehrt empfahl sich 1945 ein Prokurist der Direktion
der Commerzbank: „Durch die jetzt vorgenommene politische Bereinigung von leitenden Po-

Einzelne Direktoren verteidigten jüdische Mitarbeiter in den Jahren nach 1935.[412] Die Großbank-Leitungen kamen aber wohl in den Ende 1936 zu dem Schluß, daß Verweigerung auf die Dauer nicht tunlich war. Schon ab November 1936 wiesen sie ihre Filialen an, nur „arische" Lehrlinge einzustellen.[413] Eine Verweigerungshaltung war auch aus innerbetrieblichen Gründen nicht nötig, wie der Vorstand der Dresdner Bank betonte: „Was im übrigen die geschäftliche Bedeutung der Mehrzahl der seit einiger Zeit bei uns ausgeschiedenen und demnächst noch ausscheidenden Nichtarier anlangt, so darf hierzu bemerkt werden, dass es in der Regel möglich war, auf deren Dienste zu verzichten, ohne dass wir neue Kräfte hätten einstellen müssen."[414] Nötig war es nur, durch Absprachen „unlauteren Wettbewerb" um jüdische Kunden zu vermeiden.[415] Zentral[416] und lokal – vermittelt über die Zentralen –[417] stimmten die Banken sich ab. Durch Absprachen und regionales und nationales Benchmarking[418] hielten sie sich im Rahmen eines bei Partei, Verwaltung und der Mehrzahl der Mitarbeiter und der Kunden akzeptierten Konsens: der allmählichen, durch pragmatische Rücksichten gebremsten Verdrängung:

Aus der Commerzbank schied bis zum 30.6.1937 Georg Lust als letzter jüdischer „Direktor der Bank" aus, Albert Katzenellenbogen schied 1937 aus dem Aufsichtsrat aus.[419] Die Dresdner Bank verdrängte das letzte jüdische Vorstandsmitglied Ritscher und den letzten jüdische „A-Direktor" Otto Heymann 1936. Der

---

Posten ist' u.a. der Posten von Direktor E[...]. Ich glaube [...], daß ich Ihnen sehr nützlich sein kann, wenn Sie mir den freigewordenen Posten des Herrn E[...] übertragen würden, zumal ich weder in einer politischen Partei noch Organisation war. Ich war bis 1933 Mitglied einer Freimaurer-Loge." HAC, 1/214II, CB Kassel/D. an Direktion CB Hamburg 1.9.1945.

412 Vgl. SHStA Dresden, 13135, 415, Protokoll Vertrauensratssitzung 30.10.1935, 30.6.1937.

413 Vgl. BADH, DB 414, 13, CB, PA an Direktion der Filiale Dresden, 27.11.1936; auch HAC, 1/481, CB Mainz an Zentrale, PA, 2.2.1937; HAC, 1/483, CB, PA an CB Mainz, 10.3.1937.

414 RGVA, 1458-1-550, Dresdner Bank, Direktion, An den Herrn Reichs- und Preuss. Wirtschaftsminister z. Hd. Des Herrn Ministerialrat Dr. Koehler, 11.3.1937.

415 Vgl. HADB, F56/6, Haeffner an DB Filiale Aachen, 7.5.1937; Ziegler , Verdrängung, S. 204. Auch Auslandsniederlassungen orientierten sich bei der Verdrängung aneinander. Vgl. OMGUS, Deutsche Bank, S. 69 f.

416 Dresdner Bank-Vorstandsmitglied Schippel erklärte am 11.3.1937, man habe mit den anderen Großbanken vereinbart, in freiwilliger Anwendung der Zweiten DVO zum RbG alle Juden bis zum 31.1.1937 zu entlassen. Der Termin sei aber nicht einzuhalten. Vgl. Ziegler, Verdrängung, S. 204. Ziegler, Dresdner Bank geht davon aus, daß in der Dresdner Bank tatsächlich in fast allen Fällen bis zum 31.1. das Ausscheiden feststand. Ein jüdischer Mitarbeiter der Dresdner Bank warf der Bank vor, sie habe als einzige der Großbanken mehr oder weniger strikt an dem Termin festgehalten, „obwohl kaum anzunehmen ist, daß die anderen Banken weniger nationalsozialistisch eingestellt sind als die Dresdner Bank." RGVA 1458-1-550, Neumann an Schacht, 27.2.1937.

417 Vgl. HADB, F56/6, Haeffner an Josef B./DB Filiale Aachen, 19.4.1937.

418 Vgl. Artikel Benchmarking, in: Gabler Wirtschaftslexikon, Bd. 2, A-E, S. 459.

419 Vgl. HAC, Personal Berlin H-L, Akte George Lust, CB an Magistrat von Berlin 13.2.1951; Christoph Kreutzmüller, Händler und Handlungsgehilfen. Der Finanzplatz Amsterdam und die deutschen Großbanken (1918-1945), Stuttgart 2005, S. 91-92. Martin Schiff – Marcus Nelken & Sohn nach der Auswanderung deren jüdischer Geschäftsinhaber. Vgl. HAC, 1/170, Splettstößer an CB, 1.3.1946; FZ 2.1.1936.

„teiljüdische" Aufsichtsratsvorsitzende Fritz Andreae schied im April 1936 aus,[420] der letzte jüdische Reichsvertreter mit der Reprivatisierung 1937.[421] Auch die Deutsche Bank hatte schon 1936 Ernst Mandel als letzten jüdischen „Direktor der Bank" entlassen. Solmssen als letztes „nichtarisches" Aufsichtsratsmitglied schied 1937 aus.[422] Nur in der BHG blieben bis 1938 jüdische Verwaltungsratsmitglieder und möglicherweise Geschäftsinhaber.[423]

Die Gesamtbelegschaft der Commerzbank verließen mindestens zwei jüdische Angestellte 1935 nach Erlaß der Nürnberger Gesetze. 32 gingen 1936 und 28 im Jahr 1937. Ende 1937 blieben noch fünf Angestellte, die wohl nicht mehr zur Arbeit erschienen und ihre Kündigung schon erhalten hatten.[424] Durch die Entlassung fünf jüdischer Direktoren sparte die Commerzbank so viel ein, daß sie damit die Steigerung der Gehaltsausgaben in der gesamten Zentrale kompensieren konnte.[425] Die Dresdner Bank entließ bis zu ihrer Reprivatisierung 1937 fast alle der 125 im Oktober 1935 noch beschäftigten „geschützten Nichtarier". Auch 1938 arbeiteten aber noch einige wenige Juden in der Bank, deren Entlassung wirtschaftlich besonders unsinnig gewesen wäre.[426] Die Deutsche Bank entließ von ihren 1936 noch in der Zentrale beschäftigten jüdischen Mitarbeitern sechs erst 1939 oder später. Auch die beiden jüdischen Direktoren der Zentrale verließen die Bank erst im April und Juni 1938.[427]

Die Banken halfen Juden bei der Stellensuche,[428] auch Vorstandsmitglieder wie Mosler,[429] Busch oder Goetz engagierten sich.[430] Manche Mitarbeiter vermit-

---

420 Vgl. Ziegler, Verdrängung, S. 204 f., S. 211 f.
421 Vgl. Kopper, Dirigismus, S. 203 f., 282. Ein nichtjüdischer Reichsvertreter gehörte dem AR weiter als Privatmann an.
422 Vgl. Kopper, Dirigismus, S. 134, Anm. 448.
423 Vgl. Lüke, BHG, S. 249, 253 f., widersprüchliche Angabe zu Otto Jeidels ebd, S. 245.
424 Glaser, Juden erklärt dagegen, alle jüdischen Angestellten hätten 1937 ausscheiden müssen.
425 DRuT CB 1938, S. 44. Ebenso ging die Filiale Frankfurt vor. Vgl. HAC, 1/48, DRuT CB Frankfurt 1938, S. 14. Schon 1933 hatte die Zentrale bei der Ersetzung des jüdischen Börsenhändlers in Frankfurt durch einen „Arier" vorgeschrieben, daß der jüdische Mitarbeiter „in die Gruppe III (ohne jede übertarifliche Zulage) eingereiht wird." HAC, 1/6, CB, PA an Direktion der Niederlassung Frankfurt a.M., 13.11.1933.
426 Unter anderem wurden einzelne schwer Kriegsbeschädigte weiter beschäftigt, weil die Bank bei ihrer Entlassung zur Erfüllung der staatlich vorgeschriebenen Quote nichtjüdische Schwerbeschädigte hätte einstellen und damit über die Pensionszahlungen der jüdischen Mitarbeiter noch neue Gehaltsaufwendungen hätte tragen müssen. Auch bei der Bank stark verschuldete Mitarbeiter wurden weiter beschäftigt, damit sie einen möglichst großen Teil ihrer Schulden „abarbeiten" konnten. Vgl. Ziegler, Dresdner Bank. Vgl. auch Ziegler, Verdrängung, S. 206, 210 (Anm. 73), Kopper, Dirigismus, S. 202; Hayes, Big Business, S. 261.
427 Vgl. HADB, B 381, Verzeichnis der Nichtarier, Dr. Sippell. Die Entlassungsdaten der 1936 noch beschäftigten 48 Mitarbeiter in den Filialen sind nicht bekannt. Die Zentrale der Deutschen Bank erklärte 1946, sie habe „Ende 1936 [...] das Dienstverhältnis der wirtschaftlich stärkeren volljüdischen Angestellten" gelöst. Ende 1937 seien die letzten Juden ausgeschieden. Vgl. HADB, B 381, Bericht „Verhalten [...]" (gez. Briese), 20.8.1946. Beides ist falsch.
428 Die Commerzbank „tauschte" etwa ihren jüdischen Angestellten Erich A. 1937 gegen einen nichtjüdischen Angestellten einer jüdischen Privatbank ein, bei der A. dann noch mehrere Jahre arbeitete. Vgl. HAC, Personal Berlin A-G, Akte Erich A[.], Bericht (ohne Autor, Datum, Titel). Dem Entlassungszeugnis eines jüdischen Angestellten fügte der Mainzer Filiallei-

telten sie an Tochterunternehmen oder Geschäftsfreunde im Ausland[431] und halfen bei der Transferierung des Vermögens.[432] Abgesehen von einigen Ausnahmen,[433] bemühte man sich um die Wahrung einer verbindlichen Form.[434] Wenn aber etwa die Commerzbank ihre Filialen aufforderte, Entlassungsverhandlungen „in entgegenkommender Form so zu führen, daß [die Juden] sich verständnisvoll behandelt fühlen",[435] so geschah das auch, damit „unsere Kundschaftsinteressen [bei der jüdischen Kundschaft] nicht geschädigt werden".[436]

Seit Herbst 1937 verstärkten sich die seit 1936 virulenten Tendenzen auf der obersten politischen Ebene, die Verdrängung der Juden aus der Wirtschaft zu forcieren. Für Hitler hing die Kriegsvorbereitung des „Vierjahresplans" mit einer Verschärfung des „inneren Krieges" gegen die Juden zusammen. Mit den außenpolitischen Erfolgen des „Anschlusses" und des Münchener Abkommens verlor die Meinung des Auslands an Bedeutung. In Schachts Rücktritt als Wirtschaftsminister am 5. September 1937 fand die Wende in der „Judenpolitik" einen symbolischen Ausdruck,[437] im selben Monat verlor Warburg seinen Platz im Reichsanleihe-Konsortium.[438]

Ein Rechtsschutz jüdischer Mitarbeiter war praktisch nicht mehr in Kraft.[439] Ab März 1937 begann das Reichsarbeitsgericht, Kündigungen von Juden generell zu genehmigen; nach dem Novemberpogrom 1938 wurde ausdrücklich die Kündigung jüdischer Angestellter und Lehrlinge erlaubt.[440] Im März 1938 verloren Juden an der Berliner Börse ihre Zulassung, seit dem 9. Dezember 1938 durften

---

ter der Commerzbank nachträglich als Grund für dessen Ausscheiden hinzu, daß "einer Weiterbeschäftigung als Nichtarier grundsätzliche Bedenken entgegenstehen". Vgl. HAC, 1/469, Entlassungszeugnis Eugen M[.] .So war klar, daß der Mitarbeiter nicht aus fachlichen Gründen seine Stellung verloren hatte. Zur Dresdner Bank vgl. Ziegler, Verdrängung, S. 211.

429 Vgl. HADB, RWB 54, Mosler an Reinhart, 17.7.1934.
430 Vgl. Ziegler, Verdrängung, S. 212 f., Meyen, Bank, S. 118.
431 Vgl. Ziegler, Verdrängung, S. 212 f.
432 Vgl. Meyen, Bank, S. 118; Kopper, Dirigismus, S. 135, 223 (Anm. 789); Glaser, Bericht, S. 3. Georg Lust bestritt nach dem Krieg, daß die Bank ihm wirkungsvoll geholfen habe. Vgl. HAC, Personal Berlin, H-L, Akte Georg Lust, Lust an Wiedergutmachungsamt beim Landgericht Hamburg, 28.6.1951 (Abschrift); Döring an Hansa-Bank, 17.7.1951.
433 Vgl. Bajohr, Arisierung, S. 57 f.
434 Vgl. Meyen, Bank, S. 119; BAB, R8119F, P421, Mosler an Fraenkel, 6.3.1936. Wie wichtig der „Stil" jüdischen Mitarbeitern erschien, zeigt etwa Fürstenberg, Erinnerungen, S. 275.
435 HAC, 1/25, CB an Filiale Frankfurt, 26.1.1937. Vgl. auch Nachkriegszeugnisse StA Hamburg, 39293, Benfey an Hampf, 20.10.1946; StA HH, 18050, Olga A., Erklärung, 16.9.1945.
436 HAC, 1/481, CB, PA an Direktion der Filiale Mainz, 29.1.1937.
437 Vgl. Herbst, Deutschland, S. 202-206; Kopper, Dirigismus, S. 210-219; Bajohr, Arisierung, S. 174, 217.
438 Vgl. Kopper, Privates Bankwesen, S. 70-72. Vgl. auch Genschel, Verdrängung, S.107; Mosse, Jews, S. 375 f .
439 Vgl. Herbst, Deutschland, S. 205 f.; Lenz, Karstadt, S. 233; Kopper, Privates Bankwesen, S. 69 f.; Fraenkl, Doppelstaat, S. 120.
440 Vgl. Rethmeier, Rassegesetze, S. 271-273.

jüdische Lehrlinge keine Prüfung mehr ablegen.[441] 1941 wurden Juden per Gesetz aus der „Betriebsgemeinschaft" ausgeschlossen. Das bedeutete allerdings noch keinen Entlassungszwang.[442]

In der zunehmend staatlich gelenkten Wirtschaft führten immer weitere Definitionen des Begriffs „jüdischer Betrieb" ab Januar 1938 zur Diskriminierung von Unternehmen mit jüdischen Aufsichtsrats- und Vorstandsmitgliedern oder „jüdischem Einfluß".[443] Die Fachgruppe Privatbanken erfaßte Anfang 1938 systematisch jüdische Privatbanken – nicht Aktienbanken –,[444] unter Beteiligung der DAF,[445] am 5. November 1938 begann die Wirtschaftsgruppe mit deren Liquidation.[446] „Einzelaktionen" gegen jüdische Geschäfte häuften sich wieder.[447] Nach dem Novemberpogrom machte die „Verordnung zur Ausschaltung der Juden aus dem deutschen Wirtschaftsleben" vom 12. November 1938 Juden faktisch fast jegliche Geschäftätigkeit unmöglich.[448] Jüdische Vorstands- oder AR-Mitglieder gab es allerdings 1938 bei den Banken sowieso schon nicht mehr, abgesehen von Solmssen, dem noch einige Monate im Aufsichtsrat der Deutschen Bank blieben. Die Verdrängung war schon abgeschlossen.[449]

---

441 Vgl. RS CDBB Nr. 193, 30.12.1938; RS CDBB Nr. 52, 23.3.1939. Das galt nicht für „Mischlinge". Vgl. LHA Schwerin, 10.23-6 Niedersächsische Landesbank Girozentrale Schwerin, 154, MRGB Nr. 18, 31.8.1939.

442 Vgl. DVO zur Verordnung über die Beschäftigung von Juden vom 31.10.1941, RGBl. I (1941), S. 681. Nur „Betriebsführer" durften Juden seit dem 12.9.1938 nicht mehr sein, stellvertretende nicht mehr seit dem 1.1.1939. Vgl. VO zur Ausschaltung der Juden aus dem deutschen Wirtschaftsleben vom 12.11.1938, RGBl. I (1938), S. 1580 und DVO ebd., S. 1902.

443 Vgl. Hayes, Big Business, S. 267; Kopper, Privates Bankwesen, S. 70; Fischer, Schacht, S. 211 f; James, Arisierung, S. 52.

444 Vgl. Fischer, Privatbanken, S. 25.

445 Vgl. Archiv Bundesverband Deutscher Banken, WGPB/RGB an v. Moller, 7.5.1938.

446 Vgl. Archiv Bundesverband Deutscher Banken, Leiter WGPB an G. Blumenfeld & Co., 5.11.1938.

447 Vgl. James, Arisierung, S. 28.

448 Vgl. VO zur Ausschaltung der Juden aus dem deutschen Wirtschaftsleben vom 12.11.1938, RGBl. I (1938), S. 1580 und Durchführungsverordnungen in RGBl. I 1938, S. 1642, 1902.

449 Übertrieben ist es darum, wenn James, Arisierung, S. 28 erklärt: „Die Deutsche Bank mußte [...] Gesetzen und Verordnungen Rechnung tragen, die von 1937/38 an die Enteignung jüdischer Unternehmen vorschrieben" und auch antijüdische Aktionen des Jahres 1938 als Grund für die Verdrängung anführt. Die Deutsche Bank habe „das Gefühl" gehabt, „verwundbar zu sein". Zwar erlangte die Deutsche Bank im Juli/August 1938 nur nach erheblichen Bemühungen die Bestätigung, daß sie eine „arische" Bank sei. Rückwirkend war sie, laut Gesetz, eine Zeit lang „jüdisch" gewesen. Vgl. James, Arisierung, S. 28. Das bestimmte aber nicht ihr Handeln bis 1938, abgesehen nur von Georg Solmssen. Die Verordnung des Reichswirtschaftsministeriums über Devisen- und Rohstoffzuteilungen an jüdische Unternehmen vom 27.11.1937 (abgedr. bei Walk, Sonderrecht, S. 207) erlaubte erstmals eine Benachteiligung „jüdischer" Betriebe. Tatsächlich erhielt die Deutsche Bank am 24. Januar 1938 eine Anfrage, ob sie ein „jüdisches Unternehmen" sei. Die Bank verwies darauf, sie habe nur jüdische Aufsichtsratsmitglieder, die aber weniger als ein Viertel des Aufsichtsrats ausmachten. Vgl. James, Arisierung, S. 55 f. Es ist möglich, daß wegen dieses Briefs der Vorstand der Bank Ende Februar Solmssens Ausscheiden durchsetzte. Vgl. HADB, P1/14, Urbig an Solmssen, 21.2.1938; Solmssen an Urbig, 7.3.1938. Erst am 14. Juni 1938 aber genügte ein jüdisches

Lencer erklärte 1937 auf der Tagung der Reichsbetriebsgemeinschaft: „Einige Banken sind vollkommen judenrein. [...] Wir werden nicht eher ruhen, bis der letzte Jude aus unseren Betrieben verschwunden ist."[450] Ley machte sich lustig über die Forderung: „Die armen Juden, laßt sie doch leben": „Nein, bei uns können sie nicht mehr leben, sie sollen Deutschland meiden."[451] Auch die Vertrauensräte übten weiter Druck aus,[452] unter anderem über die Betriebszeitungen.[453]

Auch „resistente" Unternehmen wie die IG Farben schlossen Ende 1938 die Verdrängung der Juden ab,[454] die BHG entließ die letzten jüdischen Verwaltungsratsmitglieder,[455] mit Solmssens Austritt aus dem Aufsichtsrat verlor die letzte Filialgroßbank ihr letztes jüdisches Mitglied eines Leitungsgremiums.[456] Obwohl in den Banken noch einige wenige jüdische Angestellte arbeiteten, erklärte Commerzbank-Betriebsobmann Sellnow im Januar 1938: "[...D]ie Judenfrage ist im Betriebe [...] endgültig gelöst".[457] Ende 1938 meldete die Reichsbetriebsgemeinschaft Banken und Versicherungen, zwar arbeiteten im Außendienst von Versicherungen noch Juden, aber: „Auf immer stärkeres Drängen der Partei und der [... DAF ist], die Entlassung sämtlicher nichtarischen Gefolgschaftsmitglieder [...] aus den arischen Kreditinstituten [durchgesetzt...] Es wird heute in den deutschen Bank- und Kreditinstituten kein Jude mehr beschäftigt."[458]

Die jetzt noch beschäftigten „jüdisch versippten" Mitarbeiter und „Mischlinge" bei der Commerzbank[459] und bei der Dresdner Bank.[460] durften eigentlich keine DAF-Mitglieder sein.[461] Ohne gesetzliche Grundlage forderten die Vertrauensräte immer wieder ihre Entlassung.[462] Am 5.1.1945 arbeiteten aber in der

---

Aufsichtsratsmitglied zur Definition als jüdisches Unternehmen, erst jetzt also wäre die Deutsche Bank, hätte sie Solmssen behalten, „jüdisch" gewesen. Vgl. James, Arisierung, S. 57.

450 Rudolf Lencer, Verantwortungsbewußte Sozialgestaltung in der deutschen Bank- und Versicherungswirtschaft, in: DAF (Hg.), Reichsarbeitstagung 1937, Berlin 1937, S. 53-64, 64.

451 Robert Ley, Rede, in: Reichsbetriebsgemeinschaft, Reichsarbeitstagung 1937, S. 203-211, 206 f.

452 Vgl. AK 5 (1938), S. 166 f.; AK 6 (1939), S. 55-58.

453 Vgl. u.a. AK 5 (1938), S. 9, 161 f. 1939 wurde Deutsche Bank-Vorstandsmitglied Mosler fälschlicherweise als Jude angegriffen. Vgl. HADB, B203, DB an Puder, 8.6.1939.

454 Vgl. Hayes, Industry, S. 196-200, 224, 367, 371, 390; Heine, Verstand, S. 115 f., 199 f., 217 ff., 255-258, 258 f., 275 ff.

455 Vgl. Fiedler, Verdrängung, S. 60., Fürstenberg, Erinnerungen, S. 212f., 276., Mosse, Jews, S. 374 f.

456 Vgl. HADB, P1/14, Urbig an Solmssen, 21.2.1938. Die Deutsche Bank bezog sich bei Solmssens Ausscheiden auf den „Fall Jeidels" (ebd.); andererseits blieb Jeidels bis März 1938 im Amt (vgl. Kopper, Dirigismus, S. 243).

457 AK 5 1938, S. 2.

458 Vgl. DBa 31 (1938), S. S. 1482.

459 Vgl. Wolf, Chronik, II, S. A-105 f.

460 Vgl. Ziegler, Verdrängung, S. 206 und apologetische Darstellung bei Meyen, Bank, S. 119.

461 Vgl. Ziegler, Verdrängung, S. 206.

462 Vgl. Ziegler, Verdrängung, S. 206. Der 2. stellvertretende Betriebszellenobmann der Dresdner Bank, Voth, hatte sich allerdings 1933 dafür eingesetzt, daß eine „halbjüdische" Angestellte nicht entlassen werden solle, die er „jahrelang als zuverlässig im nationalen Sinne" kenne und die auf ihren Verdienst angewiesen sei. Dafür solle eine „volljüdische" Kollegin

Deutschen Bank noch mindestens 15 „jüdisch versippte" Mitarbeiter und 5 „Mischlinge"; bei der Dresdner Bank noch drei, und auch bei der Commerzbank gab es noch solche Mitarbeiter.[463] Die Behauptung der Banken aber, man habe alle „jüdisch Versippten" gehalten, ist im Fall der Deutschen Bank nicht sicher belegt, im Fall der Commerzbank jedenfalls falsch.[464] Einen Bewerber lehnte die Commerzbank im Juni 1941 ab: „Die Tatsache, dass Sie nichtarisch verheiratet sind, verhindert uns, Sie zu beschäftigen. Die Gefolgschaftsmitglieder würden sich gegen Sie auflehnen."[465] 1942 zeigte die DAF einen in der Görlitzer Filiale arbeitenden „Mischling" wegen Störung des „Betriebsfriedens" an. Darauf schrieben die Personaldirektoren Hampf und Döring an die Filialleitung: „daß ein Halbjude ein besonderes Maß von Takt aufbringen muß. Denn wenn er selbst auch nicht dafür kann, einen jüdischen Elternteil zu haben, so kann kein vernünftig denkender Mensch daran vorbeigehen, daß – sehr mit Recht – heute alles, was mit dem jüdischen Volk zusammenhängt, eine erbitterte Stimmung wachrufen muß. Wenn [er dem …] nicht Rechnung tragen sollte, würde er sein Verbleiben in unserer Betriebsgemeinschaft sicher gefährden."[466] Am 4.1.1945 erklärte ein Rundschreiben, „Mischlinge und die mit Juden versippten Arier" seien aus den DAF-Mitgliedslisten gestrichen. „Die Anwesenheit derartiger Gefolgschaftsmitglieder in unserer Bank würde unserem Grundsatz der geschlossenen Zugehörigkeit zur DAF widersprechen."[467]

Während die Großbanken in den letzten Kriegsjahren verzweifelt mit Aushilfskräften und Pensionären die Lücken im Personalbestand zu schließen versuchten, wurden ihre ehemaligen jüdischen Mitarbeiter ab 1941 deportiert und umgebracht. Curt Joseph Sobernheim wurde in Frankreich verhaftet und starb unter ungeklärten Umständen in Gestapo-Haft.[468] Ludwig Berliner wurde aus Amsterdam deportiert und starb in Auschwitz, während Georg Lust nach Amerika entkam.[469] Albert

entlassen werden. BAB, R 3101, 8728, Voth an Burkart, 11.8.1933. Vgl. auch ebd., Betriebszelle DrB an Siemens, 25.8.1933.

463 Vgl. HADB, B 381, „Mit jüdischen Frauen [...]"; Ziegler, Dresdner Bank; Wolf, Chronik, I, S. 70; II, S. A-105 f.

464 Zu dieser Behauptung vgl. Briese, Verhalten; StA Hamburg, SKEK, 39293, Benfey an Hampf, 20.10.1946. Zur CB vgl. Wolf, Chronik, I, S. 70; II, S. A-105 f. Eine Liste der Deutschen Bank von 1936 gibt 7 „jüdisch versippte" Mitarbeiter an. Drei davon tauchen auf der o.g. Liste von 1945 nicht mehr auf. Vgl. HADB, B 381, „Nachstehende Angestellte [...]", 21.9.1936.

465 HAC, Persönlich La-Lehr, C.W. Lähnemann an CB 15.6.1946. Allerdings übernahm die Commerzbank 1939 den mit einer Halbjüdin verheirateten Filialdirektor der Dresdner Bank in Eger. Vgl. HAC, 1/214 I, PB Heinz B.

466 Der Mitarbeiter wurde nicht entlassen und ging sogar auf Kosten der Bank in Kur. BA/ZDH, DB 403, Akte 4, CB, PA (Hampf/Döring) an Direktion der Filiale Görlitz, 4.6.1942.

467 BrLHA, Rep. 53, CB Luckenwalde, 6, PA an Betriebsführer Geschäftsstellen, 4.1.1945.

468 Vgl. CAMT 32 AQ 16, Préfecture du Département de la Seine, Extrait des minutes des Actes de Décès, 13.6.1941, Abschrift ; kein Absender, an : Monsieur de Ziegesaar, Commerzbank Aktiengesellschaft, 27.6.1941. Zu einer Bankgründung Sobernheims 1933 in Paris vgl. BAB, R 3101, 15534, Nachrichten des Geheimen Staatspolizeiamtes, 2.10.1933; Deutsches Konulat Paris, Wirtschaftsabteilung, gez. Pochhammer, An das Auswärtige Amt Berlin, 1934.

469 Vgl. Kreutzmüller, Händler, S. 231.

Katzenellenbogen blieb im Altreich und starb nach seiner Deportation 1942 in Theresienstadt.[470] Mindestens 19 ehemalige Mitarbeiter der Commerzbank kamen im KZ um, zwei überlebten nachweislich die KZ-Haft. Mindestens 40 emigrierten nach England, in die USA, nach Israel, Australien oder China.[471] Bei der Dresdner Bank gelang von 130 dokumentierten Fällen 36 Angestellten eine Flucht ins Ausland. Von diesen überlebten 33, 3 wurden deportiert. Von den in Deutschland verbliebenen 94 starben 15 auf natürliche Weise, 2 durch Selbstmord, 66 nach Deportation. 11 ehemalige Angestellte überlebten im deutschen Herrschaftsbereich.[472] Zur Deutschen Bank gibt es bisher keine Aufstellungen.

2.3.2 Pensionen und Abfindungen

Parallel zur Verdrängung und gesellschaftlichen Ausgrenzung erfuhren die jüdischen Mitarbeiter eine zunehmende Diskriminierung bei Pensionen und Abfindungen. In beiden Fällen konnte die Höhe der Zahlung für die entlassenen jüdischen Mitarbeiter die Entscheidung über Leben oder Tod bedeuten. Durch Pensionskürzungen oder zu niedrige Abfindungen gerieten nicht nur manche ehemaligen jüdischen Mitarbeiter an den Rand der Armutsgrenze, sondern Geldmangel konnte auch eine Emigration verhindern und die Pensionäre damit der nationalsozialistischen Vernichtungsmaschinerie im deutschen Herrschaftsbereich ausliefern.

Mitarbeiter, deren Lebens- oder Dienstalter zu gering für eine Pensionierung waren, erhielten *Abfindungen*. Die Dresdner Bank brauchte für deren Festsetzung die Zustimmung des Reichswirtschaftsministeriums als Hauptaktionär. Vorstandsmitglied Walter Frisch setzte gegenüber dem RWM durch, daß auch die im Rahmen des Berufsbeamtengesetzes entlassenen Juden eine Abfindung erhalten sollten. Diese müsse aber, so das RWM, unter den normalen Sätzen liegen. So gewährte die Bank ab 1933 die üblichen Abfindungen von einem Monatsgehalt pro Dienstjahr, allerdings ohne Berücksichtigung von Sondezahlungen und mit einem pauschalen Abzug. Die Bank gewährte Ausnahmen nach unten und nach oben. Höhere Zahlungen erfolgten nicht nur zur Vermeidung möglicher Rufschädigungen, sondern auch ohne erkennbaren Grund oder auf Grund persönlicher Bekanntschaft. Besonders „großzügig" ging die Bank gegenüber den entlassenen „geschützten" Nichtariern vor.[473] Die Abfindungen der Commerzbank lagen von ebenfalls bei einem Monatsgehalt pro Dienstjahr, mit Ausnahmen nach oben oder nach unten.[474] Die Deutsche Bank gewährte Abfindungen bis zu einem Jahresgehalt.[475]

---

470 Vgl. Wolf, Chronik, II, S. A-101.

471 Vgl. eigene Aufstellung, einsehbar im HAC.

472 Vgl. Ziegler, Dresdner Bank.

473 Vgl. Ziegler, Dresdner Bank. Zur Senkung von Abfindungen vgl. auch Kopper, Dirigismus, S. 222 f. und Meyen, Dresdner, S. 119.

474 Adolph S. erhielt nach elfjähriger Dienstzeit und bei einem Gehalt von 15.000.- 1936 RM 15.167.-. Louis G. nach über 15jähriger Tätigkeit und bei einem Gehalt von RM 10.000.- am

Mitarbeiter mit einem bestimmten Dienst- und Lebensalter erhielten *Pensionen*. Diskriminierende Kürzungen von Pensionen jüdischer ehemaliger Angestellter waren deshalb besonders einschneidend, weil ohnehin alle Pensionäre im Rahmen der Notverordnungen vom Ende der Weimarer Republik Kürzungen hatten hinnehmen müssen, denen 1933/34 noch weitere Kürzungen folgten.

Die Dresdner Bank ermittelte 1933 entsprechend den Vorschriften des Berufsbeamtengesetzes die „nicht geschützten" Juden unter denjenigen Betriebsrentnern, die nach 1914 bei der Bank eingetreten waren. Sie ordnete im Rahmen einer für alle Pensionäre geltenden Kürzung ab dem 1. Februar 1934 an, die Pensionen von „nicht geschützter Nichtarier" zusätzlich um 25 % zu kürzen, doch wurde das nur in wenigen Fällen umgesetzt. Mit der Reprivatisierung 1937 ging die Zuständigkeit für Abfindungen und Pensionen an die Bank über.[476] Die Deutsche Bank hielt in vielen Fällen ihre üblichen Pensionsgrundsätze auch bei jüdischen Angestellten ein.[477] Die Commerzbank ermittelte 1933 Pensionen für Juden nach dem selben Maßstab wie für Nichtjuden.[478] 1936 galt das zumindest in einem Fall immer noch.[479] Mehrfach wehrte die Bank bis 1936 Versuche Koehlers im RWM ab, Pensionen für jüdische ehemalige Mitarbeiter stärker zu kürzen.[480] Ende 1936 überließ das RWM im Zuge der Reprivatisierung auch der Commerzbank die Festsetzung von Pensionen.[481]

Anfang 1937 veränderten sich die rechtlichen Rahmenbedingungen. Im Rahmen des neuen Deutschen Beamtengesetzes gingen die Pensionsansprüche der aufgrund des Berufsbeamtengesetzes entlassenen Beamten unter, durften also gekürzt werden.[482] Die Dresdner Bank verschickte schon im Oktober 1937 einen Fragebogen, um alle ihre jüdischen Pensionäre zu ermitteln und kürzte im Sep-

1.1.1937 25.000.-. Julius G. erhielt 1937 nach 16jähriger Dienstzeit nur ein Jahresgehalt. Vgl. eigene Aufstellung, einsehbar im HAC.

475 Vgl. HADB, B 381, Bericht „Verhalten [...]" (gez. Briese), 20.8.1946.

476 Vgl. Ziegler, Dresdner Bank.

477 Vgl. HADB, B 381, Bericht „Verhalten [...]" (gez. Briese), 20.8.1946. Diese Aussage wäre anhand der Personalakten jüdischer Mitarbeiter zu überprüfen. So bekam eine Mitarbeiterin, die 1937 mit 45 Jahren nach 29 Dienstjahren ausschied, nur eine Abfindung. Vgl. HADB, ZA 40/322, Johanna K. an Direktion Rheinisch Westfälischen Bank, 26.1.1950; Bayerische Creditbank an Rheinisch-Westfälische Bank, 17.2.1950.

478 So erhielt der „Jude" Leopold R. sowohl vor als auch nach dem 1.10.1934 eine vergleichbare Pension wie seine „arischen" Kollegen Georg R. und Karl G., die ihm an Lebensalter und Dienstjahren gleichstanden. Vgl. BAB, R3101, 8742, S. 22, CB, Anlage zum Schreiben vom 26.2.1935. Dagegen erhielt der jüdischer Filialdirektor Ernst M. 1933 eine niedrigere Pension als das nichtjüdische stellv. Vorstandsmitglied Arthur R. Vgl. ebd. Das mag aber an unterschiedlichen Arbeitsverträgen für diese leitenden Angestellten gelegen haben.

479 Vgl. BAB, R3101, 8742, CB an RWM, 21.3.1936.

480 Vgl. BAB, R 3101, 8742, RWM/Koehler an CB/PA, 18.2.1935; CB an RWM, 26.2.1935; CB an RWM, 21.3.1936; Vermerk Koehler, 1.11.1936, Betr. Commerz- und Privatbank A.G..

481 Die Vertreter der Ministerien im Aufsichtsrat durften ihre Entscheidungen nach eigenem Ermessen treffen. Vgl. BAB, R3101, 8742, Vermerk Koehler, 1.11.1936; RWM/Koehler an Claussen, 30.11.1936; RWM/Koehler an RFM, 20.1.1937.

482 Grundlage war das Deutsche Beamtengesetz vom 26.1.1937, §§ 56, 66 Abs. 2. Vgl. Rethmeier, Rassegesetze, S. 273.

tember 1938 deren Pensionen willkürlich.[483] Die anderen Banken zogen erst nach, als weitere antijüdische Gesetze erlassen wurden und der politische Druck stieg: Die „Verordnung zur Ausschaltung der Juden aus dem Wirtschaftsleben" (VAJW) erklärte die Pensionsansprüche aller derjenigen leitenden Angestellten für erloschen, die aufgrund der VAJW entlassen wurden;[484] im November 1938 forderte Lencer die „Betriebsführer" auf, die „an jüdische Pensionäre zu zahlenden Ruhegehälter einer Revision zu unterziehen".[485] Unter Bezug auf Lencers Forderung ermittelte die Personalabteilung der Deutschen Bank die jüdischen Pensionäre.[486] Im Dezember 1938 schlossen Banken jüdische Pensionäre von der zusätzlichen „Weihnachtsbeihilfe" aus.[487] Dresdner Bank-„Betriebsführer" Carl Lüer faßte die Entwicklung in seinem Bericht für Beirat der Bank richtig zusammen, als er erklärte, „daß die Pensionen der Nichtarier herabgesetzt worden sind, wobei unser Institut den anderen vorangegangen ist".[488]

Die NS-Aktivisten übten vor dem Hintergrund erodierenden Rechtsschutzes für jüdische Pensionäre immer mehr Druck aus. Am 12. Juli 1939 entschied der Reichsgerichtshof, auch die Pensionsansprüche vor der VAJW 1938 entlassener jüdischer Mitarbeiter seien in Frage gestellt.[489] Die Rechtsabteilung der Deutschen Bank registrierte das aufmerksam.[490] Im September 1939 erhob der Freiburger Vertrauensrat der Deutschen Bank unter Berufung auf das Urteil gegen Zahlungen an einen jüdischen Pensionär Einspruch.[491] Im Oktober beantragte der Vertrauensrat der Zentrale, Pensionen für Juden allgemein zu streichen.[492] Die Rechtsabteilung hielt die Kürzung oder Streichung nicht unwiderruflicher Pensionen für zulässig und empfahl nur, unwiderrufliche Pensionen „zur Vermeidung unnötiger Prozesse" auf der alten Höhe zu lassen.[493] Doch Halt lehnte eine Kürzung ab, weil „die Deutsche Bank nicht alleine vorgehen könne; [sondern nur…] wenn sowohl der Staat als auch die gesamte Privatwirtschaft die gleichen Maßnahmen ergreifen

---

483 Vgl. Ziegler, Dresdner Bank. Der unmittelbare Anlaß hierfür bleibt unklar.

484 Vgl. Rethmeier, Rassegesetze, S. 275. Allerdings wurde die „Judenvermögensabgabe" nicht von den kapitalisierten Pensionen jüdischer Pensionäre erhoben. Vgl. HADB, B377, Vgl. Notiz DB, Rechtsabteilung, Abteilung B.V., 3.12.1938.

485 Vgl. SHStA Dresden, Altbanken Dresden, 6368, DB, PA, An die Direktionen unserer Filialen (Kopfstellen), 3.11.1938. Zur Dresdner Bank vgl. Meyen, Bank, S. 119.

486 SHStA Dresden, Altbanken Dresden, 6368, DB, PA, An die Direktionen unserer Filialen (Kopfstellen), 3.11.1938.

487 Vgl. HADB, B 377, DB, An die Direktionen unserer Filialen (Kopfstellen), 15.11.1938.

488 BE 4 (1938), S. 274. Die Dresdner Bank gewährte jüdischen Pensionären auch keine Angestelltenkonditionen mehr für ihre Konten. Vgl. SHStA Dresden, 13135, 451, DrB, PA, An die Direktionen unserer Niederlassungen, 1.12.1938.

489 Vgl. Rethmeier, Rassegesetze, S. 275.

490 1939 informierte die Rechtsabteilung der Deutschen Bank „Betriebsführer" Halt, daß das Urteil des Reichsgerichts vom 12.7.1939 nur Ruhegehaltsanspruch derjenigen jüdischen Pensionäre hinfällig mache, die „im Zuge der politischen Entwicklung" verdrängt worden waren. Vgl. HADB, B 381, Rechts-Abteilung an Halt/Haeffner, 28.9.1939.

491 HADB, B 381, DB Freiburg (Breisgau), an: Zentrale, PA, 29.9.1939.

492 Vgl. HADB, B 381, Vermerk Halt 23.10.1939.

493 HADB, B 381, Rechts-Abteilung, Herrn Dr. von Halt/Dr. Haeffner, 9.10.1939.

würden."[494] Halt versicherte sich auch der Unterstützung der anderen Großbanken: „Ich unterhielt mich auch mit Dr. Schippel, Dresdner Bank, und mit Hanff [sic], Commerzbank, die […] der gleichen Auffassung waren […]. Hanff [erklärte] daß der Staat […] vorangehen müsse, denn es handle sich doch um das Geld der Steuerzahler, […], während wir unsere Judenpensionen aus unserem Gewinn bezahlen würden".[495] Vor allem aber erkundigte sich Halt darüber, was Regierung und Ministerien planten: „Da es sich um eine grundsätzliche Frage handelt, habe ich mich zunächst einmal mit dem Judenreferenten im Innenministerium in Verbindung gesetzt […]: Der Staat denkt augenblicklich nicht daran, in der Frage der Judenpensionen etwas zu unternehmen. Er steht nach wie vor auf dem Standpunkt, daß den jüdischen Beamten Pensionen auszuzahlen sind, da sie ja sonst der öffentlichen Volkswohlfahrt zur Last fallen würden. Ferner [müsse] in der jetzigen Kriegszeit eine Verstimmung der neutralen Länder unterbleiben […]. Die Streichung der Judenpensionen würde so einschneidend sein, daß das neutrale Ausland in großes Geschrei ausbrechen würde."[496] Auch Staatssekretär Pfundtner im Innenministerium war dieser Meinung.[497] Für die übrigen Banken ist die mikropolitische Entwicklung nicht so umfassend dokumentiert, sie dürfte aber im wesentlichen ähnlich verlaufen sein.[498]

1940 und 1941 weiteten die Gerichte die Gruppen aus, deren Pensionen gekürzt werden durften, ohne die Pensionsberechtigung grundsätzlich abzuerkennen.[499] Laut der VO über die Nachprüfung von Entjudungsgeschäften vom 10.6.1940 waren Pensionsansprüche jüdischer leitender Angestellter, die vor dem 15.11.1938 entlassen worden waren, mit einer Ausgleichzahlung an das Reich abzugelten.[500] Zwar riet der Reichstreuhänder noch im August 1940 von einer Streichung aller Pensionszahlungen ab.[501] Ende 1940 erklärte aber ein Referent des RWM Halt, „dass geplant ist, sämtliche Pensionszahlungen an Juden zu überprüfen mit dem Ziel, die Zahlungen nur […] bestehen zu lassen, wenn die Empfänger sonst der öffentlichen Fürsorge zur Last fallen würden".[502]

---

494 HADB, B 381, Vermerk Halt 23.10.1939. Die Erhöhung der Pension ehemaliger jüdischer Mitarbeiter lehnte Halt aber strikt ab. Vgl. HADB, B 381, Halt an Adolf v. G., 13.12.1939 (Durchschlag). Der Staat blieb weiterhin Vorbild: 1941 versicherte sich Halt im Innenministerium, daß eine Pensionserhöhung der Beamten die Pensionen der jüdischen ehemaligen Mitarbeiter nicht berühre. Vgl. HADB, B 381, Vermerk Halt 10.3.1941.
495 HADB, B 381, Vermerk Halt 23.10.1939.
496 HADB, B 381, Vermerk Halt 23.10.1939.
497 Vgl. HADB, B 381, Vermerk Halt 30.10.1939; Vermerk Halt 14.11.1939.
498 Wie in der Deutschen Bank hatte der Vertrauensrat der Dresdner Bank Ende 1939 Einspruch gegen Pensionen an Juden erhoben. Vgl. Ziegler, Dresdner Bank. Ziegler erklärt, ein „Unterlaufen solcher Maßnahmen, wie es noch während der ersten Jahre des NS-Regimes in Einzelfällen zu beobachten gewesen war, kann gegen Ende der dreißiger Jahre kaum mehr nachgewiesen werden." In der Deutschen Bank beantragte zumindest ein Filialleiter der Deutschen Bank noch Ende 1939, auch einem jüdischen Pensionär eine Pensionserhöhung zu gewähren. HADB, B 381, Halt an Adolf v. G., 13.12.1939.
499 Vgl. Rethmeier, Rassegesetze, S. 274-276.
500 Vgl. RGBl. 1940 I, S. 1580.
501 Vgl. HADB, B 381, Vermerk Halt, Betr.: Anordnung Reichstreuhänder vom 4.8.1940.
502 HADB; B377, Notiz „Nachprüfung von Entjudungsgeschäften", 4.12.1940.

Während es nach den untersuchten Akten der Deutschen Bank in Mainz[503] und ihrer Berliner Stadtzentrale[504] scheint, als habe die Bank jüdischen Pensionären Ruhegehälter in unveränderter Höhe gezahlt, von denen allerdings steigende Abgaben abgingen, kürzte die Commerzbank Ruhegehälter zumindest in Einzelfällen noch weiter. Dafür mögen aber Gründe wie die Überschreitung von Altersgrenzen o.ä. vorgelegen haben, die aus den vorliegenden Akten nicht erkennbar sind.[505] Die Dresdner Bank kürzte Pensionen jüdischer Betriebsrentner bei Erreichung des 60. Lebensjahrs noch weiter, willkürliche Kürzungen ab 1939 sind aber nicht bekannt.[506]

Je weiter die Banken ihre freiwilligen Sozialleistungen ausbauten, desto größer wurde der Bereich für Diskriminierungen: Freiwillige Zulagen zu den Pensionen, wie etwa Weihnachts-Sonderzahlungen enthielten die drei Banken ihren jüdischen Pensionären ausdrücklich vor.[507]

Pensionszahlungen ins Ausland hingen von der Genehmigung der Devisenstellen ab, die Devisenabflüsse möglichst gering halten wollten.[508] Die Dresdner Bank verweigerte schon 1934 jüdischen Pensionären nach Umzug ins Ausland ihre Rente, nachdem das Reichswirtschaftsministerium die Bank zur Einhaltung einer Notverordnung von 1931 hingewiesen hatte, daß das Recht auf Pensionszahlung ruhe, wenn ein Betriebsrentner ohne Genehmigung der obersten Reichsbehörde seinen Wohnsitz im Ausland habe und gleichzeitig erklärt hatte, eine Zustimmung zur Wohnsitzverlagerung werde nicht mehr erteilt. 1938 stellte sie die Zahlung an jüdische Pensionäre ein, die schon seit längerem ihre Rente auf Grundlage einer Genehmigung des Reichs im Ausland erhielten.[509]

Die beiden anderen Banken dagegen reagierten erst auf eine Verschärfung der Devisenbestimmungen. Die Deutsche Bank wies 1938 noch die Forderung der Devisenstellen zurück, eine Aufstellung jüdischer Pensionäre im Ausland zu liefern.[510] 1939 zahlte sie normal weiter,[511] doch im Juli 1940 blockierten Devisen-

503 Vgl. HADB, P9/K 22, DB an DB Mainz, 7.10.1935; DB Mainz an S.K., 30.9.1939; DB Mainz an S.K., 1.2.1940; DB Mainz an S.K., 1.10.1941; HADB, P1/145, DB an H.M., 14.12.1938; DB Mainz an H.M., 2.1.1940; DB Mainz an DB, PA, 20.1.1941.

504 Vgl. HADB, B 433, A.F., F.F., C.I., A.R., J.S. Die Pensionszahlung wurde schon im September 1942 eingestellt, vermutlich nach dessen Deportation. HADB, B 381, Bericht „Verhalten […]" (gez. Briese), 20.8.1946 erklärt, die Bank habe grundsätzlich bis zur Deportation die Pension in voller Höhe gezahlt.

505 Vgl. z.B. Kronenberger, in: eigene Aufstellung „Brutto-Pensionen CB Mainz, 1926-1945", einsehbar im HAC.

506 Ziegler, Dresdner Bank; beschönigend Meyen, Bank, S. 119.

507 Vgl. HADB, B 377, DB an Direktionen Filialen , 15.11.1938; SHStA Dresden, 13135, 451, DrB, 451, 21.11.1938. Zumindest bei der DrB waren jüdische Witwen und Witwen von Juden ausgeschlossen. Vgl. ebd. Zum Ausbau der Sozialleistungen vgl. Kapitel 3.

508 Vgl. PR Nr. 1433, 11.10.1939. Schon vorher hatte die Personalabteilung erklärt, daß Pensionen und Beiträge zum BVB und zur RfA für ausgewanderte Pensionäre der Genehmigung der Devisenstellen unterlägen. Vgl. PR Nr. 1412, 27.6.1939.

509 Vgl. Ziegler, Dresdner Bank.

510 Die Bank erklärte es für unmöglich, bei den schon lange im Ausland lebenden Pensionären zu ermitteln, ob sie Juden seien. Vgl. HADB, B377, handschr. Notiz 25.6.1938; Notiz der Personal-Verwaltung, 4.7.1938.

stellen Zahlungen unter Verweis auf bald ergehende Gesetze.[512] Die Commerzbank ermittelte im März 1940 die Namen ihrer im Ausland wohnenden Pensionäre,[513] machte im April die Pension von Lebensbescheinigungen abhängig[514] und
ermittelte im Juli ihre jüdischen Pensionäre im Ausland.[515] Die Deutsche Bank tat
dies auch jetzt noch nicht.

Mit der Deportation der deutschen Juden ab 1941 wurden die Vorschriften für
jüdische Pensionäre im Ausland auch für alle deportierten Pensionäre relevant.
Seit März 1941 forderten staatliche Stellen die Abgeltung von Pensionen jüdischer leitender Mitarbeiter an das Reich.[516] Die Deutsche Bank schlug daraufhin
vergeblich vor, den jüdischen Pensionären ihre kapitalisierten Pensionen ins Ausland zu überweisen[517] und leitete nun bei der für die Abgeltungszahlungen zuständigen Schiedsstelle ein Verfahren ein, um die Höhe der Abgeltung zu klären.[518] Auch sie machte nun, im Juli 1941, Zahlungen von einer Lebensbescheini-
gung abhängig.[519] Pensionszusagen an Juden, so die Zentrale, seien zu widerrufen.
Dagegen sei „auswandernden" Juden statt einer Pension „ein kleines Abkehrgeld
[...] zur Bestreitung der Kosten der Auswanderung" zu zahlen.[520] Pensionen waren auch einzustellen, wenn sie sich auf dem Konto nur ansammelten oder wenn
„Zahlungsverfügungen [...] nicht gerechtfertigt erscheinen".[521]

Als die Elfte Verordnung zum Reichsbürgergesetz vom 25. November
1941[522] den Verfall des Vermögens deportierter Juden ans Reich anordnete, ordneten die Zentrale der Deutschen und der Commerzbank an, bei Eintritt der Vor-

---

511 Sie schloß sich der Handhabung des Reichs an, das nach „nach wie vor an Berechtigte des
feindlichen Auslandes Versorgungsbezüge bezahlt, selbst wenn die Berechtigten Juden sind.
Die Bezahlung erfolgt selbstverständlich ebenfalls über Sonderkonto; ein Transfer ist in jedem Falle ausgeschlossen." HADB, B377, Notiz, Herrn. Direktor Haeffner, PA, 26.9.1939.

512 HADB, B377, DB (Halt/Haeffner) an Eugen Boode, 24.7.1940. Die Deutsche Bank zahlte im
September 1935 19 Pensionären im Ausland Devisen, 13 überwies sie die Pension auf ein
Sperrmark-Konto und 4 bekamen zum Teil Devisen, zum Teil Sperrmark. HADB, B377,
Aufstellung „Unsere 36 im Ausland", 14.9.1935.

513 Vgl. PR Nr. 1468, 21.3.1940. Hierbei bezog sich die Bank auf RS WGPB Nr. 59, 20.3.1940.

514 Vgl. PR Nr. 1470, 3.4.1940.

515 Vgl. PR Nr. 1482, 19.7.1940. Die Bank klärte auch, wer Frontkämpfer gewesen war.

516 Das RWM teilte der Deutschen Bank mit, wenn nicht sie als Schuldner einen Antrag auf
Überprüfung bei der Schiedsstelle stelle, würde das das RWM tun. Vgl. HADB, B377, DB,
PA, An die Direktionen unserer Filialen (Kopfstellen), 1.7.1941; Notiz, Betr.: Pension an im
Ausland ansässige jüdische Pensionäre [...], 15.3.1941.

517 Auch der Alternativvorschlag, die „Herabsetzung der Pensionen im Einvernehmen mit den
Pensionären auf einen Betrag von etwa RM 500.- müßte [...] mit dem Sachbearbeiter des Ju-
denreferats [...] besprochen werden", so das RWM HADB, B377, Notiz, Betr.: Pension an im
Ausland ansässige jüdische Pensionäre [...], 15.3.1941.

518 Vgl. RS WGPB Nr. 44, 27.3.1941, Anlage 1.

519 Vgl. HADB, B377, DB, PA, An die Direktionen unserer Filialen (Kopfstellen), 1.7.1941.

520 Vorher erteilte Pensionszusagen seien zu widerrufen. Vgl. HADB, B377, DB, PA, An die
Direktionen unserer Filialen (Kopfstellen), 1.7.1941. Vgl. auch HADB, B377, Merkblatt! Zusammenfassung [...], 1.9.1941.

521 HADB, B377, DB, PA, 1.7.1941.

522 Vgl. RGBL I 1941, S. 722 ff.

aussetzungen die Pension einzustellen.[523] Die Dresdner Bank dagegen verschickte kein Rundschreiben, sondern reagierte nur auf Einzelfallanfragen.[524]

Die Handhabung nach der Deportation war aber ähnlich. Die Dresdner Bank teilte schriftlich mit, die Pensionszahlung sei eingestellt, und nahm den als unzustellbar zurückgekommenen Brief zu den Akten.[525] Die Deutsche Bank teilte schriftlich mit, daß „infolge der für Sie eingetretenen Ereignisse der der Pension zugrundeliegende Fürsorgezweck nicht mehr erfüllt werden kann" und die Zahlung deshalb eingestellt werde.[526] Die Deutsche Bank Mainz erkundigte sich nach Deportationstransporten jeweils in den Wohnungen ihrer jüdischen Pensionäre, ob sie deportiert worden waren.[527] In einem Fall benachrichtigte die Filiale auch die Pensionsträger BVV und RfA, da „wir uns gewissermaßen verpflichtet fühlen, [...], davon Mitteilung zu machen".[528] Auch wenn die Gestapo das Vermögen von Juden beschlagnahmte, stellte die Bank die Pensionszahlungen ein.[529]

Wiederum wichen die Banken in Einzelfällen von diesem Vorgehen ab. Entgegen den Vorschriften zahlte die Deutsche Bank einem Pensionär bis 1942 sein Ruhegehalt ins Ausland.[530] Die Commerzbank zahlte die Pension eines ins KZ eingelieferten ehemaligen Mitarbeiters bis zum April 1945, kürzte sie aber um „das ihm [aus der Zwangsarbeit] zufließende Entgelt".[531] Und die Frau eines nach Auschwitz deportierten Pensionärs erhielt „Witwenbezüge" von 60%, obwohl der Deportierte noch lebte.[532] Auch die Frau eines noch lebenden ausgewanderten

---

523 Vgl. PR Nr. 1565, 2.12.1941; HADB, B377, DB, PA, An die Direktionen unserer Filialen (Kopfstellen), 3.12.1941. Die jüdische Witwe eines Commerzbank-Mitarbeiters erklärte nach dem Krieg, der Direktor der Filiale Brandenburg habe „ sämtliche an mich gerichteten Sendungen und Mitteilungen mit dem Vornamen Sara" versehen und damit „wesentlich zu meiner Auffindung und Verschleppung beigetragen. [...] Die Commerzbank stellte dann ihre Zahlungen ein, obwohl ich am Leben war und meine Tochter Postvollmacht hatte." HAC, Commerzbank-Altbankarchiv, Filiale Berlin, v39, Nathalie R. an CB, 23.9.1946. Der Fall läßt sich auf Grundlage des vorliegenden Materials nicht weiter überprüfen. In der Dresdner Bank verzichtete eine jüdische Pensionärin seit Beginn der Deportationen auf ihre Pension, weil die Postsendungen an sie mit dem Zusatz „Sara gekennzeichnet" waren. Sie entging der Deportation. Vgl. Ziegler, Dresdner Bank.
524 Vgl, Ziegler, Dresdner Bank.
525 Vgl, Ziegler, Dresdner Bank.
526 HADB, P9/K 22, DB Mainz an S.K., 31.3.1942, DB Mainz an Finanzamt Mainz, 19.6.1942. Ein Bericht von 1946 erklärt, nach der Deportation habe man der Bank „die weitere Überweisung der Beträge unmöglich gemacht." Vgl. HADB, B 381, Bericht „Verhalten [...]" (gez. Briese), 20.8.1946. Das läßt sich bisher nicht bestätigen.
527 Vgl. HADB, P9/K 22, Aktenvermerk betreffend: Pensionär S.K., 27.3.1942; HADB, P9/O3, Aktenvermerk betreffend: S.O., 27.3.1942.
528 HADB, P9/O3, DB Mainz an DB, PA, 30.3.1942.
529 Vgl. HADB, P1/145, DB Mainz an DB, PA, 20.1.1941; DB an Direktion Filiale Mainz, 22.1.1941; DB Mainz, an DB, Rechtsabteilung, 24.2.1941; HADB, P9/M22, DB Mainz an Michael M., 31.10.1938.
530 Vgl. HADB, B 377, Notiz 11.3.1942.
531 Vgl. HAC, Personal Berlin H-L, Akte L.; Personal Berlin, A-G, Akte Max G.CB 9.4.1951; Bescheinigung 8. Mai 1952,
532 HAC, Personal Berlin, Akte Leo D., CB an Hansa-Bank 15.3.1950

Pensionäres erhielt „Witwenbezüge".[533] In anderen Fällen stellte die Commerzbank möglicherweise ihre Zahlungen ein, noch bevor die jüdischen Pensionäre deportiert wurden.[534]

Gegen die Anweisung, bei der Einstellung von Pensionszahlungen eine „Abgeltung" an das Reich zu zahlen, leisteten die Banken hartnäckigen Widerstand. Während die BVV alle Pensionen durch Zahlung von 75 % des Deckungskapitals abgalt, wenn ihr Empfänger deportiert wurde,[535] fand das in den Banken nur in Sonderfällen statt. Nach der Deportation des früheren Aufsichtsratsmitglieds Katzenellenbogen etwa zahlte die Commerzbank zweieinhalb Jahrespensionen an das Reich.[536] Bei mindestens drei ehemaligen leitenden Angestellten der Deutschen Bank ordnete die Schiedsstelle auf Antrag des Reichswirtschaftsministeriums eine Ausgleichszahlung an.[537] Die Dresdner Bank und die Deutsche Bank verteidigten die Einstellung der Pensionszahlungen für das Gros der Pensionäre unmittelbar nach der Deportation erfolgreich gegen die Forderung der Finanzbehörden, die Pensionen durch eine Ausgleichszahlung abzugelten.[538]

Alle Banken sparten durch die Deportationen erhebliche Summen. 1942 notierte die Deutsche Bank: „Widerrufene bzw. eingestellte Pensionszahlungen an Juden: Berlin: 17 mit jährlich RM 83.470.-, Filialen 67 mit jährlich RM

---

533 Vgl. HAC, Akte „Pensionsverpflichtungen aufgrund der Nürnberger Gesetze", CB, PA an Direktion CB/Beran, 10.2.1947. HADB, B 381, Bericht „Verhalten [...]" (gez. Briese), 20.8.1946 erklärt: „Auf Anweisung von evakuierten Juden zahlten wir auch, solange uns dies möglich war, Unterstützungsbeträge an deren Angehörige."

534 Vgl.HAC, Akte „Pensionsverpflichtungen aufgrund der Nürnberger Gesetze, CB, PA an Direktion CB/Beran, 10.2.1947; Personal Berlin H-L, Akte L., Korrespondenz CB/CB; HAC, 1/169, Bericht Düsseldorf 18.9.1946, S. 6. Eine Notiz der Deuschen Bank, man habe für einige jüdische Pensionäre Rückstellungen gemacht „für die vor ihrer Auswanderung liegende Zeit an und für sich" noch zu bezahlende Pensionen lässt möglicherweise den Schluss zu, daß auch die Deutsche Bank in Einzelfällen ihre Zahlungen vorher einstellte. HADB, B377, Notiz, Herrn Rummel, 14.12.1942.

535 Dadurch stiegen 1942 die Leistungen von RM 8,95 Mio auf 11,05 Mio. Vgl. Pensionsbetreuung im Privatbankgewerbe, BW 1943, S. 41 f., 41. Schon seit Dezember 1937 zahlte der BVV für Pensionärskinder im Ausland Kinderzuschuß und Waisenrente über das 18. Lebensjahr nur, „wenn die deutsche Erziehung gewährleistet ist." AK 4 (1937), S. 195.

536 Vgl. Bericht Filiale Frankfurt, 3.10.1946, S. 3-4, HAC, 1/169, Bd. I; Wolf, Chronik, II, S. A-101, A-104.

537 Vgl. HADB, ZA 40/322, Brief „Herrn Dr. V., Betrifft: Anliegendes Schreiben des Herrn E.", 28.6.1951; Südwestbank an H., H. & E., 5.7.1948.

538 Vgl. Ziegler, Dresdner Bank. HADB, B 381, Bericht „Verhalten [...]" (gez. Briese), 20.8.1946 erklärt: „Eine offizielle Einstellung unserer Zahlungen erfolgte erst, als das Oberfinanzpräsidium wegen einer Kapitalisierung der Rente und eventueller Einziehung der Beträge an uns herantrat." Möglicherweise stellte Deutsche Bank ihre Zahlungen präventiv ein. Dem entspricht auch ein Vermerk in einer anderen Nachkriegsakte: „Der Widerruf der Pension ist seinerzeit erfolgt, um eine Abführung der kapitalisierten Pension als dem Reich verfallenes jüdisches Vermögen an das Reich zu vermeiden." HADB, ZA 40/322, Brief „Herrn Dr. V., Betrifft: Anliegendes Schreiben des Herrn E[...]", 28.6.1951. Eine andere Notiz vermerkt, Oberfinanzpräsidenten hätten sich beim RWM beschwert, weil die Deutsche Bank keine Ausgleichsabgabe gezahlt habe. Das RWM habe aber bis 1945 nicht entschieden. Vgl. Notiz „Herrn C., Betrifft: Jüdische Pensionen", 29.6.1954.

258.817.-".[539] Die Bank zahlte zu diesem Zeitpunkt noch Pensionen von jährlich 332.259.- an jüdische ehemalige Mitarbeiter.[540] Daß die „ins Ausland verbrachten" jüdischen Pensionäre nie wieder Ansprüche stellen würden, war der Personalabteilung der Deutschen Bank Ende 1942 klar. Die „für die vor ihrer Auswanderung liegende Zeit an und für sich" noch zu bezahlenden Pensionen wurden zunächst zurückgestellt, so notierte der zuständige Referent der Personalabteilung, „für den Fall [...], daß wir von irgendeiner Seite in Anspruch genommen werden sollten. Da dies jedoch m.E. kaum mehr der Fall sein wird – abgesehen davon, daß der Staat etwa eine Ausgleichsabgabe erheben sollte – möchte ich vorschlagen, keinerlei Rückstellungen für diese gewesenen Pensionäre vorzusehen".[541] Die Zentrale der Dresdner Bank zeigte sich gut informiert, als sie zur Vermeidung der Abführung der Pension einer „evakuierten" jüdischen Pensionärin beantragte, diese offiziell für tot erklären zu lassen: Die „Evakuierung [erfolgte] im schwersten russischen Winter, und es kann deshalb fraglich erscheinen, ob die O., die damals im 62. Lebensjahre stand, die Strapazen der Reise und des späteren Aufenthalts im russischen Raum überstanden hat.[542]

Zu dieser Zeit hatte sich jeder Bankangestellte durch einen Blick in die Betriebszeitung eine Vorstellung davon bilden können können, wie im „Ausland" oder im „Osten", wohin ja nach offizieller Sprachregelung ihre früheren Kollegen „abwanderten", mit Juden umgegangen wurde. 1941 berichtete ein Commerzbank-Mitarbeiter aus einem „Nest" nahe der russischen Grenze mit „24000 Einwohner[n], von denen 22000 jüdischer Rasse sind. [...] Mit dem Geschäftemachen ist es aber hier ein für allemal vorbei. Wir haben [...] die Faulenzer aus ihren verwahrlosten Unterschlüpfen herausgeholt, um sie [...] Straßenbau, Planierungsarbeiten usw. zuzuführen. Die Zustände in den jüdischen Häusern sind nicht wiederzugeben, soviel Verkommenheit, Dreck und Ungeziefer; Untermenschentum im wahrsten Sinne des Wortes! Dementsprechend wird sich das Schicksal dieser Landplage nicht gerade rosig gestalten."[543] Ein Mitarbeiter der Deutschen Bank berichtete im August 1941 aus einer baltischen Stadt: „Die Sowjets hatten [...] 10.000 Menschen [...] auf bestialische Art hingeschlachtet [...]. Und die Juden waren die Anstifter. [...] Als bekannt geworden war, daß die Deutschen da sind, [...] hatte das Judenpack ausgespielt [..., man holte sie] aus ihren Häusern und verplättete sie auf der Straße. Dann wurden sie [...] zusammengetrieben [...]. Viele vor ihnen waren vor Blut schon ganz unkenntlich. Der Gestank, das Gejammer und Quatschen, dazu die brütende Sonne, es war ein widerlicher Anblick und Geruch. Die Juden mußten [... die] Leichen wegschaffen. Was dann mit ihnen gemacht wird, dürfte ganz klar sein."[544]

539 HADB, B377, Notiz, 12.3.1942.
540 Vgl. HADB, B 377, Notiz 11.3.1942.
541 HADB, B377, Notiz, Herrn Rummel, 14.12.1942.
542 Zit. bei Ziegler, Dresdner Bank.
543 AK 8 (1941), S. 51. Vgl. auch AK 8 (1941), S. 21; SHStA Dresden, 13118, ADCA-Zeitung 20 (1939), S. 55 f.
544 SB 11 (1941), S. 69. Vgl. auch ebd., S. 94.

Eine Reihe jüdischer Pensionäre erkannte schon vor 1941, daß es für Juden im nationalsozialistischen Deutschland keine Lebensperspektive mehr gab. Wenn Mitarbeiter eine *Pensionsabgeltung* beantragten, meist zur Finanzierung ihrer Auswanderung, mußten Dresdner Bank und Commerzbank bis 1937 die Zahlungen vom RWM genehmigen lassen.[545] Die Dresdner Bank zahlte mit Zustimmung des RWM zwischen 1934 und 1936 in mehreren Fällen eine fünffache Jahrespension zur Abgeltung der Pensionsansprüche.[546] Die Commerzbank dagegen, die bis zur Ermahnung durch Referent Koehler im RWM im Oktober 1934 überhaupt nicht die Genehmigung des RWM eingeholt hatte gestellt hatte, beantragte so hohe Abgeltungen, daß Koehler sie meist ablehnte. So zogen sich eine Reihe von Fällen unerledigt über das Jahr 1936 hin.[547] Dann übertrug das RWM im Rahmen der Reprivatisierung Ende 1936 die Verantwortung an einen Ausschuß der Commerzbank. Der Ausschuß genehmigte die höheren Abfindungen.[548] Während diese Abfindungen höher als die der Dresdner Bank lagen, aber niedriger als bei einer Berechnung aufgrund von versicherungsmathematischen Grundlagen (Sterbetafeln) lagen, erhielt der Direktor der Bank Georg Lust 1937 sogar den vollen Betrag aufgrund der Berechnung mit Sterbetafel und eine Tantieme.[549] Mitarbeiter mit widerruflichen Pensionen erhielten ein Vielfaches der Jahresrente.[550] Auch diese höheren Abfindungen waren für die Commerzbank im viel preiswerter, als es eine Rentenzahlung bis ans Lebensende gewesen wäre.[551] Ähnliches galt für

---

545 Vgl. Ziegler, Dresdner Bank; HAC, Akte Döring, Schriftwechsel Hamburg betr. jüd. Pensionäre, CB (Döring) an Curt M., 20.4.1950; HADB, B377, Notiz Dr. Haeffner [...], 28.12.1938.

546 Vgl. Ziegler, Dresdner Bank.

547 Vgl. BAB, R3101, 8742, RWM (Koehler) an CB, PA, 13.10.1934; CB, PA an RWM, 3.4.1936 sowie die Fälle der Filialdirektoren H. und G. aus Nürnberg. Bei Zahlungen ins Ausland wurde auch das RFM beteiligt, das die Anträge ebenfalls als überhöht ablehnte. In einem anderen Fall lag die beantragte Abfindung so niedrig, daß RWM und RFM ihre Zustimmung gaben. Vgl. BAB, R3101, 8742, Min. Rat Dr. Koehler an RFM/Schilling, 4.3.1936.

548 Vgl. BAB, R3101, 8742, S. 171, Vermerk Koehler, 1.11.1936; S. 172, RWM (Koehler) an Claussen, 30.11.1936 und die Fälle von Franz N. (BAB, R3101, 8742, S. 131, CB an RWM, 3.4.1936 und HAC, Personal Berlin A-H, Akte Lilly C., CB AG v. 1870 an Freie und Hansestadt Hamburg 19.7.1956; Akte Döring/Hamburg/Juden, Döring an Beran 6.4.1950), Carl H. (R3101, 8742, S. 144, CB, PA an RWM, 15.6.1936 und HAC, Personal Berlin, H-L, Akte Carl H., CB Hamburg an CB z.H. Döring, 22.11.1954; Akte Döring/Hamburg/Juden) und Herbert G. (BAB, R3101, 8742, S. 146 f., CB, PA an RWM, 30.6.1936 und HAC, Personal Berlin, Akte Herbert G., CB (Döring) an Hansa-Bank, 11.1.1951; Akte Döring/Hamburg/Juden, Döring an Beran, 6.4.1950).

549 Vgl. HAC, Personal Berlin H-L, Akte George Lust, CB an Magistrat v. Berlin 13.2.1951. Zur Berechnung nach Sterbetafel vgl. ebd., George Lust an Wiedergutmachungsamt beim Landgericht Hamburg, 28.6.1951 (Abschrift); Döring an Hansa-Bank, 17.7.1951.

550 Vgl. StA Hamburg, SKEK, 4829, Notiz Döring, 9.4.1946.

551 Bei der CB sollen die Zahlungen an jüdische Pensionäre und Witwen zu einem Zeitpunkt wohl in der zweiten Hälfte der dreißiger Jahre bei RM 500.000.- bis RM 600.000.- gelegen haben. HAC, Akte „Pensionsverpflichtungen aufgrund der Nürnberger Gesetze", CB, PA an Direktion CB/Beran, 10.2.1947.

die Deutsche Bank, die 1939 notierte: „1. Bisherige Pensionsersparnis durch Abfindungen von 29 Juden = RM 144.000.-"[552]

Ab 1937 sank bei allen Banken die Berechnungsgrundlage für Abfindungen kontinuierlich, bis sie 1939 nur noch bei 2 ½ oder im Fall der Dresdner Bank sogar nur noch bei einer Jahrespension lag. Die Dresdner Bank verweigerte der Witwe eines jüdischen Pensionärs eine Abfindung angesichts ihrer bevorstehenden Auswanderung ganz, denn man könne „die Auszahlung der Pension nach erfolgter Auswanderung ohne weiteres auch ohne Abfindungen einstellen". Als Pensionäre 1941 darum baten, zur Finanzierung ihrer Auswanderung die Abfindung zu erhöhen, lehnte die Dresdner Bank dies ausnahmslos ab.[553] Von der Commerzbank sind keine Fälle bekannt, in denen sie eine Abfindung willkürlich verweigert hätte. Die Bank verweigerte aber einem Pensionär die Abfindung, weil er die Ausgleichsquittung nicht unterschreiben wollte, mit der er auf alle Ansprüche verzichtet hätte.[554] Die Deutsche Bank schließlich zahlte in zumindest einem Fall ohne eine solche Ausgleichsquittung[555] und machte sogar nach 1940 noch Ausnahmen zugunsten von Pensionären, allerdings nicht ohne geschäftliche Erwägungen im Blick zu behalten. 1941 erklärte sie sich auf die Bitte eines Filialleiters bereit, die Abfindung eines jüdischen Pensionärs zu erhöhen, damit er seine Auswanderung bezahlen könne: „Da […] sein Verzicht auf eine Pension auch für die Bank eine Entlastung bedeutet, wären wir bereit, ihm noch entgegenzukommen. Allerdings haben wir Zweifel, ob [er] im Jahre 1942 seine Auswanderung noch wird bewerkstelligen können, da die Entwicklung der Kriegs- und politischen Verhältnisse nicht vorhergesehen werden kann. Sie wollen daher dem Genannten erklären, dass wir bereit sind, ihm […] einen Betrag von RM 20.000.- brutto zur Verfügung zu stellen, aber nur für den Fall, dass er seine Ausreise tatsächlich bewerkstelligt." Durch die Deportation des Mitarbeiters mußte die Bank keine Abfindung zahlen.[556]

Die Banken trieben die Ausgrenzung, Beraubung und Ermordung ihrer jüdischen Mitarbeiter meistens nicht aktiv voran, bremsten sie aber auch nicht. Ihre Reaktion auf NS-Interventionen zur Verdrängung der Juden glich sich in bemerkenswerter Weise. Unterschiedliches Verhalten läßt sich oft mit unterschiedlichen Unternehmenscharakteristika erklären – die schnellere Verdrängung durch die Dresdner Bank etwa mit der vom Mehrheitseigentümer Reichswirtschaftsministe-

---

552 HADB, B 381, Aufstellung Herrn Dr. von Halt, 12.10.1939; Großer Bilanzband 1940, Bericht (ohne Titel) „Die Sachlichen Unkosten […]", S. 5. Weiter hieß es: „Noch vorhandene jüdische Pensionäre und Witwen a) Zentrale 72 mit RM 180.432.- b) Filialen 142 mit RM 567.316.-" Die andere Hälfte der Einsparungen entfiel auf eine „außerordentlich große Anzahl von Todesfällen von Pensionären und deren Witwen (285) […], darunter zahlreiche Empfänger von hohen und Höchstpensionen."

553 Vgl. Ziegler, Dresdner Bank; HAC, Akte „Pensionsverpflichtungen aufgrund der Nürnberger Gesetze, CB, PA an Direktion CB/Beran, 10.2.1947.

554 Vgl. HAC, Personal Berlin S-Z, Akte Albert S., Vgl. CB/Döring an Hansa-Bank, 6.8.1952.

555 Vgl. HADB, F 56/6, Rheinisch-Westfälische Bank, Filiale Aachen, an: Rheinisch-Westfälische Bank Düsseldorf, 20.7.1955.

556 Vgl. HADB, P9/K 22, DB Mainz an DB, 23.4.1941; K. an DB, 22.4.1941, DB an DB Mainz, 24.4.1941; Aktenvermerk betreffend: Pensionär [K.], Mainz, 27.3.1942.

rium erzwungenen Anwendung des Berufsbeamtengesetzes und dem ursprünglich höheren Anteil jüdischer Mitarbeiter, die niedrigeren Pensionsabgeltungen durch die Dresdner Bank ebenfalls mit dem Einfluß des RWM. Oft verhielten sich die Banken trotz unterschiedlicher Unternehmenscharakteristika ähnlich, etwa wenn die juristisch autonome Deutsche Bank schon im Mai 1933 schneller als ihre Konkurrenten auf eine Andeutung Schachts hin jüdische Vorstandsmitglieder verdrängte. Die Großbanken tasteten sich in ständiger Orientierung aneinander, koordiniert durch Absprache und Rückfragen bei Staat und Verbänden, durch die juristische Grauzone der Verdrängung.

Unterschiede zeigen sich nur in beschränkten Bereichen und Zeitfenstern. Die Dresdner Bank etwa kürzte schon Ende 1938 Pensionen an Juden, ohne daß man dafür einen besonderen Zwang verantwortlich machen kann. Auch nach der Reprivatisierung der Commerzbank und der Dresdner Bank scheint die Commerzbank 1937 ihren jüdischen leitenden Angestellten höhere Pensionsabgeltungen gezahlt zu haben. Die Deutsche Bank genehmigte noch 1941 höhere Summen.

Die Banken lenkten die antisemitischen Interventionen in wirtschaftlich rationaler Weise ab. Sie vermieden wirtschaftliche Friktionen, indem sie die Verdrängung betriebswichtiger Mitarbeiter verzögerten, die besonders qualifiziert waren oder denen man ein Schlüsselverhältnis zur jüdischen Kundschaft nachsagte. Sie setzten sich für Abfindungen ein, die Juden die Auswanderung ermöglichten, und den Banken Geld für Pensionszahlungen ersparten. In dem Maß, wie die wirtschaftliche Bedeutung der Juden im nationalsozialistischen Deutschland sank, ließ darum die Verteidigungsbereitschaft nach. Das Verhalten der Banken entspricht damit der Definition kurzfristiger wirtschaftlicher Rationalität bei Gabriele Jacobs: „Die Berücksichtigung von Gerechtigkeitsnormen wird in ökonomischen Analysen nur dann erwartet, wenn sie instrumentell der Nutzenmaximierung dienen. Dies ist immer dann der Fall, wenn ein Individuum zur Sicherung seiner Nutzenmaximierung auf die Kooperationsbereitschaft anderer Individuen angewiesen ist."[557] Je weiter die soziale Ausgrenzung und wirtschaftliche Vernichtung der jüdischen Deutschen fortschritt, desto weniger wertvoll war ein jüdischer Mitarbeiter für die Banken und desto weniger wahrscheinlich schien es, in absehbarer Zeit wieder auf eine Kooperation mit Juden angewiesen zu sein. In extremer Weise wiederholte sich dieser Abwägungsprozeß bei der Streichung von Rückstellung für „Judenpensionen" in dem Moment, in dem eine Rückkehr der jüdischen Pensionäre nicht mehr wahrscheinlich schien. Die Verdrängung von Juden war aber auch ein Spielstein im mikropolitischen Aushandlungsprozess, indem die NS-Gliederungen die Bankleitungen unter Druck setzten:

---

557 Gabriele Jacobs, Kulturelle Unteschiede der Gerechtigkeitswahrnehmung europäischer Manager. Eine vergleichende Studie von Personalentscheidungen im Banksektor, Münster 2000, S. 202 [Sozialpsychologisches Forum, 2].

3. TARIFE UND BETRIEBLICHE SOZIALLEISTUNGEN

Während DAF und NSBO die Verdrängung der Juden und Kürzung ihrer Pensionen forderten, verlangten sie höhere Gehälter und Sozialleistungen für „arische" Mitarbeiter. Wie ordneten sich diese Forderungen in wirtschaftliche Interessen und mikropolitische Aushandlungsprozesse ein, und wie reagierten die Banken?

Entlohnung ist ein zentrales personalpolitisches Instrument zur Bindung und Motivation von Mitarbeitern;[1] Gehälter sind gleichzeitig für Banken der Hauptkostenfaktor. Die Entlohnung setzt sich aus gesetzlich vorgeschriebenen, tariflich festgelegten und frei im Unternehmen ausgehandelten Leistungen zusammen.[2] Weil die Einkommenshöhe und Gehaltskonflikte die gesellschaftliche Stabilität beeinflussen, setzt der Staat der Aushandlung der Interessengruppen einen gesetzlichen Rahmen und interveniert gelegentlich auch direkt. Seit dem Ende des 19. Jahrhunderts nahm der Anteil gesetzlicher Leistungen zu; seit 1920 bestand im Bankwesen ein Tarifsystem, in das der Staat seit 1931 unmittelbar eingriff. Nur im schrumpfenden Bereich „freiwilliger" (Sozial-)Leistungen konnten Betriebe sich bis 1939 in freier Aushandlung an die Rahmenbedingungen anpassen.

Das folgende Kapitel 3.1 beschreibt die Entwicklung der Tariflöhne, das Verhältnis der Tariflöhne zu denen außertariflicher Angestellter und die erfolglose Bestrebungen, einen „Leistungslohn" im Bankgewerbe einzuführen. Vor diesem Hintergrund interpretiert Kapitel 3.2 die Veränderungen betrieblicher Sozialpolitik im Bankwesen.

3.1 Tarife und Tarifkonflikte

Die Tarife, das Rückgrat der Entlohnung, stiegen während der Weimarer Republik bis zur Wirtschaftskrise erheblich an, um 1931/32 gesenkt und 1933 auf Krisenniveau eingefroren zu werden.[3] Das hatte Folgen für die Legitimation von Gewerkschaften und NS-Gliederungen.

Der vor allem auf Betreiben des AV 1920 geschaffene Reichstarifvertrag war eine wichtige Legitimation der Gewerkschaften.[4] Bei diesem größten Angestelltentarifvertrag im Reich hatten sie, anders als bei Entlassungen, echte Verhand-

---

1   Wie ein Bankangestellter 1930 erklärte: „Da man das Bestreben hat, seine Arbeitskraft möglichst teuer zu „verkaufen", so ist wohl der beliebteste Ansporn zur erhöhten Leistung die Verbesserung der Besoldung". DAB 10 (1930), S. 40 f.

2   Vgl. Eduard Gaugler, Betriebliche Sozialpolitik, in: Handwörterbuch des Personalwesens, Stuttgart 1992, Sp. 2098-2110, 2101. Zur Komplementarität von betrieblichen Sozialleistungen und Gehältern vgl. Andresen, Sozialpolitik, S. 42.

3   Die umfassendste Darstellung der Tarife im Bankgewerbe liefert Rudl, Angestellte. Rudl untersucht aber nicht die Zeit von 1933 bis 1945. Feldman, Bank; James, Bank; Meyen, Bank und Wolf, Chronik erwähnen Tarife eher am Rand.

4   Vgl. DDB 14 (1925), S. 14; BBZ, 30 (1925), S. 1 f.

lungsmacht.[5] Unter Aufsicht der Schlichter des Reichsarbeitsministeriums[6] mußten die Arbeitgeber bis 1929 Erhöhungen zustimmen,[7] die die Gewerkschaften als Erfolg für sich reklamierten. Die Gewerkschaften behielten ihr Tarifmonopol[8] trotz Zersplitterung, Mitgliederverlust und der Schwächung ihrer Schlagkraft ab 1924,[9] und das Schlichtungwesen blieb bestehen. Vergeblich klagte der Reichsverband 1926, „wie schädlich die Machtbefugnis ist, die die Schlichtungsordnung in die Hände der Behörde gelegt hat."[10] Vergeblich kritisierten Vorstandsmitglieder, allen voran Friedrich Reinhart, das Tarif- und Schlichtungswesen,[11] und vergeblich sperrten sich vor allem MCB und die Commerzbank gegen Tariferhöhungen.[12] Durch die Übernahme von Privat- durch Großbanken erfaßte der Tarif im-

---

5   Vgl. BBW 19 (1932), S. 3; Mason, Sozialpolitik, S. 122.
6   Vgl. etwa DBB 15 (1924), S. 45f., 77f.; BBZ, 30 (1925), S. 1-3, 14; DAB 8 (1928), S. 1.
7   Zum ersten Reichstarifvertrag vgl. DBB 14 (1921), S. 17 f.
8   DBV und der AV waren Hauptverhandlungsführer bei den Tarifen (Quelle: Tarifverträge):

	1920	1921	1922	1923	1924	1927	1928	1930	1933
AV	X	X	X	X			X	X	
DBV	X	X	X	X	X	X	X	*X*	
DHV							X	X	X
RVDB		X	X	X	X	X	X		

Nur die VDO beteiligte sich nicht an Tarifverhandlungen, sie erlegte sich bis auf kurze Ausnahmen ein Tarifierungsverbot auf. Vgl. DDB 12 (1923), S. 64; MDVDO 6 (1924/25), S. 22f. Zur Etablierung der VDO vgl. HADB, F1/82, DB, an: Direktion der DB, Filiale Bremen, 25.11.1919; MDVDO 2 (1920), Nr. 9, S. 60-61; MDVDO 3 (1921), Nr. 3, S. 17. Zu Überlegungen über einen Tarif vgl. DAB 8 (1928), S. 69, 78f.; MDVDO 10 (1928/29), S. 41f., 132-134; SHStA Dresden, Altbanken Dresden, Krögiser Bank, 2577, VDO Individualisierung […]?, 13.10.1928. In der Inflation verloren die Gewerkschaften zeitweise ihre Verhandlungsmacht. Vgl. BBZ 28 (1923), passim; vgl. HAC, S3/A414. Die Rolle des Anwalts der Belegschaften bei der Zentrale übernahmen zu dieser Zeit, wie schon vor Abschluß des RTV 1920, die Filialleiter. Vgl. HAC, S3/A414, CB Hannover an Direktion Hamburg, 10.8.1922; zur Zeit bis 1920 vgl. u.a. HADB, F1/82, DB Bremen an Direktion der DB, 9.1.1920.
9   Vgl. Kapitel 1.5 und 2.1. Eine AV-Demonstration für Gehaltserhöhungen in Berlin brachte 1924 nur 5.000 Bankangestellte auf die Beine; 1921 hatten AV und DBV noch 20.000 mobilisiert. Vgl. DDB 13 (1924), S. 8; *DDB* 10 (1921), S. 224-225.
10 DDB 15 (1926), S. 35. Vgl. auch HAC, 4/35, Niederschrift über die 4. Verbandssitzung VBB […], 21.9.1928; SHStA Dresden, Altbanken Dresden, DB, 6360, DB, PA An die Direktionen unserer Filialen und Zweigstellen, 28.2.1927; HADB, B 236/2, Vermerk, Herrn Direktor von Stauss, 25.3.1929; GB DrB 1920, S. 6; DBB 15 (1924), S. 1 f.
11 Vgl. DDB 12 (1923), S. 132; BBZ 28 (1923), S. 110; BBZ, 30 (1925), S. 1-3; DBB 21 (1930), S. 37-39, 38; zu Eduard Mosler DDB 8 (1919), S. 119 f., 211 f.; DDB 9 (1920), S. 3 f.
12 Die CB lag 1919 noch „beträchtlich" hinter der Konkurrenz. Vgl. Krause, Commerz- und Disconto-Bank, S. 324. MCB und BBV verweigerten 1926 zunächst als einzige Banken ein zusätzliches halbes Jahresgehalt. Vgl. DBB 17 (1926), S. 68 f.; DDB 15 (1926), S. 129.

mer mehr Institute.[13] Sparkassen und Genossenschaftsbanken hingegen waren durch die Tarife nicht gebunden und unterschritten sie oft.[14]

Die Tarife waren Gegenstand heftiger Auseinandersetzungen. Von 1919 bis 1932 klagten die Gewerkschaften, die Einkommen seien niedriger als 1913, niedriger als die anderer Angestellter, zu niedrig für ein auskömmliches Leben.[15] Durch Tariferhöhungen sollten die Banken die inländische Kaufkraft erhöhen und ihre Mitarbeiter motivieren.[16] Dagegen konzedierten die Arbeitgeber zwar, die Tarifeinkommen seien nicht sehr hoch,[17] doch: „Unerträglich sind die gesetzlichen und behördlichen Eingriffe in den Betrieb durch Festsetzung der Entlohnung und der Arbeitszeit, ohne [...] Berücksichtigung der [...] wirtschaftlichen Tragbarkeit."[18] Tariferhöhungen vermehrten die Lohnkosten und zwängen zu neuen Entlassungen. Doch die Einwände blieben erfolglos:[19]

Nach der Inflation[20] stiegen die Nominaleinkommen der Bankangestellten bis 1929 erheblich.[21] Ab 1926 zahlten Banken ein halbes, ab 1929 ein ganzes zusätzliches tarifliches Monatseinkommen.[22] Laut Deutsche Bank-Vorstandsmitglied Michalowsky stieg das Gehalt der Tarifangestellten seiner Bank sogar von 1924-1926 um rund 70 %.[23] Das aller Angestellten ohne Vorstand stieg laut Vorstandssprecher Wassermann von 1924 bis 1929 um 95 %.[24]

13 1920/21 wurde die Allgemeinverbindlichkeitserklärung z.T. auf Privatbanken und Hypothekenbanken ausgedehnt. Vgl. BBZ 26 (1921), S. 13, 35, 49; Baier, Die Lage, S. 60. Viele Privatbanken wendeten aber die Tarife nicht an. Vgl. etwa HAC, 1/479, CB Mainz an Centrale, 11.12.1928.

14 Vgl. BBZ 26 (1921), S. 13 f.; BBZ 34 (1929), S. 109-113; BBZ 35 (1930), S. 87-90; DAB 10 (1930), S. 16-17; DKB 6 (1929), S. 57f.; SHStA Dresden, Altbanken Dresden, Commerzbank, 2999, RS RVB, 9.4.1931; 24.9.1931; 4.5.1932; 18.8.1932; PR NR. 924, 22.8.1932, aber auch BBZ 33 (1928), S. 170 f., BBZ 34 (1929), S. 76, 109-113.

15 Vgl. BBZ, 30 (1925), S. 1-3; DAB 8 (1928), S. 19; DAB 10 (1930), S. 98; DBW 19 (1932), S. 65; HADB, B 236/2, Vermerk, 25.3.1929

16 Vgl. HADB, B 236/2, Vermerk, 25.3.1929; Wünsche der Bankbeamten, in: BM, Nr. 81, 4.4.1928, DBB 15 (1924), S. 1 f., BeBZ, Nr. 172, 12.4.1927; Glanz und Elend in den Banken, in: Vorwärts, 9.4.1929; BBW 19 (1932), S. 2.

17 Vgl. Feldman, Bank, S. 229; HADB, B 236/2, Vermerk, Stauss, 25.3.1929; DDB 18 (1929), S. 176; DDB 19 (1930), S. 66.

18 GB DB 1925, S.22.

19 Vgl. 630. ARS, 2.12.1924; 633. ARS, 21.4.1925; Feldman, Bank S. 181, 229 f.; GB DB 1920, S. 16; 1921, S. 17; 1927, S. 20; GB CB 1925, S. 7; 1927, S. 11; 1928, S. 7; 633. ARS, 21.4.1925; DB, in: FZ, 27.3.1929. Quelle Graphik: Reichstarifverträge/ordnungen.

20 Zur Gehaltsentwicklung während der Inflation vgl. Baier, Die Lage, S. 43-61; Feldman, Bank S. 179, 181; NB, II. Folge, Nr. 2, 15. Februar 1919; GB CB 1920, S. 6; GB CB 1921, S. 7 und die detaillierten Verhandlungsprotokolle in. DDB.

21 Vgl. Rudl, Angestellte, S. 152. Allerdings wirkten Gruppenrückversetzungen den Gehaltserhöhungen entgegen. Vgl. u.a. BBZ, 30 (1925), S. 1-3; SHStA Dresden, Altbanken Dresden, DB, 6361; DDB 14 (1925), S. 91-92; DDB 15 (1926), S. 37.

22 Vgl. DBB 18 (1927), S. 18 f.; DAB 8 (1928), S. 1 f.; DBB 18 (1927), S. 99; DBB 19 (1928), S. 11 f.; BBZ 34 (1929), S. 58.

23 Vgl. HADB, Ordner Direktorensitzungen, Filialdirektorensitzung 11.3.1926.

24 Vgl. BBZ 34 (1929), S. 147; DDB 19 (1930), S. 66. Der VDO behauptete, die Einkommen der AT-Angestellten seien bis 1927 weniger stark gestiegen als die der Tarifangestellten (vgl.

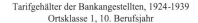

Tarifgehälter der Bankangestellten, 1924-1939
Ortsklasse 1, 10. Berufsjahr

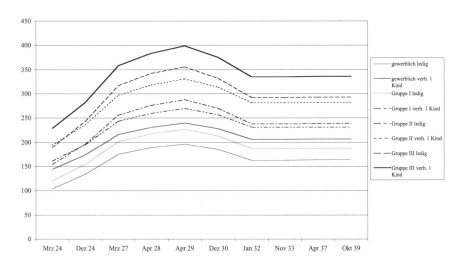

Bei den Realeinkommen und im Verhältnis zum Einkommen anderer Angestelltengruppen ergibt sich (mit methodischen Vorbehalten)[25] ein anderes Bild.
Vor 1900 verdienten Bankangestellte bei weitem am besten von allen Angestellten. Auch um 1900 lagen ihre Gehälter noch 25 % voraus, obwohl der Vorsprung
gesunken war.[26] Trotz weiteren Absinkens[27] waren ihre Realeinkommen auch
1914 noch Spitze,[28] doch im Krieg verschlechterte sich ihre relative Stellung weiter.[29] Rudl betont, Bankangestellte seien besser gestellt geblieben als das übrige
Handelsgewerbe,[30] doch verdienten sie 1918 weniger als manche Arbeiter der
Rüstungsindustrie.[31] Während der Inflation ging vermutlich der Angleichungspro-
zess an die übrigen Angestellten weiter.[32] Besonders drastisch klingt ein Bericht
des AV von 1921, in einer Stadt musizierten „jeden Sonntag […] in einem kleinen
Kaffee Bankangestellte […], da sie sonst nicht in der Lage sind, sich für die 6

MDVDO 9 (1927/28), S. 61-63; auch ebd. S. 127-129; DAB 7 (1927), S. 79; HADB, F1/199,
DB, Direktion, kein Datum (1919). 1922 konstatierte die VDO: „Der leitende Beamte ist […]
das Aschenbrödel in den Einkommensverhältnissen […] geworden." MDVDO 4 (1922), Nr.
3, S.15. Vgl. auch MDVDO 6 (1924/25), S. 114f., 151; DDB 11 (1922), S. 205.
25 Vgl. Rudl, Angestellte, S. 102-104; Berechnungen bei Baier, Die Lage, S. 62-76, 110-116.
26 Vgl. Gall, Bank, S. 121-122.
27 Vgl. Rudl, Angestellte, S. 102-104.
28 Vgl. Rudl, Angestellte, S. 91; Baier, Die Lage, S. 61 f.
29 Vgl. Baier, Die Lage, S. 44 f.
30 Rudl, Angestellte, S. 153. Vgl. auch Bankbeamtenstreik, S. 270.
31 Vgl. Feldman, Bank, S. 177 f.; vgl. auch Baier, Die Lage, S. 106 f.
32 Vgl. DDB 10 (1921), S. 17; DDB 11 (1922), S. 109-118, 114-115 ff.; Baier, Die Lage, S. 78.
    Anders dagegen: DDB 11 (1922), S. 114.

Arbeitstage notdürftig verpflegen zu können.[33] Der Direktor der Deutsche Bank-Filiale in Bremen berichtete 1920, von „einer tatsächlichen Notlage bei gerade de[n] besten, [...] solidesten und unermüdlich [...] arbeitenden" Mitarbeitern. Sie machten Schulden, verkauften Möbel, und spekulierten „mit Hilfe von Freundes- und Verwandten-Geld, [...] in Effekten", um ihre „Familie über Wasser zu halten.[34] Die Commerzbank Hannover berichtete Ähnliches.[35] Trotz der Tarifsteigerungen seit 1924 gaben Großbanken-Vorstandsmitglieder zu, die Kaufkraft der Einkommen im Bankgewerbe habe vor 1914 höher gelegen[36] und der Journalist Georg Bernhard schrieb 1929, kein „Angestelltenzweig [sei so] in seiner sozialen und wohl auch geldlichen Stellung gegenüber der Vorkriegszeit zurückgegangen [...] wie der Bankbeamte."[37]

Ab 1931 sank die reale und nominale Gehaltshöhe durch die Brüningschen Notverordnungen radikal. Proteste der durch Entlassungen geschwächten Gewerkschaften[38] konnte der Reichsverband nun als „Theater" abtun.[39] Die Banken senkten 1931 die Tarife um 5 % bei den niedrigeren Gruppen, um 6 % bei den höheren.[40] Ende 1931 folgte eine nochmalige Kürzung um 12 %.[41] Dazu kamen Rückversetzungen und Zulagenkürzungen.[42]

Das NS-Regime schaffte das Tarifsystem nicht ab, sondern fror die Tarife auf Krisenniveau ein. Obwohl die NSDAP sich stets gegen Tarife ausgesprochen hatte, erklärte Johannes Engel, der erste Sondertreuhänder für das Bankgewerbe, lobend: Der Tarif habe den „sozialen Frieden" erhalten und Streiks verhindert.[43] Auch der Reichsverband wollte, ganz im Gegensatz zu den heftigen Beschwer-

---

33   DDB 10 (1921), S. 111; auch DDB 10 (1921), S. 20; DDB 12 (1923), S. 21.

34   HADB, F1/82, DB Bremen an die Direktion der DB, PA, 9.1.1920.

35   Vgl. HAC, S3/A414. Vgl. auch Baier, Die Lage, S. 73-76.

36   Vgl. die Äußerung von Michalowsky in HADB, Ordner Direktorensitzungen, Niederschrift Filialdirektorensitzung 11.3. 1926. Deutsche Bank-Vorstandssprecher Wassermann erklärte, bei seiner Bank hätten die Durchschnittseinkommen von M 3.400.- 1914 eine Kaufkraft von RM 4991.- gehabt gegenüber RM 4.715.- im 1929. DDB 19 (1930), S. 66. Dramatisch die Darstellung in Finanzkönige und Bankbeamte, in: Vorwärts, 10.4.1928; DDB 19 (1930), S. 170. Vgl. auch eine Untersuchung des DHV, laut der die Angestellte in Banken weniger als in Industrie und Versicherungen verdienten (DKB 6 (1929), S. 77f.; DKB 7 (1930), S. 1 f.); Widerspruch der Vorstände: Generalversammlung Disconto-Gesellschaft, in: BeBZ, 26.3.1929.

37   DDB 18 (1929), S. 77.

38   Vgl. PR Nr. 805, 20.12.1930; DDB 20 (1931), S. 2 f.; DDB 20 (1931), S. 11 f.; DBW 18 (1931); S. 221. Vgl. Mason, Sozialpolitik, S. 122.

39   HAC, 4/35, RDB (Haeffner) an Harney, 16.12.1930.

40   Vgl. PR Nr. 805, 20.12.1930; PR 811, 8.1.1931; BBZ 35 (1930), S. 159;

41   BBW 19 (1932), S. 2 f.;SHStA Dresden, Altbanken Dresden, DB, 6362, DB an Direktionen Filialen, 29.12.1931. Die Verordnung vom 8.12.1931 (RGBl. I 1931, S. 731 ff.) verordnete eine Rückführung der Tarife auf die Höhe vom 10.1.1927. Es gab eine Kürzungstafel für Banken, die 13. Monatsgehalt zahlten und eine für die übrigen. Vgl. BBZ 37 (1932), S. 4, 13. Die Dresdner Bank setzte nach der Sanierung durch das Reich die Gehaltskürzungen für öffentliche Bedienstete unmittelbar um. Vgl. Ziegler, Verdrängung, S. 198f.; BAB, R 3101, 8735, RWM an DrB, 22.6.1933, DrB an RWM, 5.7.1933.

42   Vgl. NBB, 1932, S. 11.

43   Vgl. Hampl, Rezension Adrian/ Goller, Reichstarifordnung, in: BA 37/38 (1938), S. 365.

dem der 1920er Jahre, den Tarif erhalten. Auf seinen Vorschlag und den seines nunmehr einzigen Tarifpartners DHV[44] verlängerte am 21. November der Treuhänder den Vertrag vom 8. Juli 1932 leicht verändert bis zum 30. Juni 1934.[45] Als es um die Umarbeitung in eine Reichstarifordnung ging, setzte sich am 30. Juni 1934 Reichsverbands-Vorsitzender Mosler beim Reichskommisar für eine Erhaltung des Vertrages ein: Man habe mit dem „Reichstarifvertrag sehr gute Erfahrungen gemacht. Deswegen seien sowohl die Bankleitungen wie die Angestellten für eine Fortsetzung des Vertrages [...]. Durch das neue Gesetz über die Regelung der Nationalen Arbeit [sic] [...] müßten [an sich] Verträge innerhalb der einzelnen Institute abgeschlossen werden [...]. Bei dem über ganz Deutschland hin und her übergreifenden Kreditgewerbe sei eine solche Regelung nicht denkbar."[46] Für Großbetriebe waren reichsweite Regelungen effizient, die Arbeitgeber wollten eingefrorene Tarife mit individuellen Zulagemöglichkeiten.[47] Tatsächlich schrieben die Reichstarifordnungen die Tarifverträge mit kleineren Änderungen fort.[48] Allerdings wurden gewerbliche Angestellte nun ebenfalls in den allgemeinen Tarif eingeordnet – eine alte Forderung des sozialistischen AV wurde umgesetzt.[49]

Zuständig für Tarife waren allein die Treuhänder, Gehälter legten die „Betriebsführer" fest. DAF, Reichsbetriebsgemeinschaft und NSBO bemühten sich aber um Einflüsse auf die Tarifgestaltung, weil sie sich durch materielle Zugewinne für die Belegschaft legitimieren wollten. Wie Rudolf Lencer erklärte: „Ich kann in einer Betriebsgemeinschaft mich auf ideellem Gebiet noch so anstrengen [...], es kommt dann aber doch die Frage: ‚Wenn du mir dauernd beteuerst, daß du mein Kamerad oder mein Führer bist und für mich sorgst und eintrittst, dann mußt du auch einmal die materiellen Verhältnisse in Ordnung bringen.‘"[50] So forderten

44 Vgl. SHStA Dresden, Altbanken Dresden, CB, 2999, Rdschr. RVB, 12.9.1933.

45 Vgl. SHStA Dresden, Altbanken Dresden, Krögiser Bank, 2637, RS RVB, 23.11.1933; Treuhänder der Arbeit für das Wirtschaftsgebiet Brandenburg an RVB, 21.11.1933. Die Forderung, alle Kreditunternehmen einzubeziehen, stellte der Reichsverband zunächst zurück. Vgl. LHA Magdeburg, Rep. I 103, Bankhaus Dippe-Bestehorn, Quedlinburg, Nr. 10, Bankhaus Dippe-Bestehorn an Firma Wachenfeld & Gumprich, 24.10.1933 SHStA Dresden, Altbanken Dresden, Krögiser Bank, 2637, RS RVB, 19.12.1933; RS RVB, 4.10.1933. Sowieso wandten viele meisten Bank- und Giro-Anstalten der öffentlichen Hand 1933 die RTV an. Vgl. SHStA Dresden, Altbanken Dresden, Krögiser Bank, 2637, RS RVB, 25.2.1933..

46 MAM, 1458-1-1780, RKB, Aktenvermerk, 30.6.1934. Ähnlich äußerte sich Fischer 1934. Vgl. Fischer, Ausbildungsprobleme, S. 4, 6 f., 9 f.; auch MDBDB 1934, S. 82.

47 Vgl. Mason, Sozialpolitik, S. 120; Siegel, Leistung, S. 56 f.

48 Vgl. PR Nr. 1428, 23.9.1939.

49 Vgl. DDB 10 (1921), S. 39; DDB 18 (1929), S. 72.

50 Vgl. Adrian, Sozialleistungen, S. 633 f.; Lencer, Leistungsgemeinschaft, S. 29. Lencer forderte 1936, auch die Sparkassen der reichsweiten Tarifregelung zu unterwerfen, um so die Entlohnung zu verbessern. Vgl. Rudolf Lencer, Sozialpolitische Probleme bei den Sparkassen, in: Reichsbetriebsgemeinschaft, Erst Reichsarbeitstagung 1936, S. 159-161, 160. Vgl. auch BuV 2 (1935), 1. Folge, S. 2. Zur Kontroverse um eine gewerkschaftsähnliche Rolle der DAF bei den Arbeitnehmern vgl. Siegel/v. Freyberg, Industrielle Rationalisierung, S. 56 f.; Siegel, Leistung, S. 120-122, 136; zum Einsatz der DAF für Rationalisierung und Einführung des „Leistungsprinzips" v.a. im Krieg vgl. Siegel, Leistung, S. 122 f.; Siegel/v. Freyberg, Indus-

die NS-Aktivisten Gehaltserhöhungen, etwa Lencer in der Bankenenquête 1933 („Es sollten jedenfalls keine [...] Lohnkürzungen vorgenommen werden, sondern die Kaufkraft des deutschen Volkes müsse gehoben werden."[51]) oder die Commerzbank-Betriebszeitung 1934 (die Tarife seien „aufbesserungsfähig"[52]). Besonders traten sie für die schlechter bezahlten Mitarbeiter ein.[53] Das beunruhigte die Arbeitgeber.[54] Treuhänder Daeschner stellte 1935 klar, „daß der Betriebsführer allein unter eigener Verantwortung ohne Mitbestimmungsrecht [...] seine Entscheidung [in Gehaltsfragen] trifft." Der Vertrauensrat habe nur ein „Beratungsrecht".[55] Die Einflußversuche hörten aber nicht auf.[56]

Zunehmend gerieten die Banken auch auf der wirtschaftlichen Seite unter Gehaltsdruck. Mit dem geschäftlichen Aufschwung verschwand ab 1936/37 die Arbeitslosigkeit, und der Wettbewerb um Mitarbeiter begann.[57] Die Filialgroßbanken konkurrierten untereinander;[58] gerieten aber vor allem durch die schnell wachsende Bank der Deutschen Arbeit unter Druck. Die DAF-Bank rundete 1936 alle Tarifgehälter nach oben ab, erhöhte also auf eigene Faust den Tarif.[59] Ab 1938 galt die Tarifgruppe II als Mindestbezahlung.[60] Auch die kriegswichtige Industrie setzte den Banken zu.[61] Die Commerzbank-Filiale Mainz etwa beantragte 1937 einige Beförderungen,[62] um 1938 Alarm zu schlagen: Nötig sei mehr Gehalt für „eine[...] ganze[...] Reihe" von Angestellten. Zwar stünden „einer generellen Erhöhung der Tarifsätze schwere Bedenken entgegen", doch es sei „unverkennbar, dass seit geraumer Zeit Unzufriedenheit bei der Angestelltenschaft besteht, weil ihr Einkommen mit der Entwicklung der Lebensbedingungen nicht Schritt hält [...,] in vielen Kreisen der Industrie wesentlich bessere Gehälter be-

trielle Rationalisierung, S. 58-60. Dieser Arbeit liegen hauptsächlich Quellen zur Aktivität der DAF und der Reichsbetriebsgemeinschaft bis 1939 zugrunde.

51 Publizitätsfragen des Bankgewerbes, in: BeBZ, Nr. 558, 29.11.1933.

52 AK 1 (1934), Oktober, S. 6 f.

53 Vgl. PRVH 8.1.1937, 13.4.1937, 7.9.1937, 12.10.1937, 12.5.1938, 30.8.1938, 8.7.1940.

54 Vgl. RS CDBB Nr. 83, 3.8.1934. Arbeitgeber befürchteten, die DAF werde sich zu einer machtvollen „Einheitsgewerkschaft" entwickeln. Vgl. Siegel, Leistung, S. 35 f.; 69 f.

55 SB 5 (1935), April, S. 1; August, S. 1-4. Immerhin äußerte Fischer als Leiter der Reichsgruppe Banken Verständnis für die Forderung nach Gehaltsaufbesserung für Schlechterverdienende. Fischer, Ausbildungsprobleme, S. 9 f.

56 Vgl. SB 7 (1937), S. 238; SB 8 (1938), S. 269.

57 Vgl. Kapitel 1.1.

58 Der „Betriebsführer" der Commerzbank- in Hamburg erklärte 1937 dem Vertrauensrat, bei der Entlohnung sei die Bank im „Vergleich zu anderen Großbanken am hiesigen Platz [...] jedenfalls in vorderster Linie." PVRH 8.1.1937.

59 Vgl. GB BDDA 1936.

60 Vgl. GB BDDA 1938.

61 Vgl. das Beispiel der Filiale Kamenz in SHStA Dresden, Altbanken Dresden, CB, 3172.

62 Vgl. HAC, 1/481, Filiale Mainz an Zentrale, PA, 29.7.1937; CB an Direktion Filiale Mainz, 30.7.37; Filiale Mainz an Zentrale, PA, 30.12.1937; CB, PA an Direktion Filiale Mainz, 31.12.1937; Filiale Mainz an Zentrale, PA, 30.12.1937; Filiale Mainz an Zentrale, PA, 8.6.38; Filiale Mainz an Zentrale, PA, 14.6.38. 1937 erklärte der Hamburger CB-„Betriebsführer" 1937 dem Vertrauensrat, es sei „das Bestreben der Leitung [...], die Aufbesserung der wirtschaftlichen Verhältnisse der Arbeitskameraden zu erreichen." PVRH 8.1.1937.

zahlt werden [... und] ganz junge Mädchen [...] heute Gehälter beziehen, die sich mit denen eines gelernten Bankbeamten messen können".[63]

Anträge auf Beförderung und Lohnerhöhungen häuften sich so,[64] daß das Regime die Sanktionen verschärfte. Auf Übertretung der Gehaltsgrenzen des Treuhänders setzte die Verordnung des Beauftragten für den Vierjahresplan für die Lohngestaltung vom 25. Juni 1938 Geld- und Gefängnisstrafen.[65] Mit Kriegsausbruch verbot die 2. Durchführungs-Verordnung zur Kriegswirtschaftsverordnung vom 12. Oktober 1939 Gehaltserhöhungen und Beförderungen.[66] Erlaubt waren nur widerrufliche Kriegszulagen.[67] 1941 betonte der Reichstreuhänder angesichts dauernder „Anträge auf Lohn- und Gehaltserhöhungen": „Bei der Überprüfung der Anträge wird strengster Maßstab angelegt."[68] Durch Einflußversuche der Vertrauensräte[69] und Lohnerhöhungen im Rüstungssektor[70] stieg der Gehaltsdruck weiter. 1942 berichtete die Commerzbank Mannheim, die Eltern von Hilfskräften klagten „dauernd über die schlechte Bezahlung ihrer Töchter [...], wobei sie sich auf die Bezahlung der Anfängerinnen bei der Industrie und bei der Reichsbank berufen. Den wiederholten Ersuchen der jungen Mädchen gegenüber, sie [...] zu entlassen, haben wir uns stets ablehnend verhalten, da neue Kräfte nicht zu bekommen sind."[71] Einzelbeispiele zeigen, daß viele Bankangestellte erst um 1940 wieder so viel verdienten wie vor der Krise.[72] Ein gewerblicher Angestellter der Deutschen Bank, also ein Angehöriger derjenigen Gehaltsgruppe, auf deren Förderung sich die Nationalsozialisten im Betrieb besonders viel zugute hielten, beklagte sich nach seiner Beförderung 1939 bei Personalchef Halt: Seinem neuen Gehalt von RM 198,74 im Monat stünden Ausgaben von 192,05 gegenüber. Er klagte, wie wenig „man mit diesem Geld anfangen kann und wie sehr man sich einschränken muss, da ist noch keine Kleidung, keine Wäsche, keine Wolle keine Seife und nichts darin enthalten zum Glück bin ich Nichtraucher. Aber so geht es mir nicht allein, so geht es allen Kameraden [...], da müsste auch mal Abhilfe geschaffen werden."[73]

Bei den Gehältern außertariflicher Angestellter war die Frontstellung seit 1919 umgekehrt. So verlangten die Gewerkschaften der Weimarer Zeit immer

63 HAC, 1/481, CB, Filiale Mainz an Zentrale, PA, 15.12.1938.

64 Vgl. etwa die Anträge der Filiale Frankfurt in HAC, 1/8.

65 RGBl. I 1938, S. 691; vgl. auch RS CDBB Nr. 97, 28.7.1938.

66 Vgl. RGBl. I, 1939, S. 2028; PR CDBB Nr. 201, 19.10.1939; RS CDBB Nr. 214, 2.11.1939; RS CDBB Nr. 231, 18.11.1939. Die Deutsche Bank verhängte kurz nach Kriegsbeginn eine Beförderungssperre. HADB, B 386, DB, PA an Direktionen unserer Filialen, 22.11.1939.

67 HAC, 1/481, CB. PA an die Direktion der Filiale Mainz, 18.7.1940. Vgl. auch BLHA Potsdam, CB Luckenwalde, Abgabe 1989, 5, Bekanntmachung Reichstreuhänderamt, 25.1.1940; PR Nr. 1458, 12.2.1940, RS CDBB, Nr. 27, 8.1.1940.

68 PR Nr. 1545, 1.8.1941.

69 Vgl. PVRH 12.6.1939; 11.8.1942; SHStA Dresden, 13135, Prot. Vertrauensrats. 21.11.1941.

70 Vgl. Siegel, Leistung, S. 136.

71 HAC, 1/247 I, CB Filiale Mannheim an PA, 6.1.1942.

72 Vgl. die Fälle von Franz S. und Josef G. in den Gehaltsbüchern der Filiale Mainz im HAC.

73 HADB, P2/H307, H., An den Betriebsführer Pg. Dr. Ritter von Halt, Betr.: Gehalt H[.], 20.12.1939.

wieder niedrigere Bezahlung für „Oberbeamte", doch vergeblich.[74] Erst nach der Bankenkrise wurden diese Gehälter 1931 auf Anordnung des Reichs gesenkt, und zwar stärker als die der Tarifangestellten, nach Höhe gestaffelt.[75] Die Commerzbank ging dabei besonders scharf vor.[76] Nach der Sanierung durch das Reich im Oktober 1932 mußte die Commerzbank die außertariflichen Gehälter auf Grundlage der Vierten VO des Reichspräsidenten zur Belebung der Wirtschaft vom 4. September 1932 und auf Druck des RWM noch einmal senken.[77]

Auch die NS-Gliederungen kritisierten die Gehälter der außertariflichen Angestellten als zu hoch.[78] Spangenberg als Leiter der NSBO Banken Berlin forderte 1933 von den Vorstandsmitgliedern der Commerzbank einen Gehaltsverzicht, Lencer von der Deutschen Bank „ein gerechtes Verhältnis zwischen den Gehältern der Direktoren und der Angestellten".[79] Dieser Forderung entsprach das Reich, als es als Hauptaktionär etwa in der Commerzbank Anfang 1934 die AT-Gehälter noch einmal kürzte.[80] Auch die nicht in mehrheitlichem Staatsbesitz befindliche Deutsche Bank schloß sich an.[81] Als die Aufsicht über die Commerzbank im Rahmen der Reprivatisierung 1936 gelockert wurde, teilte das RWM mit,

74 Vgl. HADB, B 236/2, Vermerk, 25.3.1929; Wünsche der Bankbeamten, in: BM, Nr. 81, 4.4.1928, DBB 15 (1924), S. 1 f., BeBZ, Nr. 172, 12.4.1927; Glanz und Elend in den Banken, in: Vorwärts, 9.4.1929; BBW 19 (1932), S. 2. Die VDO dagegen betonte die „über den Rahmen primitiver Lebensführung wesentlich hinausgehend[en]" Bedürfnisse der „auf rein geistigem Gebiet" arbeitenden „Oberbeamten". MDVDO 2 (1920), Nr. 7, S. 46.

75 Vgl. SHStA Dresden, 13135, 296, DrB, Direktion, An unsere Niederlassung [...], 28.10.1930. Der Reichsverband protestierte vergeblich, daß „Oberbeamtenbezüge [...] seit 1927 nicht erhöht worden seien", die Tariflöhne aber um 25 %. Vgl. HAC, 4/35, RDB an Mitglieder Verhandlungskommission, 28.11.1930.

76 Vgl. SHStA Dresden, Altbanken Dresden, Krögiser Bank, 2577, Notiz „Am 3. Dezember".

77 Vgl. RGBl. 1932 I, S. 425 ff.; BAB, R 3101, 8735; HAC, 1/186I, 45. SAA, 27.10.1932; Feldman, Bank, S. 285 f., 309; SHStA Dresden, 13135, 296, DrB, Direktion, An unsere Niederlassungen!, 5.10.1931; PR Nr. 882, 11.1.1932; BAB, R 3101, 8735. Zur Festsetzung von Vorstandsgehältern Ende 1933 vgl. ebd., RWM/Koehler an Andreae, September 1933. Die AT-Angestellten argumentierten gegen die Kürzungen sehr ähnlich wie sonst die Gewerkschaften – nur höhere Gehälter könnten die inländische Kaufkraft erhöhen und die Mitarbeiter motivieren. Vgl. BAB, R 3101, 8735, Arbeitsausschuss CB an RWM/Warmbold, 27.10.1932. Eine Kürzung der Gehälter werde zu einer Abwanderung guter Mitarbeiter und zu Ansehensverlust der staatlich subventionierten Banken führen. HAC, 1/54, Die stellvertretenden Direktoren [...] an RWM 9.11.1932, Streng vertraulich! (auch in BAB, R 3101, 8735); vgl. auch HAC, 1/186I, 46. SAA, 15.11.1932. Vgl. auch BAB, R 3101, 8735, VDO an Reichskanzler, 27.10.1932 und die Proteste der VDO: MDVDO 14 (1932/33), S. 170.

78 Die DBV-Betriebsratsvertreter im Aufsichtsrat der Commerzbank hatten noch 1933 niedrigere Gehälter für leitende Angestellte gefordert. Vgl. 665. ARS, 23.5.1933.

79 Vgl. BeBZ, 294, 27.6.1933. BBZ 38 (1933), S. 64; Der Angriff, Nr. 281, 30.11.1933.

80 Grundlage war die Verordnung des Reichspräsidenten zur Belebung der Wirtschaft vom 4. September 1932 (RGBl 1932 I, S. 431). Vgl. PR Nr. 1035, 9.2.1934. Zu Abfederungsmaßnahmen vgl. PR Nr. 1064, 18.6.1934; PR Nr. 1095, 6.12.1934; PR Nr. 1099, 22.12.1934. Vgl.auch HAC, 1/186I, 53. SAA, 23.5.1933; HAC, 1/186II, 54. SAA, 16.6.1933.

81 Die Deutsche Bank traf allerdings entgegenkommendere Übergangsregelungen. Vgl. HAC, 1/6, CB, Niederlassung Frankfurt, Direktion an Vorstand CB, 27.6.1934; HADB, S 383, „Regelung der Gehälter [...]"; „Die vorgesehenen [...], 26.2.1934.

die Bank müsse „bei der Bemessung der Gehälter usw. Ihrer leitenden Angestellten auch künftighin etwa im bisherigen Rahmen verbleiben".[82] Mit der geschäftlichen Erholung stiegen diese Gehälter aber an, weil wieder Tantiemen gezahlt wurden. Doch auch bei außertariflichen Gehältern hatten die Reichstreuhänder mitzureden. Die Dresdner Bank erklärte einem Filialleiter 1944, daß sich „das Verhältnis der Einnahmen [...] als überholt herausgestellt [habe]. [...] Wenn wir trotzdem keinerlei Folgerungen in Richtung einer Abänderung gezogen haben, so kommt dies daher, dass diese Abänderung [...] eine grundsätzliche sein müsste, die infolge des Lohnstopps zu grossen Hindernissen begegnet."[83] Im Arbeitsausschuß der Deutschen Bank hieß es 1944 über die leitenden Angestellten: „[Die] Einkünfte dieses überaus wichtigen Personenkreises hätten [...] mit den Erfordernissen nicht Schritt gehalten und müßten zu gegebener Zeit berichtigt werden".[84]

Nicht nur die Höhe der Tarife war umstritten, sondern auch ihre Ausgestaltung. Während der Weimerar Zeit forderten die Arbeitgeber einen „Leistungslohn" statt festgelegter Gehaltssteigerungen vom ersten bis zum 15. Dienstjahr laut Tarifstaffel. Diese kritisierten sie als „Gleichmacherei",[85] „verfluchte[s...] Nivellierungssystem" (Haeffner),[86] „Sozialismus" (Reinhart).[87] Sie zwinge zur Ersetzung älterer Mitarbeiter durch jüngere,[88] und lasse keinen Spielraum zur Belohnung wertvoller Mitarbeiter.[89] Allerdings hatten die Banken schon vor der Einführung des Tarifs ihre Bezahlung auch am Alter orientiert,[90] und die Suche nach objektiven Kriterien für einen Leistungstarif blieb erfolglos.[91]

Anders als die Gewerkschaften bis 1933 standen die NS-Gliederungen einer Bezahlung entsprechend der Leistung offen gegenüber. So forderte Lencer wiederholt einen „Leistungslohn", der den „Tüchtigen" nicht nach Tarif bezahle.[92] Reichsgruppen-Leiter Fischer forderte 1934, „mit der Feststellung des Durchschnitts der Leistungen die unterdurchschnittliche Leistung [...]auf den ihr zu-

---

82 HAC, 1/115, RWM an CB, 27.10.1936. Bis auf einen Einspruch des RFM gegen die Höhe der Pension Friedrich Reinharts blieb die CB dann unbehelligt. Vgl. R3101, 18612, S. 217, RFM an RWM, 24.12.1936; S. 218 f., Reichsbank-Direktorium an RWM, 8.1.1937; S. 220 f., RWM (Koehler) an RFM, 20.1.1937. Vgl. auch BAB, R3101, 18612, RWM (Koehler) an Claussen, 21.11.1935; CB (Reinhart) an Claussen, 15.9.1936, Abschrift.

83 SHStA Dresden, 13135, 68, DrB, PA an Kanz, 18.4.1944.

84 BAB, R8119F, P31, Arbeitsausschußsitzung 30. März 1944; auch SHStA Dresden, Altbanken Dresden, DB, 6376, DB (Halt/Haeffner), An Reichstreuhänder d. Arbeit, 7.7.1941.

85 BAB, R8119F, P8890, RDB, Unseren Angestellten, 12.6.1919; auch BBZ 25 (1920), S. 170.

86 DDB 10 (1921), S. 260. Vgl. auch DBB 17 (1926), S. 1 f.; DBB 19 (1928), S. 11 f.; DBB 21 (1930), S. 98; DAB 10 (1930), S. 98; Wünsche der Bankbeamten , in: BM, Nr. 81, 4.4.1928; HAC, 4/35, Jahresbericht für das Geschäftsjahr vom 1. Juli 1929 bis 30. Juni 1930.

87 Vgl. DBB 21 (1930), S. 38.

88 Vgl. BAB, R8119F, P8890, RDB, Unseren Angestellten [...]!, 12.6.1919; HADB, B 236/1, VBB, 1.12.1927; HAC, 4/35, RDB, 11.3.1930; PR Nr. 737, 1.3.1930; Nr. 931, 29.9.1932.

89 Vgl. HADB, Ordner Direktoren-Sitzungen, Niederschrift Besprechung unter Vorsitz Brunswig (Referent Herr Rummel) am 13. ds. Mts [1929].

90 Vgl. HADB, F1/421, DB Filiale Bremen an Oldenburg. Spar- und Leih-Bank, 20.11.1919.

91 Vgl. Kapitel 3.2.

92 Vgl. BAB, R 2501, 6928, Stenograph. Prot. Bankenenquête, 8. Sitzung, 29.11.1933, Hauptexemplar, S. 722-726; BuV 1 (1934), 1. Folge, S. 3; Lencer, Leistungsgemeinschaft, S. 29.

kommenden Platz zu verweisen."[93] Doch grundsätzliche Neuerungen wie das Leistungslohnsystem bei Siemens ab 1938/39 oder die flächendeckenden Einführung des Refa-Verfahrens in der Industrie ab 1942 gab es im Bankwesen bis 1945 nicht.[94]

---

93 Fischer, Ausbildungsprobleme, S. 5-7. Vgl. auch BAB, R 2501, 6928, Stenographische Protokolle der Bankenenquête, 8. Sitzung, 29. November 1933, Hauptexemplar, S. 714; Meyer, Aufgaben, S. 114. PVRH 8.1.1937.

94 Zur Industrie vgl. Schneider, Hakenkreuz, S. 532 f.; Siegel/Freyberg, Industrielle Rationalisierung, S. 40. 1937 meldete Lencer, von 100 von der Reichsbetriebsgemeinschaft untersuchten Betrieben hätten 20 % den Leistungslohn eingeführt. Was das im einzelnen bedeute, erklärte er aber nicht. Ein neuer Tarif, der auf Leistungsmessung beruht hätte, wurde jedenfalls nicht eingeführt. Vgl. Lencer, Sozialgestaltung, S. 59.

3.2 DIE BETRIEBLICHE SOZIALPOLITIK

Während die NS-Gliederungen im Bereich der Tarifgehälter verglichen mit den Weimarer Gewerkschaften wenig vorzuweisen hatten, war in einem anderen Bereich der Entlohnung mehr für sie zu gewinnen: „Die Macht haben wir", rief Reichsbetriebsgemeinschafts-Leiter Rudolf Lencer 1934 20.000 Bankangestellten zu, „und jetzt ist Politik Sozialpolitik."[95] Für betriebliche Sozialleistungen waren die NS-Gliederungen, anders als für Tarife, offiziell mit zuständig. Hier konnten sie sich gegenüber Mitarbeitern legitimieren, organisatorische Zuständigkeiten ausbauen und nationalsozialistische Prioritäten in der Entlohnung durchsetzen.[96] Lencer versprach, „die sozialen Belange der Gefolgschaft auf das Entschiedenste [zu...] wahren. [...] Wo ein Betrieb sauber ist, wird nicht eingegriffen; aber dort, wo ein saumäßiger Zustand herrscht".[97] Nur durch großzügige Sozialpolitik könnten „Betriebsführer" sich legitimieren.[98] Wie wichtig Sozialpolitik für die Legitimation der NS-Aktivisten war, zeigte die Aufforderung des Dresdner Bank-Betriebszellenobmanns Voth vor der Vertrauensratswahlen 1935 an die Mitarbeiter, vor allem „ehrlich darüber nachzudenken, was seit der Zeit der Machtübernahme auf sozialem Gebiet alles geschehen ist und welche Unsummen an Mehrausgaben das bedingt. [... Ü]berall sind soziale Verbesserungen jedweder Art eingetreten [... wie] die Geburtsbeihilfen, die Abgangsentschädigung".[99]

Die Bestrebungen der DAF entsprachen in diesem Bereich den Interessen des NS-Regimes: Durch Ausbau der betrieblichen Sozialleistungen sollte die Loyalität

---

95 MNSBO 4 (1934), 4. Folge, S. 4, 15.

96 Vgl. Kapitel 1.5; Hachtmann, Industriearbeit, S. 257.

97 Man werde aber nicht „dazwischen gehen, wie ein Elefant im Porzellanladen, sondern man muß eben warten, bis die Wirtschaft wieder auf eine bestimmte Höhe gekommen ist." MNSBO 4 (1934), 4. Folge, S. 4. Schon 1933 hatte Lencer verprochen, „daß die von den Bankbeamten geschaffenen sozialen Einrichtungen erhalten bleiben". BBZ 38 (1933), S. 79. Zu entsprechenden Forderungen bis 1938 vgl. SB 7 (1937), Mitteilungen der NSBO, 1. Folge, S. 2; SB 8 (1938), S. 103; differenzierter: Brandstätter, Sozialleistungen, S. 462; BE 1 (1935), S. 65; Lencer, Leistungsgemeinschaft, S. 30; Heinz Adrian, Die Arbeitsverhältnisse im Bankgewerbe, in: Reichsbetriebsgemeinschaft, Reichsarbeitstagung 1936, S. 101-106, 105; Meyer, Aufgaben, S. 108, 112.

98 Vgl. AK 2 (1935), S. 68. Die Zeitschrift der NSBO der Deutschen Bank zitierte 1934 Meldungen über „unsoziale Betriebsführer", die in „Schutzhaft" genommen worden seien. MNSBO 4 (1934), 4. Folge, S. 15 f. Sozialpolitik sei der sichtbare „Beweis dafür, daß die Menschen in den Bankbetrieben bereit sind, eine neue soziale Ordnung aufzurichten". Adrian, Arbeitsverhältnisse, S. 105. Reichsbank-Vizepräsident Lange forderte 1941 Großbankmanager auf, „mit der Deutschen Arbeitsfront [... eine] nationalsozialistische Grundhaltung" in den Banken zu schaffen. MAM, 1458-1-442, Aktenvermerk Anspr. Lange, 15.1.1941.

99 BE 1 (1935), S. 22. Ebenso argumentierten CB-NSBO und Lencer. Vgl. AK 1 (1934), Oktober, S. 5 f.; AK 3 (1936), S. 183; Sonderheft AK S. 11; SB 7 (1937), 1. Folge, S. 2; Lencer, Sozialgestaltung, S. 59 f.; Lencer, Leistungsgemeinschaft, S. 30.

zu Arbeitnehmerorganisationen durch Unternehmensloyalität abgelöst werden.[100] Das war auch aus Arbeitgebersicht eine attraktive Vorstellung. Manche besonders nationalsozialistisch eingestellte Vertreter der Bankleitungen gingen darüber hinaus so weit zu behaupten, in der Sozialpolitik träfen sich die Interessen der Arbeitnehmer und Arbeitgeber: Dresdner Bank-Vorstandsmitglied Meyer erklärte 1936 auf der Reichsarbeitstagung der Reichsbetriebsgemeinschaft, die „Sorge für die Gefolgschaft" dürfe nicht mehr „vor dem Profitinteresse des Aktionärs" enden." Vielmehr müsse sie „im Mittelpunkt jedes Betriebes" stehen. „In der Sorge um das Wohl der Gefolgschaft regiert das Herz und nicht der Verstand." [101]

Die Weimarer Gewerkschaften hatten der betrieblichen Sozialpolitik kritisch gegenübergestanden und stattdessen Tariferhöhungen und staatliche Sozialleistungen gefordert. Betriebliche Sozialpolitik nütze zwar Angestellten materiell,[102] die Unternehmen informierten aber zu wenig über ihre Sozialpolitik, um Leistungen vergleichen zu können[103] und wollten, so der GDA 1928, durch „kitschige Betriebswohlfahrtspolitik, die nur Fürsorge ist, die Angestellten über die schlechten Gehälter hinweg[...]täuschen. Betriebswohlfahrt, und wenn sie noch so schöne Segelboote, Autos [...] enthält, ist für einen sich und seines Menschentums bewußten Angestellten nicht einen Pfifferling wert, wenn nicht in einer [...] auskömmlichen Bezahlung die Menschenachtung zum Ausdruck kommt."[104]

Wie standen die Banken 1933 sozialpolitisch da, wie verliefen die mikropolitischen Fronten, und auf welche Voraussetzungen trafen damit die NS-Interventionen? Inwiefern bremsten Banken diese Eingriffe oder trieben sie voran, und gab es dabei Unterschiede zwischen den Unternehmen?[105]

Sozialgesetzgebung und Tarife legten Entlohnung und Arbeitsgestaltung seit dem 19. Jahrhundert und vor allem seit 1919 immer mehr fest.[106] Doch stand es den Unternehmen frei, ihre Mitarbeiter darüber hinaus mit betrieblichen Sozialleistungen[107] zu entlohnen.[108] Diese Leistungen handelten die Interessegruppen im Unternehmen frei aus. Dabei spielte eine Vielfalt von Motiven eine Rolle:[109]

---

100 Vgl. Hachtmann, Industriearbeit, S. 256.

101 Meyer, Aufgaben, S. 107 f.

102 DBB 18 (1927), S. 85.

103 Vgl. ARS, 15.3.1926; ARS, 22.3.1927; DAB 8 (1928), S. 24f.; DAB 9 (1929), S. 18; DAB 11 (1931), S. 27; DKB 4 (1927), S. 37; Disconto-Gesellschaft, in: BeBZ, Nr. 149, 30.3.1927; Kreditinstitute und Börse. Commerz- und Privat-Bank, in: BBC, 17.4.1928; Lautsprecher; Generalversammlung der Disconto-Gesellschaft, in: BBZ, 26.3.1929.

104 DAB 8 (1928), S. 24f. Vgl. auch ähnlich DAB 9 (1929), S. 18; DAB 11 (1931), S. 27. Ähnlich äußerten sich auch AV und DBV. Vgl. DDB 16 (1927), S. 132f.; BBZ 24 (1919), S. 94.

105 Überlegungen, welche sozialpolitischen Neuerungen im Nationalsozialismus „gut" waren wie bei Reichwein, Sozialpolitik; Petra Listewnik, „In Leipzig liegt schon alles hell und klar". 175 Jahre Sparkasse Leipzig. 175 Jahre Wirken in der Stadt und für die Region, Leipzig, 2001, S. 97 stelle ich nicht an.

106 Vgl. Wilfried Feldenkirchen, Siemens. 1918-1945, München 1995, S. 413.

107 Betriebliche Sozialpolitik umfaßt diejenigen geldwerten und „kostenden" Leistungen des Unternehmens, die weder gesetzlich noch tariflich festgelegt sind. Vgl. Reichwein, Funktionswandlungen, S. 16, 65; Zollitsch, Arbeiter, S. 108; ähnlich Herbert Hax, Artikel Sozialpolitik II, betriebliche, in: Handwörterbuch der Wirtschaftswissenschaften, Bd. 7, Stuttgart/New York 1977, S. 76-85, 77; Gaugler, Betriebliche, Sp. 2101; Gabler Wirtschaftslexikon, Art.

Unternehmen können mit zweckentsprechenden, auf bestimmte Mitarbeitergruppen zugeschnittenen Sozialleistungen ihre Wettbewerbsfähigkeit verbessern,
indem sie Mitarbeiter werben und binden. Sie können die Leistungsfähigkeit der
Mitarbeiter stärken, indem sie sie motivieren, gesund erhalten und qualifizieren.
Sie können ihre Verbundenheit mit dem Unternehmen stärken und gewerkschaftliche Einflüsse abwehren, eventuell im Sinn einer „patriarchalischen" Beziehung[110] und einer Disziplinierung.[111] Schließlich können sie bei den Kunden oder
beim Staat werben und Gewinne steuergünstig anlegen.

Aus Sicht der Mitarbeiter ergänzen Sozialleistungen das Einkommen. Anders
als auf tarifliche und gesetzliche Leistungen besteht aber auf betriebliche Sozial-

Sozialkosten, S. 3466. Viele Untersuchungen verwenden dagegen den Begriff der betrieblichen Sozialpolitik oder „sozialen Betriebspolitik" für die Gesamtheit der Maßnahmen, die
darauf zielen, „die sozialen Verhältnisse im Betrieb optimal auf den Betriebszweck hin zu gestalten" (Ludwig Heinrich Adolph Geck, Die sozialen Arbeitsverhältnisse im Wandel der Zeit.
Eine geschichtliche Einführung in die Betriebssoziologie, Berlin 1931, S. 137). Das umfaßt
auch die Gestaltung der Löhne, der Arbeitsbedingungen, der Personalplanung und der Aus-
und Weiterbildung. Vgl. auch Hax, Sozialpolitik, S. 77; Christian Kleinschmidt, Betriebliche
Sozialpolitik als „Soziale Betriebspolitik". Reaktionen der Eisen- und Stahlindustrie auf den
Weimarer Interventionsstaat, in: Plumpe/Kleinschmidt, Unternehmen, S. 29-41, 31 und die
Zusammenfassung der Literatur bei Fiedler, Sozialpolitik, S. 351. Synonym verwendet beide
Begriffe Homburg, Rationalisierung, S. 658. Für den Zweck dieser Arbeit eignet sich die
engere Definition besser. Sie ermöglicht es, zusätzliche Sozialleistungen von Organisation,
Mechanisierung oder Tariflöhnen abzugrenzen. Manche Studien beziehen auch gesetzliche
Leistungen mit ein, insofern sie betrieblichen Einrichtungen (etwa Betriebskrankenkassen)
zufließen, andere Spenden des Betriebs an außerbetriebliche Institutionen, die den Mitar-
beitern indirekt nutzen. Vgl. u.a. Hilger, Sozialpolitik, S. 26; Thomas Welskopp, Arbeit und
Macht im Hüttenwerk. Arbeits- und industrielle Beziehungen in der deutschen und ame-
rikanischen Eisen- und Stahlindustrie von den 1860er bis zu den 1930er Jahren, Bonn 1994,
S. 355 f. [Veröffentlichungen des Instituts für Sozialgeschichte e.V., Braunschweig/Bonn].
Auch das bleibt hier außen vor. Andererseits würde die Einschränkung, daß nur die Leistungen als betriebliche Sozialleistungen zählen, die aus freier oder wenigstens widerrufbarer
Entscheidung" erbracht werden (Reichwein, Funktionswandlungen, S. 16, 22), Maßnahmen
ausschließen, die durch Druck der Mitarbeiter erzwungen wurden oder die ein Unternehmen
vertraglich zugesichert hat (etwa unwiderrufliche Pensionen). Auch der Ausschluß „krisenbe-
zogener" und „schematischer" Bestandteile (vgl. Hilger, Sozialpolitik, S. 27) und die Unterscheidung von Maßnahmen im Betrieb und außerhalb (vgl. Gaugler, Sozialpolitik, Sp. 2100)
ist im Rahmen dieser Arbeit nicht sinnvoll.

108 Zur Komplementarität von Tarif- und Sozialleistungen vgl. Reichwein, Sozialpolitik, S. 16 f.,
    Andresen, Sozialpolitik, S. 42.
109 Zu den Motiven betrieblicher Sozialpolitik vgl. Fiedler, Sozialpolitik, S. 359-373 mit Litera-
    turangaben; Gaugler, Sozialpolitik, Sp. 2103 f.; Andresen, Sozialpolitik, S. 45; Reichwein,
    Sozialpolitik, S. 36-41, 75. Zum Forschungsstand vgl. auch Hilger, Sozialpolitik, S. 37 f., 40-
    47. Auch die Kategorisierung von Funktionen verläuft in der Literatur uneinheitlich und nicht
    immer stimmig. So nennt etwa Hachtmann, Industriearbeit, S. 277 die Ergänzung staatlicher
    Sozialpolitik und die „Monetisierung" von Sozialleistungen Funktionen betrieblicher Sozial-
    politik, obwohl beides keine Funktionen sind.
110 Zu „patriarchalischen" Motiven und Varianten betrieblicher Sozialpolitik vgl. Fiedler, Sozial-
    politik, S. 353-359.
111 Vgl. Reichwein, Sozialpolitik, S. 90-97.

leistungen oft kein Rechtsanspruch. Außerdem bevorzugen viele Sozialleistungen bestimmte Mitarbeiter gezielt: etwa nach Familienstand, Dienstalter oder Wohlverhalten; und Sozialleistungen wie etwa Freiplätze in Betriebsferienheimen legen die Verwendung stärker fest als monetäre Entlohnung.[112]

Je nach Wirtschaftslage, Unternehmenscharakter und Organisationsgrad betrieblicher Sozialpolitik rücken bei den Interessengruppen unterschiedliche Motive in den Vordergrund. Es ergeben sich immer neue Interessenkongruenzen und – konflikte zwischen Unternehmensleitung, Mitarbeitern und staatlichen Stellen.

Die Literatur über betriebliche Sozialpolitik zeigt eine Vielfalt von Begriffen, Typologien und Deutungsmustern,[113] von denen keine die eindeutige Zuordnung der mehreren hundert existierenden Einzelleistungen erlaubt.[114] Zudem steht jede betriebliche Sozialleistung mit ihren gesetzlichen und tariflichen Pendants im Wechselspiel. Eine Leistung – etwa Pensionen – wird oft von Unternehmen, Staat und unabhängige Körperschaften getragen, innerhalb eines Unternehmens von mehreren Fonds. Umgekehrt trägt ein Fonds oft verschiedene Leistungen.[115]

Betriebliche Sozialpolitik reagiert erstens, was ihre betriebswirtschaftliche Logik angeht, gleichermaßen auf betriebliche wie auf gesellschaftliche Probleme; sie füllt dabei Lücken der privaten oder staatlichen sozialen Sicherungssysteme aus. „Der soziologische Ort der betrieblichen Sozialpolitik befindet sich [...] zwischen Betrieb und Gesellschaft."[116] Zweitens sind Sozialleistungen, noch mehr als andere Aspekte des Personalwesens, ein historisch individuell gewachsenes,[117] oft unsystematisch aufgebautes, emotionalen Auseinandersetzungen, persönlichen Initiativen und mikropolitischen Machtkonstellationen geschuldetes[118] Gebilde. Unklar bleibt, drittens, oft, aus welchem Motiv Interessengruppen sich für eine Sozialleistung einsetzen. Altruistische Motive spielen eine Rolle und werden auch als Deckmantel verwandt;[119] sie sind vom Nutzendenken kaum zu trennen. Das gilt für die Zeit vom 19. Jahrhundert bis 1945,[120] wenn auch das Nutzen- und Rationalitätsdenken vor allem seit den 1920er Jahren stärker systematisiert und be-

---

112 Vgl. Reichwein, Sozialpolitik, S. 13; Hachtmann, Industriearbeit, S. 273 f.
113 Vgl. Fiedler, Sozialpolitik, S. 350f.; Hilger, Sozialpolitik, S. 36-39.
114 Die Kategorien von Gaugler, Sozialpolitik, Sp. 2102; Fritz Huhle, Die betrieblichen Sozialleistungen – Eine Begriffsanalyse, Berlin 1957, S. 26 [Sozialpolitische Schriften, Heft 7]; Feldenkirchen, Siemens, S. 411 und Hilger, Sozialpolitik, S. 26-27; Sachse, Sozialpolitik, S. 20, 22-57, Gassert, Wirtschaft, S. 303-305 sind unterschiedlich und jede für sich angreifbar.
115 Vgl. Heinz Lampert, Lehrbuch der Sozialpolitik, Berlin 1998, S. 3 f.; Hilger, Sozialpolitik, S. 37; Sachse, Siemens, S. 126 f. Kosten einer Sozialleistung sind schwer meßbar. Vgl. Hilger, Sozialpolitik, S. 46 f.; Andresen, Sozialpolitik, S. 46-49, 53.
116 Reichwein, Sozialpolitik, S. 26; auch ebd., S. 21, 83 f.; Hachtmann, Industriearbeit, S. 277.
117 Die Zusammensetzung der Mitarbeiterschaft, geleistete Investitionen und die Form der Arbeitsbeziehungen bestimmen die Aushandlung der Sozialpolitik. Vgl. Hilger, Sozialpolitik, S. 21 f.; Zollitsch, Arbeiter, S. 108; Sachse, Sozialpolitik, S. 8.
118 Vgl. Andresen, Sozialpolitik, S. 43 f.
119 Vgl. Berghoff, Hohner, S. 120; Berghoff, Unternehmenskultur, S. 168-172, Gaugler, Sozialpoltik, Sp. 2103 f.
120 Vgl. Berghoff, Hohner, S. 115 f., 519; Feldenkirchen, Siemens, S. 412; Reichwein, Sozialpolitik, S. 80-84.

tont wurde.[121] Auch in Banken war schon im 19. Jahrhundert und um die Jahrhundertwende der betriebswirtschaftliche Nutzen von Sozialleistungen ein Hauptmotiv.[122]

Doch selbst eine nur ökonomische Analyse[123] erlaubt noch keine eindeutige Zuordnung, denn jede Sozialleistung kann eine Fülle – aus Sicht der Leitung oder der Mitarbeiter – sinnvoller Ziele verfolgen. Fast immer treffen in einer historischen Situation mehrere Ziele zusammen.[124] Umgekehrt kann jedes dieser Ziele mit einer Fülle von Sozialleistungen verfolgt werden.[125] Oft einigen sich Mitarbeiter und Unternehmensleitung auf eine Sozialleistung, weil beide sich eine unterschiedliche Funktion davon erhoffen. Sozialleistungen bleiben aus Gewohnheit erhalten oder wechseln ihre Funktion.[126]

Betriebliche Sozialpolitik folgt also keiner längerfristig stimmigen Entwicklung oder Strategie, sondern gegenläufigen Einflüssen und Entwicklungen.[127] Sie sperrt sich gegen eine „einzige Logik der Interpretation", Periodisierung und Generalisierung und entzieht sich einer „allgemeinverbindlichen Definition und Systematik".[128] Eindeutige Erklärungen der Motive der Mitarbeiter[129] oder der Unternehmensleitungen[130] greifen zu kurz. Sozialpolitsche Maßnahmen sind mit je indivi-

---

121 Vgl. Fiedler, Sozialpolitik, S. 361 f.; Reichwein, Sozialpolitik, S. 24 f., 32 f.; Schneider, Hakenkreuz, S. 557 f.

122 Schon der Geschäftsbericht der Disconto-Gesellschaft von 1864 nannte als Ziel des neuen Pensionsfonds, „die Zukunft der Angestellten durch Gewährung von Pensionen zu sichern und tüchtige Arbeitskräfte für längere Dauer an das Institut zu fesseln." Die Disconto-Gesellschaft 1851 bis 1901. Denkschrift zum 50jährigen Jubiläum, Berlin 1901, S. 246. Die Deutsche Bank rechtfertigte die Gründung einer Pensionskasse 1909 ebenso wie die BHG mit dem Ziel, die Arbeitsfreude und „Anhänglichkeit" der Mitarbeiter zu heben. Vgl. BBZ 14 (1909), S. 113, 228. Es trifft darum für die Großbanken nicht zu, wenn Reichwein, Sozialpolitik, S. 20 f. generell erklärt, „Wohlfahrtseinrichtungen [... waren um 1900 eine] eine Gewohnheitssache, die von einem starken, vorindustriellen und vorindividuellen patriarchalischen Sozialethos getragen wurde und über deren Sinn und Zweck die Unternehmer kaum noch reflektierten." Bei bereits länger etablierten Leistungen traten aber auch in den Banken Gewöhnungseffekte auf. Vgl. Krause, Commerz- und Disconto-Bank, S. 168.

123 Vgl. Reichwein, Sozialpolitik, S. 76.

124 Vgl. Reichwein, Sozialpolitik, Anhang; ein konkretes Beispiel bei Berghoff, Hohner, S. 440.

125 Vgl. Reichwein, Sozialpolitik, Anhang.

126 Vgl. Reichwein, Sozialpolitik, S. 20-24, 52.

127 Am Beispiel betrieblicher Familienpolitik zeigt das Sachse, Siemens, S. 213.

128 Fiedler, Sozialpolitik, S. 350.

129 Reichwein, Sozialpolitik, S. 86 erklärt, seit den fünfziger Jahren des zwanzigsten Jahrhunderts hätten sich Arbeiter von paternalistischen Sozialleistungen beleidigt gefühlt. Doch diese Kritik war schon um 1925 verbreitet: vgl. 3.2.2.

130 Klaus Heubeck, Artikel Altersversorgung, betriebliche, S. 18-29, 19, 23 erklärt, die Altersvorsorge sei bis zu den fünfziger Jahren nur durch den „Fürsorgegedanken" motiviert gewesen, nicht aber durch „Anreiz- und Bindungsfunktion". Andererseits sagt er über die Zeit von 1933 bis 1945, sie sei als „willkommene geldwerte Nebenleistung in der Zeit des Lohnstopps" gebraucht worden. Homburg, Rationalisierung, S. 599 ordnet die Sportvereine beim Elektrokonzern – zurecht – den „gesundheitsbezogenen Maßnahmen" zu und stellt ihnen Sozialleistungen gegenüber, die, wie die Werkszeitschrift, „vorrangig der Integration der Arbeiter in das Unternehmen" dienten. Doch zielten auch Sportaktivitäten auf Integration.

duellen Interessenkongruenzen vor dem Hintergrund einer Konstellation von Rahmenbedingungen zu einem historischen Zeitpunkt zu begründen.[131] Quellen für solche Analysen sind für Großbanken nur beschränkt vorhanden.[132]

Die Reaktion der Banken auf nationalsozialistische Interventionen in ihre Sozialpolitik untersuche ich nach der Skizzierung finanzieller, gesetzlicher und mikropolitischer Rahmenbedingungen an fünf Beispielen. Anhand exemplarischer Sozialleistungen analysiere ich, was die Banken zur Erreichung folgender zentraler Ziele unternahmen: Erhöhung der Loyalität der Mitarbeiter, Reputation des Unternehmens, Leistungssteigerung, Mitarbeiterwerbung und Etablierung einer sozialen Hierarchie im Unternehmen. Wie verfolgten die Bankleitungen mit ihrer Sozialpolitik diese Ziele, und welche Interessenkonflikte und –kongruenzen entstanden mit Mitarbeitervertretungen und Staat? Unter welchen Umständen machten die Bankleitungen Konzessionen?

3.2.1 Finanzielle und gesetzliche Rahmenbedingungen

Der Spielraum für betriebliche Sozialpolitik hängt zunächst einmal von der finanziellen Lage ab: Die Banken hatten zwischen 1919 und 1945 während längerer Phasen Spielraum für sozialpolitische Investitionen. Während der Inflation war Grunderwerb zum Aufbau sozialpolitischer Infrastruktur preiswert, und zumindest von 1926 bis 1929 und von 1934 bis 1944 erwirtschafteten sie gute Gewinne. Zuweisungen an Pensionsfonds waren zudem auch während der finanziellen Schwächephase bis 1934 für Commerzbank und Dresdner Bank finanziell vorteilhaft, weil sie die Rückzahlungsverpflichtungen ans Reich senkten.[133]

Steigende Tarife und gesetzliche Sozialleistungen engten den Spielraum für betriebliche Sozialpolitik zeitweise ein. Vergeblich protestierten die Banken bis 1931 gegen den Ausbau der staatlichen Sozialpolitik;[134] auf Tariferhöhungen rea-

---

131 Überzeugende Beispiele hierfür sind Sachse, Siemens oder Berghoff, Hohner, S. 459-461; vgl. auch Fiedler, Sozialpolitik, S. 374.

132 Die Gesamtausgaben für Sozialpolitik lassen sich nur für die Deutsche Bank empirisch darstellen. Deren Steuerbilanzen enthalten differenzierte, mit der veröffentlichten Gewinn- und Verlustrechnung übereinstimmende und über die Jahre vergleichbare Unkostenaufstellungen. Die Aufstellungen beginnen aber erst 1928, für vorherige Jahre gibt es nur vereinzelte Zahlen. Diese Zahlen vor 1928 sind außerdem nur begrenzt vergleichbar, weil sie sich nicht auf die fusionierten Unternehmen Deutsche Bank und Disconto-Gesellschaft beziehen, sondern nur auf die Deutsche Bank. Für die Commerzbank liegen differenzierte Aufstellungen erst ab 1938 vor. Zur Dresdner Bank existieren laut Auskunft des Projekts zur Geschichte der Dresdner Bank keine Quellen im Unternehmensarchiv. Selbstdarstellungen der Banken, Zeitungs- und Zeitschriftenartikel und die oft polemischen Kommentare in Gewerkschaftspublikationen ergänzen das Material. Zur Quellenproblematik bei der Untersuchung von Sozialleistungen in Industriebetrieben vgl. Hachtmann, Industriearbeit, S. 258 f., 268 f.; Siegel/v. Freyberg, Industrielle Rationalisierung, S. 382; Schneider, Hakenkreuz, S. 557. Zum Umfang der Sozialleistungen von Banken im Kaiserreich vgl. Rudl, Angestellte, S. 96 f.

133 Vgl. Kapitel 3.2.3.

134 GB CB 1925, S.7; Generalversammlung, BeBZ, 26.3.1929.

gierten sie mit der Kürzung übertariflicher Zulagen.[135] Nach der Tarifsenkung der
Wirtschaftskrise und der Einfrierung der Tarife in den Tarifordnungen befürchteten die deutschen Unternehmen 1934, die DAF könne einen Ausbau der gesetzlich
vorgeschriebenen Sozialleistungen erzwingen: Deutsche Bank-„Betriebsführer"
Sippell notierte eine Äußerung des Industriellen Heinrich Vögler: „Vögler sprach
sich […] besorgt über die Absichten von Dr. Ley bezüglich der NS. Gemeinschaft
‚Kraft durch Freude' aus. Dr. Ley beabsichtige nicht nur für jeden Arbeiter einen
wenigstens 14tägigen Urlaub zu erwirken, sondern ihm ausser der Fortzahlung
seines Lohnes bezw. Gehaltes eine Sonderzahlung von RM. 3.- pro Tag und freie
Hin- und Rückfahrt in bezw. vom Urlaub zu verschaffen. [… Man müsse] hoffen,
dass die Pläne Dr. Leys auch innerhalb der Partei auf entsprechenden Widerstand
stossen." Otto Christian Fischer und Wirtschaftsminister Hjalmar Schacht hegten
Ende 1934 Furcht vor den „Bestrebungen der Arbeitfront auf sozialpolitischem
Gebiet".[136] Im Krieg wurden gesetzliche Einschränkungen genau dann erlassen,
als die Banken zur Werbung knapper Arbeitskräfte angesichts des Lohnstops vom
Ausbau der Sozialpolitik wirtschaftlich profitiert hätten, weil hohe Sozialleistungen Ressourcen für die Kriegsvorbereitung banden.[137]

3.2.2 Einflußinstrumente der Interessenvertretungen

Eine unmittelbare Einflußmöglichkeit besaßen Interessenvertretungen durch *Plätze in den Aufsichtsgremien betrieblicher Sozialeinrichtungen*. Die Gewerkschaften der Weimarer Zeit konnten durch Betriebsratsvertreter im Aufsichtsrat und in
den Kuratorien von Sozialeinrichtungen betriebliche Sozialpolitik beeinflussen,
konnten aber keine Entscheidungen treffen. Daneben konnten sie in ihren Zeitschriften und bei Generalversammlungen öffentlich für ihre Meinung werben.

Die Vertreter der NSBO und DAF übernahmen nicht nur die Sitze der Betriebsratsvertreter in den Gremien der Banken; die DAF baute auch in großem
Maßstab Instrumente zur informellen Beeinflussung der betrieblichen Sozialpolitik und Ausbildung auf.

Das erste war der „*Berufswettkampf*". In der Weimarer Zeit hatten DHV und
GDA im Bankgewerbe „Berufswettkämpfe" veranstaltet.[138] Hieran schlossen
DAF und Banken nach 1933 an. HJ und DAF führten ab 1934 „Reichsberufswett-
kämpfe" für Lehrlinge durch,[139] die in den Banken 1936 4.988 und 1937 9.606

---

135 Vgl. DDB 11 (1922), S. 132; SHStA Dresden, Altbanken Dresden, DB, 6360, DB an DB
    Dresden, 19.12.1927.
136 HADB, RWB 54, Aktenvermerk Sippell, Streng vertraulich, 20.3.1934; Aktenvermerk Sip-
    pell, 4.12.1934.
137 Vgl. Schneider, Hakenkreuz, S. 227.
138 Vgl. Titelseite von Heft 1 von DAB 10 (1930); DKB 4 (1927), S. 62.
139 Vgl. MDB 1934, S. 57-59; SB 5 (1935), 5. Folge, S. 14; 7. Folge, S. 5-8; 8./9. Folge, S. 9; SB
    6 (1936), 2. Folge, S. 8-10; SB 7 (1937), S. 30 f.

Teilnehmer hatten.[140] Die Banken riefen zur Teilnahme auf.[141] Daneben veranstaltete die Deutsche Bank ab 1936 unter Lencers Schirmherrschaft „Leistungswettbewerbe" etwa in Kurzschrift.[142] In beiden Wettbewerben ging es auch um weltanschauliche Fragen. Ab 1938 flossen dann beide Einrichtungen in den „Reichsberufswettkämpfen" der DAF zusammen.[143] Sie sollten „jedem einen Überblick über seinen gegenwärtigen Wissensstand [...] geben [... und ihn] anspornen",[144] lieferten der DAF statistisches Material[145] und sollten nach Wunsch der DAF Basis aller Beförderungen werden.[146] Der „Reichsberufswettkampf" prüfte neben Bankwissen „gesunden Menschenverstand", NS-Weltanschauung und Sport.[147] Betriebsobmänner und Vorstände riefen zur Teilnahme auf.[148] In der Deutschen, Dresdner und Commerzbank meldeten sich tausende Angestellte an;[149] die Bank der Deutschen Arbeit meldete 1938 eine Teilnahme von 68 % und vergab Reisen und Beförderungen als Preise.[150] Im Vorfeld des Berufswettkampfs setzten die NS-Gliederungen sozialpolitische Neuerungen durch, etwa Lehrlingssport.[151]

Von 1937 an führte die DAF auf Grundlage einer Verordnung Hitlers vom 29. August 1936 jährlich einen *„Leistungskampf der Betriebe"* durch. Ausgezeichnet wurden sozialpolitisch vorbildliche Unternehmen.[152] Die Filialgroßbanken nahmen teil,[153] während manche Industrieunternehmen dem Wettkampf fernblieben.[154] Die Banken rühmten sich dieser Mitarbeit am „sozialen und beruflichen

---

140 Vgl. Lencer, Sozialgestaltung, S. 58. Lencer, Leistungssteigerung, S. 31 gibt für 1935 9.200 Teilnehmer an. Diese Zahl bezieht sich aber vermutlich auf Banken und Versicherungen.

141 Vgl. SHStA Dresden, Altbanken Dresden, DB, 6365, DB, PA, Bekanntmachung, 29.3.1934.

142 Vgl. MSNBO 6 (1936), 2. Folge, S. 2; MNSBO 6 (1936), S. 3-4, SB 6 (1936), 9. Folge, S. 9-11; SB 6 (1936), 12. Folge, S. 11; SB 7 (1937), S. 23, 57, 98-100; SB 8 (1938), S. 120-126.

143 Vgl. SB 8 (1938), S. 5-8; 32-35, 65-71, 240, 271 f., 299; SB 9 (1939), S. 31-34. Die betrieblichen Wettbewerbe der Deutschen Bank liefen parallel weiter. Vgl. SB 8 (1938), S. 152-154, 273; SB 9 (1939), S. 61, 84 f.; SB 13 (1943), S. 35; SB 14 (1944), S. 6.

144 Vgl. SB 7 (1937), S. 283 f.

145 Vgl. Arzet, Berufsausbildung, S. 1743.

146 Vgl. SB 7 (1937), S. 283f., 289; SB 8 (1938), S. 7 und Kapitel 4. Der Reichssieger wurde mit einem vierjährigen Ausbildungsaufenthalt in Südamerika belohnt. Vgl. SB 7 (1937), S. 95.

147 Vgl. Auswertungsbogen in SB 8 (1938), S. 33.

148 Vgl. AK 4 (1937), S. 27; AK 5 (1938), S. 1; AK 6 (1939), S. 51-55; SB 8 (1938), S. 5-8.

149 Vgl. PVRH 11.1.1938; AK 5 (1938), S. 15-17; SB 8 (1938), S. 5, 35.

150 Vgl. GB BDDA 1938.

151 Vgl. Kapitel 3.2.

152 Vgl. Schneider, Hakenkreuz, S. 222 f. Zu den Kriterien vgl. SB 7 (1937), S. 282; Hupfauer, Betriebsführer, S. 49 f.; Schneider, Hakenkreuz, S. 224; Siegel, Leistung, S. 114 f.

153 Alle Banken mit mehr als 1000 Mitarbeitern und die BHG nahmen 1937 am Leistungskampf teil. Vgl. Brandstätter, Sozialleistungen, S. 461. Zur Commerzbank vgl. AK 4 (1937), 132; AK 5, (1938), S. 1, 15-17; zur Deutschen Bank vgl. SB 7 (1937), 7./8. Folge, S. 138-142; zur Dresdner Bank BE 3 (1937), S. 209-211. Vgl. auch RS CDBB Nr. 116, 26.7.1937; RS Nr. 126, 7.8.1937; RS CDBB Nr. 132, 24.8.1937; RS CDBB Nr. 136, 1.9.1937. Als die Commerzbank 1937 auf Weisung des RWM die Anmeldung aussetzte, kamen Beschwerden, die die Zentrale zur Bekundung ihrer Teilnahmebereitschaft veranlaßten. Vgl. PR Nr. 1282, 24.8.1937. Zur Gesamtteilnehmerzahl vgl. Schneider, Hakenkreuz, S. 224.

154 Vgl. Schneider, Hakenkreuz, S. 223, 558.

Fortschritt".[155] NS-Gliederungen und Betriebsführungen setzen den Leistungs-kampf als Druckmittel für sozialpolitische Verbesserungen ein.[156] 1937 kündigte Deutsche Bank-Betriebsobmann Retzlaff an: „[B]esondere Aufmerksamkeit wird jenen Filialen zuzuwenden sein, die sich infolge der Nichterfüllung wichtiger Voraussetzungen nicht dazu entschließen konnten, die Meldung [zum Leistungs-kampf] abzugeben."[157] Im Vorfeld der Leistungskämpfe wurden sozialpolitische Neuerungen eingeführt;[158] die DAF sammelte bei den Wettkämpfen Informatio-nen über Sozialpolitik.[159] Filialen der „alten" Großbanken wurden zuweilen Gau-sieger, aber nie NS-Musterbetrieb.[160] Nachdem von 1937 bis 1939 nur Regional-banken und Sparkassen ausgezeichnet worden waren,[161] erhielt 1940 die Bank der Deutschen Arbeit als einzige Filialgroßbank „in der Waffenschmiede des Reiches aus der Hand des Stellvertreters des Führers die ‚Goldene Fahne der Deutschen Arbeitsfront' mit der Auszeichnung als Nationalsozialistischer Musterbetrieb."[162]

Ein weiteres Instrument der Einflußnahme für die NS-Gliederungen waren *„Betriebsordnungen"*. Betriebliche Sozialleistungen sind tariflich und gesetzlich nicht vorgeschrieben, doch durch Gewohnheit oder formelle Zusagen kann ein Rechtsanspruch entstehen.[163] Die DAF forcierte darum die im Gesetz zur Ord-nung der nationalen Arbeit (§ 26) 1934 vorgeschriebene Abfassung von Betriebs-ordnungen, die zusätzliche Leistungen festhielten.[164] Die Großbanken hielten ihre Betriebsordnungen 1934 neutral, gaben Muster vor und überprüften zum Ärger Rudolf Lencers die Filial-Ordnungen, um regionale Vorstöße zu verhindern.[165] 1934 schrieben die Banken meist keine Sozialleistungen in ihren Betriebsordnun-

155 So der Artikel von „Betriebsführer" Boode in AK 5 (1938), S. 1.
156 Vgl. AK 4 (1937), S. 185, 192; SB 7 (1937), S. 138-140, 142; SB 8 (1938), S. 175 f.; SHStA Dresden, 13135, 415, DAF/Gauwaltung Sachsen, An die Betriebsführer […], 8.11.1940.
157 SB 7 (1937), S. 204. Die Bankzentralen forderten zur Anmeldung auf, vgl. SHStA Dresden, Altbanken Dresden, DB, 6367, DB, PA an Direktionen unserer Filialen , 26.7.1938; PR Nr. 1335, 18.7.1938. Zur Effektivität des Leistungskampfs vgl. Hupfauer, Betriebsführer, S. 46; Schneider, Hakenkreuz, S. 225.
158 Vgl. Schneider, Hakenkreuz, S. 224 f.
159 Vgl. PR Nr. 1310, 15.1.1938
160 Die Deutsche Bank erhielt im Leistungskampf 1937/38 kein Gaudiplom, 1938/39ff. eine Reihe davon (vgl. SB 8 (1938), S. 175; SB 9 (1939), S. 110; BuV 6 (1939), 6. Folge, S. 2), die Dresdner Bank dagegen erhielt schon 1937/38ff. mehrere (vgl. u.a. BE 4 (1938), S. 112 f.; BuV 6 (1939), 6. Folge, S. 2; BE 9 (1943), S. 18; BE 10 (1944), S. 4), die Commerzbank ei-nes, später mehrere (vgl. BuV 5 (1938), 6. Folge, S. 1; BuV 6 (1939), 6. Folge, S. 2).
161 Vgl. Adrian, Sozialleistungen, S. 634 f.; BuV 5 (1938), 5. F., S. 1; BuV 6 (1939), 5. F., S. 1.
162 GB BDDA 1940.
163 Vgl. u.a. MVDO 14 (1932), S. 105.
164 Vgl. Schneider, Hakenkreuz, S. 500 f.
165 Vgl. Lencer, Leistungsgemeinschaft, S. 28; SHStA Dresden, Altbanken Dresden, DB, 6365, DB, PA, an Direktionen unserer Filialen , 29.5.1934; DB, PA an Direktion Filiale Dresden, 7.7.1934; PR Nr. 1261, 25.5.1937. DB-„Betriebsführer" Sippell verbat dem Bochumer Filial-direktor, eine eigene Betriebsordnung mit Zitaten aus „Mein Kampf" aufzustellen. Vgl. HADB, RWB 54, Briefwechsel Schlitter/S. Zum Verhältnis Zentrale/Filialen vgl. Kapitel 1.4.

gen fest,[166] doch schon jetzt gab es lokale Ausnahmen.[167] Im Januar 1936 garantierte die Bank der Deutschen Arbeit eine Fülle sozialer Leistungen; die Dresdner Bank zog 1938 nach, die Deutsche Bank 1939, die Commerzbank erst 1942.[168] Diese garantierten Leistungen konnte die DAF als „quasi gewerkschaftliche[s] Kontrollorgan" überwachen. Gleichzeitig mußten laut Lohnverordnung vom 25. Juni 1938 die Treuhänder Betriebsordnungen genehmigen. So mußte die Commerzbank 1942 nachweisen, daß die neue Ordnung nur alte Gepflogenheiten festschrieb.[169]

3.2.3 Steigerung der Loyalität: Vereine, Feste, Zeitungen

Ein Ziel betrieblicher Sozialpolitik ist es, die Loyalität der Mitarbeiter zum Unternehmen zu erhöhen. In den Banken wurde das seit dem Ende des Ersten Weltkrieges zunehmend drängend: Entlassungen, die Einstellung von Frauen und Hilfskräften, Mechanisierung und der soziale Abstieg der „Bankbeamten" verunsicherten und heterogenisierten die Mitarbeiterschaft. Die Zahl der Filialen nahm zu, die Gewerkschaften gewannen Auftrieb und verhandelten die Tarifabschlüsse für die Bankangestellten auf überbetrieblicher Ebene.[170] Vor diesem Hintergrund versuchten die Banken, die Mitarbeiter wieder stärker an sich zu binden und die Gewerkschaften aus dem Unternehmen herauszuhalten.[171] Dieser Motivation lassen sich einige sozialpolitische Maßnahmen der Großbanken gegen Ende des Ersten Weltkriegs unmittelbar zuordnen. Ausdrücklich erklärte etwa Deutsche Bank-Vorstandsmitglied Mankiewitz bei der Errichtung des „Jubiläumsfonds" 1920: „Daß zur Erinnerung an das fünfzigjährige Bestehen der Bank gerade die angekündigte Form des Jubiläumsfonds gewählt werde, geschehe aus dem Bestreben der Verwaltung, ihre treue Fürsorge gegenüber der Beamtenschaft zu bekunden, und in der Hoffnung, dadurch das Band, das zwischen ihr und den Beamten bestände, enger zu knüpfen."[172] Betriebliche Bildungs- und Freizeitangebote und

---

166 Vgl. HAC, 1/102, Betriebsordnung CB Hamburg, 1934; SHStA Dresden, Altbanken Dresden, DB, 1142, Betriebsordnung 1934; 13135 Betriebsordnung DrB Berlin.

167 Vgl. SHStA Dresden, 13135, Prot. Vertrauensratss. 11.7.1934; SHStA Dresden, Altbanken Dresden, CB, 3170, Betriebsord. CB Dresden, 23.8.1934.

168 Vgl. GB BDDA 1936; SHStA Dresden, 13135, 451, Betriebsordnung DrB; SB 8 (1938), S. 269; PR Nr. 1614, 17.5.1942 SHStA Dresden, Altbanken Dresden, DB, 6376, DB, PA an Direktionen unserer Filialen und Zweigstellen, 26.4.1939. 1941 erklärte Halt: „Es ist eine neue Betriebsordnung in Arbeit. Sie kann aber erst nach dem Kriege endgültig verfasst werden." HADB, Ordner Direktoren-Sitzungen, Aktennotiz, Betr.: Direktorensitzung 25.3.1941.

169 Vgl. Hachtmann, Industriearbeit, S. 256; Schneider, Hakenkreuz, S. 500; PR NR. 1629, 4.9.1942; PR Nr. 1632, 19.9.1942.

170 Vgl. Feldman, Bank, S. 231. Zu Entlassungen/Heterogenisierung vgl. 2.1; zu Mechanisierung 1.3, zu Gewerkschaften 1.5.

171 Diese Taktik verfolgten auch die Betriebe der Schwerindustrie. Vgl. Kleinschmidt, Rationalisierung, S. 19; Sachse, Siemens, S. 27.

172 Vgl. NB, II. Folge, Nr. 10, 15. Juli 1920, S. 7. Vgl. auch ähnlich NB, Nr. 71, Sept. 1917, S. 4; NB Nr. 76, 1. Dez. 1917, S. 4; NB, II. Folge, Nr. 1, 15. Jan. 1919, S. 5.

Informationsinstrumente sollten ebenfalls die Loyalität der Mitarbeiter sichern helfen. Ab 1933 setzten sich die NS-Gliederungen für den Ausbau gerade jener Einrichtungen ein, die die Loyalität der Mitarbeiter zum Betrieb erhöhen sollten. Sie proklamierten das nationalsozialistische Ziel, die Loyalität der Mitarbeiter weg von Interessenvertretungen in die „Betriebsgemeinschaft" zu ziehen und „den Schwerpunkt der Sozialarbeit in die Betriebe selbst zu verlagern."[173] Im Ziel, die Angestellten an die Banken zu binden und konfrontative Haltungen wie die der Gewerkschaften zu unterbinden, waren sich Bankleitungen und NSBO bzw. DAF einig. Doch ob die Loyalität letztlich der „Betriebsgemeinschaft" oder der „Volksgemeinschaft" und den Parteigliederungen gehören sollte, darüber entwickelten sich Konflikte. Besonders deutlich zeigt sich das am Beispiel von Vereinen, Festen und Betriebszeitungen:

Die Gewinnung von Loyalität war ein Ziel der *Sport- und sonstige Vereine*, die die Großbanken den Vereinen der Gewerkschaften entgegensetzten.[174] Nachdem die Deutsche Bank schon 1915 einen Fechtklub gegründet hatte, schufen Deutsche Bank und Dresdner Bank 1924 „Sportvereinigungen" mit Trainingsanlagen in der Bank und in Berliner Vororten und tausenden Mitgliedern. Auch Disconto-Gesellschaft und Barmer Bank-Verein hatten eine Sportvereinigung. Wohl zurecht vermuteten die Gewerkschaften neben der Verbesserung der Mitarbeitergesundheit auch andere Motive der Bankleitungen. Der AV erklärte, man wolle „sich eine Streikbrechergarde heran[...]züchten. [...] Denn wenn wirklich es den Bankleitungen um die Hebung der Volksgesundheit zu tun wäre, was läge dann näher, als daß sie für kurze Arbeitszeiten sorgten und für so angemessene Gehälter, daß diejenigen, die Sport treiben wollen, das auf ihre eigenen Kosten tun könnten".[175] Ähnlich argumentierte DHV, die Dresdner Bank wolle mit „Bootstaufen" und der „Weite und Schönheit der Sporteinrichtungen" ihre mageren „Gehaltsabrechnungen" und die „überfüllten Maschinensäle" vergessen machen.[176] Der DBV forderte, statt Sportvereine zu gründen, sollten die Banken „langjährigen Angestellten ihre Existenz erhalten!"[177] Die Gesangsvereinigung der Disconto-Gesellschaft nannte der AV „Gesinnungseunuchen, deren Knochen noch zum Parademarsch sich eignen, wenn die Eingeweide bereits vom Hungertyphus infiziert sind."[178] Tatsächlich scheinen die Vereinsmitglieder vonehmlich loyal und konservativ gewesen zu sein. So forderte die Segelvereinigung der Dresdner Bank 1925 ihre Mitglieder auf, durch den selbständigen Bau eines Bootshauses „der

173 Lencer, Leistungsgemeinschaft, S. 29. Vgl. auch Rudolf Lencer, Betriebliche Sozialpolitik in den Versicherungsunternehmen, Leipzig/Berlin 1936.
174 Zu den Sportvereinen der Gewerkschaften vgl. DDB 12 (1923), S. 49; DDB 15 (1926), S. 28; DKB 7 (1930), S. 54. Sachse, Siemens, S. 30-33 erklärt, Siemens habe seine um die Jahrhundertwende gegründeten Sportvereine in den Jahren nach 1919 als politisch neutrales Freizeitangebot in Konkurrenz zu Arbeitersportvereinen neu gegründet; seit Mitte der 1920er Jahre hätten dann gesundheitliche Aspekte im Mittelpunkt gestanden.
175 DDB 17 (1928), S. 44; s. auch DDB 16 (1927), S. 132f.; DDB 14 (1925), S. 92f.; DDB 16 (1927), S. 111.
176 DKB 5 (1928), S. 83.
177 Vgl. DBB 18 (1927), S. 85; DDB 16 (1927), S. 141 f.; DDB 16 (1927), S. 132 f.
178 DDB 12 (1923), S. 102. Vgl. auch DDB 15 (1926), S. 78; DDB 16 (1927), S. 145.

Direktion [zu] zeigen [...,] daß der Segler nicht nur das Ruder führen kann, sondern auch sonst ein ‚ganzer Kerl' ist, dann wird uns bestimmt noch mehr ‚klingendes Interesse' entgegengebracht werden." Bei der Einweihung des Bootshauses 1925 sollen die Sportler, nachdem sie reichlich Freibier getrunken hatten, eine Parade abgehalten und dabei das „Ehrhardt-Lied" mit einem bizarren neuen Text gesungen haben: „Hakenkreuz am Stahlhelm/Schwarzweißrotes Band,/Die Brigade Gutmann/Werden wir genannt."[179]

1933 wurden die Sportvereinigungen nationalsozialistisch ausgerichtet. Die Sportvereinigung der Deutschen Bank demonstrierte schon bei ihrem Frühjahrsfest ihre Gesinnung: Es „grüßten von den nahen Häuserblocks der Banksiedlung die Fahnen des alten ruhmreichen Deutschen Reiches und das Hakenkreuz der nationalen Erhebung [...]; Fähnchen schwarz-weiß-rot, Hakenkreuz und die Klubfarben [...]. Für die Sportler heißt's ‚Stillgestanden', am Heim rauschen an dem neuen Mast die Flaggen empor [...] Das Deutschlandlied braust auf, und mit erhobenem Arm [...] singen alle das Horst-Wessel-Lied."[180] In allen Großbanken nahm die Sportbewegung in unter der Ägide des NS ihren Aufschwung. Die nationalsozialistischen Aktivisten setzten durch, daß auch die Commerzbank eine Sportvereinigung gründete und daß alle Großbanken ihre Infrastruktur in Zentralen und Filialen ausbauten, unter anderem auch mit Schießständen. Die Parteigliederungen erfaßten im Lauf der Zeit den Betriebssport immer mehr. Sie warben für sportliche Betätigung und veranstalteten regelmäßig Sport-Appelle und Sporttage.[181] Seit 1935 hielt die SA Kurse für das Sportabzeichen in den Banken ab,[182] seit 1937 bekamen Lehrlinge für Sport im Rahmen des Reichsberufswettkampfes wöchentlich 2 Stunden frei.[183]

1937 wurde das Sportamt der KdF angewiesen, in den Betrieben „Sportgemeinschaften" für alle Mitarbeiter zu errichten. Während der junge Commerzbank-Sportverein sich 1937 sofort in eine „Betriebssportgemeinschaft" umwandelte und auch die Sporvereinigung der Dresdner Bank 1938 ohne größere Konflikte zur „Sportvereinigung Dresdenia Berlin" wurde, wehrte die Deutsche Bank sich gegen die Angliederung ihres Sportvereins an die Reichsgemeinschaft für Leibesübungen. Halt protestierte 1937 gegen den dem Verein zugedachten neuen Namen und damit in die Eingliederung in die Reichsgemeinschaft: Ein „Sportverein von Mitgliedern der Deutschen Bank [könne sich] unter neutralem Namen nie und nimmer halten [...]. Er hätte sich mit neutralem Namen außerhalb der Be-

179 DDB 14 (1925), S. 130. Vgl. auch die gegenüber der Bankleitung höchst loyalen Äußerungen in DDB 14 (1925), S. 92 f. DDB 17 (1928), S. 34.

180 MDB 1933, S. 44 f.

181 Vgl. SB 4 (1934), Sonder-Nr. zum 10jährigen Bestehen der Sportvereinigung DB, 23.10.1934, S. 4; HAC, 1/8, Jahresberichtskarte (Abschrift); MNSBO 8 (1938), S. 33-35; SB 8 (1938), S. 208 f., 249-251, Berliner Beilage, S. 53 f.; PR Nr. 1356, 19.7.1938; HAC, 1/481, CB Filiale Mainz an Zentrale. PA, 20.7.1938; SHStA Dresden, 13135, 415, An alle Arbeitskameraden und –kameradinnen", 15.8.1939; „An die Gefolgschaft", kein Datum (1941).

182 Vgl. AK 2 (1935), S. 76-77; AK 3 (1936), S. 75f., 180-182; AK 4 (1937), S. 5, 128f.; MNSBO 5 (1935), 16. Folge, S. 3, 17./18. Folge, S. 2; BE 1 (1935), S. 94.

183 Vgl. AK 4 (1937), S. 194.

triebsgemeinschaft gestellt." 1939 mußte aber auch die Deutsche Bank nachgeben.[184]

In ähnlicher Weise wie die Sportvereine sollten *Betriebsfeste* ein Gemeinschaftsgefühl in den Banken etablieren. Nachdem die Deutsche Bank schon 1918 ausgewählte Vertreter des Vorstands, der Hausvereine, der Angestelltenausschüsse und der Mitarbeiter zu feierlichen Anlässen versammelt hatte, huldigten Vorstandsmitglied Michalowsky zu dessen Geburtstag 1927 vor seiner Villa „um 8 Uhr, durch Extrazug hinbefördert, über achthundert [...] Mitglieder der von Michalowsky ins Leben gerufenen und geförderten sportlichen Verbände [...]. Auf ein Raketensignal hin setzte sich der Heerbann der Gratulanten, Fackeln in Händen, in Bewegung und umschritt das Besitztum mit einem einzigen riesigen Kranz weithin leuchtender Freudenfeuer. [...] Die Feier nahm ihren Fortgang, heiter, bunt und freudig, unter Musik, Feuerwerk und Gesang, bis die Fackeln spät in der Nacht gelöscht wurden und die Direktions-Yacht, auf deren lampiongeschmücktem Dach sämtliche Vorstandsmitglieder dem Schauspiel beigewohnt hatten, ihren Kurs zurück nach Berlin nahm."[185] 1928 fand der erste Ball der Deutschen Bank statt, auch die Dresdner Bank veranstaltete Feste.

Bälle oder ballähnliche Kameradschaftsabende nahmen unter dem Einfluß der NS-Gliederungen einen Aufschwung. Man kann davon ausgehen, daß hier die Interessen der Bankleitungen und der NS-Vertreter zusammenfielen, weil beide sie sich bei den Angestellten beliebt machen und gute Zusammenarbeit demonstrieren konnten. Feste gehörten in den Jahren bis 1939 zum guten Ton bei allen Großbanken, auch die Commerzbank beteiligte sich seit 1934 mit großen Bällen.[186] Die immer aufwendigeren Feiern beinhalteten auch nationalsozialistische Reden, aber vor allem Tanz und Unterhaltung.

Zu den Festen kamen seit 1934 Betriebsausflüge in immer größerem Umfang, für die gesamte Belegschaft der Zentralen oder der Filialen. Nachdem der Vertrauensrat der Commerzbank Hamburg 1936 „der Auffassung [war], daß dieser Ausflug sehr gut gelungen ist", wagte es der „Betriebsführer" 1937 nicht, den Ausflug zu streichen, weil das „bei der Gefolgschaft doch eine arge Verstimmung hervorrufen" würde.[187] Lencer kritisierte allerdings 1937, daß die Stimmung auf Betriebsausflügen oft weniger durch Kameradschaftlichkeit im nationalsozialistischen Sinne entstehe, sondern „sehr oft von der Menge des gestifteten Freibieres und der Anzahl der gedeckten Gänge abhängig sei".[188] Mit dem Kriegsbeginn gingen die Zahl und der Umfang der Ausflüge rapide zurück.

Bälle und Betriebsausflüge fanden wohl mehr Zuspruch als die rein politischen Veranstaltungen, die seit 1933 ebenfalls zur Tagesordnung gehörten. Groß-

---

184 Vgl. AK 4 (1937), Dezember, Beilage, S. 1; SB 7 (1937), S. 243; SB 8 (1938), S. 30f., 41f.; SB 9 (1939), S. 3; SB 10 (1940), Sonderdruck des Schwibbogens: Jahresbericht der Betriebssportgemeinschaft Deutsche Bank.

185 Dieser Bericht der „Montagspost" ist zitiert in DDB 16 (1927), S. 113; vgl. auch ebd., S. 132 f., MDB 1927, S. 29 f.

186 Seit Kriegsbeginn gab es nur noch Weihnachtsfeiern mit Soldatenkinderbescherungen.

187 PVRH 24.6.1936; 13.4.1937.

188 SB 7 (1937), S. 167.

kundgebungen von Bankangestellten, NSBO und Werkscharen erreichten zwar
beeindruckende Dimensionen, und „Betriebsappelle" und Hitler-Reden im Radio
brachten die Mitarbeiter der Zentralen und Filialen regelmäßig zusammen. Doch
bei einer Betriebsversammlung der Dresdner Bank 1936 spielten „Gefolgschaftsmitglieder [...] Skat",[189] und 1937 bemerkte Deutsche Bank-Personalchef Halt,
„daß die Zentrale Berlin am Mussolini-Tag in einer für das große Institut beschä-
menden Stärke angetreten ist und daß die Bank, an den eingelaufenen Entschuldi-
gungen gemessen, eher einem Krankenhaus als einer Bank glich."[190]

Ein weiteres Werkzeug im Kampf um die Loyalität der Mitarbeiter waren *Be-
triebszeitungen*, die auch als Gegenangebot zu den aufwendigen Zeitschriften der
Bankangestelltengewerkschaften entstanden. Die Deutsche Bank schuf schon zu
Beginn des Ersten Weltkrieges 1914 ihre Zeitschrift „Nachrichtenblätter", um die
Verbundenheit mit ihren einberufenen Mitarbeitern zu stärken[191] und wohl auch
den Zusammenhalt zu verbessern.[192] Die nach dem Vorbild von Industrie-
Werkzeitungen 1927 veröffentlichte modernisierte Version[193] „Monatshefte" er-
klärte sich zum Instrument der „Verlebendigung des großen Organismus" der
Bank; von „Menschen [...], die zu einem gemeinsamen Werk verbunden sind."[194]
Die „Monatshefte" gingen kostenlos an Mitarbeiter und Pensionäre[195] und berich-
teten über die Bank, Personal, Sport und Reisen.[196] Angestellte sollen die Zeit-
schrift „Schleimtrompete" genannt haben,[197] nicht ohne Grund: Sie veröffentlichte
Loblieder auf die Maschinenarbeit,[198] und zum 50. Geburtstag des Vorstandsmit-
glieds Stauß hieß es devot: „In fünf Jahrzehnten Ehr' und Pflicht/Sah man zur
Rechten und zur Linken/Auch mancherlei Attacken winken/Der wackre Schwabe
forcht sich nicht!/[...] Wo Luftfahrt blüht und Motor schafft,/Da sind die Spuren
Deiner Kraft./Stark wie der neue Daimlerbenz,/Glückauf zur ‚Fünfzger'-
Konkurrenz!"[199] Der AV behauptete, die Betriebszeitungen der Banken sollten die
Mitarbeiter „einlullen, dummhalten".[200]

189 SHStA Dresden, 13135, 415, Prot. Vertrauensratssitzung 30.3.1936. Vgl. auch BE 1 (1935),
    S. 32; PVRH 8.2.1937.
190 SB 7 (1937), S. 241, 243. Vgl. auch SB 7 (1937), S. 143 f., 241. Einige Commerzbank-
    Filialen reklamierten nach dem Krieg, nie Betriebsappelle abgehalten zu haben. Vgl. HAC,
    1/169 II, Bericht Hamm, 11.10.1946, 1/169 I, A. Sperling, Bericht (ohne Titel) 20.9.1946.
191 Vgl. NB, Nr. 1, Oktober 1914, S. 1.
192 Die Betriebszeitung der ADCA erklärte es schon 1921 ausdrücklich zum Ziel, „die Samm-
    lung aller Glieder des Beamtenkörpers der ADCA [durch] Fortbildung zu erreichen" und
    „dem Burgfrieden [zu] dienen". SHStA Dresden, 13318, ADCA-Zeitung II (1921), Heft 1/2,
    S. 2. 1919 baten die „Monatsblätter" Mitarbeiter um Beiträge, die aber weder politische noch
    polemische sein dürften. Vgl. NB, II. Folge, Nr. 2, 15. Februar 1919, S. 10.
193 DDB 16 (1927), S. 132 f.
194 MDB 1927, S. 1.
195 Vgl. DB, PA, an: Direktion der DB, Filiale Dresden, 1.9.1927, SHStA Dresden, Altbanken
    Dresden, DB, 6360.
196 Vgl. u.a. MDB 1927, S. 6f., 9-12; MDB 1928, S. 41-43, 70-73, 76, 90.
197 DDB 19 (1930), S. 57.
198 Vgl. MDB 1929, S. 17 f.
199 MDB 1927, S. 46.
200 DDB 17 (1928), S. 6. Vgl. auch DDB 16 (1927), S. 132f.

Bald nach der „Machtergreifung" stellten die NS-Gliederungen die Betriebszeitungen unter ihre Herrschaft, die sie zu einem wirksamen Instrument zur Gewinnung der Loyalität der Angestellten ausbauen wollten. Die NSBO der Deutschen Bank ersetzte die „Monatshefte" gegen den heftigen Widerstand der Bankleitung 1934 durch ihre eigene Publikation „Schwibbogen"; die NSBOs der beiden anderen Großbanken schufen erstmals in der Geschichte ihrer Unternehmen
Betriebszeitungen: In der Commerzbank entstand 1934 der „Arbeitskamerad", in
der Dresdner Bank 1935 das „Betriebs-Echo". Anders als der Vorstand der Deutschen Bank, der seine Hoheit über die Betriebszeitung zu verteidigen versucht,
leisteten die Vorstände der Commerz- und der Dresdner Bank, die eine solche
Hoheit nie besessen hatten, keinen Widerstand gegen die Herausgeberschaft der
NSBO. Sie holten sich mit den neuen Betriebszeitungen zwar die NS-Aktivisten
ins Haus, gewannen aber ein modernes sozialpolitisches Instrument, das eine
Hauptaufgabe darin sah, die Mitarbeiterloyalität zu erhöhen. Die Vertreter der
NSBO verstanden die Zeitungen als „Bindeglieder" des Filialgroßbetriebs,[201] die
„die Gefolgschaftsmitglieder auf den einen Nenner der Betriebsgemeinschaft ausrichten" sollten.[202] Die Betriebszeitungen waren aus Sicht der Bankleitungen
zweifellos ein Fortschritt gegenüber der Weimarer Zeit, als die Gewerkschaften
zahlreiche Publikationen herausgaben, während Dresdner und Commerzbank keine Betriebszeitungen besaßen. Dresdner Bank-Betriebsführer Schippel lobte das
„Betriebs-Echo" als eine Publikation, die nicht mehr, wie die Gewerkschaftsblät-
ter, „Zwietracht säen" werde.[203] Die Betriebzeitungen setzten mit auf die Unternehmen zentrierten Artikeln Tendenzen der Weimarer Zeit fort, wenn sie über die
Banken berichteten,[204] für Sport warben,[205] geschäftliche Verbesserungsvorschlä-
ge von Mitarbeitern vorstellten,[206] die Bedeutung jedes Mitarbeiters für die Bank
bzw. die „Betriebsgemeinschaft" betonten[207] und eine rationale Lebens- und Arbeitsgestaltung verfochten.[208] All das dürfte im Interesse der Bankleitungen gewesen sein.

Doch daß nicht nur die Loyalität zur Betriebsgemeinschaft, sondern vor allem
die Verbundenheit zur Volksgemeinschaft das Hauptziel der Betriebszeitungen
war, minderte den Nutzen für die Bankleitungen. Darüber hinaus nutzten die NS-
Gliederungen die Betriebszeitungen als Informations- und Indoktrinationsinstru-
ment im innerbetrieblichen Machtkampf: Ein Teil der Artikel warb um die Loyalität der Mitarbeiter vor allem gegenüber dem NS-System. Die Betriebszeitungen

---

201 Vgl. AK 1 (1934), Oktober, S. 1; Meyer, Aufgaben, S. 114; BE 1 (1935), S. 1, 27. Man warb
   um Beiträge der Bankmitarbeiter: AK 1 (1934), Oktober, S. 1; SHStA Dresden, Altbanken
   Dresden, CB, 3172, Der Arbeitskamerad. Rundschreiben Nr. V.; AK 2 (1935), S. 105-109.
202 BE 1 (1935), S. 1.
203 BE 1 (1935), S. 2.
204 Vgl. u.a. AK 1 (1934), Oktober, S. 2-4; AK 3 (1936), S. 167; Serie „Wir gehen durch die
   Bank", I-XX, in: AK 2 (1935), Januar bis 3 (1936), September, passim; BE 1 /1935), S. 8.
205 Vgl. BE 1 (1935), S. 2, 41.
206 Vgl. u.a. AK 2 (1935), S. 16 f., 145 f.
207 Vgl. DBa 31 (1938), S. 25 f., 333-335, 504 f., 1037-1040 und etwa BE 3 (1937), S. 14, 34.
208 Vgl. AK 1 (1934), S. 10-11; AK 2 (1935), S. 116-118, 147-150; auch SB 10 (1940), S. 32.

betonten bei ihrem Lob betrieblicher Sozialeinrichtungen stets den Anteil der NS-Gliederungen an deren Aufbau.[209] Artikel informierten über „Rassenhygiene"[210] und die „Judenfrage"[211] und betrieben Propaganda für die Politik des NS-Regimes,[212] für NSDAP,[213] DAF,[214] RAD, KdF und HJ.[215] Die Zeitung stellte auch „alte Kämpfer" der Bank vor.[216] Ab 1935 kamen Frontgeschichten vom Ersten Weltkrieg und Briefe Einberufener dazu,[217] ab 1939 Kriegspropaganda.[218] Während diese Artikel zwar nicht im geschäftlichen Sinn der Bankleitungen waren, ihnen aber auch nicht direkt schadeten, widersprach ein weiterer Aspekt den Interessen der Vorstände diametral. Die Betriebszeitung wurden als Instrument zur Informationssammlung über sozialpolitische Einrichtungen, die Zahl der DAF-Mitglieder oder jüdische Mitarbeiter genutzt[219] und setzten mit sozialpolitischen Forderungen[220] oder Nachrichten über sozialpolitische Erfolge in einzelnen Filialen andere Filialen unter Druck.[221] Erfreut schrieb ein Filial-Zellenwalter 1934, Berichte über Erfolge des Vertrauensrats der Zentrale im Gebiet „Schönheit der Arbeit" in Berlin ließen „Bestrebungen in der Provinz leichter zum Ziele" kommen.[222]

Durch den Ausbau der Sozialpolitik gaben die Bankleitungen den NS-Gliederungen eine Gelegenheit, sich organisatorisch innerhalb der Mitarbeiterschaft zu verankern und dort um Loyalität zur Volksgemeinschaft zu werben. Nicht umsonst wehrte sich die Deutsche Bank, die als einzige schon 1933 eine moderne Betriebszeitung aufzuweisen hatte und deren „Sportvereinigung" die längste Tradition hatte, heftig, aber vergeblich gegen die feindliche Übernahme der Betriebszeitung durch die NSBO und die Überführung der „Sportvereinigung" in eine dem Reichsbund für Leibesübungen eingegliederte „Betriebssportgemeinschaft". Während die Commerzbank in keinem Bereich eine eigene Tradition hatte und deshalb mit dem Neuaufbau von Sportvereinigung, Betriebsfesten und Betriebszeitung sozusagen zwangsläufig ein Einfallstor für die NS-Gliederungen bot, leistete die Dresdner Bank möglicherweise gegen die Überführung ihrer Sportvereinigung in eine Betriebssportgemeinschaft bewußt keinen Widerstand.

---

209 Vgl. u.a. AK 1 (1934), Oktober, S. 5-8; AK 2 (1935), S. 9-11, 15 f., 66 f., 27 f., 36 f..
210 Vgl. u.a. AK 2 (1935), S. 62; AK 3 (1936), S. 115 f., 130 f.
211 Vgl. u.a. AK 2 (1935), S. 5, 12-14, 68, 71, 80, 85, 97f., 101; AK 3 (1936), S. 18f., 63, 115f..
212 Vgl. u.a. AK 1 (1934), S. 22; AK 2 (1935) S. 1 f.; AK 2 (1935), S. 5-8.
213 Vgl. u.a. AK 2 (1935), S. 121 f.; 138 f.; AK 3 (1936) S. 18 f,, 52, 61 f., 113 f.
214 Vgl. u.a. AK 2 (1935), Nr. 8, S. 92, 115f., 130-133; AK 3 (1936), S. 67f.
215 Vgl. u.a. AK 2 (1935), S. 12-14, 30, 76, 98-100, 102f., 133 f.; AK 3 (1936), S. 102 f., 121.
216 Vgl. u.a. AK 2 (1935), S. 111; AK 3 (1936), S. 51, 68 f., 177 f.
217 Vgl. u.a. AK 2 (1935), S. 135; AK 3 (1936), S. 29 f., 33-37, 57 f.
218 Vgl. AK 5, (1938), S. 1; AK 7 (1940), S. 2 f., 11 f.; AK 8 (1941), S. 1.
219 Vgl. SHStA Dresden, Altbanken Dresden, CB, 3172, Der Arbeitskamerad, Rundschreiben Nr. III, 6.3.1936.
220 Vgl. AK 3 (1936), S. 28 f., 42-44, 46, 58 f., 72-74, 99; AK 4 (1937), Februar, Beilage, S. 2.; AK 5 (1938), S. 9, 166 f.
221 Vgl. AK 2 (1935), S. 105-109. AK 1 (1934), Dezember, S. 23 f.
222 AK 1 (1934), Dezember, S. 23 f.

Die Erfolge dieses Ringens um Loyalität sind schwer zu bestimmen. Robert Ley diagnostizierte 1937 einen begeisterten Einsatz der Bankangestellten für ihr Unternehmen und die „Volksgemeinschaft": „Wir haben Schwung! Wer hätte jemals gedacht, daß man sogar aus Bankmenschen eine solch begeisterte Masse machen könne?"[223] Noch 1943 schrieb ein Personaldirektor der Deutschen Bank an ein einberufenes Vertrauensratsmitglied: „Die Haltung im Betrieb ist auch bei Anlegung eines scharfen Massstabes gut. Unmut und Unlust kommen nirgends auf."[224] Nach dem Krieg erklärte ein Angestellter der Commerzbank-Filiale Bremen, „daß sich das Verhältnis zwischen Leitung und Angestellten, wenn auch unter leisem Druck, auf wirtschaftlichem und gesellschaftlichem Gebiet wesentlich besserte".[225]

Doch kritisierte Commerzbank-Betriebsobmann Sellnow wiederholt, Führung und Gefolgschaft" stünden sich „mißtrauisch" und „immer noch größtenteils fremd gegenüber."[226] Bis 1936 schimpfte man über „Feiglinge", die ihr DAF-Abzeichen nicht trügen.[227] Unter dem Druck der NSBO und koordiniert vom Verband Berliner Bankleitungen empfahlen die Filialgroßbanken ab August 1933 den Hitlergruß anzuwenden,[228] doch beklagten die Betriebszellen bis 1937, Mitarbeiter verweigerten den „deutschen Gruß", erwiderten „mit konstanter Bosheit ein kurzes und besonders lautes: Heil!", oder antworteten mit erhobener Hand „n'Tag, Mahlzeit, Aufwiedersehen".[229] Ende 1936 verweigerte eine Berliner Commerzbank-Mitarbeiterin einem „Handarbeiter des Betriebes, Mitglied des Vertrauensrates, Frontsoldat und Familienvater" die Spende zum Winterhilfswerk „und dies auch erst dann, nachdem man bei Erscheinen zweimal fluchtartig die Toilette auf-

223   Robert Ley, Rede, in: Reichsarbeitstagung 1937, S. 208.
224   HADB, P2/S177, R. Bürkle, an: Herrrn Oberleutnant Franz S., 22.5.1943. Vgl. auch HADB, B 314, „Bemerkungen zum Abschluß […]", S. 15. Der Bombenkrieg ließ die Moral Ende 1943 sinken. Vgl. HADB, B 315, „Bemerkungen zum Abschluß vom 31. Dezember 1943", S. 21; HAC, 1/104, PR Nr. 1676. 14.8.1943.
225   HAC-S6/9, Bericht Kantzy „Ein halbes Jahrhundert […]". Vgl. auch Erfolgsmeldungen in AK 3 (1936), S. 1 f., 17 f., 42, 61 f.; 129, 180-182; AK 4 (1937), S. 2; SB 7 (1937), S. 244; SB 8 (1938), S. 3, 100; BE 2 (1936), S. 23; Brandstätter, Sozialleistungen, S. 462f.; SHStA Dresden, 13135, 415, Betriebsappell Weihnachten 1941, Rede Schippel.
226   AK 2 (1935), April, S. 30. Vgl. auch BE 1 (1935), S. 1, 24 und für die Folgejahre AK 2 (1935), Mai, S. 1 f.; AK 3 (1936), S. 17 f., 34 f., 65 f., 87, 129; AK 4 (1937), S. 156 f., 191 f.; Jan., Beil., S. 1f., Feb., Beil., S. 1; PVRH 3.2.1936; MNSBO 4 (1934), 7. Folge, S. 10; MNSBO 4 (1934), 10. Folge, S. 12; MNSBO 4 (1934), 16. Folge, S. 2f.; SB 4 (1934), 18. Folge, S. 1-3; SB 4 (1934), 28.2.1934, S. 11; SB 5 (1935), 8./9. Folge, S. 12-17; SB 5 (1935), 23./24. Folge, S. 11-12; SB 6 (1936), Sept., S. 1-4; SB 7 (1937), S. 38, 79 f., 245; SB 8 (1938), S. 63; Heinz Adrian, Die Arbeitsbedingungen im Bankgewerbe, in: Reichsbetriebsgemeinschaft, Erste Reichsarbeitstagung, S. 101-106, 102. Die Forderung der NS-Aktivisten, Mitarbeitern Einsicht in ihre Personalakten zu gewähren, setzte sich nicht durch. Vgl. MNSBO 4 (1934), 13. Folge, S. 13; SB 6 (1936), 10. Folge, S. 3; AK 4 (1937), S. 196.
227   MNSBO 4 (1934), 1./2. Folge, S. 16; SB 6 (1936), 10. Folge, S. 2.
228   Vgl. MNSBO 4 (1934), 4. Folge, S. 11; AK 2 (1935), S.100f.; SHStA Dresden, Altb. Dresden, Krögiser Bank, 2637, RS RVB, 11.8.1933; DB, 6364, Bekanntmachung, 10.8.1933.
229   AK 2 (1935) September, S.100f.; MNSBO 4 (1934), 4. Folge, S. 11. Vgl. auch BE 2 (1936), S. 14; SB 7 (1937), S. 141. Zum Briefverkehr vgl. TStA Gotha, CB Ilmenau, 3 [3/2/5], PR Nr. 999, 10.8.1933; PR Nr. 1019, 15.11.1933; SB 1935, 1. Folge, S. 11f.; RS CDBB Nr. 126, 6.9.1935; SB 6 (1936), 10. Folge, S. 2.

gesucht hat. Dieser Ort scheint bei derartigen Gelegenheiten einen besonderen Reiz auszuüben."[230] Ein Mitarbeiter der Dresdner Bank diagnostizierte 1941: „Die Betreuung der Gefolgschaft sei in jeder Beziehung rückläufig und es fehle auch der Kontakt zwischen der Betriebsführung [und der] Gefolgschaft."[231]

Selten gab es sogar offenen Widerstand. Deutsche Bank-Betriebszellen-obmann Retzlaff sprach 1938 von „Gerüchtemachern, Miesmachern und Schwarzsehern, die sich auch nicht am Aufmarsch [...] beteiligten."[232] 1936 berichtete die Deutsche Bank-Betriebszeitung, ein Angestellter habe „in wahnsinniger Verblendung kommunistische Propaganda zu entfalten versucht", und in der Dresdner Bank in Dresden tauchten 1942 „Schmierereien staatsfeindlichen Charakters" auf.[233] Die NS-Aktivisten drohten Gegnern mit Konsequenzen. Deutsche Bank-Betriebsobmann Hertel schrieb 1934, „erbärmliche[...] Wichte", die „sich aus sturer Bosheit vom Gemeinschaftsleben fernhalten", würden „rettungslos unter die Räder geraten".[234] Nach anfänglichen Verteidigungen einzelner Skeptiker[235] schlossen sich auch die Betriebsleitungen an: 1938 aber erklärte etwa Halt, er werde „unerbittlich sein gegen" und „jene, die heute immer noch glauben, der nationalsozialistischen Weltanschauung fern [...] gegenüberstehen [...] zu dürfen. [...]."[236] Die Banken entließen Angestellte, die aus politischen Gründen verurteilt wurden,[237] und die Filiale Dresden der Dresdner Bank ließ 1942 den Urheber der „staatsfeindlichen" Parolen durch die Gestapo suchen.[238] Zwei Direktoren der Deutschen Bank wurden 1943 wegen „staatsfeindlicher" Äußerungen denunziert

---

230 AK 3 (1936), S. 58 f.; vgl. auch AK 3 (1936), S. 8-10; MNSBO 4 (1934), 4. Folge, S. 12.
231 SHStA Dresden, 13135, 415, Otto R., Anlage zum Schreiben vom 2. Apr. 1941. Der Jahresrückblick des „Betriebsführers" fiel positiver aus. Vgl. ebd. Betriebsappell 2.1.1941.
232 SB 8 (1938), S. 234; SB 7 (1937), S. 241. Zu „Profiteuren" und „Kriechern" vgl. AK 2 (1935), April, S. 30; AK 2 (1935), Mai, S. 1f.; Juli, S. 69f.; AK 4 (1937), Januar, Beil., S. 1 f.
233 SB 6 (1936), 9. Folge, S. 14; BE 1 (1935), S. 74. Vgl. SHStA Dresden, 13135, 415, Prot. Vertrauensratssitzung. 22.10.1942.
234 SB 4 (1934), 18. Folge, S. 3. Vgl. auch SB 6 (1936), 9. Folge, S. 14; BE 3 (1937), S. 187 f., 200; AK 2 (1935) September, S.100 f., 134; PVRH 29.11.1934; 3.2.1936; SHStA Dresden, Altbanken Dresden, 13135, Protokoll Vertrauensratssitzung 8.2.1935. Betriebsordnungen verboten das „Meckern". Vgl. SHStA Dresden, 13135, Betriebsordnung für die Dresdner Bank, Berlin 1934 und 1938 (1938 fiel der entsprechende Paragraph weg). Spottartikel machten Skeptiker lächerlich. MNSBO 4 (1934), 4. Folge, S. 10. Vgl. auch MNSBO 4 (1934), 8. Folge, S. 16 f..
235 1934 erklärte Deutsche Bank-Betriebsführer Sippell, „es sind oft nicht die Schlechtesten, die sich bisher trotz aller Anerkennung der hohen Sittlichkeitswerte des Nationalsozialismus noch nicht zu einem rückhaltlosen Bekenntnis zu ihm durchringen konnten, weil sie immerhin manches noch nicht genügend Ausgereifte [...] darin feststellen zu können glaubten." MDB 1934, S. 84. Der Direktor der Dresdner Bank in Dresden sprach sich gegen die Entlassung eines Mitarbeiters aus, der „die Schmückung eines Büros mit Hakenkreuzfähnchen anläßlich des Geburtstags des Führers als Bockbierfest bezeichnet [hatte...] Mit [...] dem Juden H[.] habe er über Presse [...] gesprochen und ungefähr geäußert, daß man uns doch nicht die Wahrheit sage." SHStA Dresden, 13135, 415, Protokoll Vertrauensratssitzung 30.8.1934.
236 SB 8 (1938), S. 231; vgl. auch ebd., S. 234 und zur Commerzbank AK 6 (1939) 51-55.
237 Vgl. SB 6 (1936), 9. Folge, S. 14; Oktober, S. 15; HADB, P2/H2, Deutsche Bank, Betriebsrat, An die Lager-Spruchkammer Nürnberg, 1.8.1947, Anlage „Zu Spalte 6 und 7". Vgl. auch HAC, Persönlich, Vermerk Alexy; Ba-Behr, Vermerk Bar[.].
238 SHStA Dresden, 13135, 415, Protokoll Vertrauensratssitzung 22.10.1942.

und hingerichtet.[239] Es bleibt letztlich unklar, wie repräsentativ die überlieferten Aussagen zur Loyalität zu Betrieb und Staat sind und in welchem Ausmaß Loyalität, wenn sie bestand, durch Sozialpolitik erreicht worden war.

3.2.4 Der Wettbewerb um Reputation

Sozialpolitik dient auch der Erhöhung der Reputation des Unternehmens, der Selbstdarstellung in der Öffentlichkeit. Während der Aufschwungjahre der Weimarer Republik, vor allem aber während der nationalsozialistischen Zeit war das ein wichtiges Motiv. Der Wettbwerb um Reputation brachte die Banken dazu, in ihrem eigenen geschäftlichen Interesse auf die Forderungen der NS-Gliederungen nach Ausbau der Sozialpolitik einzugehen.

Während der Weimarer Zeit warben die meisten Großbanken mit ihren Sozialleistungen. 1927 gab die Deutsche Bank eine Broschüre über ihre Sozialpolitik mit folgenden Einleitungsworten heraus: „In den [...] Tarif-Verhandlungen haben die Bankangestellten-Organisationen sehr häufig und meistens recht temperamentvoll die ‚unsoziale Haltung der Bankleitungen' angegriffen. [... Das hat] es uns geboten erscheinen lassen, unsere Wohlfahrtseinrichtungen einmal [...] zusammenzustellen [...]. Es bedarf danach wohl keines weiteren Beweises, daß die Deutsche Bank [... es] als eine ihrer vornehmsten Aufgaben betrachtet, ihre Beamtenschaft geistig und körperlich nach besten Kräften zu fördern."[240] Die Dresdner Bank ließ 1928 einen Film drehen, der für ihre Sozialeinrichtungen warb,[241] und die Betriebszeitungen stellten die Sozialpolitik ausführlich dar.[242]

Nach 1933 begann unter dem Druck der DAF ein Aufschwung der betrieblichen Sozialpolitik, der durch einen Wettbewerb zwischen den Banken vorangetrieben wurde. Sozialpolitik wurde als Werbefaktor auf dem politisierten Markt wichtiger; sie ebnete den Weg zu guten Beziehungen mit der Partei und diente als Ausweis von Wohlverhalten. Durch die regelmäßige Auszeichnung „Nationalsozialistischer Musterbetriebe"[243] und den Ausbau der „Sozialberichte"[244] entstand eine zumindest scheinbare Vergleichbarkeit im Wettbewerb. Die Großbanken konkurrierten nicht nur miteinander. Sie konnten vor allem auch Punkte gegenüber den Sparkassen gut machen, die sonst mit ihrer Selbstdarstellung als „sozia-

---

239 Vgl. HADB, P2/M426, Direktor der Deutschen Bank (Kattowitz), 11.8.1943; DB Kattowitz, an: Zentrale, PA, 11.8.1943; Notiz Haeffner, 13.8.1943. Ein Vorstandsmitglied erklärte sich für „nicht in der Lage, selbst bei [Gestapo oder RSHA] zugunsten von Herrn M[.] einzugreifen". HADB, P2/M426, Kiehl, an: P., 6.9.1943; DB Kattowitz, an: Zentrale, PA, Betr.: Direktor Georg M[...], Hindenburg, 15.9.1943.
240 DB, Wohlfahrtseinrichtungen, S. 11.
241 Vgl. DDB 17 (1928), S. 144 f; DKB 5 (1928), S. 82 f.
242 Vgl. u.a. AK 1 (1934), Oktober, S. 5-8.
243 Vgl. BuV 6 (1939), 6. Folge, S. 1; BuV/DAF-Walter 4 (1938), S. 42 f.
244 Vgl. BuV 6 (1939), 3. Folge, S. 1. DAF und NSDAP kritisierten die unzureichende Berichterstattung über Sozialpolitik. Vgl. BuV 3 (1936), 4. Folge, S. 1; BuV 4 (1937), 1. Folge, S. 1; 4. Folge, S. 5; BuV 5 (1938), 10. Folge, S. 12 f. Der Angriff, 24.2.1938; Meyer, Aufgaben, S. 119. Zur Berichterstattung in der Industrie vgl. Hachtmann, Industriearbeit, S. 258.

lere" Kreditinstitute den Großbanken Kunden abjagten.[245] Denn die Sparkassen
wurden in ihrer Gehalts- und Sozialpolitik heftig kritisiert.[246] Ab 1936 entstand
Wettbewerbsdruck durch die Bank der Deutschen Arbeit, die verstärkt eine großzügige Sozialpolitik betrieb und sie in ausführlichen „Sozialberichten" darstellte,
in beidem von RBG-Leiter Lencer als vorbildlich gelobt.[247] So ließen die Großbanken kaum eine Gelegenheit aus, ihre Reputation durch Darstellung ihres sozialpolitischen Engagements zu verbessern. Die Commerzbank-Betriebszeitung und
die Zeitschrift Bank-Archiv betonten, wie wichtig Sozialpolitik für das „Image"
eines Unternehmens sei; und 1934 erklärte Deutsche Bank-„Betriebsführer" Sippell anläßlich einer Vorführung der Sozialeinrichtungen für Robert Ley, „ich
glaube, daß wir gerade hinsichtlich der Betriebsgemeinschaft das leisten, was man
von uns erwartet."[248] Eine interne Aussage von Sippell zeigt, daß man sich des
Wettbewerbs um den Ruf sozialpolitischer Kompetenz durchaus bewußt war:
„Unsere Nachbarn sind zum Teil mit [unserem] Vorgehen [auf dem Gebiet der
Sozialpolitik] nicht zufrieden und würden lieber eine stärkere Zurückhaltung sehen", erklärte er 1935, hob aber hervor, „dass unser Institut [in der Sozialpolitik]
immer an der Spitze liegt und es auch so bleiben soll."[249]

Die Auswirkungen des Wettbwerbs um Reputation zeigen sich besonders au-
genfällig am Beispiel der Commerzbank, die ab 1933 eine sozialpolitische Aufholjagd unternahm. Die Commerzbank war auf diesem Gebiet bis 1933 hinter der
Deutschen und der Dresdner Bank zurückgeblieben. Dem Pensionsfonds der
Deutschen (1876) und der Dresdner Bank (1877) war erst 1893 der Pensionsfonds
der Commerzbank gefolgt. Dies kann man noch mit dem verspäteten Aufstieg zur
Großbank und der späten Etablierung in Berlin[250] erklären. Doch auch nach 1919
blieb die Bank bewußt hinter der Konkurrenz zurück: Nach der Inflation bauten
alle Banken ihre Fonds schnell wieder auf, nur nicht Commerzbank und Mitteldeutsche Creditbank.[251] Zwischen 1915 und 1924 gründeten Deutsche und Dresdner Bank, Disconto-Gesellschaft und Barmer Bank-Verein Sportvereinigungen,
nicht aber die Commerzbank. Die Commerzbank war 1928 die einzige Großbank
ohne Betriebszeitung, hatte im Gegensatz zur Deutschen Bank (seit 1917/18) und
zur Dresdner Bank (1931) kein Erholungsheim für ihre Mitarbeiter und veranstaltete im Gegensatz zur Deutschen Bank, zur Dresdner Bank und etwa zur sächsischen Regionalbank ADCA keine Betriebsbälle. Der Rückstand hatte einen Grund
im schlechten Verhältnis der Betriebsleitung zu den neu etablierten Angestellten-

---

245 Vgl. Kapitel 1.1.
246 Vgl. Rudolf Lencer, Sozialpolitische Probleme bei den Sparkassen, in: Reichsbetriebsge-
     meinschaft, Erste Reichsarbeitstagung 1936, S. 159-161; BuV/DAF-Walter 2 (1936), S. 137.
247 Vgl. BuV 6 (1939), 3. Folge, S. 1. Wirtschaftsminister Funk nannte 1942 die Reichsbank als
     sozialpolitisches Vorbild. MAM, 1458-1-443, RWM (Funk) an Bormann, 8.7.1942 (Abschr.).
248 Vgl. AK 3 (1936), S. 28 f.; Weitenwerber, Bankenwerbung, S. 815; SB 4 (1934), S. 4, 6. Die
     Banken rühmten sich ihrer Sozialleistungen und Ausbildungsangebote. Vgl. GB CB 1935, S.
     15; BE 2 (1936), S. 2.
249 HADB, Ordner Direktorensitzungen, Aktennotiz, 17.9.1935.
250 Vgl. Krause, Commerz- und Disconto-Bank, S. 342-347.
251 Vgl. Kapitel 3.2.3.

vertretern. Wie Commerzbank-Vorstandsmitglied Harter 1925 erklärte: „Auf die Wiederauffüllung der durch die Inflation zerstörten Wohlfahrtsfonds ist verzichtet worden, um Streitigkeiten zu vermeiden, die aus der [seit 1921] vom Gesetz vorgesehenen Mitwirkung der Beamten bei der Verwaltung derartiger Fonds entspringen könnten."[252]

Ab 1933 katapultierte sich die Commerzbank mit einem Kraftakt auf das sozialpolitische Niveau der Konkurrenz. 1933 entstand ein Dachgarten, 1934 ein Erholungsheim, eine Betriebszeitung und eine Sportvereinigung. Im selben Jahr fand der erste Ball statt und seit Mitte der 1930er Jahre entstanden „Kameradschafträume" in Filialen und in der Zentrale. Stolz konnte die Betriebszeitung 1935 vermelden, die Bank müsse sich mit ihrem Orchester hinter keinem Konkurrenzinstitut mehr verstecken.[253] Die Initiative zum Ausbau der Sozialpolitik war zweifellos von der Betriebszelle ausgegangen, doch die Leitung der Bank setzte dem im Gegensatz zur Weimarer Zeit zumindest keinen offenen Widerstand entgegen. Commerzbank-Betriebsobmann Sellnow fand nach eigener Aussage mit dem Wunsch nach einem „Kameradschaftsheim" beim „Vorstand und dem Aufsichtsrat [...] ein offenes Ohr und viel Verständnis".[254]

Welche Gründe kommen für diese Aufholjagd in Betracht? Verändert hatte sich weder die finanzielle Lage der Bank, noch der Bedarf nach Arbeitskräften, noch die Notwendigkeit einer besseren Integration der Mitarbeiter, noch die Zusammensetzung des Vorstands. Es ist auch unwahrscheinlich, daß die Vorstandsmitglieder plötzlich ihre Einstellung völlig verändert hätten. Damit bleiben zwei mögliche Erklärungen. Entweder war das Verhältnis zu Betriebsobmann Sellnow so viel besser als das zum bis 1933 amtierenden Betriebsratsvorsitzenden, daß man keinen Hinderungsgrund mehr sah. Es könnte auch eine Rolle gespielt haben, daß im Commerzbank-Vorstand nun ehemalige Geschäftsinhaber des Barmer Bank-Vereins vertreten waren, der im Gegensatz zur Commerzbank und zur Mitteldeutschen Credit-Bank Sozialpolitik betrieben hatte. Oder aber die Kombination von politischem Druck und Wettbewerbsdruck im Bereich der Selbstdarstellung ließen es dem Vorstand geraten erscheinen, die über Jahrzehnte stoisch gegen alle Widerstände durchgehaltene sozialpolitische Rückständigkeit der Commerzbank zu beenden. Am wahrscheinlichsten erscheint eine Kombination dieser Gründe.

---

252 634. ARS, 1.12.1925. Vgl. auch 635. ARS, 15.3.1926; 638. ARS, 30.11.1926. Die offizielle Begründung, ein Fonds sei zur Zeit nicht zu finanzieren, war also nur vorgeschoben. Vgl. HAC, 640. ARS, 22.3.1927; 645. ARS, 9.3.1928; 59. Ordentliche GV CB am 16. April 1929, notarielles Protokoll. 1930; 60. Ordentliche GV am 25. April 1930, notarielles Protokoll; DBB 16 (1925), S. 68; DBB 18 (1929), S. 74. Ob das gespannte Verhältnis zum Betriebsrat auch für den Rückstand in den übrigen Bereichen der Sozialpolitik verantwortlich war, bleibt unklar. AV-Vertreter Benno Marx kommentierte 1929: „Das soziale Verständnis in der Leitung der Commerz- und Privatbank habe von jeher zu wünschen übrig gelassen." DBB 18 (1929), S. 74.

253 AK 2 (1935), S. 4-6.

254 Vgl. HAC, N6/1, Walter Sellnow, Bericht über die Entstehung [...] (1988); Walter Sellnow an M., Betr.: Chronik der Commerzb[ank] A.G. Berlin, 12.8.1987.

3.2.5 Werbung von Mitarbeitern und monetäre Sozialleistungen

Ein zentrales Motiv für Sozialpolitik ist die Werbung qualifizierter Mitarbeiter auf einem knappen Arbeitsmarkt. Sozialpolitische Leistungen vermitteln nicht nur das Bild eines Arbeitgebers, der sich um die Mitarbeiter „kümmert", sie stellen auch geldwerte Leistungen dar, und monetäre Sozialleistungen wie ein 13. Monatsgehalt, Gratifikationen oder Zulagen erhöhen das Gehalt unmittelbar.[255] Mehr noch als andere Sozialleistungen dienen sie der Mitarbeiterwerbung.

Als nach dem Ersten Weltkrieg durch die Inflation der Mitarbeiterbedarf der Banken wie ein Strohfeuer aufflammte, rückte Mitarbeiterwerbung als Motiv in den Vordergrund – aber nur die Anwerbung von Hilfskräften. Die Banken erhöhten die bereits im Kaiserreich üblichen Gratifikationen,[256] zu wenig, um ein relatives Absinken des Einkommens der Bankangestellten auf das Niveau der übrigen Angestellten zu verhindern, aber ausreichend, um in größter Zahl Hilfskräfte aus anderen Branchen abzuziehen.[257] Ab 1924 rückte Mitarbeiterwerbung angesichts der Massenentlassungen als Motiv in den Hintergrund.[258] Die monetären Sozialleistungen stiegen nicht merklich. Auf Druck der Gewerkschaften[259] waren Gratifikationen zunächst in den Tarifvertrag als Teil des Gehalts aufgenommen, im Tarifvertrag von 1924 dann abgeschafft worden. Doch seitdem forderten die Gewerkschaften die Wiedereinführung einer Gratifikation unter dem Stichwort „Ge-

---

255 Hachtmann spricht in Anlehnung an Reichwein von der „Monetisierung" zusätzlicher sozialer Leistungen und definiert sie als eine „im Vergleich zu anderen sozialpolitischen Sparten überproportionale Zunahme der mehr oder weniger regelmäßigen Geldleistungen eines Unternehmens an die Belegschaft. Hachtmann identifiziert hier „marktbedingte Sozialleistungen", deren Bedeutungszuwachs vor allem auf der ‚angespannten Arbeitsmarktlage' beruhe. Die „monetisierte Sozialpolitik [...sei] sehr viel unmittelbarer den Funktionen und Zielen betrieblicher Lohnpolitik zugeordnet" sei als andere Bereiche der zusätzlichen Sozialleistungen. Einen ähnlichen Anstieg des Anteils regelmäßiger Geldleistungen an den Sozialleistungen von Industrieunternehmen gab es in der Zeit des Arbeitskräftemangels in den fünfziger und sechziger Jahren. Hachtmann, Industriearbeit, S. 271-272. Vgl. zu Geldleistungen als Gehaltsergänzung auch Homburg, Rationalisierung, S. 602.
256 Vgl. Krause, Commerz- und Disconto-Bank, S. 222. Dazu kamen Teuerungs-Zuschüsse. Vgl. ebd., S. 282; Rudl, Angestellte, S. 96. Die Gründung einer Einkaufszentrale der Großbanken in der Inflationszeit war dagegen eher eine ad-hoc-Hilfsmaßnahme. Vgl. DDB 8 (1919), S. 213-214; MVDO 2 (1920), S. 57.
257 Vgl. Kapitel 2.1.
258 Arbeitskräfteknappheit herrschte nur in einem Teilbereich: Wegen der negativen Propaganda der Gewerkschaften interessierten sich zeitweise nicht genügend Lehrlinge für eine Ausbildung in den Banken. Vielleicht war dies auch ein Motiv für die Sozialpolitik-Werbebroschüren und –filme der Deutschen und Dresdner Bank 1927/28. Zum Lehrlingsmangel vgl. Kapitel 2.1; zur Werbung der Banken vgl. DB, Wohlfahrtseinrichtungen, S. 11; DDB 17 (1928), S. 144 f; DKB 5 (1928), S. 82 f.
259 Der AV war gegen, der DBV für Gratifikationen. Vgl. DDB 12 (1923), S. 1; BBZ 26 (1921), S. 98.

winnbeteiligung[260] Die Bankleitungen lehnten dies mit Ausnahme der BHG ab.[261] In den folgenden Jahren zahlten sie einem Teil der Mitarbeiter Gratifikationen, die durch die selektive Vergabe aber eher dem Motiv „Leistungssteigerung" zuzuordnen sind.[262] Nach der Einführung eines 13. Monatsgehalts rechnete die Commerzbank sogar vorher gezahlte „Extragratifikationen" auf das 13. Monatsgehalt an, so daß die Empfänger von Gratifikationen weniger starke Zuwächse hatten.[263] Die im Weimarer Tarif- und Schlichtungssystem durchgesetzten Gehaltssteigerungen waren also hoch genug, daß die Banken ihren Arbeitskräftebedarf ohne neue monetäre Sozialleistungen decken konnten.

Seit 1933 verlangten die NS-Aktivisten entsprechend dem NSDAP-Programm eine Gewinnbeteiligung oder eine Sonderzahlung gerade auch für schlechtbezahlte Mitarbeiter.[264] Doch verweigerten sich die Großbanken zunächst den Forderungen nach höheren monetären Sozialleistungen. Im Frühjahr 1934 gewährte zwar die Bank der Deutschen Arbeit tatsächlich eine Abschlußgratifikation[265] – kohärent mit ihrer Taktik, durch konkurrenzlos günstige Konditionen in einen etablierten Arbeitsmarkt einzubrechen. Bei der Deutschen Bank und Commerzbank aber konnten NSBO und DAF zunächst nur erreichen, daß den außertariflichen Ange-

---

260 Die Gewerkschaften bezogen sich auf das Vorbild amerikanischer Banken (vgl. DBB 15 (1924), S. 1-2; DDB 12 (1923), S. 140; DDB 14 (1925), S. 65) Auch die VDO forderte für ihre Mitglieder eine Gratifikation. Vgl. MVDO 6 (1924/25), S. 92; 7 (1925/26), S. 153 f.

261 Vgl. BBZ 31 (1926), S. 6; DDB 15 (1926), S. 37. 1924 gab der Reichsverband der Bankleitungen die Direktive heraus, zu Weihnachten keine Zuwendung zu machen. Tatsächlich soll etwa die Commerzbank nur Ansichtskarten verteilt haben. Vgl. DDB 14 (1925), S. 9, 18, 41. Der DBV-Betriebsratsvertreter im CB-Aufsichtsrat schlug 1926 vor, „der Verteilung einer Gratifikation an die Tarifbeamten für das laufende Jahr näherzutreten. [Das für Personal zuständige Vorstandsmitglied] Harter lehnt das mit dem Hinweis darauf ab, dass diese Gratifikationen auf Wunsch der Beamten s. Zt. abgeschafft sind. Bessere Leistungen der tarifmässig angestellten Herren werden durch übertarifliche Zulagen anerkannt." 636. ARS, 20.4.1926. Auch in den folgenden Sitzungen hatte der Betriebsratsvertreter nicht mehr Erfolg. Vgl. 637. ARS, 6.8.1926. Besonders Carl Harter scheint strikt gegen Gratifikationen gewesen zu sein. Vgl. 638. ARS, 30.11.1926. Der Reichsverband der Bankleitungen erklärte, es „gehe nicht an, auf der einen Seite dem Arbeitgeber einen Tarifvertrag aufzuzwingen, auf der anderen Seite die Voreile eines freien Arbeitsvertrages in Anspruch zu nehmen. Die Gratifikation war früher eine Prämie für die Mitarbeit der Angestellten ohne jede Rücksicht auf die Arbeitszeit. Wenn aber jetzt die freiwillige Mehrarbeit verboten werden soll, so bestehe überhaupt keine sachliche Berechtigung mehr, Gratifikationen zu fordern." DDB 16 (1927), S. 35 f.

262 Der Elektrokonzern Siemens führte die in der Inflation abgeschaffte jährliche Prämie 1927/28 wieder ein. Vgl. Feldenkirchen, Siemens, S. 424.

263 Vgl. PR Nr. 679, 20.4.1929. Die Gewerkschaften forderten trotz des 13. Gehalts weiter eine Gewinnbeteiligung. Vgl. HADB, B 236/2, Notizen des Herrn Dr. Krukenberg, 26.3.1929; DBB 20 (1929), S. 21; Lautsprecher; Generalversammlung der Disconto. Die Berliner Stadtkasse führte 1926 eine „Gewinnbeteiligung" ein. Vgl. DAB 6 (1926), September, S. 6.

264 Vgl. AK 2 (1935), S. 92, 101; AK 3 (1936), S. 46. 1934 forderte in der Commerzbank Hamburg „Vertrauensmann Pg. Brennicke" den Betriebsführer auf, durch kleine Zahlungen an außerhalb des Tarifvertrags stehende Drucker und andere Mitarbeiter „dafür zu sorgen, daß vor Weihnachten kein Gefolgschaftsangehöriger die Betriebsräume [...] mit dem Gefühl verläßt, die Bankleitung habe seiner nicht gedacht." PVRH, 29.11.1934, 7.12.1934.

265 Vgl. GB BDDA 1933; 1934.

stellten kein Tantiemenvorschuß gezahlt wurde, daß sie also nicht gegenüber den Tarifangestellten bevorzugt wurden.[266]

Seit 1936/37 jedoch verlangte der steigende Mitarbeiterbedarf erstmals seit langem wieder nach Mitarbeiterwerbung. Vor dem Hintergrund eingefrorener Tarifgehälter konnten die Banken nur durch Sozialleistungen die Lohnanreize erhöhen. Die NS-Funktionäre in den Banken wiesen darauf ausdrücklich hin.[267] Die Interessen der NS-Vertretungen und der Bankleitungen fielen nun zusammen.[268] Tatsächlich führten alle Filialgroßbanken zum April 1936 eine Sonderausschüttung für alle Angestellten ein.[269] Die freiwillige „Sonderzahlung" stieg stetig, um sich 1938 bei einem halben Monatsgehalt anzugleichen. Als die Dresdner Bank in einem Jahr marginal weniger als die Konkurrenz zahlen wollte, zwang der Protest der Mitarbeiter sie zur Angleichung.[270] Zur „Sonderzahlung" kam eine „Weihnachtsgabe" als Vorschuß auf die Sonderzahlung im kommenden Jahr, die auf Pensionäre und außerhalb des Tarifs stehende Mitarbeiter wie Putzfrauen ausgedehnt wurde. Auch in diesem Bereich glichen die Großbanken sich an, ohne allerdings den Vorsprung der Bank der Deutschen Arbeit aufzuholen. Der Anteil monetärer Sozialleistungen an den „Persönlichen Unkosten" stieg von 1933 bis 1939 durchgehend. Mit Kriegsbeginn wurde der Spielraum der Banken, ihre Ge-

---

266 Auch Vorstandsmitglied Rummel hielt die Zahlung für „retrospektiv gesehen [...] nicht erforderlich" und für zu teuer. Vgl. HADB, RWB 54, DB, Vorstand, An die Herren Direktoren, 21.12.1934; SB 5 (1935), 23./24. Folge, S. 11; SHStA Dresden, Altbanken Dresden, DB, 6366, DB, Vorstand an Direktionen Filialen und Zweigstellen, 13.2.1935; DB, PA an Direktionen Filialen, 2.12.1935; HADB, RWB 54, Aktenvermerk Rummel, Geheim, 1.4.1935; PR Nr. 1098, 20.12.1934; BAB, R3101, 18612, S. 65, CB, PA an RWM, 22.5.1935.

267 Vgl. AK 3 (1936), S. 72-74.

268 Hachtmann betont, daß nicht die Aktivitäten der DAF und ihres ‚Leistungskampfs der Betriebe' für den Anstieg des Anteils der Geldleistungen verantwortlich waren, „vielmehr war ‚das soziale Herz mancher Unternehmer proportional zur Verknappung der Arbeitskräfte gewachsen'." Hachtmann, Industriearbeit, S. 272, Anm. 71. Zurecht weist er aber darauf hin, daß die DAF mit dem Leistungskampf den Unternehmen ideologische Argumente an die Hand gab, um gegenüber staatlichen Stellen, die steigende Lohnkosten und damit eine Behinderung der Rüstung befürchteten, die Erhöhung von Sozialleistungen zu rechtfertigen. Vgl. Hachtmann, Industriearbeit, S. 273.

269 Vertrauensrat und RBG sprachen von einer „Gewinnbeteiligung". Vgl. AK 3 (1936), S. 61; Adrian, Sozialleistungen, S. 632. Dresdner Bank-Vorstandsmitglied Meyer erklärte, die Banken hätten „zum erstenmal eine Art Gewinnbeteiligung [...] gezahlt [..., die] einen Teil des Gewinns darstelle", betonte aber, daß diese „Fortfalle kommen [müsse], sobald nach der wirtschaftlichen Entwicklung Gewinne nicht gegeben sind." Meyer, Aufgaben, S. 114 f. CB-„Betriebsführer" Boode sprach dagegen von einer „Sonderausschüttung". Vgl. AK 4 (1937), S. 2. Die Commerzbank betonte die Freiwilligkeit der Zahlung. Vgl. PR Nr. 1188, 28.3.1936; PR Nr. 1244, 25.2.1937; HAC, 1/103, CB, Bekanntmachung, 21.11.1939; 1/104, CB, Bekanntmachung, 26.11.1943. 1944 kam im Arbeitsausschuß der Deutschen Bank noch einmal „die grundsätzliche Frage der Gewinnbeteiligung der Gefolgschaft" zur Sprache, aber wohl ohne Folgen. BAB, R8119F, P31, Arbeitsausschußsitzung 30. März 1944.

270 Vgl. Kanz an Gaebelein, 27.2.1937; Protokoll Vertrauensratssitzung 26.2.1937; BE 5 (1939), S. 1939.

hälter über monetäre Sozialleistungen zu erhöhen, stark eingeschränkt, denn seit 1939 kontrollierten die Treuhänder zusätzliche Sozialleistungen verstärkt.[271]

Bei der Gewährung monetärer Sozialleistungen gingen die Banken nur dann auf die Forderungen der Gewerkschaften bzw. der DAF und NSBO ein, wenn es ihren geschäftlichen Interessen entsprach. Während nach 1919 Gratifikationen als Ausgleich für Tariferhöhungen zum Teil gekürzt wurden und auch nach 1933 die NS-Gliederungen zunächst keine wesentlichen Erhöhungen der Gratifikationen durchsetzen konnten, gewährten die Großbanken ab 1936 immer höhere monetäre Leistungen. In der Bemühung um Mitarbeiterwerbung auf einem zunehmend angespannten Arbeitsmarkt fielen ihre Interessen in diesem Punkt mit denen der DAF zusammen, die sich bei den Mitarbeitern durch höhere Einkommen legitimieren wollte. Bankleitungen und NS-Gliederungen setzten sich auch nach Kriegsbeginn, als der Staat Gehaltserhöhungen im Bankensektor durch monetäre Sozialleistungen unterbinden wollte, weiterhin für höhere Leistungen ein.

3.2.6 Rationalisierung und Motivation

Ein weiteres Hauptmotiv betrieblicher Sozialpolitik von Banken war die Leistungssteigerung. Rationalisierung und Sozialpolitik hingen seit 1919 zweifach zusammen. Erstens versuchten Banken, ihre Sozialpolitik verstärkt rational zu gestalten, also mit möglichst geringem Aufwand möglichst hohe Leistungssteigerungen zu erreichen; zweitens milderte Sozialpolitik negative Rationalisierungs-

---

271 Die Lohnverordnung vom 25. Juni 1938 ermöglichte den Reichstreuhändern der Arbeit zwar, neben der Lohnhöhe auch die „sonstigen Arbeitsbedingungen" zu begrenzen. In der Praxis wurde der Lohnstop aber erst 1939 anläßlich des Kriegsbeginns auf die Sozialleistungen ausgeweitet. Vgl. Hachtmann, Industriearbeit, S. 274. Die zweite Durchführungsverordnung zum Abschnitt III der Kriegswirtschaftsverordnung vom 12. Oktober 1939 verbot jegliche Gehaltserhöhung außerhalb des normalen Aufrückens. Vgl. RGBl. I S. 2028; PR CDBB Nr. 201, 19.10.1939. Diese Vorschrift erstreckte sich auch auf betriebliche Sozialleistungen, die nicht über die bisherige Höhe steigen durften. Vgl. RS CDBB Nr. 214, 2.11.1939; Nr. 231, 18.11.1939; Nr. 257, 21.12.1939; Nr. 239, 30.11.1939; Nr. 83, 16.5.1940; Nr. 131, 15.8.1940; Nr. 142, 29.8.1940; Nr. 158, 26.9.1940; Nr. 182, 14.11.1940; Nr. 193, 28.11.1940; HAC, 1/481, CB an Direktion der Filiale Mainz, 19.3.1940. Als die Commerzbank ihre Betriebsordnung 1942 um Sozialleistungen ergänzte, mußte sie dem Treuhänder nachweisen, daß sie nur übliche freiwillige Leistungen festschreibe. Vgl. HAC, 1/104, PR Nr. 1629, 4.9.1942; PR Nr. 1632, 19.9.1942. Sogar die Erhöhung von Zuschüssen zum Mittagessen mußte der Reichstreuhänder genehmigen. Vgl. HAC, 1/247 I, CB Filiale Mannheim an Reichstreuhänder der Arbeit, 20.1.1942. Der Treuhänder begrenzte auch die Jubiläumsgaben zum 75jährigen Gründungstag der Filialgroßbanken 1945. Vgl. PR Nr. 54, 20.2.1945.Nach Hachtmann, Industriearbeit, S. 274 f. verloren in der zweiten Kriegshälfte monetäre Sozialleistungen ihren Anreizcharakter, gleichzeitig wurde der Lohnstop rigide durchgesetzt. Die Banken waren aber immer noch bemüht, ihre monetären Sozialleistungen zu erhöhen, scheinen sich davon also noch Anreize versprochen zu haben. Vgl. HAC, 301/8, CB an die Direktion der Filiale München, 3.3.1943.

folgen ab.[272] Betriebliche Sozialpolitik als flankierende Maßnahme zur Rationalisierung kam während der zwanziger Jahre zunehmend in Mode.[273] Industrieunternehmen trieben die „soziale Rationalisierung" als „Produktivitätssteigerung und/oder Kostensenkung [...] im Bereich menschlicher Arbeitskraft" voran.[274] Ab 1933 ergaben sich Interessenkongruenzen mit den NS-Gliederungen, so daß Entwicklungen der 1920er Jahre fortgeführt und weiter verstärkt wurden.

Betriebliche Sozialleistungen, die tüchtige Mitarbeiter belohnen und damit die Leistung der Belegschaft steigern sollten, hatten im Bankwesen eine lange Tradition. Am augenfälligsten ist das im Fall der Leistungszulagen. Neben dem Gehalt bezahlten die Banken vor und nach 1919 Leistungszulagen,[275] um tüchtige Mitarbeiter besonders (bzw. ab 1919: über die Einheitstarife hinaus) zu entlohnen. Leistungszulagen lagen alleine im Belieben der Bankleitungen, die sie ungeachtet des Protests der Gewerkschaften zahlten oder[276] in Zeiten des Abbaus kürzten, gerade auch während der Weltwirtschaftskrise.[277] Die Commerzbank etwa zahlte 1926 noch 20 % ihrer Angestellten Zulagen;[278] die Deutsche Bank berechnete 1928 das tarifliche zusätzliche Monatsgehalt inklusive Zulagen, um „diejenigen Angestellten, die eine Leistungszulage erhalten, nicht zu benachteiligen".[279] Auch

272 Vgl. zum Zusammenhang von organisatorisch-technischer Rationalisierung und betrieblicher Sozialpolitik u.a. Homburg, Rationalisierung, S. 652 f. Dagegen veränderte sich die Organisation der Sozialpolitik von 1919 bis 1914 nicht wesentlich. Schon vor dem Ersten Weltkrieg war die Sozialpolitik über die Personalabteilungen der Zentralen bürokratisch-rational kontrolliert worden. Krause, Commerz- und Disconto-Bank ordnet die Sozialpolitik der Commerzbank vor 1914 dem „bürokratischen Paternalismus" zu. Vgl. zu Organisationsveränderungen Zollitsch, Arbeiter, S. 112f.; Berghoff, Hohner, S. 120.
273 Vgl. Kleinschmidt, Rationalisierung, S. 268-271.
274 Kleinschmidt, Rationalisierung, S. 23. Vgl. auch Zollitsch, Arbeiter, S. 112 f.; Feldenkirchen, Siemens, S. 413. Zur Unterscheidung technischer, organisatorischer und sozialer Rationalisierung vgl. Kleinschmidt, Rationalisierung, S. 20 f. Reichwein, Sozialpolitik, S. 24 f., 99 verortet die Umorientierung zur Rentabilität dagegen am Anfang des Jahrhunderts.
275 Vgl. Rudl, Angestellte, S. 96.
276 Der DBV Betriebsratsvorsitzende der Hamburger Commerzbank-Niederlassung setzte sich 1922 für eine gleichmäßige Auszahlung der „Fleißigkeits- und Günstlings-Prämien" ein. Sein Berliner AV-Kollege erklärte sogar, der „Gegensatz zwischen Arbeitnehmern und Arbeitgebertum [sei] unüberbrückbar". „Phrasen von möglichst großem Wohlwollen" im Zusammenhang mit „Fleißprämien" könnten den Gegensatz „nur noch ganz harmlosen Arbeitnehmervertretern gegenüber verkleister[n]". DDB 11 (1922), S. 149-150. Nach der Kürzung der Leistungszulagen im Gefolge der Stabilisierung protestierte der DBV, die Kürzungen würden sich rächen, wenn Banken wieder den „flotten, interessierten, im Rahmen seines Dienstes initiativen Mitarbeiter brauchen". Vgl. DBB 15 (1924), S. 1f.
277 Vgl. BBZ, 30 (1925), S. 1-3; PR 811, 8.1.1931; PR 811, 8.1.1931 und Einzelbeispiele in HAC, 1/479, Kein Absender [CB, Filiale Mainz], an: Zentrale, PA, 12.1.1931; CB, Filiale Mainz, an: Centrale, PA, 4.2.1930.
278 Vgl. BBZ 31 (1926), S. 50.
279 SHStA Dresden, Altbanken Dresden, DB, 6361, DB, PA an Direktionen Filialen und Zweigstellen.

1931 gewährte die Commerzbank noch neue Zulagen für einzelne Angestellte,[280] auch als Ausgleich für tarifliche Rückstufungen.[281]

In den 1920er Jahren wandten die Banken ihr Interesse verstärkt der rationalen Vergabe leistungssteigernder Sozialleistungen zu.[282] Angesichts steigender Tarifgehälter bemühte sich die Deutsche Bank 1927, Leistungszulagen rationaler zu vergeben. Sie fragte Filialen, wie man die Zulagen „mehr als bisher nach den tatsächlichen Leistungen [...] bemessen [könne]. Für die Bemessung soll nicht mehr [...]das Urteil der Abteilungs-Vorsteher maßgebend sein, sondern [...] auch objektive Maßstäbe". Man müsse „die unternormale, normale und übernormale Beschäftigung einer Abteilung [...] zur Grundlage für die Zuweisung etwaiger übertariflicher Vergütungen zu machen." Übertarifliche Vergütungen sollten zukünftig immer neu verdient werden, statt bis auf Widerruf bezahlt zu werden.[283] Der Versuch scheiterte aber, vermutlich weil auch im mechanisierten Bankbetrieb die Einzelleistung so individuell blieb, daß sie nicht wie in der Industrie objektiv zu messen war.[284]

Nach 1933 waren sich Bankleitungen und NS-Gliederungen über die Wünschbarkeit von angemessenen Leistungszulagen zumindest vordergründig einig. Deutsche Bank-„Betriebsführer" Sippell forderte 1933 höhere Leistungszulagen, und sein Nachfolger Halt erklärte 1937: „Jeder der etwas besonderes leistet, soll eine [...] Gehaltszulage erhalten."[285] Auch Rudolf Lencer forderte 1936 eine großzügige Erhöhung der Leistungszulagen, doch bei ihm war der Begriff in gewisser Hinsicht nur ein Feigenblatt für Gehaltserhöhungen: Man dürfe nicht erst abwarten, „welches Erträgnis wir in diesem Jahre haben [...]. Denn Sozialismus darf niemals abhängen von dem Bilanzergebnis, sondern Sozialismus ist die Voraussetzung für das Bilanzergebnis."[286] Tatsächlich erhöhten die Filialgroßbanken seit 1933 regelmäßig die Leistungszulagen.[287] 1937 bekamen rund die Hälfte aller Mitarbeiter der Deutschen Bank Zulagen.[288] Allerdings verlief im Vertrauensrat

---

280 Vgl. u.a. HAC, 1/479, Kein Absender [CB, Filiale Mainz], an: Zentrale, PA, 12.1.1931; CB, PA, an: Direktion Filiale Mainz, 13.1.1931; CB, PA, an: Direktion Filiale Mainz, 21.1.1931.

281 Vgl. NBB, 1932, S. 12.

282 Die Banken holten auch hier eine Entwicklung der Industrie nach. Die Rationalisierung hatte im Bankwesen später als in der Industrie stattgefunden (vgl. Kapitel 1.3; Kleinschmidt, Sozialpolitik, S. 36); zudem war das Filialunternehmen Großbank sozialpolitisch schwerer zu durchdringen als ein an einem Ort konzentrierter Industriebetrieb.

283 SHStA Dresden, Altbanken Dresden, DB, 6360, DB (M. Hermann/Stauß) an Direktion DB Filiale Dresden, 19.12.1927.

284 Vgl. SHStA Dresden, Altbanken Dresden, DB, 6360, DB Filiale Dresden an DB Direktion, PA, 29.12.1927 (Abschrift). Vgl. auch Haymann, Rationalisierung, S. 4.

285 Vgl. BeBZ, Nr. 561 vom 1.12.1933.SB 7 (1937), S. 242. Vgl. auch SHStA Dresden, Altbanken Dresden, CB, 3170, Betriebsordnung CB Dresden; Meyer, Aufgaben, S. 114.

286 BE 2 (1936), S. 111.

287 Vgl. HAC, 1/8, Jahresberichtskarte und Briefe; GB DB 1934, S. 24f. Der Dresdner Bank-Betriebszellenobmann berichtete 1935, über 1.000 Mitarbeiter hätten seit 1933 eine „Sonderleistungszulage" erhalten. Vgl. BE 1 (1935), S. 22.

288 GB DB 1937, S. 9. Dagegen erklärt Brandstätter, Sozialleistungen, S. 464f. Anfang 1937 hätten bei der Deutschen Bank ca. 40% der Angestellten eine Leistungszulage bekommen, bei der RKG etwa 50% der Angestellten.

der Commerzbank Hamburg noch Ende 1937 eine „längere Debatte [... über]
Leistungszulagen für jüngere Beamte, um die Abwanderung von guten Kräften
einzudämmen [...] ergebnislos, da die Meinungen hierüber sehr auseinander gehen."[289] Obwohl die 2. Durchführungs-VO zur Kriegswirtschafts-VO vom 12.
Oktober 1939 eigentlich Erhöhungen der Zulagen nur bei „tatsächlicher Leistungssteigerung" erlaubte[290] und die Banken zunächst Zurückhaltung bei der Erhöhung verordneten,[291] stiegen die Leistungszulagen auch nach Kriegsbeginn
noch weiter.[292] Der Übergang zum Motiv, unter dem Deckmantel von Sozialleistungen das Gehalt zu erhöhen, um Mitarbeiter auf einem knappen Arbeitsmarkt zu
werben (vgl. 3.2.5), ist hier fließend.

Der Leistungssteigerung dienten auch Maßnahmen zur Erhöhung der Arbeitszufriedenheit und Gesundheitsförderung wie Verbesserungen der Arbeitsplätze, Kantinen, Erholungsheime oder Sport. Auslösende Momente waren dabei
die negativen gesundheitlichen Folgen des Krieges und der Mechanisierung: Die
Deutsche Bank entwarf 1917 als erste Großbank den Plan, ein Betriebserholungs-
heim zu bauen, um „Beamten, zumal den aus dem Felde heimkehrenden, [...] die
Möglichkeit zur Erholung und Kräftigung zu geben."[293] Und spätestens seit 1925
waren sich Gewerkschaften, Bankleitungen und Wissenschaftler einig, daß die
Nachteile der Mechanisierung durch sozialpolitische Maßnahmen abzumildern
seien. Das forderte etwa Bankwissenschaftler Wilhelm Kalveram;[294] und Otto
Schoele, Direktoriumsmitglied der Deutschen Giro-Zentrale, verlangte 1930 wegen der Mechanisierung und Monotonisierung der Tätigkeit eine bessere körperli-
che Ertüchtigung. „Einzelne Großbanken leisten, dem amerikanischen Vorbilde
folgend, hier Großartiges."[295] Die Deutsche Bank baute ihre Siedlungsbauten mit

289 PVRH 23.11.1937.
290 Vgl. SB 9 (1939), S. 206 und Beispiele in SHStA Dresden, Altbanken Dresden, DB, 4759,
    Der Reichstreuhänder der Arbeit für das Wirtschaftsgebiet Sachsen an Betriebsführer DB
    Dresden, 31.12.1942; HAC, 312/185.
291 Vgl. SHStA Dresden, Altbanken Dresden, DB, 6376, DB, PA an: Direktionen unserer Filia-
    len .
292 1941 bewilligte die Commerzbank-Niederlassung Hamburg den „in der Maschinenbuchhal-
    tung Tätigen [...] eine Zulage in Höhe von RM 15.- im Monat". PVRH 11.2.1941. Bei der
    Zur Deutschen Bank vgl. SHStA Dresden, Altbanken Dresden, DB, 6376, DB
    (Halt/Haeffner) an Reichstreuhänder der Arbeit für Wirtschaftsgebiet Brandenburg, 7.7.1941.
293 NB, Nr. 98, S. 4 f.
294 Vgl. Kalveram, Rationalization, S. 166; BBZ 33 (1928), S. 155 f. Zur Rationalisierung vgl.
    Kapitel 1.3.
295 MVDO 13 (1931/32), S. 4. Nicht nur die gesundheitliche Förderung der Mitarbeiter diente
    dem Ziel, unter den Bedingungen des mechanisierten Bankbetriebs die Leistungsfähigkeit
    und –bereitschaft der Mitarbeiter zu erhalten, sondern auch Leistungzulagen nutzten die Ban-
    ken bewußt, um angesichts die „fleissigen und leistungsfähigen Quantitätsarbeiter anzuspor-
    nen", auf deren „korrekte und schnellste Erledigung [...] der meist mühsamen Klein- und
    Massenarbeit" sie „mehr denn je angewiesen" waren, so der Direktor der Deutschen Bank
    Dresden 1927. SHStA Dresden, Altbanken Dresden, DB, 6360, DB Filiale Dresden an DB
    29.12.1927 (Abschrift). Kalveram äußerte sich 1928 ebenso. Vgl. BBZ 33 (1928), S. 155.

Absicht direkt neben ihrem Sportplatz, um ihren Angestellten die Infrastruktur für ein möglichst gesundes, effizientes Leben zur Verfügung zu stellen.[296] Nach 1933 stiegen zwar, anders als in vielen Industriebetrieben,[297] die Arbeitsanforderungen an die Mitarbeiter noch nicht unmittelbar rasant an. Doch gerade die NS-Gliederungen wiesen schon jetzt darauf hin, daß Sozialpolitik die Belegschaft leistungsfähiger mache. Das Arbeitswissenschaftliche Institut der DAF entwickelte auf Grundlage umfangreicher Untersuchungen seit 1935 Konzepte sozialtechnischer Rationalisierung, das Deutsche Institut für technische Arbeitsschulung wurde in die DAF eingegliedert, und die Reichsberufswettkämpfe hatten als ein Hauptziel die Leistungssteigerung[298] NS-Funktionäre stellten immer wieder den „business case" für Sozialpolitik heraus: Sozialpolitik rechne sich, weil sie Gesundheit, Zufriedenheit und Leistungsfähigkeit der Mitarbeiter verbessere.[299] Die Bank der Deutschen Arbeit bekannte sich zum Primat der Sozialpolitik; und DAF-Funktionär Theo Hupfauer faßte auf der zweiten „Reichsarbeitstagung" der Reichsbetriebsgemeinschaft zusammen: „Es ist ein unwiderlegbares Wort: Eine gute Sozialpolitik ist und bleibt die beste Wirtschaftspolitik."[300] Die Notwendigkeit, die Mechanisierung auszugleichen, rückte noch stärker in den Mittelpunkt. Reichsbetriebsgemeinschafts-Führer Fischer betonte 1934, „welche Bedeutung das Werk ‚Kraft durch Freude' gerade für die in ihren Mitteln beschränkten und an eine mehr oder weniger mechanische Tätigkeit gebundenen Büroangestellten hat. Nur in Ausnahmefällen werden diese ihre restlose [...] Befriedigung allein im Berufe finden können. [...]. Es ist darum von ganz besonderer Bedeutung [...], daß alles daran gesetzt wird, um ihre Freizeit zu verschönern".[301] Die Deutsche Bank stellte 1933 fest, es sei unmöglich „lediglich durch erhöhte Besoldung zu erreichen", daß ein gelernter Bankangestellter mechanische „Arbeit gern und mit Freuden tut".[302] Die Banken bauten Sozialleistungen aus, die man der Leistungssteigerung zurechnen kann: „Schönheit der Arbeit", Kantinen, Erholungsräume und –heime und Sporteinrichtungen und, wenigstens in der Dresdner Bank, das betriebliche Vorschlagswesen.[303] Hier setzte sich unter dem Druck der NS-Gliederungen eine Entwicklung der Weimarer Zeit fort, die im Interesse der Bankleitungen lag. Doch war die Sozialpolitik in den Banken wohl nach wie vor weniger konsequent in ein System der „sozialen Rationalisierung"

296 Vgl. MDB 1929, S. 83; auch Feldman, Allianz, S. 61. Sachse, Siemens, S. 30-33 diagnostiziert, der Betriebssport bei Siemens sei seit Mitte der 1920er Jahre nicht mehr so sehr als Konkurrenz zu Arbeitersportvereinen, sondern als volkshygienisches und gesundheitsfürsorgerisches Instrument gefördert worden.
297 Vgl. Berghoff, Hohner, S. 440.
298 Vgl. Siegel, Leistung, S. 89-98.
299 Vgl. AK 2 (1935), S. 115f.; AK 3 (1936), S. 28 f.; SB 8 (1938), S. 267.
300 GB BDDA 1938. Theo Hupfauer, Der deutsche Betriebsführer im Sozial- und Wirtschaftsleben, in: Reichsbetriebsgemeinschaft, Reichsarbeitstagung 1937, S. 39-52, 46. Ebenso äußerte sich Lencer. Vgl. BE 1 (1935), S. 23.
301 Fischer, Ausbildungsprobleme, S. 10 f. Vgl. auch Meyer, Aufgaben, S. 112.
302 SHStA Dresden, Altbanken Dresden, DB, 6364, DB, PA an Direktionen Filialen, 10.7.1933.
303 Hier und in der Gesundheitsprävention blieben die Banken hinter der Industrie zurück. Vgl. Berghoff, Hohner, S. 457.

eingeordnet als in der Industrie.[304] Im Krieg wurde Leistungssteigerung durch die höhere Arbeitsbelastung noch dringlicher,[305] doch der Krieg nahm die Ressourcen für den Aufbau neuer Infrastruktur in Anspruch, so daß nur durch verstärkte Nutzung der bestehenden Anlagen das Ziel der Leistungssteigerung weiter zu verfolgen war. Mit zunehmender Überarbeitung fehlte dann vermutlich zunehmend schlichtweg die Zeit, um durch Sport die eigene Arbeitsfähigkeit zu verbessern; die Erholungsheime der Banken wurden als Lazarette benutzt.

Nicht nur die seit den 1920er Jahren bestehenden Sozialeinrichtungen zur Leistungssteigerung wurden seit 1933 weiter ausgebaut. Auch im Bereich der Ideologie gab es zumindest begriffliche Kontinuitäten. Bankwissenschaftler Kalveram forderte 1928, der Angestellte solle nach „deutscher Auffassung [...] die Arbeit [...] als Dienst an den großen Aufgaben der Volksgemeinschaft" verstehen.[306] Der DHV äußerte sich 1927 ähnlich,[307] und die Betriebszeitungen verbreiteten dementsprechend Leistungsethos: Deutsche Bank und ADCA druckten beide 1928 in ihren Zeitungen das Gedicht eines amerikanischen Bankangestellten ab: „Never look backward/To see how much you have done,/Always look forward,/To see how much is to be done,/Never say: ‚This is the time to rest',/- Time to rest comes only with death -/Keep on! Keep on! Keep on!/Go straight toward Success,/Do not stop until you've made/Your good, better, and your better best."[308]

Die Propagandastrategie der DAF und Otto Christian Fischers für die Motivation der Angestellten, die mechanische Arbeiten erledigten, glich im wesentlichen derjenigen Kalverams von 1928: Die Motivation minder qualifizierter Mitarbeiter sei zu stärken, indem man ihnen den Wert ihrer Arbeit für Unternehmen und Volk demonstriere, indem man ihnen, so Fischer 1934, „das vor ihnen stehende Zahlenbild dadurch lebendiger [... mache], daß ihnen [...] die wirtschaftlichen Zusammenhänge zwischen ihrer Arbeit und der übrigen Wirtschaft nähergebracht werden, daß sie einen klaren Blick für das staatserhaltende Moment ihrer Arbeit gewinnen [...], daß der Stolz auf den Betrieb [...] gepflegt wird."[309] Die Deutsche Bank vertrat eine ähnliche *corporate identity* mit stärkerem Fokus auf das Unternehmen, von der sie sich 1933 erhebliche Wirkungen versprach: „Jeder junge Angestellte muß die Ueberzeugung haben, daß er, wenn auch als kleines, so doch als wichtiges Rad in einem großen Mechanismus eingeschaltet ist [...] Es ist garnicht abzuschätzen, was [...] dadurch verloren gehen kann, daß überall einzelne Angestellte nur mit halber Kraft [...] arbeiten, nur weil sie sich nicht als Glied einer Gemeinschaft fühlen, und wie sehr sich die Erfolgsleistung eines Betriebes heben kann, wenn alle [...] an den Gedanken gewöhnt werden, daß jeder einzelne, schon

---

304 Vgl. Siegel/v. Freyberg, Industrielle Rationalisierung, S. 45-54; Homburg, Rationalisierung, S. 673-681.
305 Vgl. Kapitel 1.3.
306 BBZ 33 (1928), S. 154.
307 DKB 4 (1927), S. 68.
308 MDB 1928, S. 102; SHStA Dresden, 13118, ADCA-Zeitung 9 (1928), S. 46.
309 Fischer, Ausbildungsprobleme, S. 9. Vgl. auch SB 9 (1939), S. 108.

mit Rücksicht auf seinen Nebenmann, mit dem vollen Einsatz seiner Person arbeiten muß."[310]

Der Ausbau der Sozialleistungen, die eine gesündere und zufriedenere Lebensführung entweder durch vorteilhaftere Gestaltung der Arbeitsplätze oder durch ausgleichende Angebote förderte, lag seit 1933 im gemeinsamen Interesse von Bankleitungen und NS-Gliederungen. Das erklärt, warum in diesem Bereich erhebliche Fortschritte und wenig Konflikte zu verzeichnen sind.

3.2.7 Sozialpolitik als Instrument der Inklusion und Exklusion

Sozialpolitik ist ein Mittel der Inklusion und Exklusion, zur Verstärkung oder Überwindung sozialer Hierarchien und Gruppierungen in der Mitarbeiterschaft. Während Unternehmensleitungen meist Leistungsträger gezielt fördern und herausheben, unwichtige Mitarbeiter dagegen weniger mit sozialpolitischen Leistungen bedenken, vertraten sowohl die Gewerkschaften der Weimarer Zeit als auch die NS-Gliederungen (in einer rassistischen Variante) „Klassenlosigkeit". Die hieraus entstehenden Interessenkonflikte lassen sich exemplarisch an der „Sitzordnung" in den Kantinen zeigen.

Die Kantinen der Banken in Berlin waren während der zwanziger Jahre ein Abbild der „Klassengesellschaft" im Betrieb: gewerbliche, kaufmännische, AT- und weibliche Angestellte aßen getrennt;[311] bei der Deutschen Bank bekamen 12 besonders „förderungswürdige Lehrlinge" kostenloses Mittagessen.[312] Die Gewerkschaften kritisierten das zwar, so der AV die Benachteiligung gewerblicher Angestellter[313] und den Bau getrennter Eingänge für „Oberbeamte" in der Kantine der Disconto-Gesellschaft 1921: Wie „beim preußischen Kommis" teile „die hochwohllöbliche Direktion [...] die Menschheit ein[...] in Offiziere und Gemeine [...,] in Reine und Unreine".[314] Trotzdem aber arbeiteten die Betriebsräte (oft DBV) konstruktiv an der Kantinenverwaltung mit.[315]

Die NSBO- und DAF-Funktionäre wollten ebenfalls die „Klassengrenzen" der Belegschaft niederreißen und kritisierten die Sonderstellung der „studierten Oberbeamten" als abgegrenzte Gruppe.[316] Gleichzeitig waren die sozialpolitischen Vorstellungen des Nationalsozialismus „gekennzeichnet durch den mit [...] rassistischen Prinzipien begründeten Zusammenhang von Förderung und Ausgrenzung". Zur Entlastung der Sozialversicherungen und Stärkung der „Volksgemeinschaft" sollten die „Minderwertigen" „ausgemerzt", dagegen die „Erbgesunden" gesund erhalten und zur Fortpflanzung ermutigt werden.[317] Die Bankleitungen

---

310 SHStA Dresden, Altbanken Dresden, DB, 6364, DB, PA an Direktionen Filialen , 10.7.1933.
311 Vgl. DB, Wohlfahrt, S. 16; AK 1 (1934), Oktober, S. 5 f.
312 Die BHG gab allen kostenloses Essen aus. Vgl. DDB 15 (1926), S. 37; DB, Wohlfahrt, S. 18.
313 DDB 8 (1919), S. 196, 209.
314 DDB 10 (1921), S. 198.
315 Vgl. DDB 8 (1919), S. 196; MDB 1927, S. 15; DDB 21 (1932), S. 19.
316 Vgl. SB, 15.2.1934, S. 2; 28.2.1934, S. 11; MNSBO 4 (1934), 8. Folge, S. 18.
317 Schneider, Hakenkreuz, S. 412-417.

gaben 1933 zumindest Lippenbekenntnisse ab, was die Überwindung der „Klassengrenzen" anging: Reichsgruppen-Leiter Fischers verlangte, „Arbeitgeber und Arbeitnehmer" dürften nicht mehr nach Arbeitsschluß „ein ideologisch völlig getrenntes Dasein" führen,[318] ein Commerzbank-Rundschreiben prangerte die Arroganz leitender Angestellter an: 1933 kritisierte die Personalabteilung der Commerzbank in einem Rundschreiben – ohne Zweifel auf Veranlassung der NSBO – die „Zurückhaltung" der leitenden Angestellten. Es werde berichtet, „dass höhere Beamte gegenüber den sogenannten Tarifbeamten eine betonte Zurückhaltung zur Schau tragen, [...sie] es bewusst ablehnen, sich [...] durch dieselben Hauseingänge an ihren Arbeitsplatz zu begeben, durch die [...] Tarifbeamten ihren Arbeitsplatz aufsuchen müssen. Es ist beobachtet worden, dass manche, die offenbar kein Gefühl für die Lächerlichkeit ihrer Handlungsweise haben, sogar Umwege machen [...]. Andere Oberbeamte haben [...]nach ihrer Ernennung zu ihren Arbeitskollegen geäussert, sie müssten nunmehr ihre [...] Beziehungen abbrechen, weil die Direktion ausdrücklich Abstand wünsche. Es bedarf [...] keines Hinweises, dass solche Anweisung niemals ergangen ist." Von dem „kleine[n...] Kreis der höheren Beamten", den dies betreffe, erwarte die Bank, daß er „dem Geiste der neuen Zeit Rechnung trägt und sich in seinem dienstlichen und ausserdienstlichen Verhalten zur Volksgemeinschaft bekennt."[319]

Die Bemühung um eine rassistisch definierte, klassenlose „Betriebsgemeinschaft" fand ihren Ausdruck in der Ordnung der Kantinen. So schafften die NS-Aktivisten, die 1933 die Betriebsräte aus den Kuratorien der Kantinen verdrängten,[320] schnell die äußeren Zeichen der Unterscheidung von „Klassen" ab. Als erste Amtshandlung rissen die NS-Aktivisten der Commerzbank 1933 die Trennmauer zwischen „Oberbeamten"- und Tarifangestellten-Kantine der Commerzbank ein,[321] und im Kasino der Deutschen Bank wurden alle Zimmer für alle geöffnet. Die Betriebszeitung stellte sogar die Existenzberechtigung des „Direktorenzimmers" in Frage.[322] Preissenkungen öffneten die Kantinen für weitere Kreise der Mitarbeiterschaft.[323] Es wurden nicht mehr Leistungsstarke, sondern sozial Schwache gefördert: Statt Freimahlzeiten für Förderungswürdige gab es bei der Deutschen Bank nun kostenloses Mittagessen für alle Burschen;[324] die Bank der Deutschen Arbeit zahlte ab 1936 schlecht verdienenden Mitarbeitern das Mit-

318 Otto Christian Fischer, Zum Eintritt in die Arbeitsfront, in: Der Ring, Heft 49, 8.12.1933.
319 TStA Gotha, CB Ilmenau, 3, CB, PA, An unsere aussertariflich besoldeteten Herren!, 15.8.1933. Vgl. auch PR Nr. 1002, 15.8.1933; Meyer, Aufgaben, S. 108.
320 Vgl. HADB, P2/E205, Betriebsrat der Deutschen Bank und Disconto-Gesellschaft, An den Vorstand der Deutschen Bank und und Disconto-Gesellschaft, 6.7.1933 (Abschrift).
321 Vgl. AK 1 (1934), Oktober, S. 5 f.
322 Vgl. MDB 1933, S. 91; SB 4 (1934), 18. Folge, S. 7-8. SB 5 (1935), 23./24. Folge, S. 10.
323 In der Kantine der Deutschen Bank gelang das schon 1933, bei der Commerzbank Hamburg erst 1939. Vgl. MDB 1934, S. 90; PVRH 12.10.1937; 8.11.1938; 12.12.1938; 10.1.1939. Vgl. auch HAC, 1/247 I, CB Mannheim an PA, 13.1.1942.
324 Vgl. MNSBO 4 (1934), 1./2. Folge, S. 3.

tagsmenü.[325] Nach Kriegsbeginn ersetzte bei der Commerzbank Hamburg ein „Einheitsessen" die unterschiedlich teuren Menüs.[326]

Die Auseinandersetzung um die Abschaffung der „Klassengrenzen" zeigte sich auch im Zusammenhang mit zahlreichen anderen Sozialleistungen, unter anderem bei Aufrufen der Betriebszeitungen zur Achtung für gewerbliche Angestellte und Putzfrauen,[327] in der Teilnahme der Putzfrauen an Sonderzahlungen und Betriebsausflügen,[328] bei gemeinsamer Feldarbeit von Filialleiter und Betriebsobmännern in Schulungskursen[329] und in der Auflösung der Vereinigung der Oberbeamten.[330] Die Kehrseite der Klassenlosigkeit war der Ausschluß der jüdischen Mitarbeiter aus der wachsenden Sphäre betrieblicher Sozialpolitik.[331]

Die klassenlose, „rassisch reine" Betriebsgemeinschaft ließ sich aber nicht einfach verordnen. Das zeigt wieder das Beispiel der Kantinen: Die Deutsche Bank-NSBO beklagte 1935: „Es gibt eben immer einige Ausnahmen, die es wohl für standesgemäß ansehen, [...] mit Juden an einem Tisch zu sitzen, die es aber unter ihrer Würde halten, mit einem Arbeitskameraden, der nach Gruppe I bezahlt wird, sich zusammen zu setzen."[332] Der Vertrauensrat der Commerzbank Hamburg forderte 1936, „in der Kantine die bisher noch fehlende Gemeinschaft zwischen Beamten und Oberbeamten herzustellen [...;] Gemeinschaftstische aufzustellen [...]. Der Betriebsführer möchte eine Verordnung in dieser Beziehung [aber] nicht erlassen, da er keinen Zwang auf den Einzelnen ausüben möchte."[333] Immer wieder wurde die Arroganz leitender Angestellter kritisiert.[334] Diese Klagen finden sich nach 1937 deutlich weniger. Der Vorwurf der „Judenfreundlichkeit" verlor mit der Verdrängung der jüdischen Mitarbeiter seine Grundlage. Daß aber die soziale „Arroganz" nicht mehr kritisiert wurde, läßt zwei Schlüsse zu. Entweder die Überwindung der Klassengrenzen gelang und fand die Unterstützung von Bankleitungen und außertariflichen Angestellten. Das Verhalten beider Gruppen in den Vorjahren lässt aber eher die zweite Erklärung wahrscheinlich erscheinen: Die Konzessionen an die „klassenlose" Betriebsgemeinschaft waren den Bankleitungen abgepresst worden, und am hinhaltenden Widerstand der „obe-

325 Vgl. GB BDDA 1936.
326 Vgl. PVRH 18.2.1936; 3.11.1936; 10.10.1939.
327 Vgl. AK 2 (1935), Juli, S. 69 f., 95 f.; SB 7 (1937), S. 60; Wendt, Aufgaben, S. 236.
328 Vgl. PR Nr. 1226, 1.12.1936; PR Nr. 1295, 13.11.1937; PR Nr. 1299, 24.11.1937; BLHA Potsdam, CB Luckenwalde, Abgabe 1989, 5, CB, Bekanntmachung, 18.11.1938; PR Nr. 1438, 21.11.1939; HAC, 1/104, CB, Bekanntmachung, 26.11.1943; SHStA Dresden, Altbanken Dresden, Deutsche Bank, 6367, DB, PA an Direktionen unserer Filialen, 14.3.1938; SHStA Dresden, 13135, 451, DrB, PA, An unsere Gefolgschaftsmitglieder, 10.11.1938; DrB, Direktion, An die Direktionen unserer Kopf- und selbständigen Niederlassungen, 22.11.1939; DrB, PA, An unsere Gefolgschaftsmitglieder, 22.11.1940.
329 Vgl. AK 4 (1937), Oktober; SB 7 (1937), S. 208-211.
330 Vgl. AK 1 (1934), Oktober, S. 5 f.; AK 2 (1935), S. 69 f.
331 Vgl. Kapitel 2.2.
332 SB 5 (1935), 23./24. Folge, S. 10.
333 PVRH 3.11.1936. Vgl. auch PVRH 29.11.1934, 5.2.1935; AK 3 (1936), S. 17 f.
334 Vgl. SB 4 (1934), 15./31.1.1934, S. 11; 3. Folge, 15.2.1934, S. 3; BE 1 (1935), S. 98.

ren" Klassen scheiterten die NS-Gliederungen letztlich.[335] Was Lippenbekenntnisse und äußerliche Konzessionen anging, waren die Bankleitungen flexibel, in der Substanz blieben sie unnachgiebig und stützten die ohnehin tief eingewurzelte Sonderstellung der außertariflichen Angestellten eher noch. Wenn auch die Kantinenräume für alle geöffnet wurden, so blieb doch die Sitzordnung unverändert.

Insgesamt kann man feststellen, daß die Banken immer dann flexibel auf die sozialpolitischen Forderungen der NS-Gliederungen eingingen, wenn sie dem eigenen geschäftlichen Interesse entsprachen (wie bei der Erhöhung monetärer Sozialleistungen in Zeiten der Arbeitskräfteknappheit, dem Ausbau prestigeträchtiger Sozialeinrichtungen entsprechend dem Interesse der Selbstdarstellung als „sozialer" Arbeitgeber) oder ihm zumindest nicht widersprachen. Hier bestand, da es in vielen Bereichen Interessenkongruenzen gab, ein erheblicher Spielraum für Konzessionen an die NSBO und DAF. Allerdings erreichten die NS-Funktionäre durch diese Konzessionen oft mikropolitische Vorteile, die die Bankleitungen so nicht intendiert hatten: Wenn unter dem Druck der NS-Gliederungen ein Ausbau der betrieblichen Sozialpolitik stattfand, gelang es den nationalsozialistischen Funktionären immer wieder, sich bei dieser Gelegenheit organisatorisch in den Banken bzw. in der Belegschaft zu etablieren, etwa durch die Redaktion der Betriebszeitungen oder die Übernahme der Sportvereinigungen. Banken, die eine längere sozialpolitische Tradition hatten, wie etwa die Deutsche Bank im Fall der Sportvereine und der Betriebszeitungen, leisteten dem länger Widerstand. Im Vergleich etwa mit dem Siemens-Konzern, dessen Sozialpolitik länger etabliert und weiter ausgebaut war als die irgendeiner Großbank, wurde Sozialpolitik in den Banken stärker zu einem Einfallstor für die NS-Gliederungen. Während bei Siemens „die soziale Betriebspolitik für den Versuch [stand], die Politik aus dem Betrieb herauszuhalten" und die Firmenleitung bei Konflikten mit der DAF „in vielen Fällen erfolgreich" blieb und „im schlechtesten Fall [...] Kompromisse" erreichte,[336] mußten die Großbanken oft die Oberherrschaft von NSBO oder DAF akzeptieren. Relativ am resistentesten scheinen die Banken gegen die Bemühungen gewesen zu sein, eine „klassenlose" Betriebsgemeinschaft" zu schaffen, in der die Unterschiede zwischen „Oberbeamten", Tarifangestellen und gewerblichen Angestellten eingeebnet wären. Hier erreichten die NS-Gliederungen wohl kaum mehr als symbolische Erfolge der Bankleitungen. Das mag daran gelegen haben, daß die Auswahl, Beförderung und Fortbildung leitender Angestellter im Bewußtsein der Bankleitungen einen Kernbereich unternehmerischer Tätigkeit ausmachte und als entscheidend für den geschäftlichen Erfolg galt. Mehr als im Bereich der Sozialpolitik oder auch der Verdrängung jüdischer Mitarbeiter war man hier bereit, sich auf Konflikte einzulassen.

---

335 Daß das alte Ideal der Bankangestellten noch in den Köpfen der Vorstandsmitglieder herrschte, zeigt eine Äußerung von Dresdner Bank-Betriebsführer Schippel: Er nannte 1935 „die Bankbeamten" die „Elite der Kaufmannschaft"". BE 1 (1935), S. 26. Auch die Gleichstellung der außertariflichen Angestellten mit den Tarifangestellten bei Abschlußgratifikationen wurde nur durch Proteste erzwungen. Vgl. SB 7 (1937), 2. F., S. 48. Vgl. auch AK 5 (1938), S. 2.
336 Homburg, Rationalisierung, S. 660.

4. DIE AUSWAHL LEITENDER ANGESTELLTER

NS-Gliederungen und staatliche Stellen versuchten seit 1933, die Führungskräfteauswahl der Großbanken zu beeinflussen. Damit griffen sie in einen Kernbereich der Personalpolitik ein. In Unternehmen gilt die Qualität der leitenden Angestellten als entscheidend für den geschäftlichen Erfolg,[1] das traf in hohem Maß auch für die Filialgroßbanken der dreißiger und vierziger Jahre zu. 1937 betonte etwa Commerzbank-„Betriebsführer" Boode, die Bank könne nur erfolgreich sein durch leitende Mitarbeiter „von Fähigkeiten und Charakter, denn nur die gewinnen Einfluß und sichern unserem Unternehmen, was es benötigt, um seine Stellung zu behaupten und zu erweitern!"[2] Für die Großbanken waren leitende Angestellte zudem das wichtigste Instrument zur Lösung des Steuerungsproblems zwischen Zentrale und Filialen. Deutsche Bank-Vorstandsmitglied Solmssen schrieb 1930: „Ein großer Organismus kann nur gedeihen, wenn er in sich die Ausbildungs- und Aufstiegsmöglichkeiten besitzt, welche ihm für die […] verantwortlichen Posten ein Menschenmaterial liefern, das nach gleichen Grundsätzen geschult ist und automatisch im Sinne der Leitung denkt und handelt. Verfügt man über ein so geschultes Korps, […] so ist es nicht schwer, den Dienst zwischen den Innen- und Außenstellen so elastisch zu gestalten, daß die persönliche Initiative des einzelnen nicht eingeengt, sondern angefeuert wird und dabei noch Ordnung und Disziplin gewahrt werden."[3]

Zu Beginn der NS-Herrschaft wurde die Führungskräfteauswahl in den Großbanken von höchster Stelle für defizitär erklärt. Reichsbankpräsident Hjalmar Schacht erklärte nach Abschluß der Bankenenquête Anfang 1934: Die Bankenkrise sei „nicht in erster Linie au[s] einer falschen Organisation des Bankwesens" entstanden, „sondern [… aus] dem Versagen der leitenden Menschen im Bankgewerbe gegenüber den inneren und äußeren politischen Gewalten. […] Es ist eine der erschreckendsten Erfahrungen unter dem alten System gewesen, daß die Bankleiter in keiner Weise für geeigneten Nachwuchs gesorgt haben." Durch ge-

---

1   Vgl. Jentjens, Führungskräfteentwicklung, S. 6 f.
2   AK 4 (1937), S. 157. 1940 erklärte DB-„Betriebsführer" Halt: „[D]er gute Nachwuchs ist im heutigen Konkurrenzkampf das einzige Mittel, das uns einen Vorsprung verschaffen kann." SHStA Dresden, Altbanken Dresden, DB, 6369, Referat Halt ohne Datum (Anlage zum Brief DB, PA, an Direktionen unserer Filialen, 5.11.1940). 1942 bat Halts Kollege Hans Rummel die Filialdirektoren, „der Nachwuchsfrage stärkste Beachtung zu schenken." HADB, Ordner Direktorensitzungen, Aktennotiz, Direktorensitzung vom 26.3.1942 in Berlin.
3   MDB 1930, S. 24. Ähnlich erklärte CB-Betriebsführer Schilling 1934, die Teilnehmer des CB-Kurses für Führungsnachwuchs sollten „die Grundlinien der Geschäftspolitik unseres Instituts kennenlernen und so eine bestimmte Tradition in sich aufnehmen und später weitergeben". AK 1 (1934), Dezember, S. 18. Zum Zentrale/Filialen-Problem vgl. Kapitel 1.4.

schickte Aufnahme einer weit verbreiteten Kritik lenkte Schacht die Vorwürfe gegen das Großbanksystem an sich auf das Personalwesen ab.[4]

Den starken öffentlichen Druck versuchten die Parteigliederungen zur Durchsetzung ihrer Interessen zu nutzen. Wohl in keinem anderen Bereich der Personalpolitik fanden nach 1933 so umfassende Neuerungen statt wie in der Führungskräfteauswahl und -fortbildung. Wohl in keinem anderen Bereich fiel ein so starkes Interesse der Bankleitungen, ein lange bestehendes Problem zu lösen, mit einem so hohen Engagement der DAF zusammen, deren einziger offizieller Zuständigkeitsbereich neben der Sozialpolitik die Ausbildung war.[5] Wohl in keinem anderen Bereich aber kam es auch zu so harten Konflikten. Wie sehr die Banken die Einflußnahme auf ihre Führungskräfteauswahl als Bedrohung sahen, zeigt ein Brief des Aufsichtsratsvorsitzenden der Deutschen Bank, Franz Urbig, an Hermann Josef Abs von 1944: „So lange Sie die Freiheit in der Wahl der Mitarbeiter haben, werden Sie der Elemente, die das Gebild der Menschenhand hassen, Herr werden. Im anderen Falle wird die Zukunft der deutschen Banken ein Problem werden und Ihre eigene Stellung wird nach Jahren eine Art Insel bilden".[6]

Wie verwundbar waren die Banken gegenüber den Interventionen der NS-Gliederungen? Inwiefern gelang es dem NS-Staat und den Aktivisten in den Banken, die Auswahl und Beförderung von Führungskräften zu beeinflussen? Welche Rolle spielte die Führungskräfteauswahl als mikropolitischer Spielstein im Aushandlungsprozeß zwischen Bankleitungen und NS-Gliederungen? Das folgende Kapitel nimmt neben der schon erforschten Umbesetzungen von Vorständen auch die Gesamtheit der leitenden Angestellten der Großbanken in den Blick. Denn das mittlere Management spielt eine entscheidende Rolle für das Verhalten einer

---

4   Die Zukunft der Banken. Beiträge zu einer Banken-Enquête VI, in: FZ, Nr. 540/2, 23.7.1933. Die Deutsche Allgemeine Zeitung schrieb 1934: „Die Generation von Bankleitern, die die deutschen Großbanken in die spekulativen Pfade der Nachinflationsjahre hineinführte, hatte die Erfahrungen der Vorkriegszeit entweder vergessen oder überhaupt nicht gelernt. Diese Generation hat [...] wieder weichen müssen. Eine neue, weniger spekulativ eingestellte Führerschicht wird hoffentlich die Lehren dieser Krise nicht so rasch vergessen." DAZ, Nr. 44 vom 27.1.1934. Der „Völkische Beobachter" bestritt Anfang 1934, daß Großbankendirektoren überhaupt verantwortlich Kredite vergeben könnten: „Nicht [...] die Schwerfälligkeit des Apparates an sich sind es allein, die jede Entscheidung hemmen, sondern [...] der Mangel an Verantwortungs- und Entschlußfreudigkeit, der wiederum seine Ursache hat in dem Fehlen jeglichen inneren Verbundenseins mit dem betreuten Unternehmen. [...] Eine Bankleitung kann [diese] eben nach ihrer ganzen Tradition und Psyche [nicht] aufbringen". Völkischer Beobachter, Nr. 7/8, 7./8.1.1934. Noch 1936 erklärte die Commerzbank gegenüber dem Reichswirtschaftsministerium, daß „leider der Bedarf [nach tüchtigen leitenden Angestellten] nicht annähernd gedeckt werden kann". BAB, R3101, 8742, S. 28-31CB (Hampf) an RWM (Koehler), 11.1.1936.

5   Dresdner Bank-Betriebszellenobmann Voth erklärte 1935, daß „im Gehetze [...] und unter der Verantwortungslosigkeit der emigrierten Direktionsvertreter für den Nachwuchs so gut wie nichts getan worden war." BE 1 (1935), S. 26.

6   Zit. bei: Lothar Gall, Festvortrag Hermann Josef Abs – politischer Bankier zwischen den Zeiten, in: Deutsche Bank, Feierstunde anläßlich des 100. Geburtstages von Hermann Josef Abs, Frankfurt 2001, S. 19-39, 24.

Bank, entscheidet über einen Großteil der Kredite, Einstellungen und Entlassungen und bildet das Reservoir für das Spitzenmanagement. [7]

Zunächst sind die Rahmenbedingungen der Führungskräfteauswahl zu skizzieren. Welchen Spielraum ließen die Einstellungs- und Entlassungwellen seit 1919 für die zielgerichtete Rekrutierung, Fortbildung und Beförderung von Führungspersonal? Welche Instrumente standen zur Auswahl und zur Fortbildung von Führungspersonal zur Verfügung? Welche Eigenschaften verlangten die Banken von ihrem zukünftigen Führungspersonal und wie konnten die Gewerkschaften, später NSBO und DAF Einfluß auf diese Auswahlkriterien nehmen?

4.1 BEDARF UND ANGEBOT AN FÜHRUNGSKRÄFTEN

Die Zeit von 1919 bis 1945 war in den Filialgroßbanken eine vergleichsweise schlechte Zeit für Beförderungen. Massenentlassungen bestimmten das Bild von 1924 bis 1933.[8] Zurecht erklärte der DHV 1928: „Es war ja vor dem Kriege mit das Charakteristikum des Bankgewerbes, daß die Zahl der Beschäftigten, vornehmlich in den Großbetrieben, ständig stieg und so allen fähigen Angestellten die Möglichkeit bot, es [...] zu einer Vertrauensstellung zu bringen. Weil heute im Gegensatz dazu die Zahl der Beschäftigten durch die Rationalisierung [...] fällt, sind Aufstiegsmöglichkeiten im Betrieb nur sehr wenig vorhanden [...]."[9] Vorstandsmitglieder der Deutschen Bank erklärten nach der Fusion mit der Disconto-Gesellschaft, es gebe zu viele leitende Angestellte: „Sie kosten die Bank eine Menge Geld, [...] nehmen unserem Nachwuchs vielfach die Aufrückungsmöglichkeit [... und hindern] uns daran, die wirklich guten Oberbeamten so zu bezahlen, wie wir es wünschen."[10] Immer wieder kam es darum zu Beförderungssperren. 1929 etwa ernannte die Commerzbank keine neuen leitenden Angestellten. Neue Unterschriften verlieh sie nur, wenn gleichzeitig andere gestrichen wur-

---

7 Die „Personalfragebögen" der Commerzbank von 1943/44 – die es für die anderen Filialgroßbanken nicht gibt – erlauben eine Darstellung der Karrieren der leitenden Angestellten einer Großbank seit 1933 mit geringerem Arbeitsaufwand als eine Untersuchung auf Grundlage von Personalakten. Kombiniert mit den Unterschriftenverzeichnissen der Bank und des Centralverbands ist es möglich, den Karriereverlauf aller leitenden Angestellten in den wichtigsten Eckdaten nachzuvollziehen. Dieser Zugriff ist weniger intensiv als eine Untersuchung auf Grundlage der Personalakten leitender Angestellter. Solche Akten sind bei der Commerzbank kaum, bei den beiden anderen Filialgroßbanken aber in großer Zahl vorhanden. Sie auszuwerten, ist im Rahmen dieser Arbeit nicht möglich. Die Ergebnisse des folgenden Abschnitts stehen darum unter Vorbehalt.

8 Vgl. Kapitel 2.1.

9 DKB 6 (1928), S. 1. Die VDO beklagte sich im selben Jahr noch über einen anderen hemmenden Faktor. Immer mehr strömten „Juristen, Volkswirte[...], Diplomkaufleute[...] usw." auf „die besseren Posten im Bankgewerbe". Sie riegelten „insbesondere uns Oberbeamten den weiteren Aufstieg so gut wie luftdicht ab[...]". MVDO 10 (1928), S. 22. Diese Behauptung läßt sich mit den hier ausgewerteten Quellen nicht überprüfen.

10 Zit. bei Feldman, Bank, S. 263 f.

den.[11] Auch höhere Titel und die damit zusammenhängenden Gehaltserhöhungen vergab die Bank kaum.[12] Deutsche Bank-Direktor Rummel erklärte 1929 gegenüber Filialdirektoren: „Keinesfalls dürfe befördert werden, wer lediglich als guter Mitarbeiter zu schätzen sei; nur wirklich erstklassige Leute [...] sind in den nächsten Jahren zur Beförderung vorzuschlagen."[13]

Nach 1933 kehrte sich die Entwicklung um – aber in bescheidenem Ausmaß. Zwar stieg die Mitarbeiterzahl der Deutschen und der Dresdner Bank 1933, aber nur leicht; die der Commerzbank sank sogar weiter.[14] Otto Christian Fischer als Leiter der Reichsgruppe Banken konstatierte 1934, es bestünden im Bankgewerbe „keine erhöhten Aussichten auf Vorwärtskommen".[15] Ab 1936 stieg die Zahl der Mitarbeiter bei der Commerzbank und der Deutschen Bank, aber wiederum in geringem Umfang. Bei der Dresdner Bank sank sie leicht. Noch 1936 schrieb die Commerzbank-Zentrale an ihre Zweigstelle Luckenwalde: „Wir haben noch immer eine so überaus grosse Anzahl von Oberbeamten überzählig, dass noch auf lange Zeit hinaus nicht damit zu rechnen ist [Beförderungen] vornehmen zu können."[16] Stärker stieg die Mitarbeiterzahl der Commerzbank und der Deutschen Bank ab 1938/39 mit der Expansion in die vom Reich eroberten Gebiete.[17] Hier herrschte auch Bedarf an leitenden Angestellten, Filialdirektoren, –prokuristen und Bevollmächtigten. Auch die Zahl der Mitarbeiter der Dresdner Bank stieg nun. Deren „Betriebsführer" Lüer meldete aber auch im März 1939 noch eine „Übersetzung [...] in der Zahl der übertariflich bezahlten Angestellten".[18] 1939 kritisierte Reichsbetriebsgemeinschafts-Leiter Lencer, daß „junges Blut" keine Gelegenheit zum Aufstieg im Bankwesen habe. „Ein junger, vorwärtsstrebender Angestellter, fachlich tüchtig, möchte an die Verantwortung. Das Zeug dazu hat er in sich. Seine Leistungen werden auch anerkannt. [...] Er wird aber nicht befördert, weil man einwendet, daß vor ihm noch viele mit längeren Dienstjahren auf diesen Posten glauben Anspruch zu haben. Die Folge ist: Unser Mann bleibt an seinem Posten, wird unzufrieden und sucht sich einen größeren Wirkungskreis. [...] Gebt dem, der leistet, Chancen und nicht leere Versprechungen!"[19]

---

11 Vgl. HAC, 1/479, W. Würbach an Direktor Hampf, 31.12.1929; CB, Direktion, Hampf an Direktor W. Würbach, CB Filiale Mainz, 3.1.1930; CB Filiale Mainz an Centrale, PA, 4.2.1930 ; CB, PA an Direktion der Filiale Mainz, 6.2.1930.

12 Vgl. HAC, 307/6, Niegel an Direktion der Filiale Mainz, 13.11.1930; Filiale Mainz an die Centrale Berlin, PA 14.11.1930; HAC, 1/479, CB, PA an Direktion der Filiale Mainz, 14.2.1931.

13 Vgl. HADB, Ordner Direktoren-Sitzungen, Niederschrift über die Besprechung, die unter dem Vorsitz des Herrn Dr. Brunswig (Referent Herr Rummel) mit einer kleineren Anzahl von Filial-Direktoren am 13. ds. Mts stattfand [1929].

14 Vgl. Kapitel 2.1.

15 Otto Christian Fischer, Verantwortungsvolle Aufgaben des Bankwesens und Zukunftsfragen der Bankangestellten, in: BuV 1 (1934) S. 2.

16 BrLHA Potsdam, Rep. 53, Abgabe 1989, CB Luckenwalde, Nr. 9, CB, PA an Leitung Luckenwalde, 17.7.1936.

17 Vgl. Kapitel 1.1.

18 BE 5 (1939), S. 107.

19 BuV 6 (1939), 9. Folge, S. 1.

Wie wenig Aufstiegsmöglichkeiten die Banken boten, wird klar, wenn man sie mit Unternehmen vergleicht, die von der Rüstungskonjunktur ab 1933 profitierten. Die Mitarbeiterzahl von Daimler-Benz stieg von rund 9.148 Mitarbeitern 1932 auf mehr als das siebenfache 1943, nämlich rund 64.497 – ohne Kriegsgefangene.[20] Das Dräger-Werk hatte 1938 rund 2.408 Mitarbeiter gegenüber 239 1932, also rund zehnmal so viel, und 1943 waren es mit 4.246 fast achtzehnmal so viel wie 1932.[21] Die Commerzbank-Belegschaft erhöhte sich von 1932 bis 1942 gerade mal von 7789 auf 8427, also um weniger als 10 %.[22]

Auch die Veränderungen der Mitarbeiterstruktur schufen kaum Spielraum für Beförderungen. Im Rahmen der Entlassungen der Stabilisierungszeit nach der Inflation und nach der großen Fusion mit der Mitteldeutschen Creditbank stieg der Anteil leitender Mitarbeiter bei der Commerzbank zwar zunächst. Dann aber sank er deutlich; die Bank entließ also verspätet, doch dann verstärkt leitende Angestellte. Gerade ab 1933 war die Commerzbank hier konsequent. Der Anteil leitender Angestellter sank bis 1938. Dann erhöhte die Expansion den Bedarf nach Führungskräften. Der Anteil leitender Angestellter nahm im Rahmen einer insgesamt wachsenden Mitarbeiterschaft drei Jahre lang nicht ab. Ab 1941 sank er wieder. In der Deutschen Bank war die Entwicklung sehr ähnlich.[23]

Neben die wirtschaftlichen Hemmnisse trat mit dem Kriegsausbruch noch ein politisches. Die Banken verhängten, wie die Behörden, einen Beförderungsstop. So wollten sie, wie die Deutsche Bank 1940 schrieb, „klar[…]stellen daß unter keinen Umständen die ander Front kämpfenden Arbeitskameraden von den nicht-eingerückten Mitarbeitern überflügelt werden dürfen.“[24] Eine Verordnung schrieb den Beförderungsstop juristisch fest. Viele Beförderungsanträge lehnten die Zentralen deshalb ab.[25] Allerdings durften sie befördern, wenn ein Posten frei wurde, für den kein Einberufener in Frage kam, wenn „dringende geschäftliche oder betriebliche Gründe […] die Beförderung erforderlich machen.“[26] Mit zunehmenden Einberufungen blieben viele Mitarbeiter aber an der Front blockiert. Anfang 1945

---

20 Vgl. Hans Pohl/Stefanie Habeth/Beate Brüninghaus, Die Daimler Benz AG in den Jahren 1933-1945. Eine Dokumentation, 2. durchges. Aufl. Stuttgart 1987 [Zeitschrift für Unternehmensgeschichte, Beiheft 47], S. 136.

21 Vgl. Bernhard Lorentz, Industrieelite und Wirtschaftspolitik 1928-1950. Heinrich Dräger und das Dräger-Werk, Paderborn u.a. 2001, S. 249.

22 Vgl. Geschäftsberichte der Commerzbank.

23 Vgl. Kapitel 2.2.

24 SHStA Dresden, Altbanken Dresden, DB, 6373, DB, PA, An die Direktionen unserer Filialen, 28.2.1940; vgl. auch SHStA Dresden, Altbanken Dresden, DB, 6376, DB, PA an Direktionen unserer Filialen, 22.11.1939.

25 Vgl. etwa den Fall eines Commerzbank-Mitarbeiters, dessen 1940 beantragte und wegen des Beförderungsstops verschobene Beförderung die Zentrale erst 1950 sozusagen nachholte. HAC, 307/8, CB, PA an Direktion der Filiale Worms, 24.8.1940; Mittelrheinische Bank/Der Verwalter an Paul V., 24.12.1950

26 SHStA Dresden, Altbanken Dresden, DB, 6373, DB, PA, An die Direktionen unserer Filialen (Kopfstellen), 28.2.1940.

stellte der Arbeitsausschuß der Commerzbank fest, „jüngere erste Kräfte" für Fili-
alleiterposten stünden „überhaupt nicht zur Verfügung".[27]

Trotz allem fanden natürlich nach 1933 Beförderungen statt. Es herrschte der
„natürliche Abgang" durch Tod oder Pensionierung, außerdem wurden bis 1935
noch zahlreiche leitende Angestellte entlassen. Die Verdrängung der jüdischen
Angestellten zwischen 1933 und 1939 betraf wegen der überproportionalen Vertretung von Juden unter den „Oberbeamten" viele leitende Angestellte und schuf
darum Aufstiegskanäle.[28] Insgesamt gab es aber, gerade verglichen mit prosperie-
renden anderen Branchen, relativ wenig Aufstiegsmöglichkeiten, so daß die Banken gegenüber den Einflußversuchen der NS-Gliederungen und den Aufstiegsbe-
strebungen von Parteiangehörigen strukturell weniger verwundbar waren als manche anderen Branchen.

Während die Bankangestellten sich von 1919 bis 1945 über einen Mangel an
Karrieremöglichkeiten beklagten, konstatierten die Bankleitungen gleichzeitig
Defizite beim Angebot an Führungsnachwuchs. Die oft eintönige Arbeit im Groß-
bankbetrieb verhindere die Entwicklung von Führungspersönlichkeiten. 1933 erklärte Otto Christian Fischer in einem Rückblick auf die Entwicklung der vergangenen Jahre, die „Qualität der Beamtenschaft leide unter der Maschinisierung des
Betriebes, und man werde sich bemühen müssen, daß unter der Maschine nicht
das individuelle Denken und Handeln leide."[29] Schacht verwies auf die „verhäng-
nisvollen Folgen" der Schematisierung der Bankarbeit, die „die Beschaffung eines
geeigneten Nachwuchses für die Leitung großer Bankunternehmungen [...] immer
schwieriger" gemacht habe und „zur Ueberalterung" auf den leitenden Posten
geführt habe.[30] Commerzbank-„Betriebsführer" Schilling diagnostizierte 1934
dieselben negativen Folgen der „Schematisierung, Mechanisierung und Maschinisierung der Betriebe". Zudem hätten „Krieg, Inflation, Nachinflation, Krisenwirt-
schaft [und die] Zerrüttung des politschen und sozialen Staatsgefüges fast ein
Menschalter lang auf dem Gebiete der Berufsausbildung Schaden auf Schaden
an[ge]häuft". „Es kann daher nicht Wunder nehmen, wenn der bankgewerbliche
Nachwuchs dieser Periode, die ja eine Umwertung aller Werte mit sich brachte
und welche die geschäftliche Traditionen früherer Zeiten wenig achtete, das
Bankgeschäft nur unvollkommen kennenlernte und somit die Qualität des zur
Verfügung stehenden Nachwuchses recht mangelhaft wurde."[31] Auch das

---

27   HAC, 1/192II, 188. SAA, 11.1.1945.
28   Vgl. Kapitel 2 und Ziegler, Verdrängung.
29   Publizitätsfragen des Bankgewerbes. Aus dem Enquête-Ausschuß, in: BeBZ Nr. 558 vom
     29.11.1933. Vgl. auch Mensch oder Organisation, in: 8 Uhr Abendblatt, Nr. 268, 16. Nov.
     1933. Vgl. auch LHA Magdeburg, Rep. 103, Bankhaus Dippe-Bestehorn, Quedlinburg, Nr.
     11, Führerschulung für das Deutsche Bankwesen, Einladung zum 1. Kursus in Frankfurt a.
     M., vom 29. Januar bis 17. Februar 1934; BE 1 (1935), S. 85.
30   BBC, Nr. 416, 6.9.1933.
31   AK 1 (1934), Dezember, S. 18. 1942 formulierten Oswald Rösler und Hans Rummel vom
     Vorstand der Deutschen Bank die Diagnose rückblickend: Die „Mechanisierung des gesam-
     ten Geschäfts" und „die Einengung des Bankgewerbes durch staatliche Vorschriften und
     Kontrollen habe die Entwicklung grosser Bankpersönlichkeiten verhindert." RGVA 1458-1-
     443, Puhl, Aktennotiz, Betr.: Allgemeine Fragen des Bankgewerbes, 13.8.1942.

„gleichmacherische" Tarifsystem stellten die Bankleitungen als Hemmschuh für die Entwicklung von Bankierspersönlichkeiten dar.[32]

4.2 AUSWAHL- UND FORTBILDUNGSINSTRUMENTE

Spätestens seit Beginn der 1920er Jahre war zudem die Auswahl und Fortbildung von Führungsnachwuchs in den Banken zu einem organisatorischen Problem geworden. „In den Großbetrieben", so Rudl, „wurde es immer schwieriger, die persönliche Leistung einzelner Angestellter zu erkennen und auf dieser Grundlage eine Auslese [...] vorzunehmen."[33] Ein Angestellter erklärte: „Die Direktion kümmert sich um die Leistungen des einzelnen nicht und man verschwindet in der großen Masse gänzlich."[34] Die Vergrößerung der Banken durch Fusionen in den zwanziger Jahren verschärfte das Problem.[35] 1929 waren sich Vorstandsmitglieder und Filialdirektoren der Deutschen Bank zwar einig, daß unter dem Nachwuchs genügend „junge tüchtige Leute [...] vorhanden seien". Durch die mangelhafte Führungskräfteentwicklung der vergangenen Zeit fehle es „jedoch an solchen Herren, die als wirklicher Direktionsnachwuchs für die nächste Zeit in Frage kämen."[36] 1930 fragte die Vereinigung der Oberbeamten angesichts der mangelnder innerbetrieblicher Rekrutierungsinstrumente für Nachwuchskräfte: „Besteht überhaupt der Wille, den Führungsnachwuchs aus dem eigenen Beamtenstande zu entnehmen?"[37] Auch die Betriebszeitung der Deutschen Bank beschäftigte sich 1930 mit dem Problem. „Die ‚demokratische Auslese' ist eine ideale Forderung. In der Praxis findet sie ihre Begrenzung in der Schwierigkeit des Erkennens."[38] Zwar sei man „überzeugt, daß [...] eine ganze Anzahl gerade von jungen Beamten zur Verfügung steht, die gewisse Nachwuchs-Qualitäten besitzt", so die Deutsche Bank 1933. Es ist uns jedoch bisher noch nicht gelungen, einen Weg zu finden, der es uns ermöglicht, an zentraler Stelle [die in der Bank vorhandenen Nachwuchskräfte] kennenzulernen oder uns ein wirklich sicheres Urteil über sie zu bilden."[39]

Auch die Fortbildungsmöglichkeiten im Bankgewerbe für leitende Angestellte waren nicht entsprechend den Bedürfnissen von Großbetrieben ausgebildet. Es

---

32 Vgl. Publizitätsfragen des Bankgewerbes. Aus dem Enquête-Ausschuß, in: BeBZ Nr. 558 vom 29.11.1933.
33 Rudl, Angestellte, S. 67 f.
34 Stillich, Beruf und Avancement, S. 55f., 61-63, zit. bei Rudl, Angestellte, S. 67 f.
35 Vgl. Kapitel 1.2.
36 Vgl. HADB, Ordner Direktoren-Sitzungen, Niederschrift über die Besprechung, die unter dem Vorsitz des Herrn Dr. Brunswig (Referent Herr Rummel) mit einer kleineren Anzahl von Filial-Direktoren am 13. ds. Mts stattfand [1929].
37 MVDO 10 (1928/29), S. 111.
38 MDB 1930, S. 49.
39 SHStA Dresden, Altbanken Dresden, DB, 6364, DB, PA, An die Direktionen unserer Filialen, 10.7.1933.

bestand ein typischer, aber nicht formalisierter Karriereweg. Vor allem das Sekretariat war in Filialen die Abteilung für Nachwuchsführungskräfte. Hier konnten sich die Mitarbeiter im Kreditgeschäft bewähren. Eine Versetzung in die Zentrale bildete häufig die nächste Station, bevor die Mitarbeiter dann in die Leitung einer Filiale oder Zweigstelle aufrückten. Manche kehrten wiederum in die Zentrale zurück, um hier einen leitenden Posten bis hin zum Vorstand einzunehmen. Instrumente zur systematischen Auswahl und Förderung gab es nicht. Die Vereinigung der Oberbeamten forderte 1930, die Banken sollten als Äquivalent zu den Sparkassenschulen eine Bankademie gründen und dem Führungsnachwuchs ein Studium finanzieren. Außerdem solle man Nachwuchskräfte systematisch zwischen Filiale und Zentrale tauschen.[40]

Bei der Auswahl von Führungskräften war die Einführung regelmäßiger Qualifikationsberichte in den Personalakten während der 1920er Jahre ein erster Schritt.[41] Bei der Fortbildung setzten die Banken zunächst das pädagogische Geschick ihrer leitenden Beamten. So forderte Bank-Direktor Rummel 1929 von den Filialdirektoren: „Um die Heranbildung [des Führungsnachwuchses] sollen sich nach Möglichkeit die leitenden Herren selbst kümmern. [...] Richtig ist die Verwendung [...] auf Posten, die immer ein gewisses Maß von Verantwortung mit sich bringen müssen."[42] Noch 1933 erklärte die Deutsche Bank sie wolle hinsichtlich der Führungskräfteauswahl „zunächst innerhalb der Vorgesetztenschaft des ganzen Instituts eine bestimmte einheitliche geistige Einstellung [...] schaffen". Man habe über eine Schulung in der Zentrale nachgedacht, glaube aber, „daß die richtige Auswahl und gleichmäßige Förderung unseres Nachwuchses in der Gesamtbank mit solchen mehr schematischen Methoden nicht durchzuführen ist."[43]

Bald nach der „Machtergreifung" aber begannen die Filialgroßbanken mit dem Aufbau moderner Fortbildungsinstrumente.[44] Ab 1934 schufen sie bankinter-

---

40   MVDO 10 (1928/29), S. 110. Der Siemens-Konzern etwa baute in den zwanziger Jahren ein Stipendienprogramm für begabte Lehrlinge auf. Vgl Homburg, Rationalisierung, S. 627.

41   Rudl, Angestellte, S. 67 f., dort auch Zitate zur Kritik an diesem Instrument.

42   HADB, Ordner Direktoren-Sitzungen, Niederschrift über die Besprechung, die unter dem Vorsitz des Herrn Dr. Brunswig (Referent Herr Rummel) mit einer kleineren Anzahl von Filial-Direktoren am 13. ds. Mts stattfand [1929].

43   SHStA Dresden, Altbanken Dresden, DB, 6364, DB, PA, An die Direktionen unserer Filialen, 10.7.1933. Schon 1930 hatte die Bank in ihrer Zeitung einen Artikel aus der AEG-Betriebszeitung abgedruckt, der Abteilungsleiter zur systematischen Auswahl und Unterstützung talentierter Mitarbeiter anhielt. Vgl. MDB 1930, S. 1-3.

44   Die etablierten Karrierewege blieben aber bestehen. So blieb das Kreditsekretariat in der Commerzbank wichtigste praktische Ausbildungsstation für den Führungsnachwuchs. 1938 erklärte die Zentrale der Commerzbank: „Nur auf dem Wege über dieses Büro ist [...] eine ausgezeichnete Vorbildung für künftige Filialleiter möglich. Zur Heranbildung eines geeigneten Nachwuchses [...] liegt es daher im Interesse des [...] Betriebes, dass die Leitung des Sekretariats nur einem Herrn übertragen wird, der auch einwandfrei die Qualifikation zum Filialleiter besitzt." HAC, 1/481, CB, PA an: Direktion /Leitung der Filiale Mainz, 19.8.1938. Dagegen hatte Mainz 1936 erklärt, „dass der Sekretariatsposten heute nicht mehr die überragende Bedeutung hat, wie es jahrelang der Fall gewesen ist". HAC, Personalakte Seib, Filiale Mainz an Zentrale, Personal-Abteilung, 14.12.1936. Begabte Filialmitarbeiter mit Berufserfahrung wurden oft für eine Zeit in die Revisionsabteilung der Zentrale versetzt. Vgl. HAC,

ne Kurse für ihre Nachwuchstalente. Die Entwicklung lief in den Unternehmen parallel. Die Commerzbank richtete Ende 1934 bankinterne Fortbildungskurse für Angestellte im Alter von 25 bis 30 Jahren ein, die nach einer Banklehre mindestens drei Jahre Berufserfahrung hatten. Die berufliche und charakterliche Eignung, so hieß es „muss einwandfrei mit ‚sehr gut' beurteilt werden."[45] Die Kursteilnehmer absolvierten vormittags theoretischen und weltanschaulichen Unterricht, nachmittags arbeiteten sie in den Abteilungen der Zentrale.[46] Der Kurs schloß mit einer Prüfung ab.[47] Die Angestellten erhielten Gehalt nach der Berliner Tarifklasse und Reisekosten (für Filialmitarbeiter).[48] Der Kurs sollte explizit auch Filialmitarbeitern die Arbeit in der Zentrale und die Perspektive der Zentrale näher bringen.[49] Zur Schulung zukünftiger Filialleiter richtete die Commerzbank zudem einen „Sekretariatskursus" im Sekretariat der Filialen und Depositenkassen ein. Filialdirektoren durften dafür zeichnungsberechtigte Mitarbeiter vorschlagen, die sich bei ihrer Arbeit im Sekretariat der Filiale ausgezeichnet hatten. Die Mitarbeiter sollten in ihrem Auftreten und ihrer Persönlichkeit als Filialleiter geeignet erscheinen. „Sie wollen eine sehr strengen Maßstab anlegen."[50]

Die Dresdner Bank veanstaltete ab 1934 vergleichbare Fortbildungskurse in Berlin. Sie dauerten ein Jahr und umfaßten rd. 20 Mitarbeiter im Alter von 25 bis 30 Jahren, die nach einer Banklehre mindestens zwei Jahre gearbeitet hatten, nach ihrer „fachlichen und menschlichen Qualifikation unbedingt als geeignet angesehen" wurden und „auf dem Boden der nationalsozialistischen Weltanschauung standen.[51] Die Teilnehmer hatten vormittags Unterricht in Bankfragen und Welt-

---

1/481, W. an Direktor Paul Hampf, 28.8.1940. Ein Mitarbeiter der Reichsgruppe Banken faßte 1938 die Karrierestationen in den Filialgroßbanken so zusammen: „Das Aufrücken der Angestellten erfolgt zunächst immer innerhalb der Zentrale, jedoch findet ein dauernder Austausch zwischen [...] Filialen und zwischen den Filialen und der Zentrale statt. [...] Es ist selbsterständlich unmöglich, [...] alle besonders tüchtigen Beamten aus den Filialen heraus in die Zentrale zu nehmen. Immerhin findet ein gewisser Austausch zwischen Zentrale und Filialen statt, wobei aber die Angestellten in der Regel nach angemessener Zeit wieder in eine Stellung in der Filiale zurückkehren." RGVA, 1458-1-1780, Theisinger/RGB an Regierungsrat Donner/RKK, 6.5.1938.

45 HAC, 1/481, CB, PA, an die Direktion der Filiale Mainz, 4.8.1937.
46 HAC, 1/481, CB, PA, an die Direktion der Filiale Mainz, 4.8.1937.
47 HAC, 1/481, CB, PA, an die Direktion der Filiale Mainz, 4.8.1937.
48 HAC, 1/481, CB, PA, an die Direktion der Filiale Mainz, 4.8.1937.
49 HAC, 1/481, CB, PA, an die Direktion der Filiale Mainz, 4.8.1937. Im Austausch dafür gingen Berliner Mitarbeiter in die Filialen. Diese Maßnahme begründete die Bank mit dem Weiterbildungseffekt der Filialaufenthalte. Sie wird aber vor allem durch das Zuzugsverbot für Berlin begründet gewesen sein, ebenso wie bei der Dresdner Bank. Vgl. SHStA Dresdne, 13135, 356, DrB, PA, An unsere Niederlassungen, 14.1.1935.
50 HAC, 1/481, CB, PA, Direktion der Filiale Mainz, 18.7.1938. Vgl. auch HAC, 1/219II, CB, PA an Direktion der Filiale Mannheim, 12.1.1938.
51 BE 3 (1937), S. 123. Erforderlich sei ein „einwandfreier Charakter". Angehörige von Parteigliederungen würden „bei gleicher Qualifikation bevorzugt". Ebd. In einem Rundschreiben an die Filialen von 1935 war allerdings nur von „besten Beurteilungen" die Rede. SHStA Dresden, 13135, 356, DrB, PA, An unsere Niederlassungen, 14.1.1935.

anschauung, nachmittags arbeiteten sie in der Bank.[52] An die Ausbildung in der Zentrale schloß sich eine mehrjährige besonders intensive praktische Ausbildung in den Filialen an.[53] Ab Ende 1938 wurden zweimal jährlich Filialmitarbeiter im Alter von 28 bsi 35 Jahren drei Monate lang ausgebildet. Von den 22 Teilnehmern des Kurses Ende 1938 waren nur zwei nicht Amtswalter in NS-Gliederungen.[54]

Neben den Förderkursen der Einzelbanken existierten Fortbildungseinrichtungen der Interessenverbände. Ende 1934 gründete die Wirtschaftsgruppe Privates Bankgewerbe eine „Arbeitsgemeinschaft leitender Angestellter", in die zwangsweise „diejenigen Mitarbeiter unserer Mitgliedsfirma" aufgenommen wurden, „die selbständig und unmittelbar unter der Geschäftsführung eine Abteilung oder eine Niederlassung des Unternehmens leiten oder eine gleichwertige mitleitende Tätigkeit ausüben." Die „Arbeitsgemeinschaft" sollte den notwendigen „großen und weitverzweigten Mitarbeiterstab" zur „Erfüllung der zahlreichen Aufgaben" stellen, „welche unserer Wirtschaftsgruppe auf den verschiedensten Gebieten der beruflichen Betätigung sowohl wie auch auf dem Gebiete der Fortbildung des bankgewerblichen Nachwuchses erwachsen".[55] Kurz darauf erklärte es die Wirtschaftsgruppe zum Ziel, den ausgewählten leitenden Angestellten „im Rahmen der Arbeitgemeinschaft die Möglichkeit zu schaffen und die Aufgabe zu stellen, einerseits sich selbst zu höchst qualifiziertem Nachwuchs für die ersten Positionen im Bankgewerbe heranzubilden und andererseits sich der Erziehung und Fortbildung der Gefolgschaften ihrer Betriebe anzunehmen."[56] Weil von der „Arbeitsgemeinschaft" aber keine Akten überliefert sind, bleibt ihre Tätigkeit in den folgenden Jahren im Dunkeln.

Besonderen Wert legten 1933/34 sowohl Hjalmar Schacht als auch Otto Christian Fischer auf einen Ausbau der Möglichkeiten, Auslandserfahrungen zu sammeln. Schacht erklärte, der Mangel an Auslandserfahrung habe die Qualifikation des Führungsnachwuchses gefährlich verschlechtert.[57] Nachdem die 1929 vom Centralverband gegründete „Riesser-Stiftung" zur Vergabe von Stipendien für Auslandsaufenthalte 1935 keine Devisen mehr erhielt,[58] schwenkten die einzelnen Banken auf einen Austausch mit Partnerinstituten in England, Italien und skandinavischen Ländern um. Auch das von Fischer und Reinhart geleitete „Institut für Bankwissenschaften und Bankwesen" lud ausländische Banker ein.[59] Ein umfassender Austausch fand aber nicht statt.

---

52 1936 unternahm der Kurs eine Studienfahrt nach London. Vgl. BE 3 (1937), S. 123, 173.

53 BE 3 (1937), S. 9.

54 Vgl. BE 5 (1939), S. 57.

55 RS CDBB Nr. 122, 14.11.1934.

56 RS CDBB Nr. 139, 13.12.1934.

57 DAZ, Nr. 44 vom 27.1.1934.

58 Die Commerzbank hatte wiederholt Filialleiter an die Persische Staatsbank vermittelt. Vgl. PR Nr. 749, 14.4.1930.

59 Vgl. Gründungsversammlung des Deutschen Instituts für Bankwissenschaft, in: FZ, Nr. 521/2, 12.10.1935; Otto Christian Fischer, Das Bankenjahr in Deutschland, in: BeBZ, Nr. 167, 8.4.1936.

Gewichtig war ein neues Fortbildungsinstrument, das die Reichsgruppe Banken gemeinsam mit der Reichsbetriebsgemeinschaft schuf: In „Reichskursen" kamen in Frankfurt am Main seit 1934 jährlich zukünftige Führungskräfte aller Sparten des Kreditgewerbes zusammen, der Filialgroßbanken wie der Genossenschaften oder der Sparkassen.[60] Die Teilnehmerzahl lag 1934 bei 50 Angestellten;[61] 1935 wurden aus 327 Bewerbern 127 ausgewählt und auf zwei Kurse verteilt.[62] Die „Führerschulung" sollte die „gesamte zukünftige Führerschaft des Bankwesens in gleichem Geiste" erziehen und deren persönliche Verbundenheit untereinander und mit den als Dozenten auftretenden Bankmanager der älteren Generation stärken.[63] Nach täglichem Frühsport behandelten die Kurse Fragen wie „Politische und soziale Grundlagen der Wirtschaftsführung", „Das Bankwesen in der nationalen Wirtschaft", und „Der Mensch im Bankbetrieb", aber auch „Persönlichkeit und Nationalsozialismus".[64] Leiter war der renommierte Frankfurter Wirtschaftsprofessor Wilhelm Kalveram. Allererste Fachmänner, etwa Deutsche Bank-Vorstandsmitglied Hans Rummel oder Sparkassendirektor Otto Schoele traten als Dozenten auf. Über Weltanschauung dozierten Schulungsleiter Prof. Dr. Werner und Universitäts-Rektor Ernst Krieck.[65] Bei der Konzeption dieser Kurse kam das nationalsozialistische Ideal eines Bankleiters stark zum Tragen. Die Veranstalter wollten nicht nur das Nachwuchsproblem in den Vorstandsetagen deutscher Banken lösen, sondern auch einen neuen Bankertypen für das nationalsozialistische Deutschland schaffen:[66] Der Bankleiter werde im „neuen Staat" vor „besonders schwierige Aufgaben gestellt; denn die Banken als Vermittler und Verteiler des für den wirtschaftlichen und sozialen Fortschritt unentbehrlichen

---

60 Zum ersten Kurs Anfang 1934 vgl. u.a. BeBZ, Nr. 40 vom 24.1.1934. In diesem ersten Jahr nahmen nur Bankangestellte aus dem Rhein-Main-Gebiet am Kursus teil.

61 Führerschulung für das deutsche Bankwesen, in: Kreuz-Zeitung ,Nr. 26, 31.1.1934.

62 Von den 61 Teilnehmern des Frühjahrs-Lehrgangs kamen 30 aus dem privaten Bankgewerbe, 15 von den öffentlich-rechtlichen Kreditanstalten, neun von Sparkassen und Girozentralen, und sieben von Kreditgenossenschaften. Die meisten Teilnehmer hatten die Obersekundarreife (44) oder das Abitur (12); häufigste Arbeitsbereiche waren das Sekretariat (14) oder die Kreditbearbeitung (13). Das Durchschnittsalter lag bei 30 Jahren, das Durchschitts-Brutto-Jahreseinkommen bei RM 4000.-, 13 Teilnehmer hatten Handlungsvollmacht. RS CDBB Nr. 79, 13.5.1937.

63 LHA Magdeburg, Rep. 103, Bankhaus Dippe-Bestehorn, Quedlinburg, Nr. 11, Führerschulung für das Deutsche Bankwesen, Einladung zum 1. Kursus in Frankfurt a.M., vom 29. Januar bis 17. Februar 1934.

64 LHA Magdeburg, Rep. 103, Bankhaus Dippe-Bestehorn, Quedlinburg, Nr. 11, Führerschulung für das Deutsche Bankwesen, Einladung zum 1. Kursus in Frankfurt a.M., vom 29. Januar bis 17. Februar 1934.

65 Vgl. LHA Magdeburg, Rep. 103, Bankhaus Dippe-Bestehorn, Quedlinburg, Nr. 11, Führerschulung für das deutsche Bankwesen, Arbeitsplan des 1. Kursus; Führerschulung für das deutsche Bankwesen, in: Kreuz-Zeitung, Nr. 26, 31.1.1934.

66 So hieß es in der Broschüre des ersten Kurses 1934, das von je her „ernste[...] Problem" des Führernachwuchses im Bankgewerbe, verlange angesichts der Neugestaltung der Wirtschaft „eine praktische[...] Lösung" LHA Magdeburg, Rep. 103, Bankhaus Dippe-Bestehorn, Quedlinburg, Nr. 11, Führerschulung für das Deutsche Bankwesen, Einladung zum 1. Kursus in Frankfurt a.M., vom 29. Januar bis 17. Februar 1934.

Kapitals haben einen starken Einfluß auf die Entwicklung der volkswirtschaftlichen Produktion. [...] Als Treuhänder des Sparkapitals der Nation trägt der Bankleiter eine schwere Verantwortung gegenüber dem Volksganzen, der er sich stets bewußt sein muß. An seine fachliche Fähigkeit, sein Wissen, seine schöpferische Initiative und sein gesundes Rechtsempfinden werden hohe Anforderungen gestellt. Sein ganzes Denken muß auf die Gesellschaftsverfassung mit ihrer Wertordnung: Stand, Staat, Volk ausgerichtet werden."[67] Die Führerschulung solle „besonders wertvolle Kräfte im Bankberuf aus der Enge ihrer Abteilungsgebundenheit herausführ[en], sie weitsehend mach[en] und im [...] politischen und wirtschaftlichen Leben des Volkes fest veranker[n]. Keinesfalls soll in Konkurrenz zu den bestehenden Fortbildungseinrichtungen in den Bankbetrieben und in der Berufsorganisation wirtschaftliches [...] Wissen vermittelt werden. Vielmehr soll denen, die sich durch Leistung und Gesinnung auszeichnen, der Aufstieg zu Führerstellungen dadurch erleichtert werden, daß man sie charakterlich bildet [...] und ihr Denken so formt, daß es die privatwirtschaftlichen Interessen den Zielen der gesamten Nation einzuordnen versteht."[68] Das spätere Vorstandsmitglied der Dresdner Bank Carl Lüer, zu dieser Zeit noch IHK-Präsident und Treuhänder der Arbeit in Frankfurt, betonte, daß die Führerschulung „zur Verwirklichung der Revolutionierung und Erneuerung der Betriebe von unten her durch geschulte Kräfte" beitrage.[69] Teilnehmen durften Bankmitarbeiter, die schon einige Jahre Berufserfahrung hatten und sich durch Leistung und „Charakter" auszeichneten.[70]

67 Ebd. Auch Kalveram als Leiter der „Führerschulung" äußerte sich in diesem Sinne. Vgl. Führerschulung für das deutsche Bankwesen, in: Kreuz-Zeitung, Nr. 26, 31.1.1934; BeBZ, Nr. 589 vom 17.12.1935.

68 LHA Magdeburg, Rep. 103, Bankhaus Dippe-Bestehorn, Quedlinburg, Nr. 11, Führerschulung für das Deutsche Bankwesen, Einladung zum 1. Kursus in Frankfurt a.M., vom 29. Januar bis 17. Februar 1934.

69 Führerschulung für das deutsche Bankwesen, in: Kreuz-Zeitung, Nr. 26, 31.1.1934

70 LHA Magdeburg, Rep. 103, Bankhaus Dippe-Bestehorn, Quedlinburg, Nr. 11, Führerschulung für das Deutsche Bankwesen, Einladung zum 1. Kursus in Frankfurt a.M., vom 29. Januar bis 17. Februar 1934. „Wichtigste Voraussetzung für die Teilnahme an den Kursen ist ein gediegener, ausgeglichener Charakter, der die Gewähr bietet, daß er die schwere Verantwortung, die ihm ein etwaiger späterer Führungsposten aufbürdet, tragen kann. Politische Denkungsart, dienstliches Verhalten und Privatleben müssen vorbildlich sein. Daneben kommt [...] der geistigen Fähigkeit sowie der praktischen Berufsleistung eine ausschlaggebende Bedeutung zu. Jedoch ist nicht so sehr die Spezialisten-Spitzenleistung zu werten als vielmehr die schöpferische Kraft, die Fähigkeit zu freier Disposition, zu zielklarer Entschlossenheit und schließlich auch die Begabung zu echter Menschenführung." Der fachliche Erfolg der neuen Fortbildungsinstrumente bleibt offen. Anfang der vierziger Jahre herrschte ein erheblicher Mangel an Mitarbeitern mit Auslandserfahrung. Der für die Vertretung der Commerzbank in Paris vorgesehenen Filialdirektor erklärte zum Beispiel, die Personalabteilung wähle ihn trotz seines hohen Alters wegen seiner „heute in der Bank ganz selten[n] Auslandserfahrung". CAMT 32 AQ 50, Kein Absender (Stier) an „Munne", 28.7.1941. und 1942 erklärten Hans Rummel und Oswald Rösler vom Vorstand der Deutschen Bank: „Überhaupt sei die Personalfrage ein viel ernsteres Problem, als der Aussenstehende glaubt. Ausgesprochen politische Persönlichkeiten mit fundierten Bankkenntnissen und grosser bankmässiger Erfahrung, wie sie allein der Vorstand einer Grossbank gebrauchen könne, stünden überhaupt

4.3 KRITERIEN: LEISTUNG, BEZIEHUNGEN, UMGANGSFORMEN

Zu den Anforderungen für Teilnehmer der Führungskurse gehörte neben der fachlichen die „charakterliche Eignung". Das Anforderungsprofile für Führungspersonal in den Banken oszillierte seit den zwanziger Jahren zwischen den Polen wirtschaftliche und organisatorische Befähigung einerseits, Umgangsformen und gesellschaftliche Stellung andererseits. Im politisierten Wettbewerb des Nationalsozialismus und durch den massiven Druck der NS-Gliederungen konfligierte in vielen Fällen die Anforderung nach geschäftlichen Fähigkeiten mit der nach politischer Einstellung und Kontakten zu NS-Vertretern. Die Auseinandersetzung spielte sich unter den Etiketten „Leistung" und „Charakter" ab.

In den zwanziger Jahren verlangten die Banken von leitenden Angestellten einerseits kaufmännische Begabung: „gute[s] kaufmännische[s] Gefühl" (Rummel 1929),[71] „akquisitorisch[e]" Veranlagung (Commerzbank 1930).[72] Spezialkenntnisse und Organisations- und Entscheidungsfähigkeit, kamen hinzu, wie die zeitgenössische Literatur vermerkte.[73] Daneben legten sie auf gesellschaftliche Fähigkeiten Wert. Zum ersten mußten leitende Mitarbeiter gute Umgangsformen besitzen, wie die zeitgenössische Literatur[74] und die Kategorie „Umgangsformen" auf den Qualifikationsbögen der Commerzbank zeigen. 1930 forderte die Commerzbank vom Leiter einer Geschäftsstelle „naturgemäss die nötigen Garantien für die Verwaltung eines Vorsteherpostens in seiner ganzen Persönlichkeit."[75] Außerdem spielten Beziehungen zu Vertretern der Wirtschaft eine Rolle. Für einen Leitungsposten in der Pfalz verlangte die Commerzbank 1930 einen „geborene[n] Pfälzer" mit „persönliche[n] Beziehungen zu angesehenen Pfälzer Kreisen".[76] Die Banken rekrutierten zum Teil sogar entsprechend der konfessionellen

---

nicht zur Verfügung. RGVA, 1458-1-443, Puhl, Aktennotiz, Betr.: Allgemeine Fragen des Bankgewerbes, 13.8.1942 (Abschrift).

71 HADB, Ordner Direktoren-Sitzungen, Niederschrift über die Besprechung, die unter dem Vorsitz des Herrn Dr. Brunswig (Referent Herr Rummel) mit einer kleineren Anzahl von Filial-Direktoren am 13. ds. Mts stattfand [1929].

72 HAC, 1/479, CB an Direktion der Filiale Mainz, 10.2.1930. Gustav Stolper setzte 1926 dem Argument eines Sparkassenvertreters, Sparkassendirektoren seien zur Kreditvergabe wegen ihres „besonders stark ausgeprägten Verantwortungsbewußtsein[s] gegenüber der Gesamtheit" besonders befähigt, entgegen: „[U]m die Kreditfähigkeit eines Kaufmanns zu beurteilen [...genügt] nicht nur die Kenntnis seiner [...] moralischen Eigenschaften, sondern auch ein Ueberblick über die Bedingungen seines Unternehmens [...]. Kaufmännische Fähigkeit [...] läßt sich nicht lernen." DAB 6 (1926), Juli, S. 3 f.

73 Vgl. Rudl, Angestellte, S. 68 f. Der Wert eines Studiums war umstritten. Vgl. MVDO 10 (1928/29), S. 110.

74 Vgl. Rudl, Angestellte, S. 68 f.

75 HAC, 1/479, CB an Direktion der Filiale Mainz, 10.2.1930.

76 HAC, 1/479, CB an Direktion der Filiale Mainz, 10.2.1930. Der Mainzer CB-Leiter beantragte 1929 erfolgreich Prokura für einen Mitarbeiter, um ihn, „der als geborener Mainzer am

Struktur der Kundschaft etwa jüdische oder katholische Mitarbeiter für Leitungspositionen.[77] Schließlich spielten auch Beziehungen zur Geschäftsleitung der je-
weiligen Bank eine Rolle. Schon vor dem Weltkrieg beschwerten sich die Angestellten, daß Protektion gerechte Beförderung verhindere. 1912 erklärte ein
Bankmitarbeiter in einer Umfrage: „Als Angestellter des Großbetriebes finde ich,
daß ein Vorwärtskommen nicht [...] durch persönliche Tüchtigkeit, sondern aus
persönlicher Fühlung möglich ist."[78] Mitarbeiter vor allem der Dresdner Bank,
aber auch der Commerzbank erklärten, die „Günstlingswirtschaft" bevorzuge Juden.[79] Vor allem der sozialistische AV protestierte nach 1919 gegen „Protektion",[80] aber auch die Vereinigung der Oberbeamten kritisierte 1930, die Aufstiegsmöglichkeiten seien „ab[ge]riegel[t], sofern nicht persönliche Beziehungen
ein Uebriges tun."[81] Auch die „Monatshefte" der Deutschen Bank konstatierten
1930, oft sei ein Aufstieg nur durch Beziehungen möglich.[82] Bürokratismus und
Abteilungsegoismus bestimmten in den Großbanken die Aufstiegsmöglichkeiten.[83]

Nach 1933 griffen die NS-Gliederungen unter dem Stichwort „Leistungsprinzip" die Forderung nach dem Ende der „Protektion" auf. So beklagte Hertel 1934,
früher seien nicht „berufliche Qualität und Charakter maßgebend [gewesen], um
in höhere Stellen einzurücken [...] Alle Klassenunterschiede [...] werden verschwinden, wenn nur die Leistung und nur der Charakter maßgebend sind für die
Beurteilung des einzelnen Volksgenossen."[84] Die Betriebszelle der Dresdner Bank
kritisierte „Protektionismus" und die „Drohnen", die sich bis 1933 „immer wieder

---

Platze ein sehr gutes Ansehen in gesellschaftlichen Kreisen genießt und wertvolle verwandt-
schaftliche Beziehungen unterhält, nach aussen hin zu fördern." HAC, 1/479, W. an Direktor
Hampf, 31.12.1929. Vgl. auch ebd. CB, Direktion, Hampf an Direktor W., 3.1.1930. Von E-
duard G. berichtete ein Mitarbeiter, er sei „ohne sonderliche Bankpraxis Direktor der Filiale"
Bremen der CB gewesen wegen seiner „verwandtschaftlichen Beziehungen zu ersten Bremer
Familien." HAC, S3, Bremen, Daniel S. an Bankdirektor Werner F., 14.10.1969.

77 Vgl. Kapitel 2.3.
78 Ein anderer Angestellter stieß ins selbe Horn: „Bei einem Großbetriebe hat man meiner Mei-
    nung nach nur Chancen, wenn man einen guten Vetter hat, der beim Avancement ein bißchen
    nachhilft; persönliche Tüchtigkeit wird in den Großbetrieben in den seltensten Fällen entdeckt
    und durch Besserstellung belohnt." Stillich, Beruf, S. 40-60, 42, 48; zit. bei: Rudl, Angestell-
    te, S. 67. Vgl. auch Gall, Bank, S. 121.
79 Vgl. Krause, Commerz- und Disconto-Bank.
80 So erklärte ein AV-Betriebsratsmitglied der Commerzbank in der Verbandszeitung 1920:
    „Protektionskinder und Kriecher kommen zu besseren Posten und höheren Bezügen und wer-
    den älteren, befähigten, aber aufrechten Beamten vor die Nase gesetzt." DDB 8 (1919), S.
    175 f. Vgl. auch DDB 13 (1924), S. 110.
81 MVDO 10 (1928), S. 22.
82 Vgl. MDB 1930, S. 80 f.
83 Vgl. MDB 1930, S. 1-3. Die „scheinbare Protektion" sei „nichts andere als ein Ausweg aus
    dem Dilemma des Problems der Talent-Auslese." MDB 1930, S. 48.
84 SB 4 (1934), 3. Folge, S. 2. Ebenso erklärte Commerzbank-Betriebsobmann Sellnow 1934:
    „Das Leistungsprinzip steht heute im Vordergrund. Da, wo die Leistungen [es] rechtfertigen,
    wird der Erfolg nicht ausbleiben. [...] Vorbei sind die Zeiten, wo [...] vorwärts [kam, wer]
    am skrupellosesten seinen Ellenbogen gebrauchte". AK, 1 (1934) Dezember, S. 20.

aus ihren (den jüdischen) Kreisen auf[ge]füllt" hätten.[85] Auch aus Sicht der Bankleitungen war es wirtschaftlich sinnvoll, die Bemühungen der Weimarer Zeit um
„objektive" Auslese fortzusetzen. „Betriebsführer" Sippell erklärte 1933, man
werde sich „bemühen, auch unter dem Nachwuchs die Tüchtigsten herauszufinden
und schneller als bisher in verantwortliche Stellen zu bringen."[86] Die Deutsche
Bank forderte 1933 ihre Filialen auf, der geschäftlich dysfunktionalen „Protektion" endlich einen Riegel vorzuschieben.[87] Die Dresdner Bank dekretierte das Ende der „Protektion" in der Betriebsordnung.[88]

Um die konkrete Umsetzung entspannen sich aber heftige Konflikte. Die
Banken forderten von leitenden Angestellten nach wie vor an erster Stelle geschäftliche Begabung. 1938 verlangte etwa die Commerzbank von potentiellen
Filialleitern „vorzügliche Leistungen [und...] eine gute acquisitorische Veranlagung".[89]Auch die Umgangsformen behielten ihren Stellenwert bei. Potentielle
Filialleiter müßten für ihre Posten auch „nach ihrem Auftreten, ihrer äusseren Er-
scheinung, ihrer Häuslichkeit und den gesellschaftlichen Anlagen ihrer Frau [...]
in Frage kommen."[90] Beziehungen zur lokalen Wirtschaft galten nach wie vor als

85 BE 1 (1936), S. 3. Ähnlich äußerte sich der Betriebszellenobmann der Commerzbank Ham-
    burg Vgl. AK 3 (1936), S. 65 f.
86 Der Deutsche Nr. 282, 2.12.1933. 1937 erklärte Sippell: „Ein Jeder kann bei uns durch Tüch-
    tigkeit, Kenntnis und praktische Erfolge zu den ersten Stellen aufrücken. Beispiele hierfür
    gibt es hinreichend." SB 7 (1937), S. 237.
87 Die Filialen sollten „bei Einstellungen vor allem darauf [...] achten, daß nicht etwa übertrie-
    bene Rücksichtnahme auf gute Freunde in die Bank junge Leute hineinbringt, die ihren Weg
    nicht aufgrund eigener Leistungen machen möchten, sondern lieber auf den Krücken des
    Wohlwollens irgend eines Vorgesetzten oder einflußreichen Kunden." Das Engagement eines
    unfähigen Angestellten koste auf die Länge der Zeit RM 100.000.-, „ganz abgesehen von den
    dauernden kleinen Schereien, die meist damit verbunden sind." SHStA Dresden, Altbanken
    Dresden, DB, 6364, DB, PA, An die Direktionen unserer Filialen (Kopfstellen), 10.7.1933.
88 „Keinesfalls kann die frühere Zugehörigkeit zu dem einen oder anderen der durch die Fusion
    ineinander übergegangenen Institute eine unterschiedliche Bewertung des Betriebsangehöri-
    gen zur Folge haben. Gegenteilige Behauptungen werden als Störung des Betriebsfriedens
    geahndet." SHStA Dresden, 13135, Betriebsordnung für die Dresdner Bank, Berlin. 1938 war
    dieser Passus verschwunden. Vgl. ebd., Betriebsordnung der Dresdner Bank.
89 HAC, 1/481, CB, PA an Direktion der Filiale Mainz, 18.7.1938. Auch bei bankinternen Kur-
    sen war eine erstklassige fachliche Leistung stets Voraussetzung für eine Teilnahme. Vgl.
    HAC, 1/481, CB, PA an Direktion der Filiale Mainz, 4.8.1937; CB, PA an Direktion der Fili-
    ale Mainz, 18.7.1938; BE 3 (1937), S. 123. Karl Kimmich von der Deutschen Bank betonte
    1933 sogar, daß nur durch bessere fachliche Ausbildung und Spezialwissen über die von ih-
    nen finanzierten Branchen Filialleiter Kreditverluste vermeiden könnten. Die Großbanken
    hätten deshalb einen „industriell und wirtschaftlich geschulten Stab von Mitarbeitern" ge-
    schaffen, die „dank ihrer Spezialkenntnisse und Sachberatung neue Verlustquellen nicht erst
    entstehen [...] lassen." Karl Kimmich, Der kurzfristige Betriebskredit. Bank-Enquête des
    „Deutschen Volkswirts" III, in: Der Deutsche Volkswirt, Nr. 52, 29.9.1933.
90 HAC, 1/481, CB, PA an Direktion der Filiale Mainz, 18.7.1938. An anderer Stelle verlangten
    die Banken, zukünftige Filialleiter müßten „persönlich in ihrer menschlichen Wirkung einen
    ausgezeichneten Eindruck machen und ferner die Fähigkeit besitzen, private Geselligkeit im
    Heim zu pflegen." HAC, 1/219II, CB, PA an Direktion der Filiale Mannheim, 12.1.1938. Die

wichtig.[91] Sie sicherten etwa dem jüdischen Filialleiter der Deutschen Bank Mainz bis Ende 1938 trotz Angriffen der Partei seine Stellung.[92] Im zunehmend politisierten Wettbewerb des nationalsozialistischen Deutschland garantierten aber mehr und mehr politische Beziehungen zur NSDAP die Wettbewerbsposition,[93] so daß nationaloszialistisch eingestellte leitende Angestellte nützlicher wurden. Unter dem Druck des Wettbewerbs wurden Banken zunehmend verwundbar gegen die Forderung, zumindest einzelne personelle Konzessionen zu machen.

Die Parteiaktivisten in den Banken jedoch wollten darüber hinaus bei der Ersetzung der „Protektionswirtschaft" durch das „Leistungsprinzip" auch den Leistungsbegriff grundsätzlich neu definieren. Sie erklärten Weltanschauung zum integralen Bestandteil von Leistung. 1935 forderte Hertel, die Bankleitungen dürften bei Beförderungen nicht mehr über tadellosen fachlichen Leistungen den „Charakter" vergessen. „Man huldigt [...] noch der Meinung aus früheren Jahren, daß einer ein Ehrenmann ist, wenn nichts Greifbares gegen ihn vorliegt." Vorgesetzte müßten aber „Charakterfestigkeit" besitzen, „uneigennützige Liebe zum Mitmenschen und zum Betrieb [...]. Stellt immer den Charakter vor die Leistung!"[94] Lencer erklärte 1936, Führungskräfte dürften ihr Geschäft niemals weltanschauungsfrei betreiben: „Die Banken haben kreditpolitisch sich den Zielen der Staatsführung (Arbeitsbeschaffung, Aufrüstung) zu unterwerfen. Hierzu ist eine innere Wandlung notwendig. Die Leiter [... müssen] über den Schalter und die Werbung für die Versicherung hinaus Propagandisten der nationalsozialistischen Weltanschauung" sein[95] Der beste Beweis für „Leistung" sei die Kombination

---

Betriebszeitung der Dresdner Bank verlangte von Teilnehmern des bankinternen Kursus für Nachwuchskräfte „verbindliche Umgangsformen" BE 3 (1937), S. 123.

91 1933 erklärte Friedrich Reinhart allerdings in Abgrenzung vom Ideal des regional „verwurzelten" Bankiers: „Das bodenständige Verwachsensein der Bankleiter brauche nicht so aufgefaßt zu werden, daß diese möglichst lange an einem Ort sitzen. Am besten haben sich diejenigen bewährt, welche am meisten herumgekommen sind." BBC, Nr. 556 vom 28.11.1933.

92 Vgl. Kapitel 2.3.

93 Die DAF ermittelte in Umfragen systematisch den Anteil der Parteimitglieder an den Mitgliedern der Geschäftsleitung. Vgl. HAC, 1/224 I, An die anfragende Dienststelle der Deutschen Arbeitsfront, Betrifft: Aktenzeichen....

94 SB 1935, 2. Folge, S. 3. Vgl. auch BE 1 (1935), S. 85 f.; 132; BE 2 (1936), S. 23. Hertels Nachfolger Retzlaff wollte 1937, „nicht, daß der geistvolle Schwächling, der Streber gefördert wird, sondern daß nur diejenigen Aussicht haben, im Betrieb vorwärtszukommen, die neben der beruflichen Tüchtigkeit auch eine charaktervolle politische Haltung besitzen, [...] fest verwurzelt sind in der nationalsozialistischen Weltanschauung." SB 7 (1937), S. 99. Vgl. auch SB 9 (1939), NSBO-Mitteilungen, 2. Folge, S. 16.

95 AK 3 (1936), Juli, S. 99. Die Betriebszeitung der Dresdner Bank erklärte 1935, „Aufgabe der Personalpolitik ist es, Führerpersönlichkeiten heranzubilden [..., die] ihren Beruf nicht nur von dem egoistischen Standpunkt des Erwerbsstrebens aus ansieht, sondern sich als dienendes Glied der Wirtschaft und des Staates fühl[en]". BE 1 (1935), S. 84. Ähnlich erklärte Alf Noll aus der NS-Wirtschaftskommission unter Bernhard Köhler 1937, in den Banken müsse eine volkswirtschaftlich „verantwortungsbewußte Beratung auch manchmal das Bankinteresse selbst zurücktreten lassen". SB 7 (1937), S. 97.

beruflichen Könnens mit Engagement in einer Parteigliederung. Wer nicht beides vorweisen könne, dürfe nicht befördert werden.[96]

Die Bankleitung wurden nach zunächst deutlichen Widerspruch zunehmend nachgiebiger. 1934 widersprach Deutsche Bank-Betriebsführer Sippel, der 1934 einem nationalsozialistisch eingestellten Filialleiter, der „die Geschäfte in erster Linie unter dem Gesichtswinkel des Allgemeinwohls [führen und] Rentabilitäts- und Sicherheits-Gesichtspunkte [...] erst in zweiter Linie" berücksichtigen wollte. „Ich habe ihm darauf erwidert, dass für uns natürlich die geschäftlichen Erwägungen im Vordergrund stehen müssten."[97] Sippells als „Vorzeige-Nationalsozialist" eingestellter Nachfolger Halt verlangte Leistung,[98] gleichzeitig aber „Charakter" und „Weltanschauung", seit 1939 zunehmend nachdrücklich.[99] Die Betriebsordnung der Dresdner Bank erklärte schon 1934, für die Verwendung eines Mitarbeiters seien „Leistungen, Charakter und rückhaltloses Eintreten für den nationalsozialistischen Staat ausschlaggebend."[100] 1938 wurde dieser Passus noch ergänzt: „Besonders gewertet wird Mitarbeit in der Partei oder in einer ihrer Gliederungen und Verbände."[101] Vorstands- und SS-Mitglied Emil Heinrich Meyer forderte 1936 Bankiers, die Kredite nicht nach Gewinngesichtspunkten, sondern zum Besten der „großen Gegenwartsaufgaben" vergaben. Es gebe genug „Bankdirektoren mit großem Verstand – Unternehmer von Format. Wir hoffen und wünschen [... aber] Bankdirektoren mit Herz und Verstand".[102] Commerzbank-„Betriebsführer"

---

96 Vgl. SB 7 (1937), S. 283.
97 HADB, RWB 54, Aktenvermerk Sippell, 12.1.1934.
98 1937 erklärte Halt in der Betriebszeitung: „[I]ch werde [...] gerade das Gebot der Leistung besonders beachten und keiner unserer Mitarbeiter soll vergessen sein, der es befolgt. Auf die Leistung soll es ankommen und nicht auf gute Beziehungen [...]." SB 7 (1937), S. 23. Zum Aufstieg, so Halt 1938, führe „Leistung. Fleiß, Pünktlichkeit, Genauigkeit und Können werden sich durchsetzen, und die Träger dieser Leistungen werden auch vorwärtskommen". SB 8 (1938), S. 231.
99 Leistung garantiere nur den Mitarbeitern einen Aufstieg, die „auch charakterlich und weltanschaulich in Ordnung sind." SB 8 (1938), S. 231. 1939 erklärte er: „Pg. Lencer hat [...] die Forderung erhoben, daß bei der Besetzung des Postens eines Betriebsführers in Zukunft der bevorzugt werden soll, der Parteigenosse ist [...]. Ich möchte diese Forderung, da sie in allen Fällen noch nicht durchführbar ist, so ausdrücken [...: E]s kann nur der Betriebsführer werden, der durch seine Haltung [...] den Nachweis geführt hat, daß er nationalsozialistisch zu denken und zu handeln vermag". SB 9 (1939), Beilage: Pg. Ritter von Halt, Bankbetrieb, Betriebsführer und Gefolgschaft, S. 4 f. Gegenüber übernommenen Mitarbeitern des Bankhauses Mendelssohn erklärte Halt, „daß bei der Deutschen Bank für die Beurteilung des einzelnen nicht nur allein die betrieblichen Leistung – wie dies vielleicht bisher in liberalistisch-kapitalistischen Betrieben üblich gewesen sei –, sondern in stärkstem Maße die weltanschauliche Haltung ausschlaggebend sei. SB 9 (1939), S. 15.
100 SHStA Dresden, 13135, Betriebsordnung für die Dresdner Bank, Berlin.
101 Allerdings hieß es auch: „[A]usgezeichnete Leistungen werden entsprechende Anerkennung finden." SHStA Dresden, 13135, Betriebsordnung der Dresdner Bank. Die Betriebsordnung vermerkte abschließend: „Über dem Wohl des einzelnen und der engeren Gemeinschaft steht das Glück und die Größe Deutschlands. Ihm zu dienen nach dem Grundsatz Gemeinnutz geht vor Eigennutz muß das ständige [...] Bemühen von Betriebsführung und Gefolgschaft sein."
102 Meyer, Aufgaben, 120 f., 123. Friedrich Ernst, Reichskommissar für das Bankgewerbe, erklärte auf der selben Tagung, es sei „bekannt, daß gerade im Kreditgewerbe die Versuchung

Schilling erklärte 1934, daß „die Personalpolitik stets auf den Grundsätzen der Gerechtigkeit und Unparteilichkeit beruhen [müsse]. Dies gilt insbesondere hinsichtlich der Personalauslese bei Beförderungen und Stellenbesetzungen, wobei charakterliche und berufliche Eignung sowie die Leistungen im Betriebe immer der beste Maßstab sind."[103] Sein Nachfolger Boode erklärte es 1936 zum „Ziel der Personalpolitik, jeden einzelnen dahin zu stellen, wohin er seiner Veranlagung und seinen Fähigkeiten nach gehört [... Er habe] immer die Beobachtung gemacht, daß einer, der besonders befähigt ist, sei es beruflich, sei es, daß er sich sonst irgendwie auszeichnet, über kurz oder lang immer den ihm angemessenen Platz findet."[104] Boode erklärte nach dem Krieg, er habe auf Lencers Forderung, alle Leitungsposten „nach und nach ausschliesslich von Nationalsozialisten" besetzen zu lassen, geantwortet, „dass wir [...] nur davon ausgehen könnten, ob der Betreffende seinem Charakter und seiner Fähigkeit nach geeignet ist, die Parteizugehörigkeit ebenso wie die Religion aber keine Rolle spielt. Herr Lencer verliess mich sehr erregt".[105]

Besonders deutlich zeigen sich die Konflikte an der Auseinandersetzung um die Beförderung „alter Kämpfer". Dies war ein Hauptziel der Betriebszellen, nicht zuletzt weil ihre Mitglieder meist selbst „alte Kämpfer" waren. Die Aufstiegsambitionen der altgedienten Nationalsozialisten zeigt ein fiktiver Brief in der Betriebszeitung der Dresdner Bank von 1935 mit dem Titel „Ein alter Kämpfer gratuliert einem jungen Streber": „Du fandest, gestützt auf [...] Fachwissen, begünstigt durch die ganze Art, wie du aufzutreten verstandest, und getrieben von einem guten Stück Ehrgeiz, den Weg zu einer leitenden Stellung. Ich selbst [...] bin heute noch das, was ich seit Beendigung meiner Lehrzeit war. [...] Zu einer Zeit, als Ihr in Büro und Hörsaal geruhsam Euren Studien oblagt, haben wir uns die Nächt im Dienste an der Bewegung um die Ohren geschlagen, haben geopfert, geblutet, in den Kerkern des Systems gesessen [...] und auf alles verzichtet, was dazu angetan war, uns vorwärts oder persönliche Vorteile zu bringen. [...] Alle Eure Kenntnisse [...] wären sinnlos gewesen, wenn wir nicht [...] in zwölfter Stunde das Herzvolk Europas vor dem Chaos gerettet" hätten."[106] Die NS-Gliederungen ver-

---

besonders groß ist, die Geschäft unter eigensüchtigen Motiven [...] zu führen. Soll aus dieser Versuchung kein volkswirtschaftlicher Schaden entstehen, dann muß dem jungen Nachwuchs im Kreditgewerbe [...] eingeprägt werden, daß er bei allen Geschäften ungerechtfertigtes Gewinnstreben zurückzustellen hat und sich stets der Ausrichtung auf das Allgemeinwohl bewußt bleiben muß." Friedrich Ernst, Das Reichsgesetz über das Kreditwesen, in: Reichsbetriebsgemeinschaft, Erste Reichsarbeitstagung, S. 124- 143, 134. Carl Lüer, „alter Kämpfer" und seit 1938 Dresdner Bank-„Betriebsführer" erklärte 1939: „Daß es nicht nur auf die fachliche Leistung, sondern auch auf den Charakter und die weltanschauliche Haltung ankommt, ist selbstverständlich." BE 5 (1939), S. 107.
103 AK 1 (1934), Dezember, S. 18.
104 AK 3 (1936), S. 180-182.
105 Boode an Döring, 4.7.1946, HAC, Persönlich, Bi-Boss. Personalchef Döring bestätigte diese Darstellung, durch andere Quellen ließ sich die Aussage nicht überprüfen. Vgl. Notiz Döring 18.7.1946, StA Hamburg, SKEK, 18050; StA Hamburg, SKEK, 39293, Notiz Döring, 14.1.1948, aber auch ebd., Döring an Boode, 16.7.1946.
106 BE 1 (1935), S. 35.

langten die Beförderung „alter Kämpfer" auf leitende Stellen, so etwa Deutsche Bank-Betriebszellenobmann Hertel mit seiner Forderung von 1934, „daß denjenigen Nationalsozialisten, die beruflich hervorragend qualifiziert sind, deren Qualität man aber in den vergangenen Jahren nur deshalb nicht anerkannt hat, weil sie Nationalsozialisten waren, der Weg freigemacht werden muß".[107] 1938 verlangten die Aktivisten in der Deutschen Bank, „daß Nationalsozialisten, die sich beruflich und charakterlich bewährt haben, auf höhere Posten gesetzt werden, damit sie einen größeren Einflußkreis erhalten und die Möglichkeit haben, auf die Gefolgschaft stärker einzuwirken."[108] Deutsche Bank-„Betriebsführer" Sippell wandte sich 1937 gegen die Gefahr, dabei den fachlichen Aspekt zu vergessen: Nationalsozialisten hätten nicht per se Anspruch auf Beförderung. „Nicht jeder, der klagt, verdient eine Zulage. Darüber muß man sich im Klaren sein, daß gerade die Untüchtigen häufig die [...] Unzufriedensten sind, und daß sie dazu neigen, dem Fleißigen ans Zeug zu flicken."[109] Zwar müsse jedem eine Gelegenheit zum Vorankommen „geboten werden, insbesondere auch den alten Nationalsozialisten im Betriebe". Die Bank sei bereit, ihnen „die Möglichkeit [...zu] geben, ihr Wissen zu bereichern und sich das Rüstzeug für den Aufstieg zu verschaffen, daß sie in den verschiedenen Abteilungen im geregelten Wechsel beschäftigt werden". Doch auch bei „alten Kämpfern" müsse „die Bewährung bzw. die Veranlagung [...] berücksichtigt werden."[110] Sonst werde das „Leistungsprinzip" verletzt. „Nationalsozialist sein, heißt, sich zum Leistungsprinzip bekennen. Es ist daher selbstverständlich, daß ein Nationalsozialist und erst recht ein alter Kämpfer es ablehnen muß, nur wegen dieser Eigenschaft befördert zu werden oder ein höheres Gehalt zu beziehen. Er müßte sich auch recht wenig wohlfühlen, wenn er zum Vorgesetzten befördert wird, seine Untergebenen ihm aber in der Arbeit über sind."[111] Hertel erklärte es dagegen für kaum denkbar, daß „alte Kämpfer" nach unverdienten Vorteilen strebten.[112] Die Auseinandersetzung ging zwischen

107 MNSBO 4 (1934), 1./2. Folge, S. 5. 1937 erklärte Hertel, Betriebsführer müßten sich zwischen „einsatzbereite[n], charakterlich zuverlässige[n] Nationalsozialist[en]" und dem Typus des „flaue[n] Mitläufer[s] und im Grunde egoistische[n] Streber[s], der aber über die bsseren Berufskenntnisse verfügt," entscheiden. Nur ein unnachgiebiges Vorgehen bringe die „Mitläufer" zu einer engagierten Haltung. „Sie werden sich [...] nur ändern, wenn sie sehen, daß der Betriebsführer Leute, die [...]wirtschaftlich tüchtig sind, aber in keiner Weise in Partei und Staat mitarbeiten [...,] von jeder Beförderung ausschließt." SB 7 (1937), S. 81. Die Betriebzeitung der Dresdner Bank wies 1935 darauf hin, daß die Reichsbahn „alte Kämpfer" fördere und erklärte, leitender Angestellter „darf nur der sein, der in den Kampfjahren bewiesen hat, daß er politisch einwandfrei ist. Alte Kämpfer sind vorweg zu berücksichtigen. Ist diese Voraussetzung erst einmal bei allen Funktionären erfüllt [...], so wird es ein leichtes sein, die Gefolgschaft zu einer leistungsfähigen Einheit zu erziehen." Vgl. BE 1 (1935), S. 65, 85. Anfang 1936 forderte das „Betriebs-Echo" den „sofortige[n] Einsatz von charakterlich und politisch zuverlässigen Parteigenossen" in leitenden Stellungen. „Es ist niemals zu spät, [...] die richtigen Leute an die richtigen Stellen zu setzen." BE 2 (1936), S. 3.
108 SB 8 (1938), S. 267.
109 SB 7 (1937), S. 237.
110 SB 7 (1937), S. 239.
111 SB 7 (1937), S. 239.

ten Vorteilen strebten.[112] Die Auseinandersetzung ging zwischen Sippells und Hertels Nachfolgern Halt und Retzlaff mit unverminderter Härte weiter.[113]

Ein zweiter Konflikt betraf die etablierten leitenden Angestellten, die seit der Gründung der NSBOs zu Anfang der 1930er Jahre im Kreuzfeuer der Kritik der NS-Aktivisten gestanden hatten. Die Sonderposition der leitenden Angestellten in den Banken zeigte sich während der Weimarer Zeit nicht nur in Äußerlichkeiten wie gesonderten Speiseräumen, sondern auch etwa, wenn die Vereinigung der Oberbeamten ihre Forderung nach höheren Gehältern für die außertariflichen Angestellten im Gegensatz zu den Tarifangestellten so begründete: „Niemand kann dem geistigen Arbeiter die Berechtigung absprechen, sauber und behaglich zu wohnen, sich und seine Familie kräftig zu ernähren, seinen Kindern eine gute Erziehung zuteil werden zu lassen und sich außerdem in bescheidenem Umfange harmlose Genußmittel und gelegentliche Zerstreuung nach getaner Berufsarbeit zu gestatten. Zu den Lebensbedürfnissen dieser körperlich meist nicht übermäßig widerstandsfähigen Berufsschicht gehört auch Belebung der Kräfte in frischer Luft und anderer Umgebung während der Urlaubszeiten [...] und sachgemäße Behandlung in Krankheitsfällen."[114] Commerzbank-Betriebsobmann Sellnow diagnostizierte rückblickend, die Vereinigung der Oberbeamten sei im Gegensatz zu allen anderen Gewerkschaften für die NSBO undurchdringlich gewesen, „denn diese bildete immer eine Gruppe für sich. Auf unsere Fahne hatten wir geschrieben: Gegen Klassenkampf und Standesdünkel."[115]

---

112 Wenn die Bankleitung „die Einsatzbereitschaft eines Gefolgsmannes für Partei und Staat höher [... werte] als berufliche Routine", so Hertel, „könnte [...] leicht Mißverständnissen die Tür geöffnet werden, die im Interesse von Partei und Betrieb unbedingt vermieden werden müssen. Denn die Arbeit für Führer und Volk ist Ehrendienst, der niemals auch nur den Schein erwecken darf, als könnte aus ihm ein Sprungbrett für wirtschaftliches Vorankommen gezimmert werden." Tatsächlich sei die Gefahr aber gering. SB 7 (1937), S. 81.

113 Halt erklärte 1937: „Keiner beansprucht eine besondere Stellung im Beruf, weil er alter Kämpfer ist – der Führer lehnt das ebenfalls ab –, er soll aber vorwärtskommen, wenn er alter Kämpfer ist und besondere Leistungen zeigt." SB 7 (1937), S. 242. Vgl. auch SB 8 (1938), S. 231. Retzlaff dagegen argumentierte 1938, daß „alte Kämpfer" per se leistungsfähig seien: „Man sage nicht, daß die alten Nationalsozialisten nicht die notwendigen fachlichen Voraussetzungen mitbringen. Wenn [sie] zu einer Zeit den richtigen politischen Instinkt gehabt haben, als die führenden Männer der Wirtschaft noch nicht daran dachten, sich dieser Bewegung zu verschreiben, dann glaube ich, werden sie auch die nötigen Voraussetzungen dazu mitbringen, um Aufgaben beruflicher Art zu erfüllen." SB 8 (1938), S. 267. 1939 versicherte Halt zwar, er werde nur noch Mitarbeiter in leitende Stellungen befördern, die nationalsozialistisch eingestellt seien. Er schränkte aber ein, man müsse Nationalsozialisten bei der Besetzung leitender Posten ablehnen, wenn „unter Berufung auf Forderungen einer nationalsozialistischen Betriebsführung erwartet werden, die er nicht geben darf [...]. Meist sind es Fälle, in denen der nationalsozialistische Grundsatz ‚Gemeinnutz geht vor Eigennutz' in umgekehrter Bedeutung zur Anwendung gebracht werden möchte." SB 9 (1939), Beilage: Pg. Ritter von Halt, Bankbetrieb, Betriebsführer und Gefolgschaft, S. 4 f. Vgl. auch ebd., S. 6.

114 MVDO 2 (1920), Nr. 7, S. 46.

115 AK 4 (1937), S. 54-58.

1933 warfen die NS-Aktivisten den leitenden Angestellten vor, sich dem Nationalsozialismus zu verschließen. So erklärte es im Dezember 1933 Deutsche Bank-Betriebszellenobmann Hertel zur „Hauptaufgabe [...], die Oberbeamten, die vielfach die Beweggründe, die zum Umsturz geführt haben, weniger erfaßt haben, im Geist der [...] Volksgemeinschaft zu erziehen."[116] Angriffe auf die Sonderklasse der oft „studierten" leitenden Angestellten und die Einführung gemeinsamer Kantinenräume gehörten zu den ersten Aktivitäten der Betriebszellen. Doch der ausdauernde Widerstand der Vereinigung der Oberbeamten gegen einen Anschluß an die DAF und die nicht endenden Klagen über die Arroganz der „Oberbeamten" und deren angeblichen Widerstand gegen die „Entjudung" zeigen, wie wenig erfolgreich NSBO und DAF bei der Auflösung der „Klassengrenzen" waren.[117] Sowenig es den Nationalsozialisten gelang, das „eingelebte Sozialverhalten von Arbeitern und Angestellten [...] entscheidend zu verändern"[118], sowenig gelang es den NS-Aktivisten, die soziale Grenze zwischen Tarifangestellten und „Oberbeamten" einzureißen.

4.4 EINFLUSS DER NS-GLIEDERUNGEN AUF BEFÖRDERUNGEN

Die Reichsbetriebsgemeinschaft beteiligte sich deshalb so engagiert am Aufbau der Führungskräfteschulung und forderte ein Mitspracherecht der NS-Funktionäre im Betrieb bei der Auswahl für die Schulung, weil sie hier über ihre Zuständigkeit für die Ausbildung Einfluß auf die Führungskräfteauswahl gewinnen wollte. Denn eigentlich war ihr die Mitsprache über Beförderungen ebenso verschlossen wie den Gewerkschaften vor 1933.

Nach 1919 gelang es den Gewerkschaften nicht, Mitwirkungsrechte in Beförderungsfragen für die Betriebsräte zu erwirken. 1919 bemühten sich die Betriebsräte, während im Bankgewerbe noch die umfassenderen Kompetenzen des ersten Schiedsspruchs galten,[119] auf die Beförderung Einfluß zu nehmen. Die Bankleitungen wiesen das entschieden zurück, wie der Betriebsrat der Commerzbank berichtete: „Wenn wir [...] uns [in Beförderungsfragen] an die Direktion wandten, dann blieb der Erfolg immer ein negativer [...]. Im Gegenteil hat die Direktion ganz unverblümt zu verstehen gegeben, daß sie es als ein Mißtrauensvotum gegen sich ansieht, wenn die Angestellten sich mit ihren Wünschen und Beschwerden an ihren gewählten Ausschuß wenden und hat sich nicht einmal gescheut, solchen Beschwerdeführern daraus direkt einen Vorwurf zu machen."[120] Das Betriebsräte-

---

116 SB 4 (1934), 3. Folge, S. 1-4.
117 Vgl. zur VDO Kapitel 1.5, zur Bemühung um Auflösung der „Klassengrenzen" Kapitel 3.2. Als 1936 Werner Retzlaff den Posten des Betriebszellenobmanns der Deutschen Bank übernahm, forderte er ausdrücklich die Abteilungsleiter auf, sich endlich zum Nationalsozialismus zu bekennen. Vgl. SB 6 (1936), September, S. 1-4.
118 Kocka, Die Angestellten, S. 186.
119 Vgl. Kapitel 1.5.
120 DDB 8 (1919), S. 175 f.

gesetz verwehrte den Betriebsräten dann ausdrücklich jedes Mitspracherecht bei Beförderungen.[121] Daran scheinen sich alle Beteiligten gehalten zu haben.

Nach 1933 bemühten sich die NS-Gliederungen um Einfluß auch und gerade auf die Auswahl leitender Mitarbeiter. Ihnen war klar, daß die Auswahl und Beförderung leitender Angestellter mit der wichtigste Bereich der Personalpolitik war. Nur so war es möglich, mittelfristig Einfluß auf die Geschäftspolitik der Banken zu gewinnen. Rudolf Lencer erklärte 1934: „Wir brauchen uns nicht dauernd um die Organisationsformen zu sorgen, denn diese können noch so gut sein, wenn an der Spitze Menschen stehen, die nichts taugen, dann wird die ganze Organisation nichts taugen. Deshalb ist dafür zu sorgen, daß an der Spitze der Banken Männer stehen, die im nationalsozialistischen Geiste arbeiten und es ist ferner dafür zu sorgen, daß der Nachwuchs so ausgebildet wird, daß er uns wirklich die Gewähr bietet, daß nationalsozialistische Bankpolitik betrieben wird."[122] Nicht zuletzt bot die Mitsprache bei der Beförderung auch eine Möglichkeit, sich selbst oder der eigenen Klientel einträgliche Posten zu verschaffen.[123]

Die Bankleitungen setzten sich gegen die Mitbestimmungswünsche der NS-Gliederungen außerordentlich aktiv zur Wehr. Als 1934 Vertrauensratsmitglieder der Filiale Dresden der Deutschen Bank vom verblüfften „Betriebsführer" Sippell die Entlassung eines Filialdirektors forderten, erklärte Sippell empört, „dass es sich hier um eine reine Führungsfrage handle [...]. Erwägungen, welche Unkostenersparnisse zu erzielen seien, damit befasse sich die Leitung selbst."[124] Bald spitzte sich die Situation zu einer grundsätzlichen Auseinandersetzung zu. Der Vertrauensrat der Deutschen Bank verweigerte im Sommer 1934 der Betriebsordnung der Bank seine Zustimmung, bis dort ein Vetorecht des Vertrauensrats für Beförderungen verankert werde. Der Vertrauensrat rief den Treuhänder der Arbeit an. Die Bankleitungen waren in dieser Frage zu keinen Zugeständnissen bereit. Mit den Spitzen der alten und neuen Arbeitgebervertretung ging Sippell zum Gegenangriff über: „Am 2. Juli 1934", notierte er, „habe ich gemeinsam mit Staatsrat Reinhart und Dr. Haeffner Staatssekretär Krohn, Reichsarbeitsministerium, aufgesucht und habe ihm unter Ueberreichung des Beschwerdeschreibens unseres Vertrauensrates, sowie meines Begleitschreibens über den bekannten Streitfall unterrichtet. Dabei habe ich hervorgehoben, dass es sich hier um eine ganz grundsätzliche Frage handele, die nicht nur unser Institut berühre, sondern Rückwirkungen auf die gesamte deutsche Wirtschaft haben könne. Mir sei auch bekannt, dass bei-

---

121 Vgl. Kapitel 1.5.
122 MNSBO 4 (1934), 4. Folge, S. 4. Zu Lencers Äußerungen in der Bankenenquête vgl. auch Publizitätsfragen des Bankgewerbes. Aus dem Enquête-Ausschuß, in: BeBZ, Nr. 558, 29.11.1933. Auch Deutsche Bank-Betriebszellenobmann Hertel erklärte, nur Nationalsozialisten in Führungspositionen „geben uns die Gewähr, daß tatsächlich in der Wirtschaft keinerlei Sabotage geübt werden kann [...]." MNSBO 4 (1934), 1./2. Folge, S. 5. Dresdner Bank-Vorstandsmitglied Meyer erklärte 1936: Tatsächlich entscheidet den Wert der Großbanken nicht so sehr ihre Rechtsform als die Art ihrer Führung. Hier sind [...] mancherlei Wünsche an die Adresse der Großbankleiter zu richten." BE 2 (1936), S. 110.
123 StA Hamburg, F17116, Hans Thun, Anlage zum Fragebogen, 8.7.1946.
124 HADB, RWB 54, Aktenvermerk Sippell, Geheim, 28.6.1934.

spielsweise bei der Allianz, wie auch einer ganzen Anzahl unserer auswärtigen Filialen die Frage der Erörterung von Beförderungen, bevor sie ausgesprochen würden, im Vertrauensrat angeschnitten worden sei. [... D]er Reichswirtschaftsminister [stehe] auf dem Standpunkt, dass es sich hier um eine reine Führungsfrage handle, bei der ein Nachgeben nicht in Frage kommt. [...] Staatssekretär Krohn [...] liess [...] durchblicken, dass seines Dafürhaltens die Entscheidung wohl kaum anders ausfallen könnte als unserer Auffassung entspreche."[125] In enger Fühlungnahme mit der Ministerialbürokratie[126] setzte sich die Bankleitung durch. Ende Juli stellte der Reichstreuhänder der Arbeit für das Bankwesen, Daeschner, die Lage klar:[127] Ein „Mitbestimmungsrecht der Vertrauensmänner oder des Betriebszellenobmannes bei Beförderungen [sei] keinesfalls möglich". Doch Daeschner machte, wie es für die Regelung der Arbeitsbeziehungen im Nationalsozialismus typisch war, wiederum eine allgemein gehaltene abmildernde Einschränkung, die den NS-Gliederungen doch ein Einfallstor bot: Es sei „im Sinne der Aufgaben des Vertrauensrates und damit auch im Interesse der Betriebsgemeinschaft erwünscht", daß die Betriebsleitung „auch in Beförderungsangelegenheiten und sonstigen den Arbeitsfrieden berührenden Personalfragen vor der Bekanntgabe der Verfügungen die Vertrauensmänner an[...]höre[...]."[128] Vergleicht man den Widerstand der Banken mit dem gegen ebensowenig gesetzlich fundierte Forderungen nach Entlassung oder Versetzung jüdischer Mitarbeiter, so fällt auf, daß sie bei der Beförderung von Führungskräften unnachgiebig auf dem Gesetz beharrten, bei der Verteidigung jüdischer Mitarbeiter dagegen fast immer Konzessionen machten.[129]

Die folgenden Jahren brachten kein Mitspracherecht des Vertrauensrats, in einzelnen Filialen kamen aber Kompromisse vor. Der Hamburger Commerzbank-„Betriebsführer" etwa teilte dem Vertrauensrat die Versetzung von Direktoren immerhin vorher mit.[130] Der Vertrauensrat der Dresdner Filiale der Dresdner Bank beantragte im Mai 1934, bei Beförderungen vorher hinzugezogen zu werden.[131] Nachdem der Filialleiter im Oktober 1935 zunächst versprochen hatte, alle Beförderungen vorher im Vertrauensrat zur Sprache zu bringen, zog er seine Zusage zurück.[132] Ende 1936 beantragte der Vertrauensrat wieder, über die Ernen-

---

125 HADB, RWB 54, Aktenvermerk Sippell, Geheim, 5.7.1934.
126 HADB, RWB 54, Aktenvermerk Sippell, Geheim, 6.7.1934; Aktenvermerk Sippell, Geheim, 16.7.1934.
127 Noch einen Tag zuvor hatte ein Rundschreiben der DAF-Gauleitung Rheinpfalz, Neustadt die Betriebsordnung für durch den Vertrauensrat abgelehnt. Sie dürfe nicht zur Durchführung kommen. HADB, RWB 54, (Rummel/Sippell), An die Deutsche Arbeitsfront, 27.7.1934 (Abschrift).
128 HADB, RWB 54, Treuhänder für Wirtschaftsgebiet Brandenburg (Daeschner) an DB, 28.7.1934.
129 Vgl. die Fälle von 1933/34 in Kapitel 2.3.1.
130 Vgl. PRVH 26.11.1936. 1934 setzte der Betriebsobmann aber durch, daß ein Mitarbeiters erst nach Einstellung eines gegen ihn hängigen Verfahren befördert wurde. PVRH, 5.2.1934.
131 Vgl. SHStA Dresden, 13135, 415, Protokoll Vertrauensratssitzung 30.5.1934.
132 Vgl. SHStA Dresden, 13135, 415, Protokoll Vertrauensratssitzung 10.10.1935.

nung von Depositenkassenvorstehern mit entscheiden zu dürfen.[133] Ende 1937 legte er Widerspruch gegen die Auswahl von Mitarbeitern für den Bankkursus ein, gegen die man „Bedenken wegen ihrer Eignung in charakterlicher und weltanschaulicher Hinsicht" habe.[134] In der Deutschen Bank beklagte Betriebsobmann Hertel 1935, daß die Bankleitung trotz des Einspruchs der NSBO Mitarbeiter befördere, die leistungsfähig seien, aber charakterliche Mängel aufwiesen.[135] Sippell leistete grundsätzlichen Widerstand: Die Entscheidung über Beförderungen obliege allein der Betriebsführung. „Klar ausgesprochen werden muß [...], daß grundsätzlich Beförderungs-[...]Fragen der alleinigen Zuständigkeit der Betriebsführung unterliegen. [...] Gewiß ist es Pflicht der Betriebsführung[,] sich bei Beförderungen auch mit der menschlichen und charakterlichen Eignung des zu Befördernden zu befassen [...]. Grundsätzlich muß es aber dem pflichtgemäßen Ermessen der Betriebsführung überlassen bleiben, inwieweit sie in solchen Dingen das eine oder andere Vertrauensratsmitglied befragen [...] will [...]."[136] Weil es NSBO/DAF und Vertrauensrat nicht gelang, gesetzliche oder inoffizielle Mitspracherechte zu erlangen, beschritten sie gleichzeitig einen anderen Weg.

Die erfolgversprechendste Methoden, ohne gesetzliches Mitspracherecht über die Beförderung mitentscheiden zu können, bestand darin, Vertreter im Entscheidungszentrum zu plazieren, also in der Personalabteilung. In der Commerzbank forderten Parteivertreter, so der ehemalige „Betriebsführer" Boode nach dem Krieg, immer wieder die Aufnahme Sellnows in die Personalabteilung, damit „bei der Vergebung gehobener Posten mehr als bisher auf die Parteizugehörigkeit Rücksicht genommen wird, d.h. dass alle diese Posten nach und nach ausschliesslich von Nationalsozialisten besetzt würden."[137] Sellnow wurde aber nicht in die Personalabteilung aufgenommen. In der Deutschen Bank gelangten zwar von Ende 1933 bis 1935 Franz Hertel und Fritz Bloß in die Personalabteilung, um aber bald wieder „wegbefördert" zu werden. Ab 1938 richtete „Betriebsführer" Halt zwar ein Referat zur Förderung „alter Kämpfer" ein, das er mit einem Nationalsozialisten besetzte – aber gerade dadurch lenkte er die Einflußversuche von der normalen Personalarbeit und auch der Führungskräfteauswahl ab.[138]

Vor diesem Hintergrund gewann eine indirekte und mittelfristige Einflußmöglichkeit an Gewicht. Die Parteigliederungen bemühten sich, die Auswahl der Teilnehmer an den neuen Fortbildungskursen zu steuern. In vielen Fällen holten die Filialleiter tatsächlich Gutachten von Betriebsobmännern ein. Im Anforderungsprofil des „Reichskursus" in Frankfurt wurde das sogar ausdrücklich angeraten: „Es wird sich empfehlen, daß [der ‚Betriebsführer'] sich von der NSBO und

---

133 Vgl. SHStA Dresden, 13135, 415, Protokoll Vertrauensratssitzung 18.12.1936.
134 SHStA Dresden, 13135, 415, Protokoll Vertrauensratssitzung 28.10.1937.
135 SB 1935, 2. Folge, S. 3.
136 SB 7 (1937), S. 237f.
137 Boode an Döring, 4.7.1946, HAC, Persönlich, Bi-Boss. Personalchef Döring bestätigte diese Darstellung. Vgl. Notiz Döring 18.7.1946, StA Hamburg, SKEK, 18050; StA Hamburg, SKEK, 39293, Notiz Döring, 14.1.1948,; aber auch ebd., Döring an Boode, 16.7.1946.
138 Vgl. Kapitel 1.5.4. Halt betonte bei der Einrichtung der Förderstelle für „alte Kämpfer" wiederum, nur das „Leistungsprinzip" sei ausschlaggebend. Vgl. SB 8 (1938), S. 231.

dem DHV beratend unterstützen läßt." Die Teilnehmer mußten schon 1934 „der
Deutschen Arbeits- oder Juristenfront angehören."[139] 1939 wurde ein Reichskursus nur für „alte Kämpfer" ausgeschrieben, der aber wegen des Kriegsbeginns
ausfiel.[140] Doch scheinen meistens die „Betriebsführer" ihre Entscheidungsgewalt
gewahrt und sich über Einsprüche hinweggesetzt zu haben. Anfang 1938 erklärte
der Betriebszellenobmann der Deutschen Bank, „daß die bisherige Auswahl nicht
immer unseren nationalsozialistischen Grundsätzen entsprach, weil die charakterliche Seite nicht genügend berücksichtigt wurde."[141]

Deshalb wählte die DAF nun einen Umweg: Sie versuchte, einen Sieg in dem
von ihr veranstalteten Reichsberufswettkampf[142] zur Voraussetzung für Beförderungen zu machen. „Für die Frage der Mitberatung bei Beförderungen ergeben
sich hier ganz neue Möglichkeiten", erklärte Lencer 1937. Die Sieger des Reichsberufswettkampfes müßten besonders gefördert werden.[143] Deutsche Bank-
Personalchef Halt versprach dementsprechend, „die berufliche Fortbildung der
ersten Zehn [im Leistungswettkampf zu...] überwachen."[144] Die DAF aber versuchte, mit dem Reichsberufswettkampf einen Filter vor die Schulungskurse der
Banken und die der Reichsbetriebsgemeinschaft in Frankfurt zu schalten. „Wir
werden in Zukunft sicher dahin kommen", sagte Lencer 1937, „daß zu den von
der Bank eingerichteten Schulungskursen nur die zugelassen werden, die am Berufswettkampf teilgenommen haben oder sich verpflichten, künftig daran teilzu-
nehmen. Für die Bankenführerschule werden künftig in erster Linie nur die in
Betracht kommen, die als Gau- und Reichssieger aus den Berufswettkämpfen hervorgehen."[145] 1938 stimmte Reichsgruppen-Leiter Fischer zu, für die Bankenführerschule [...] in erster Linie die Arbeitskameraden in Betracht [zu ziehen], die als
Gau- und Reichssieger aus diesen Berufswettkämpfen hervorgehen."[146] 1938 hatte
es die Reichsbetriebsgemeinschaft also so weit gebracht, daß sie die Auswahl für
die Kurse kontrollierte. Der 1939 ausgeschriebene „Führerkursus" in Frankfurt

---

139 LHA Magdeburg, Rep. 103, Bankhaus Dippe-Bestehorn, Quedlinburg, Nr. 11, Führerschulung für das Deutsche Bankwesen, Einladung zum 1. Kursus in Frankfurt a.M., vom 29. Januar bis 17. Februar 1934.

140 Bewerben durften sich nur „a) die alten Kämpfer der Bewegung (Ehrenzeichenträger), b) die
übrigen alten Parteigenossen (Eintrittsdatum vor der Machtübernahme), c) die alten Mitkämp-
fer der NSBO". SHStA Dresden, 13135, 451, 17.4.1939.

141 SB 8 (1938), S. 8. Die Commerzbank hatte 1939 einen Mitarbeiter zum Bankkursus vorgese-
hen, der bis 1933 Mitglied der SPD und der Sozialistischen Arbeiterjugend gewesen war.
Vgl. HAC, Persönlich Bi-Boss, Vermerk Heinz B[.].

142 Vgl. Kapitel 3.2.

143 „Die Deutsche Arbeitsfront [...] erhält dadurch die Möglichkeit, die Betriebsführer auf die
tüchtigen Arbeitskameraden hinzuweisen, die auf Grund ihrer Leistungen ein Anrecht auf
Förderung erworben haben. Hierbei wird aber nicht nur die rein fachliche Leistung gewertet,
sondern auch die Leistung am Arbeitsplatz und vor allem auch der aktive Einsatz für die Gemeinschaft in der nationalsozialistischen Bewegung. Durch diesen gerechten Maßstab wird[,]
auf [...] weite Sicht gesehen, eine berufliche Auslese durchgeführt, die unserem nationalsozialistischen Leistungsgrundsatz entspricht." SB 7 (1937), S. 289.

144 SB 7 (1937), S. 242.

145 SB 7 (1937), S. 289.

146 Das berichtete Deutsche Bank-Betriebsobmann Retzlaff. SB 8 (1938), S. 8.

speziell für „alte Kämpfer"[147] stellt ebenfalls einen Erfolg der Reichsbetriebsgemeinschaft dar. Der Kriegsausbruch aber brachte die NS-Aktivisten um die Früchte ihres Erfolgs. Seit Ende 1939 fanden keine Kurse mehr statt.

Was erreichten Partei, Reichsbetriebsgemeinschaft, Vertrauensräte und Obmänner nun im Bereich der Beförderung? 1943 nannte die Betriebszeitung der Deutschen Bank als eine der Errungenschaften des vergangenen Jahrzehnts: „Entscheidend für das berufliche Weiterkommen und für Beförderungen ist nicht nur allein die Leistung, sondern vor allem auch der Charakter und die politische Haltung."[148] War das Wunschdenken oder Wirklichkeit? Die exakte biographische Untersuchung eines repräsentativen Samples leitender Angestellter ist aus Quellen- und Zeitgründen im Rahmen dieser Arbeit unmöglich.[149] Dem folgenden Abschnitt liegen darum statistische Auswertungen in Stichjahren zugrunde, die eine erste Thesenbildung erlauben.

4.5 STATISTIK DER BEFÖRDERUNG

Wie viele Mitarbeiter wurden nach 1933 zu leitenden Angestellten befördert? Waren überdurchschnittlich viele davon Parteimitglieder? Hatten überdurchschnittlich viele die neuen Fortbildungskurse besucht? Waren überdurchschnittlich viele Teilnehmer der Fortbildungskurse Parteimitglieder?

Zunächst zur Definition des Begriffs „leitender Angestellter". Leitende Angestellte definieren sich erstens über Funktionen, zweitens über Titel und drittens über ihre höhere – meist außertarifliche Bezahlung.[150] Die drei Kriterien entsprechen sich in ihrer Anwendung nicht genau. In einer Bank kann etwa der Prokurist einer Filiale zum stellvertretenden Vorsteher befördert werden, ohne daß sich sein Aufgabengebiet ändert.[151] Das hier gewählte Sample leitender Angestellter bestimmt sich nach dem Titel. Nur diese Kategorie läßt sich mit vertretbarem Aufwand ermitteln, denn die Unterschriftenverzeichnisse und Personalfragebögen geben Titel, nicht aber die Funktionen oder die Gehälter der Mitarbeiter an. Zwischen Titeln, Funktionen und Bezahlung gibt außerdem eine gewisse Kongruenz.[152] In dieser Arbeit gelten als „leitende Angestellte" Mitarbeiter mit Prokura.

---

147 Vgl. S. SHStA Dresden, 13135, 451, 17.4.1939.
148 SB 13 (1943), S. 2.
149 Zur Problematik bei der Ermittlung politischer Überzeugungen auch bei guter Quellenlage vgl. Berghoff, Hohner, S. 444-448, 450 f.
150 Zu den Definition des Terminus „leitender Angestellter" vgl. Jentjens, S. 65.
151 Vgl. etwa SHStA Dresden, Altbanken Dresden, DB, 6376, DB, PA, An die Direktionen unserer Filialen und Zweigstellen, 31.3.1941.
152 Höhere Titel sind für Mitarbeiter nicht nur an sich erstrebenswert (vgl. Mitusch, Organisationsstrukturen), sondern meistens auch mit höherer Bezahlung verbunden. Auch aus der Perspektive der Bank sind Titel wichtig: Eine Großbankfiliale etwa befürwortete 1937 die Ernennung eines Zweigstellenleiters vom Vorsteher zum Direktor „ aus geschäftlichen, in der Werbekraft und dem Ansehen der Bank liegenden Gründen". „Bei der Konkurrenz lieg[t ...] die Leitung [...] in Händen von ‚Direktoren' [...], so dass wir mit unserer, in der Person eines

Als Indiz für die politische Einstellung leitender Angestellter verwende ich die Mitgliedschaft in der NSDAP. Das ist grundsätzlich problematisch, weil zahlreiche Bürger, die dem NS-Regime skeptisch oder fundamental kritisch gegenüberstanden, Parteimitglieder wurden. Nicht nur wer sich gegen das NS-Regime äußerte oder übliche Anpassungsgesten verweigerte bekam Schwierigkeiten und wurde in seiner Karriere behindert,[153] wurde versetzt wie der Kasseler Filialleiter der Commerzbank 1943[154] oder gar hingerichtet wie ein Zweigstellenleiter der Deutschen Bank 1943 und ein Filialdirektor 1944.[155] Auch wer der DAF beitrat, nicht aber der NSDAP, konnte in seiner Karriere behindert werden,[156] wenngleich es etwa in der Commerzbank auch Gegenbeispiele gibt.[157] Darum sind die typischen Begründungen für einen Parteibeitritt nicht von vornherein von der Hand zu weisen: Drohungen durch Parteivertreter,[158] Konzessionen zur Abwehr noch weitergehender personeller Forderungen,[159] Verbesserung des Standings der Bank bei Verhandlungen mit Partei- und staatlichen Stellen[160] oder die Festigung der eigenen Stellung gegenüber Betriebsobleuten und Vertrauensrat.[161] Beileibe nicht alle, vielleicht nicht einmal die Mehrheit der Parteimitglieder dürften vom Nationalsozialismus überzeugt gewesen sein.[162] Trotz aller Bedenken im Einzelfall hat die Parteizugehörigkeit aber statistische Aussagekraft.

Nach einer Skizzierung der Veränderungswellen in den Vorständen der Großbanken untersuche ich im folgenden die Gesamtheit der leitenden Angestellten der Commerzbank. In den Vorständen der Großbanken fanden im Untersuchungszeit-

---

Bankvorstehers vertretenen Zweigstelle [...], immer etwas in den Hintergrund gedrängt erscheinen." HADB, P2/M426, DB, Filiale Breslau, an: Zentrale, PA, 19.2.1937.

153 Vgl. HADB, P2/M426, Korrespondenz Januar/Februar 1938, November 1940, Juli 1941.

154 Vgl. HAC, 1/216 I, Betriebsrat CB Kassel, An den Herrn Minister für Befreiung, 4.11.1946.

155 Vgl. HADB, P2/M426, DB Kattowitz, an: Zentrale, PA, Betr.: Direktor Georg M[...], Hindenburg, 15.9.1943; James, Bank, S. 401.

156 Vgl. HAC, 1/215I, CB Köln/Jörg an Hampf, 10.9.1945; STAH, SKEK, F 11188, Anlage zum Fragebogen Bankdirektor Harry K. (o.D.).

157 So wurde bei der Commerzbank Hans Erkelenz befördert, obwohl er der Partei nicht beitrat. Vgl. StA Hamburg, F10610. Die Filiale Braunschweig setzte 1939 gegen den Widerstand der Betriebszelle die Beförderung eines Nicht-Parteimitglieds zum Bevollmächtigten durch. Vgl. Bericht „In den Jahren nach [...]" (ohne Titel), CB Filiale Braunschweig, ohne Autor/ohne Datum, HAC, 1/169 I. Vgl. auch HAC, 1/169 II, W. Würbach, kein Adressat, 2.10.1946.

158 StAH, SKEK, F11280, August D., Anlage Nr. 2./betrifft Bemerkungen (kein Datum); F16974; Mitte an Zentralstelle für Berufungsausschüsse, 10.9.1947.

159 Vorstandsmitglied Paul Marx reklamierte, der Aufsichtsratsvorsitzende Reinhart habe ihn „im Jahre 1933 ebenso wie alle anderen Vorstandsmitglieder aufgefordert, der Partei beizutreten". So sei es gelungen, die Berufung eines Nationalsozialisten in den Vorstand zu verhindern. StAH, SKEK, F4829, Notiz „In der Beschwerdesache [...]", 14.10.1947.

160 Vgl. StAH, SKEK, F15346; 39293, Fachausschuß Nr. X Fragebogen Action Sheet, 5.4.1949; F7046, Fragebogen G.

161 Vgl. StAH, SKEK, F10948, Mitte an Zentralstelle für Berufungsausschüsse, 6.9.1947; F17116, Hans T., Anlage zum Fragebogen, 8.7.1946; F10609, Otto B., Part A/Answers; 39293, B. an Hampf, 20.10.1946,.

162 Vgl. StAH, SKEK, F 7047, Walter K., Antwort auf Fragebogen Part A, 4.3.1946; F17116, Hans T., Anlage zum Fragebogen, 8.7.1946.

raum zwei „außerordentliche" Veränderungswellen statt, die erste nach der Bankenkrise, die zweite unter dem Einfluß des sogenannten „Börnicke/Bormann-
Ausschusses" 1942/43. Nach der Bankenkrise setzte eine umfassende Erneuerung
in den Großbankvorständen ein. Initianten waren einerseits die Banken selbst,
andererseits trieb bei der Dresdner Bank und der Commerzbank das Reich als
Mehrheitsaktionär die Erneuerung voran. Die Deutsche Bank drängte 1931 und
1932 vier Vorstandsmitglieder zum Rücktritt, während sie zwei „normal" pensionierte. Selmar Fehr und Paul Bonn schieden 1931 wegen geschäftlicher Fehlent-
scheidungen aus, ebenso Werner Kehl und Emil Georg v. Stauß 1932. Stauß gewann allerdings als Aufsichtsratsvorsitzender eine neue Machtposition. Franz A.
Boner und Oscar Schlitter rückten 1932 ihres Alters wegen in den Aufsichtsrat
auf. Peter Brunwig rückte 1932 in den Vorstand nach.[163] Im Mai 1933 verdrängte
die Bank ihren jüdischen Vorstandssprecher Oscar Wassermann und das jüdische
Vorstandsmitglied Theodor Frank. An deren Stelle rückten 1933 Karl Kimmich,
Oswald Rösler, Hans Rummel, Karl Ernst Sippell und Fritz Wintermantel nach,
die allesamt keine Parteimitglieder waren.[164] 1934 schied Georg Solmssen (ebenfalls „Nichtarier") ebenso aus wie die Nichtjuden Blinzig und Brunswig. Es blieben also Ende 1934 Gustav Schlieper und Eduard Mosler aus der Zeit vor der
Bankenkrise und die neuen Vorstandsmitglieder Kimmich, Rösler, Rummel, Sippell und Wintermantel. Im Vorstand war noch immer kein Parteimitglied. Nun
blieb es zunächst ruhiger. 1937 ersetzte Hermann Josef Abs – ebenfalls nicht in
der NSDAP – den ausscheidenden Schlieper. 1938 erst kam mit Karl Ritter von
Halt der erste Parteigenosse, und 1940 rückte für Eduard Mosler Clemens Plassmann nach. Plassmann wiederum war nicht in der NSDAP. Ende 1940 war also
im Vorstand der Deutschen Bank nur ein Parteimitglied, nämlich Halt.
    Schneller und in größerem Umfang gewannen Parteimitglieder in der Dresd-
ner Bank an Macht. Im Rahmen der Sanierung und Fusion mit der Danat-Bank
tauschte das Reich als Mehrheitsaktionär das Spitzenmanagement fast vollständig
aus. Nachdem die Reichstreuhänder der Danat-Bank die persönlich haftenden
Gesellschafter der Danat-Bank entmachtet hatten,[165] erzwang die Reichsregierung
1931 auch den Rücktritt des Vorstands der Dresdner Bank und überwachte seine
Neuwahl.[166] Nur Henry Nathan, Walther Frisch und Wilhelm Kleemann blieben
aus dem alten Vorstand der Dresdner Bank, dazu kam noch Siegmund Bodenheimer von der Danat-Bank. Neu traten die Reichstreuhänder der Danat-Bank, Hans
Schippel und Karl Bergmann in den Vorstand ein, außerdem Carl Goetz von der
Commerzbank. Das Reichsfinanzministerium entsandte 1932 noch das jüdische
Vorstandsmitglied der Reichskredit-Gesellschaft Samuel Ritscher als Vertreter.[167]
Ende 1932 starb Nathan, Anfang 1933 dann schied Kleemann aus, um im März
durch den „Halbjuden" und Vertrauten des Reichswirtschaftsministers Hugenberg

---

163 Vgl. Kopper, Dirigismus, S. 132. Zur Kritik an Stauß innerhalb der Deutschen Bank vgl.
    Feldman, Bank, S. 261 f.
164 Vgl. Kopper, Dirigismus, S. 134.
165 Vgl. Kopper, Dirigismus, S. 64.
166 Vgl. Kopper, Dirigismus, S. 61-65; Ziegler, Verdrängung, S. 191.
167 Vgl. Kopper, Dirigismus, S. 221.

Reinhold Quaatz, ersetzt zu werden. Quaatz mußte aber schon Ende 1933 wieder ausscheiden. Ebenso mußte Walther Frisch und, als Jude, Bodenheimer gehen. Bergmann erkrankte schwer.[168] Der Vorstand hatte nur noch drei arbeitsfähige Mitglieder. Nachdem einige Filialdirektoren die Berufung in den Vorstand abgelehnt hatten, trat Anfang 1935 auf eine Empfehlung des „Wirtschaftsberaters" Hitlers, Wilhelm Keppler, Karl Rasche von der Westfalenbank als stellvertretendes Mitglied in den Vorstand ein, der im August zum ordentlichen Mitglied aufrückte.[169] Ebenfalls 1935 rückten das schon 1933 in die Direktion berufene SS-Mitglied Emil Heinrich Meyer und Alfred Busch in den Vorstand auf.[170] Nachdem 1936 Carl Goetz vom Vorstand in den Aufsichtsratsvorsitz gewechselt war, rückte 1938 Carl Lüer in den Vorstand auf, der allerdings 1941 als Vorstandsvorsitzender zur Adam Opel AG ging. Hugo Zinsser, nicht Parteimitglied, stieg im selben Jahr vom stellvertretenden zum ordentlichen Vorstandsmitglie auf.[171] In der Dresdner Bank war also 1933 schon ein Parteimitglied im Vorstand, 1935 waren es zwei und ab 1938 drei. Alle drei waren von außen gekommen. Nicht so in der Commerzbank.

In der Commerzbank verlor nach der Bankenkrise[172] zunächst Curt Joseph Sobernheim 1932 sein Vorstandsamt. 1933 mußte Ludwig Berliner als Jude ausscheiden, Friedrich Reinhart, der schon Ende 1932 wegen seiner Verwicklung in einen Skandal um die Schultheiss-Patzenhofer-Brauerei unter erheblichem Druck gestanden hatte,[173] wechselte 1934 in den Aufsichtsrat.[174] Carl Harter, der eben-

---

168 Frisch schied, obwohl Nichtjude, auf Druck der Partei aus. Vgl. Kopper, Dirigismus, S. 64 f.

169 Vgl. Kopper, Dirigismus, S. 137. BE 1 (1935), S. 87.

170 Vgl. Kopper, Dirigismus, S. 138. Meyer war im Juli 1933 stellvertretender Direktor und im September 1934 stellvertretendes Vorstandsmitglied geworden. Im August rückte er in den Vorstand auf. Vgl. BE 1 (1935), S. 87.

171 Vgl. Kopper, Dirigismus, S. 282.

172 Die Auseinandersetzung in der Commerzbank um die Kompetenzen der Hamburger Zentrale hatte sich auch in Personalstreitigkeiten gespiegelt. 1929 setzte Witthoeft durch, daß neben Ferdinand Lincke noch Carl Goetz als zweites ordentliches Vorstandsmitglied nach Hamburg ging. Vgl. PWH, CB, Notizen, Notiz für die Chefs betr. Commerz & Discontobank, Dr. F.M. Warburg, 25.5.1929. 1931 kam noch Eugen Boode als stellvertretendes Vorstandsmitglied neben Diedrich zum Felde und Ferdinand Lincke. Vgl. Ebd., Notiz für die Herren Chefs, Betr.: Commerz- und Privat-Bank, Max M. Warburg, 27.10.1931. Als 1932 zum Felde und Linke in den Ruhestand gingen, blieben mit Boode und Lincke nur noch zwei stellvertretende Vorstandsmitglieder. Vgl. Ebd., Notiz für die Herren Chefs, Max M. Warburg, 19.5.1932.

173 Vgl. BAK, R43I, 1165, S. 163 f., CDBB an Pünder, 29.10.1931; S. 244-247, Auszug aus der Niederschrift über die Ministerbesprechung vom 5.11.1931; PWH, Commerzbank Aktiengesellschaft, Notizen, Notiz für die Herren Chefs, Betr.: Commerz- und Privat-Bank, Max M. Warburg, 27.10.1931. In der Sitzung des Aufsichtsrats im Oktober 1932 hatte Aufsichtsratsvorsitzender Witthoefft erklärt: „Personalfrage. – Herr Reinhart wird nicht zu halten sein." HAC, 1/54, Protokoll 10.VI.32.

174 Vgl. Kopper, Dirigismus, S. 136. Dagegen blieb der Plan des Arbeitsausschusses, Bandel anstelle des ausscheidenden Sobernheim in den Aufsichtsrat zu delegieren, unausgeführt. Vgl. HAC, 1/186I, 47. SAA, 13.12.1932.

falls in den Schultheiss-Skandal verwickelt war, folgte 1936.[175] 1933 kam Reichs-
bankdirektor Josef Schilling als neues Mitglied und Vertreter des Mehrheitsaktio-
närs Reichsbank hinzu, 1935 ersetzte der bisherige „Direktor der Bank" Eugen
Boode den ausgeschiedenen Reinhart.[176] Obwohl Schilling kein Parteimitglied
war, wuchs aber die Zahl der Parteigenossen im Vorstand der Commerzbank 1933
von null auf drei. Denn anders als in den beiden anderen Großbanken setzte bei
der Commerzbank im Frühjahr 1933 eine Eintrittswelle ein. Eugen Bandel, Paul
Marx und Carl Harter wurden NSDAP-Mitglieder;[177] auch Boode, der 1935 in den
Vorstand aufrücken sollte, wurde 1933 Parteigenosse. Friedrich Reinhart selbst
trat nicht bei. Dabei soll Reinhart nach Paul Marx die Eintritte angeordnet haben,
um mit dieser Strategie die Berufung eines Nationalsozialisten in den Vorstand zu
verhindern.[178] Tatsächlich konnte die Commerzbank im Gegensatz zur Dresdner
Bank ihren Vorstand nach ihren eigenen Vorstellungen und zum Teil aus den eigenen Reihen ergänzen.[179] Nach 1935 blieb es auch bei der Commerzbank zunächst ruhig. Erst 1939 trat mit dem Berliner Stadtkämmerer – und Parteimitglied
– Carl Maria Hettlage ein neues Vorstandsmitglied ein.[180] Hettlage wurde allerdings bald durch politische Aktivitäten und dann vor allem seine Arbeit im Speer-
Ministerium absorbiert und spielte keine große Rolle im Vorstand.[181] 1942 dann
ersetzte der Direktor der Dresdner Bank-Filiale Frankfurt, Hanns Deuss, ebenfalls
Parteimitglied, den pensionierten Boode. So waren ab 1933 im Commerzbank-
Vorstand drei Parteimitglieder, ab 1939 vier.[182]

Während Rasche, Meyer und Lüer im Vorstand der Dresdner Bank als überzeugte Nationalsozialisten galten, konnte man den Eintritt Halts als „Betriebsführer" ohne Aufsichtsratsmandate und die Parteieintritte der Commerzbank-
Vorstandsmitglieder als bloß äußerliche Konzessionen verstehen. Die NSDAP
gab sich hiermit nicht zufrieden. Im Verlauf des Krieges kamen wieder neue Bestrebungen zur Nazifizierung der Bankvorstände auf. Ende 1942 gründeten
einflußreiche Gauwirtschaftsberater unter Vorsitz des kurmärkischen Gauwirt-

---

175 Vgl. BAB, R3101, 8742, 52, Vermerk, 15.4.1936. Harter hatte ursprünglich schon 1934 ge-
     hen sollen. Vgl. BAB, R3101, 18612, S. 220 f., RWM (Koehler) an RFM, 20.1.1937; PWH,
     Commerzbank Aktiengesellschaft, Notizen, Notiz betr.: Commerz- und Privatbank, Vertrau-
     lich!, Max M. Warburg, 16.9.1934. Auf Initiative Reinharts blieb er aber bis zur Generalver-
     sammlung 1936 im Amt. Vgl. BAB, R3101, 18612, S. 80, Vermerk RWM (Koehler),
     21.1.1936.
176 Vgl. Kopper, Dirigismus, S. 63.
177 Vgl. Kopper, Dirigismus, S. 136.
178 Notiz „In der Beschwerdesache [...]", 14.10.1947, StA Hamburg, F 4829. Eine andere Quelle
     betont noch, daß Marx durch seinen Beitritt auch seine eigene Stellung gegenüber Reinhart
     gestärkt habe, dessen Finanzpolitik und politische Einstellung er bekämpft habe. Advisory
     Board der Commerzbank Hamburg, 10.3.1946, StA Hamburg, F 4829.
179 Vgl. Kopper, Dirigismus, S. 289.
180 Vgl. Kopper, Dirigismus, S. 289.
181 Vgl. NA RG 260, Box 196, Aussage Giesbert, Heinrich, Commerzbank, Dr. Hettlage (o.D.).
182 Nach Aussage von Personaldirektor Richard Döring traten bis 1945 alle Unterschriftsträger
     der Personalabteilung bis auf Döring selber der NSDAP bei. HAC, Persönlich Bra-Bru, Dö-
     ring an Brescher 26.6.1947.

schaftsberaters Hellmut Börnicke einen „Bankenausschuß".[183] NSDAP-Parteikanzlei-Leiter Bormann übernahm die „Schirmherrschaft", auch um die Gauwirtschaftsberater zu kontrollieren,[184] die unter dem Titel der kriegswirtschaftlichen „Rationalisierung" des Kreditgewerbes eine überproportionale Schließung von Großbankfilialen betrieben[185] und sich in diesem Zusammenhang auch und vor allem für die Nazifizierung der Großbankvorstände einsetzten.[186] Diese Bemühungen waren einerseits der einleuchtende Versuch, an der für die Nazifizierung entscheidenden Schaltstelle anzusetzen – und dabei auch eigene Karriereambitionen zu erfüllen –, andererseits ließen die Gauwirtschaftsberater sich auf den selben Holzweg führen wie die radikalen Großbankenkritiker 1933. Joachim Riehle im Reichswirtschaftsministerium, der eher als Verteidiger der Banken zu gelten hat,[187] lenkte das Interesse des Ausschusses bewußt auf Personalfragen, indem er betonte, die Leitungspersönlichkeiten seien das Entscheidende für die nationalsozialistische Ausgestaltung des Bankwesens. Es spricht viel dafür, daß Reichswirtschaftsministerium und Banken ein bewußtes Ablenkungsmanöver veranstalteten, um den Ausschuß von den Angriffen auf das Filialsystem der Großbanken abzulenken.[188] Hjalmar Schacht hatte eine solche Ablenkung von Systemkritik auf Personalpolitik in der Bankenenquête ja erfolgreich vorexerziert. Auch Reichwirtschaftsminister Funk lenkte Bormanns Interesse auf das Ziel, „personalpolitische Massnahmen [durchzusetzen], um das deutsche Bankwesen auch in der Menschenführung nationalsozialistisch auszurichten". Es sei „[h]eute, im Kriege, wo die besten jüngeren Kräfte auch der Bankwelt an der Front kämpfen, [...] die personalpolitische Aufgabe naturgemäss nur sehr schwer zu erfüllen." Man habe hier bisher nur „bescheidene (!) Erfolge" erzielt.[189] Seine Beauftragung von Reichsbankvizedirektor Kurt Lange im November 1942 mit der nationalsozialistischen Ausrichtung des Personalwesens der Großbanken[190] brachte allerdings einen großbankenfeindlichen Beamten ins Spiel. Die Banken und Riehle setzten aber wohl darauf, daß Bormanns im August 1942 die Unwahrheit sagte, als von „durchaus bewährte[n] Nationalsozialisten mit dem erforderlichen Fachwissen und den nötigen Erfahrungen" „in den Reihen der Partei" sprach, „die zum Teil schon jetzt im Krieg die führenden Stellungen im deutschen Bankwesen einnehmen können".[191] Zunächst würden gar keine geeigneten Fachleute zur Verfü-

---

183 Vgl. Kopper, Dirigismus, S. 349 f.
184 Vgl. Kopper, Dirigismus, S. 349 f. Im März 1942 forderte Hitler, hauptamtlichen NSDAP-Amtsträgern die Annahme von Vorstands- und Aufsichtsratsmandate in der Wirtschaft zu verbieten, um deren Korrumpierung zu verhindern. Daraufhin erließ Bormann eine entsprechende Anordnung, die Kopper auf den 20.8.1942 datiert, Bähr auf den 20.12.1942. Vgl. Kopper, Dirigismus, S. 350; Bähr, Rationalisierung, S. 84.
185 Vgl. Kapitel 1.2. Die Gauwirtschaftsberater planten auch, die alten Regionalisierungspläne wiederzubeleben. Vgl. Kopper, Dirigismus, S. 350.
186 Vgl. Kopper, Dirigismus, S. 349-353.
187 Vgl. Bähr, Rationalisierung, S. 86.
188 Vgl. Bähr, Rationalisierung, S. 85 f.
189 RGVA, 1458-1-443, Funk an Bormann, 8.7.1942 (Abschrift).
190 Vgl. Bähr, Rationalisierung, S. 86.
191 Vgl. Bähr, Rationalisierung, S. 85 f.

gung stehen; außerdem wollte Bormann statt der Gauwirtschaftsberater lieber leichter steuerbare qualifizierte Parteigenossen in die Vorstände bringen und übte bei Personalentscheidungen keinen Druck auf die Banken aus.[192] Tatsächlich beschränkten sich die personalpolitischen Konzessionen der Commerzbank und ihrer Konkurrenten dann auf deutlich sichtbare, aber in der Substanz nicht sehr weitgehende Veränderungen. Der Einfluß des Ausschusses und seine Erfolge variierten zwischen den drei Filialgroßbanken zeitlich und im Umfang, glichen sich aber im Ergebnis:

Die Deutsche Bank geriet im November 1942 durch Lange, Lencer und den stellvertretenden Berliner Gauwirtschaftsberater Karl Heuser unter Druck. Es müsse ein weiterer Nationalsozialist in den Vorstand, so die NS-Funktionäre; außerdem sollten die katholischen Vorstandsmitglieder Abs und Plassmann gehen.[193] Beides federte die Deutsche Bank ab. Abs und Plassmann blieben, und Hellmut Börnickes Kandidatur als Vorstandssprecher scheiterte.[194] Die Bank berief stattdessen den gemäßigten Berliner Gauwirtschaftsberater Heinrich Hunke in den Vorstand, der sich mit einer Rolle als politischer Verbindungsmann zur Partei zufriedengab. Neben Hunke kam als Parteimitglied aus den eigenen Reihen der Frankfurter Filialleiter Robert Frowein.[195] Gauwirtschaftsberater Otto Fitzner trat in den Aufsichtsrat ein.[196] Auch die Dresdner Bank wehrte eine unerwünschte Kandidatur für das Amt des Vorstandssprechers ab, die des Hannoveraner Privatbankiers und Gauwirtschaftsberaters Julius Maier. Stattdessen kam der frühere „Betriebsführer" Carl Lüer wieder zurück, und SS-Mitglied Karl Rasche wurde Vorstandssprecher.[197] Das nicht nationalsozialistisch eingestellte Vorstandsmitglied Pilder mußte 1943 ausscheiden.[198] In den Aufsichtsrat traten die Gauwirtschaftsberater Wilhelm Avieny und Walther Schieber und Berlins stellvertretender Gauwirtschaftsberater Karl Heinz Heuser ein.[199] Aufsichtsratsvorsitzender Carl Goetz mußte Ende 1942 eine Beschränkung seiner Vollmachten auf die üblichen Kompetenzen des Aufsichtsratsvorsitzenden akzeptieren.[200] Die Commerzbank geriet erst mit dem Tod Friedrich Reinharts im Herbst 1943 unter Veränderungsdruck. Lange verweigerte zunächst seine Zustimmung zur Ernennung Paul Marx' zum Aufsichtsratsvorsitzenden.[201] Die Bank mußte Konzessionen machen, konnte aber die Ernennung Außenstehender ebenfalls auf die Aufsichtsratsebene abschieben. In den Vorstand rückten die Parteimitglieder Paul Hampf (Personalchef und „Direktor der Bank") und Fritz Höfermann (Direktor der Filiale Düssel-

---

192 Vgl. Kopper, Dirigismus, S. 351; Bähr, Rationalisierung, S. 84 f.
193 Vgl. Kopper, Dirigismus, S. 351.
194 Vgl. Kopper, Dirigismus, S. 351.
195 Vgl. Bähr, Rationalisierung, S. 86; Kopper, Dirigismus, S. 351-353.
196 Vgl. Bähr, Rationalisierung, S. 86 f.
197 Vgl. Bähr, Rationalisierung, S. 87.
198 Vgl. Kopper, Dirigismus, S. 352.
199 Vgl. Bähr, Rationalisierung, S. 87.
200 Vgl. Kopper, Dirigismus, S. 352.
201 Vgl. Bähr, Rationalisierung, S. 87.

dorf) auf. Drei Gauwirtschaftsberater, Emeran Amon, Walter Jander und Adolf Mittag traten in den Aufsichtsrat ein.[202]

Den Banken gelang es also, die Ernennung besonders ambitionierter Gauwirtschaftsberater zu Vorstandsmitgliedern abzuwenden. Stattdessen holten sie Parteimitglieder aus ihrem eigenen mittleren Management und Parteifunktionäre, die sich mit einer Rolle als „Aushängeschild" ohne operative Verantwortung zufriedengaben, in den Vorstand. Gauwirtschaftsberater gelangten nur in die Aufsichtsräte, und die meisten von ihnen waren eher gemäßigt eingestellt.[203] Die Drohung mit Partei-Bankiers wäre sehr viel ernster zu nehmen gewesen, wenn eine ernsthafte Nachkriegsperspektive für den Nationalsozialismus bestanden hätte. Ähnliches gilt auch für das mittlere Management.

Vorstände führen das operative Geschäft einer Bank und stehen in der öffentlichen Meinung in hohem Maß für ihr Unternehmen. Doch die „Nazifizierung" der Leitungspositionen der Wirtschaft wurde nach 1933 auch und vor allem auf der Ebene des mittleren Managements betrieben. Es ging hier nicht so sehr um ein ideologisch zentrales Problem wie bei der Verdrängung der Juden und auch nicht so sehr um die Legitimation in den Augen der Mitarbeiterschaft wie bei der betrieblichen Sozialpolitik, aber um eine Voraussetzung für die wirtschaftliche Tätigkeit der Unternehmen und für die eigenen Karrierepläne der NS-Aktivisten. Wie erfolgreich war dieser Interventionsversuch?

Bei der Commerzbank waren 69 % der 193 untersuchten Filialdirektoren von 1944 schon 1932 in dieser oder einer vergleichbaren Position gewesen, 14 % nur eine Hierarchiestufe darunter. Nur 17 % waren von einer mehr als eine Hierarchiestufe darunter liegenden Position in die Filialleitung aufgestiegen. Blitzkarrieren waren selten. Von den Filialdirektoren, die mehr als zwei Hierarchieebenen aufgestiegen waren, waren allerdings 73 % Parteimitglieder (dazu kam noch ein förderndes Mitglied der SS), ein noch höherer Anteil als die 60 % Parteimitglieder unter allen Filialdirektoren von 1944. Nur zwei der „Aufsteiger" hatten dagegen am Reichskursus oder am bankinternen Kursus teilgenommen. Von 99 untersuchten Prokuristen der Filialen (darunter 48 % Parteimitglieder) waren 56 % schon 1932 in derselben oder einer vergleichbaren Position gewesen, 22 % eine Hierarchiestufe darunter (davon 60 % Parteimitglieder) und immerhin 22 % waren von einer mehr als eine Hierarchiestufe darunter liegenden Position aufgestiegen (darunter nur 41 % Parteimitglieder). Auch unter den Filialdirektoren in den eroberten Gebieten war eine Anzahl gestandener Direktoren, die schon 1932 die selbe Position innegehabt hatten.[204]

---

202 Vgl. NA, RG 260, Box 197, Hanns Deuss, 15. Januar 1947, Bericht über die Umstände des Eintritts der Gauwirtschaftsberater Amon, Jander, Mittag in den AR der Bank und der Vorstandsmitglieder Höfermann und Hampf in den Vorstand.

203 Vgl. Bähr, Rationalisierung, S. 86.

204 So war etwa Erich M., der 1899 geborene Direktor der Filiale Posen und Parteigenosse, seit 1931 Vorsteher und dann Direktor der Filiale Potsdam gewesen. Vgl. Balduin B., ebenfalls Parteimitglied und Direktor der Hansa-Bank in Dorpat, war seit 1918 Filialdirektor. Vgl. Personalbogen Posen, Erich M; Personalfragebogen Dorpat, Balduin B.

Im Management der Berliner Zentrale fand von 1932 bis 1944 zwar eine Aufstiegswelle statt, doch verlief sie langsam, folgte geordneten Bahnen und umfaßte kaum Blitzkarrieren. Die Angehörigen der Ebene unterhalb des Vorstands von 1944, die sieben sogenannten „Direktoren der Bank", waren sämtlich 1932 als stellvertretende Direktoren der Zentrale beschäftigt gewesen, waren also genau eine Hierarchiestufe aufgestiegen. Auch von den fünf als „Direktoren der Hauptniederlassung Berlin" geführten Managern waren vier 1932 als „stellvertretende Direktoren der Zentrale" eine Ebene darunter beschäftigt gewesen und nur einer, der 1932 „Abteilungsdirektor der Zentrale" gewesen war, hatte zwei Hierarchiestufen übersprungen. Von 11 „stellvertretenden Direktoren der Zentrale" war 1932 vier schon in der selben Position gewesen wie 1944, vier eine Hierarchiestufe darunter („Abteilungsdirektoren der Zentrale"), für einen liegen keine Angaben vor, und nur zwei waren zwei Hierarchiestufen aufgestiegen (1932 Prokuristen der Zentrale). Von 12 „Abteilungsdirektoren der Zentrale" 1944 war nur einer schon 1932 in dieser Position gewesen, aber mindestens acht waren als „Prokuristen der Zentrale" nur eine Hierarchiestufe darunter, einer war Filialprokurist gewesen, von zwei liegen keine Angaben vor. Von 37 Prokuristen der Zentrale 1944 schließlich waren mit 18 fast die Hälfte schon 1929 in dieser Position gewesen.

Position	1944	1932 selbe Position wie 1944	1932 eine Hierarchiestufe tiefer	1932 mehr als eine Hierarchiestufe tiefer	1929 selbe Position wie 1944	1923 selbe Position wie 1944
Direktoren Filialen	193	133[205]	27[206]	33[207]	106	69
Prokuristen Filialen	99	55[208]	22[209]	22[210]	40	32
Direktoren Hauptniederl:Berlin	5	0	4	1	0	0
Stellvertr:Direktoren der Zentrale	11	4	4[211]	2 (1 k.A.)	1	0
Abteilungdirektoren Zentrale	12	1	8	1 (2 k.A.)	0	0
Prokuristen Zentrale	37	18	k.A.	k.A.	18	2

205 118 Filialdirektoren, 5 Filialvorsteher, 2 Zweigstellendirektoren, 5 Zweigstellenvorsteher, 3 Direktoren anderer Banken

206 13 Filialprokuristen, 1 Prokurist eines anderen Bankhauses, 1 Abteilungsdirektor, zwei Prokuristen der Zentrale, 4 Vorsteher einer Depositenkasse, 1 Stellv. Zweigstellenvorsteher, 1 Revisor, 3 Stellv. Filialdirektoren und 1 Stellv. Vorsteher einer Depositenkasse.

207 19 Filialbevollmächtige (davon 14 Parteimitglieder, ein Teilnehmer Reichskursus), 1 Bevollmächtigter Zentrale (Parteimitglied), 1 Bevollmächtigter Hamburg (förderndes Mitglied der SS, kein Parteimitglied), 11 Tarifangestellte (davon 9 Parteimitglieder, 1 Teilnehmer Bank- und Reichskursus) und 1 Angestellter o.A.

208 5 Prokuristen anderer Banken, 2 Zeichnungsbevollmächtige der Rechtsabteilung, 1 Depositenkassenvorsteher, 1 Zweigstellenvorsteher, 1 Revsior und 1 Prokurist der Zentrale.

209 21 Filialbevollmächtige (darunter 13 Parteimitglieder), 1 Bevollmächtigter Depositenkasse (Parteimitglied), 1 Bevollmächtiger der Zentrale (Parteimitglied).

210 22 Tarifangestellte (davon neun Parteimitglieder), 1 Angestellter o.A.

211 2 Abteilungsdirektoren, 2 Filialdirektoren

Allerdings fanden relativ viele dieser Aufstiege in der Zeit zwischen 1932 und 1939 statt. 82% der 1932 beschäftigten Prokuristen der Filialen hatten schon 1929, also drei Jahre vorher, dieselbe Position (72 von 87), aber nur 54% der 1939 beschäftigten Prokuristen der Filialen hatten schon vier Jahre vorher, also 1935 dieselbe Position (68 von 125), gar nur 39% schon sieben Jahre vorher, also 1932 (49 von 125).

Wie repräsentativ sind die Zahlen der Commerzbank? Ein Vergleich der Karrieren von Filialdirektoren und Prokuristen der Filialen und Zentralen mit dem in der Deutschen Bank von 1935 bis 1939 zeigt, daß in beiden Banken ein sehr ähnliches Maß an Kontinuität herrschte. Es spricht darum viel dafür, daß die Beförderungen leitender Angestellter während der nationalsozialistischen Herrschaftsepoche in den Großbanken relativ ähnlich verlief.

	1939	1935 selbe Hierarchiestufe	1935 eine Hierarchiestufe tiefer
Direktoren Filialen CB	228	78% (177)[212]	7% (22)[213]
Direktoren Filialen DB	166	71% (118)[214]	20% (33)[215]
Prokuristen Filialen CB	125	54% (68)	
Prokuristen Filialen DB	285	69% (196)	
Prokuristen Zentrale CB	40	75% (30)	
Prokuristen Zentrale DB	110	79% (87)	

Stichproben unter denjenigen Mitarbeitern der Deutschen Bank, die nach 1933 zu Prokuristen der Zentrale befördert wurden, zeigen praktisch keine Spuren politischer Einflußnahme.[216] Zwei Faktoren behinderten den Aufstieg nationalsozialistischer leitender Angestellter nach 1933. Zum einen waren die Banken relativ wenig verwundbar gegenüber Forderungen nach massenhaften Beförderungen, einfach weil wenig Spielraum für Beförderungen da war. Zum anderen erlangten die NS-Aktivisten die Kontrolle über Beförderungen erst 1938/39 in einem signifikanten Ausmaß, ab diesem Zeitpunkt behinderte aber der Krieg Beförderungen zunehmend.

Die Beförderung einer großen Zahl nationalsozialistischer Mitarbeiter konnte schon deshalb nicht stattfinden, weil die Banken bis 1939 zu langsam wuchsen, um viele Aufstiegsmöglichkeiten zu bieten, verglichen etwa mit Unternehmen der Rüstungsindustrie. Allerdings waren zwischen 1932 und 1939 Beförderungen im

212 175 Direktoren Filialen, 1 Stellv. Direktor Zentrale, 1 Abte.direktor Zentrale)
213 1 Stellv. Direktor Filiale, 4 Vorsteher Filialen, 1 Vorsteher Depositenkasse, 1 Stellv. Vorsteher Depositenkasse, 2 Direktoren Zweigstellen, 5 Vorsteher Zweigstellen, 2 Stellv. Vorsteher Zweigstellen, 5 Prokuristen Zentrale, 1 Abteilungsdirektor Filiale)
214 114 Direktoren von Filialen, 2 Direktoren von zwei Filialen, 1 Direktor einer Filiale und einer Zweigstelle, 1 Abteilungsdirektor der Zentrale
215 19 Stellv. Direktoren Filialen, 7 Direktoren Zweigstellen, 1 Vorsteher Zweigstelle, 1 Stellv. Direktor Zweigstelle, 4 Prokuristen Zentrale, 1 Abteilungsdirektor Filiale
216 Vgl. HADB, P2/A149; P2/B46; P2/B885; P2/E40; P2/E174; P2/F371; P2/H551; P2/L272; P2/O53; P2/R248; P2/R404; P2/S1216. Die einzige Ausnahme (P2/K335) betrifft ein Vertrauensratsmitglied und ist weiter unten beschrieben.

mittleren Management der Banken häufiger als zwischen 1929 und 1932. Nach 1939 verengte sich der Raum für rasante Karrieren durch den Kriegsausbruch weiter. Immer mehr jüngere Angestellte, die potentielle Aufstiegskandidaten gewesen wären, wurden eingezogen. Zudem wurde eine Beförderungssperre verhängt. Von 1933 bis 1944 waren die Banken allerdings in Einzelfällen höchst verwundbar durch politischen Druck, der sich aber meistens durch die Beförderung einzelner Nationalsozialisten abfedern ließ.

Der Aufstieg nationalsozialistischer Angestellter bis 1939 wurde auch dadurch behindert, daß die Auswahl für die neuen Rekrutierungsinstrumente bis 1938/39 noch in den Händen der Bankleitungen lag. Diese entschieden oft unter dem Gesichtspunkt „Leistung" statt Weltanschauung und wählten darum eben nicht die nationalsozialistisch erwünschten Kandidaten aus. Erst 1939 war es der Reichsbetriebsgemeinschaft gelungen, ein gutes Abschneiden im von der DAF durchgeführten Reichsberufswettkampf zur Voraussetzung einer Auswahl für Führungskurse zu machen und damit einen strukturellen Einfluß auf die Führungskräfteauswahl zu gewinnen. Durch den Kriegsausbruch wurden aber nicht nur die meisten hoffnungsvollen Nachwuchskräfte eingezogen, sondern es kamen auch die Führungskräfteschulungen zum Erliegen. Reichwirtschaftsminister Funk betonte Ende 1942 zurecht, daß „[h]eute, im Kriege, wo die besten jüngeren Kräfte auch der Bankwelt an der Front kämpfen, [...] die personalpolitische Aufgabe naturgemäss nur sehr schwer zu erfüllen" sei.[217] Die Intervention der NS-Gliederungen in die Rekrutierung leitender Angestellter brachte angesichts des erheblichen Aufwands relativ wenig Ertrag und schöpfte ihr Potential bis 1945 in keiner Weise aus. Wie klein das Zeitfenster für Parteikarrieristen in den Banken war, wie hilfreich sich aber eine Parteimitgliedschaft für bereits etablierte leitende Angestellte auswirkte, zeigen Einzelbeispiele.

4.6 EXEMPLARISCHE KARRIEREN NACH 1933

Ein Beispiele für eine Karriere zum Zeitpunkt des größten nationalsozialistischen Einflusses liefert Hermann W.. 1897 geboren, kam W. 1929 als Bevollmächtigter der Filiale Mainz der Mitteldeutschen Creditbank per Fusion zur Commerzbank. Nach einer Streichung seiner Vollmacht aus Kostengründen[218] erarbeitete W. sich die Vollmacht schon 1930 wieder. 1935 kam er für dreieinhalb Monate ins Sekretariat der Filialen der Zentrale – also zum Sekretariatskursus –, nahm am Reichskursus der Reichsgruppe und der Reichsbetriebsgemeinschaft in Frankfurt teil und erhielt Prokura. Im folgenden Jahr wurde er als Mitleiter in die Filiale Worms versetzt, 1937 trat er der NSDAP bei und nach der Eroberung Polens übernahm er

217 RGVA, 1458-1-443, Funk an Bormann, 8.7.1942 (Abschrift).
218 Vgl. HAC, 1/479, Würbach an Hampf, 16.8.1929; CB, Filiale Mainz an Centrale, PA, 31.12.1929.

die Leitung der neu gegründeten Filiale Kattowitz.[219] W. war ein fachlich ausgezeichneter Mitarbeiter, dem die im Nationalsozialismus neu etablierten Fördermöglichkeiten zugute kamen und der, von der Commerzbank-Leitung wohl wegen seiner Fachkenntnis ausgewählt, auf diesen Kursen und durch seinen Parteibeitritt seinen Frieden mit den Anforderungen der NSDAP und der Reichsbetriebsgemeinschaft machte. Der Aufstieg von Parteimitgliedern über die Filialen in den eroberten Territorien kam wohl bei den wenigen „Aufsteigern" relativ häufig vor.[220] Auch Nicht-Parteimitglieder machten einen vergleichbaren Weg, oft nach Teilnahme an den Bankkursen.[221]

Emanuel W. dagegen, ebenfalls ein Mainzer Commerzbank-Mitarbeiter, war erst 1913 geboren. Darum unterbrach der Krieg seine Bilderbuchkarriere. Von 1936 bis 1938 leitete das Parteimitglied W. das Kredit-Sekretariat der Filiale Mainz, 1938/39 nahm er am Schulungskursus der Bank teil und schloß mit der Note 1-2 ab. Nach seiner Rückkehr nach Mainz bezahlte ihn die Filiale trotz seiner relativ jungen Jahre nach Tarifklasse IV, er wurde 1939 Kreissieger im Reichsberufswettkampf und übernahm verschiedene Posten, vertretungsweise auch die Leitung der Depositenkasse in Mainz-Kastel. Zum Oktober 1939 sollte W. für ein halbes Jahr in die Revisionsabteilung der Zentrale gehen, mußte aber wegen des Kriegsausbruchs die Mainzer Devisenabteilung für eingezogene Mitarbeiter übernehmen. Im August 1940 sah der junge Mann, möglicherweise das Beispiel des ehemaligen Kollegens Herrmann W. vor Augen, seine Chancen im vom nationalsozialistischen Deutschland eroberten Territorium. Er schrieb an Personalchef Hampf, daß „mir meine Filiale in absehbarer Zeit keine Möglichkeit [bietet], voranzukommen. Ich gestatte mir daher höfl. die Anfrage [,] ob Sie mich in einer – möglichst im Saargebiet oder im Elsass – neu zu eröffnenden Filiale

219 StAH, SKEK, F 1078; LHA Magdeburg, Rep. 103, Bankhaus Dippe-Bestehorn, Nr. 11, Teilnehmerliste Reichskursus.

220 Der 1904 geborene Gerhard F., seit 1933 Parteimitglied, ging 1937 als Austauschangestellter der Commerzbank nach Italien. Er wurde Ende 1938 Bevollmächtigter der Zentrale und arbeitete von 1938 bis 1941 vertretungsweise in Karlsbad, Luckenwalde und Wittenberg, um 1941 zunächst als Vertreter nach Brüssel zu gehen und dort zuerst zum Prokuristen, dann zum stellvertretenden Direktor der Commerzbank-Tochter Hansa-Bank aufzusteigen. Vgl. HAC-1/215 II, Zeugnis/Personalbogen F.; PR Nr. 1382, 30.12.1938. Walter K., 1899 geboren und Parteimitglied, war seit 1923 Bevollmächtigter und seit 1927 Prokurist. 1934 wurde er zum Direktor der Commerzbank-Mühlhausen ernannt, besuchte 1938 den Sekretariats-Kurs der Bank und ging nach Direktorenposten in Aue und Saarbrücken 1943 als Direktor und Vorstandsmitglied zur Hansabank nach Reval. Vgl. Fragebogen K.. Der Kattowitzer Prokurist Rudolf M., 1887 geboren, war zwar Parteimitglied, hatte aber in Kattowitz 1944 immer noch die selbe Position inne wie schon 1922, nachdem er von 1928 bis 1943 die Filiale Werdau geleitet hatte und bei seiner Versetzung nach Polen zurückgestuft worden war.

221 Der 1902 geborene Hermann D., kein Parteimitglied, wurde 1933 vom Revisionsbeamten zum Bürochef in Kiel befördert, nahm 1935 am Schulungskursus der Bank teil und wurde nach einer Etappe als Kieler Sekretariatschef und Bevollmächtigter 1942 Bürochef und 1943 Vorsteher der neuen Commerzbank-Filiale in Reichenberg. Vgl. Personalbogen D. (Reichenberg). Der 1897 geborene Alexander K., seit 1922 Bevollmächtigter und seit 1938 Prokurist, stieg ohne Parteimitgliedschaft und ohne Bankkursus zum stellvertretenden Direktor von Kattowitz auf. Vgl. Fragebogen K. (Kattowitz).

[...] als Bevollmächtigten auf einen Posten stellen könnten, der ausbaufähig ist und Aussicht auf ein Fortkommen bietet."[222] Obwohl die Filiale sein Gesuch befürwortete, scheiterten Emanuel W.s Pläne. Noch bevor Hampf ihm antworten konnte, wurde er als Kriegsverwaltungsinspektor eingezogen.[223]

Ähnlich ging es *dem* nationalsozialistischen Jungbanker, einem Mitarbeiter der Zentrale der Deutschen Bank in Berlin. Der Sohn eines Angestellten der Deutschen Bank, fiel zum ersten Mal in seiner Abschlußprüfung auf. Der Prüfungsvorsitzende Hermann Josef Abs (damals noch bei Delbrück, Schickler & Co.) erklärte, einen solchen Prüfling würde er unbesehen in seine Bank aufnehmen. 1937 wurde der Angestellte, der sich intensiv in der Partei engagierte, zum ersten Mal Reichssieger im Reichsberufswettkampf[224] und wiederholte dies 1938 und 1939. Er erhielt trotz seiner Jugend Bezahlung nach Tarifstufe IV, holte 1938 sein Abitur nach und plante – der Lohn für seinen ersten Sieg im Reichsberufswettkampf – einen mehrjährigen Auslandsaufenthalt in Südamerika auf Kosten der Deutschen Bank. Doch auch er wurde einberufen.

Schließlich gab es auch Parteimitglieder, die zwar in den neuen Filialen eingesetzt wurden, aber trotzdem in ihrer Karriere nicht vorankamen. Commerzbank-Mitarbeiter Karl-Paul H., geboren 1896 in Berlin, war Mitglied der NSDAP. Nach mehrfachem Wechsel des Arbeitgebers kam er 1922 in eine Depositenkasse, wo er 1922 Kassenvollmacht erhielt. 1926 wurde er in die Zentrale zur Sortenkasse, dann in die Kreditstatistik versetzt; 1933 wurde er Bevollmächtigter. 1941 ging er für mehrere Monate als Bevollmächtigter zur Rijnschen Handelsbank, in deren Kreditsekretariat er sich um Arisierungen und Auftragsverlagerungen kümmerte. Nach einer Zeit als Kreditkorrespondent und Hilfsreferent der Kreditabteilung wurde er im August 1944 „Vertrauens- und Verbindungsmann" zum neu übernommenen Bankhaus Hasek & Co. in Prag.[225] H. hatte also verschiedene „Aufpasser"-Positionen in den eroberten Gebieten inne, brachte es aber bis 1945 nicht einmal zum Prokuristen.

Viele Vertreter der NS-Gliederungen im Betrieb stiegen rasch auf – ein probates Mittel, um sie ruhig zu stellen. In der Deutschen Bank wurden die NSBO-Führer Franz Hertel, Fritz Bloß und Werner Retzlaff in den Jahren nach 1933 befördert,[226] ebenso andere Vertrauensratsmitglieder.[227] Auch die Mitglieder des

222 HAC, 1/481, Emanuel W. an Direktor Paul Hampf, 28.8.40 und weitere Korrespondenz.
223 HAC, 1/481, CB Filiale Mainz an Zentrale, PA, 29.8.40; CB an Direktion der Filiale Mainz, 31.8.1940. Der etwas früher, 1906, geborene Curt-Hans W[.], Parteimitglied und seit 1925 bei der Commerzbank, nahm 1936 am Kursus in der Zentrale teil und wurde Ende 1938 noch zum Bevollmächtigten der Zweigstelle Brüx im Sudetengau befördert, bevor er einberufen wurde. Vgl. Personalfragebogen W. (Brüx). Dagegen nahm der ebenfalls 1906 geborene Ernst Z. (1943 Parteiaufnahmeantrag gestellt, aber noch nicht entschieden) zwar ebenfalls schon 1936 am Kursus der Commerzbank teil, mußte aber krankheitshalber abbrechen und beendete den Kursus erst in einem zweiten Anlauf 1938. Bevor er befördert worden war, wurde Zeitzschel Mitte 1940 einberufen. Vgl. Fragebogen Zeitzschel (Jena).
224 SB 7 (1937), S. 95.
225 HAC, Personalbögen, Tarif-Personal Berlin, A-J, Personalbogen Karl Paul H[.],
226 Vgl. HADB, P2/H2; P2/B385; P2/R127.
227 Vgl. HADB, P2/S177; P2/S1100.

Vertrauensrats der Commerzbank-Zentrale hatten 1944 sämtlich höhere Positionen als 1933 und waren in den Kreis der leitenden Angestellten aufgestiegen.[228] Eine bewußte Konzession an die Parteigliederungen war etwa die Beförderung eines Vertrauensratsmitglieds der Deutschen Bank zum Prokuristen 1938. „Betriebsführer" Halt schlug die Beförderung mit dem Argument vor, der Betreffende sei „ein sehr tüchtiger Arbeiter und außerdem der älteste Parteigenosse des Instituts. Beide Voraussetzungen erscheinen mir geeignet, nunmehr die verdiente Ernennung aussprechen zu lassen. Herr Rösler hat mich vor einem halben Jahr auf diese Möglichkeit der Förderung eines verdienten Parteigenossen aufmerksam gemacht; auch Herr Abs ist damit einverstanden und begrüßt die Ernennung sehr." Der Kandidat hatte schon während der Weimarer Zeit als DHV-Vertreter im Betriebsrat gesessen und bei der Verwaltung der Sozialeinrichtungen mitgewirkt. Seine Arbeitszeugnisse aus der Zeit vor 1933 weisen ihn als sehr gut qualifizierten Mitarbeiter aus. Die Bank konnte also eine Konzession an die Partei machen, ohne ihren internen Auswahlkriterien zu widersprechen.[229] Die Filiale Frankfurt der Commerzbank begründete 1935 eine Bitte um Beförderung eines Mitarbeiters damit, daß er dem Vertrauensrat angehöre.[230] Eine Beförderung war weniger verdächtig als direkte Sonderzahlungen an NS-Aktivisten.[231]

Auch Einstellungen Externer aus politischen Gründen kamen vor. Hans Deuss berichtete nach dem Krieg von der Dresdner Bank-Filiale Frankfurt: „Etwa im Sommer 1933 wurde der Dresdner Bank von Vertretern der Frankfurter Wirtschaft [...] nahegelegt, einen gewissen S[.] als Effekten-Prokuristen in ihre Dienste zu nehmen. Man wollte damit [...] den S[.] entgiften. Er war früher bei dem Bankhaus Bethmann angestellt gewesen, dann arbeitslos, und als Folge davon politisch radikal geworden. Zur hier fraglichen Zeit nahm er die Stellung eines SS-Standartenführers ein. Der Gauleiter hatte ihn zum ‚Kommissar' der Frankfurter Börse eingesetzt, wo er wirtschaftliche Verwirrung und Schrecken verbreitete.

---

228 So verdiente etwa Walter Sellnow schon 1937 jährlich RM 5.700.-, 1939 auf RM 6.400.-. Vgl. HAC, Commerzbank-Altbankarchiv, Filiale Berlin, v12, PA, Bescheinigung, 12.2.1953.
229 HADB, P2/K335, Halt an Haussler, 18.8.1938 und Qualifikationsbögen.
230 Vgl. HAC, 1/8, CB Frankfurt, an: Centrale, PA, 2.7.1935.
231 Dem Verdacht, Vertrauensratsmitglieder sollten durch finanzielle Zuwendungen ruhig gestellt werden, trat die Personalabteilung der Deutschen Bank Mitte 1936 mit folgender Aufforderung entgegen: „Wir pflegen hier bei der Zentrale über einmalige Beihilfen an Mitglieder des Vertrauensrats den Vertrauensrat kurz zu unterrichten, nachdem wir erfahren haben, daß seitens des Treuhänders der Arbeit hierauf Wert gelegt wird. Letzterer geht davon aus, daß Vertrauensratsmitglieder in finanzieller Hinsicht nicht besser, aber auch nicht schlechter behandelt werden sollen als die übrigen Gefolgschaftsmitglieder. Wenn daher einmal ein Vertrauensratsmitglied ein Gehaltsaufbesserung oder eine einmalige Zuwendung unter durchaus normalen Umständen erhält, sei es zu empfehlen, den übrigen Mitgliedern des Vertrauensrats hiervon Kenntnis zu geben, damit jede Mißdeutung von vornherein ausgeschlossen sei." SHStA Dresden, Altbanken Dresden, Deutsche Bank, 6367, DB, PA an: DB Filiale Dresden, 22.5.1936.

Durch seine Installierung bei der Bank hoffte man ihm die wirtschaftliche Basis zu geben, die seinen Radikalismus besänftigen würde."[232]

Bessere Verbindungen zu Parteistellen waren ein weiteres Ziel der Beförderung „alter Kämpfer". 1933 argumentierte Hanns Deuss mit dieser Begründung für die Einstellung von S. als Prokuristen. Es sei „für die Bank vorteilhaft, sich eines Mannes zu vergewissern, der dem ständigen Argwohn der Parteistellen und dem [...] Vorwuf, sie sei verjudet, entgegenarbeitete."[233] Mit offenen Armen empfingen die Banken Parteigenossen, die obendrein noch fachliche Kenntnisse aufwiesen. Das zeigt die Ernennung Johann E.s zum Filialdirektor der Commerzbank in Frankfurt 1933. E. war Prokurist beim jüdischen Bankhaus Ernst Wertheimber & Co.[234] und setzte 1933 Parteifreunde zur Förderung seiner Karriere ein. IHK-Präsident Carl Lüer und Reichsstatthalter Sprenger sprachen bei Deutsche Bank-Filialdirektor Karl Sippell vor: „Beide Herren legen im Interesse der Partei grossen Wert darauf, bei den Banken [...] einen Herrn zu wissen, dem sie unbedingtes Vertrauen entgegenbringen können. [...] Herr Dr. Lüer hat darüber mit Herrn Direktor Goetz, Dresdner Bank, und mit Herrn Staatsrat Reinhardt [sic], Compribank, gesprochen. Da die Dresdner Bank [...] Herrn S[.] übernommen hat, kommt dort die Schaffung eines zweiten Vertrauenspostens nicht in Frage. Herr Reinhardt hat sich für die Anregung bedankt [...]. Herr E[.] möchte jedoch [...] lieber zu unserer Bank gehen [...]. Ich habe Herrn Dr. Lüer erwidert", weil E[.] „Qualitäten in jeder Beziehung mitbringe [...,] würde ich [...] die Angelegenheit demnächst in Berlin zur Sprache [...] bringen."[235] Doch die Commerzbank stellte E. als Filialleiter ein, bevor die Deutsche Bank zu einer Entscheidung kam.[236] „Es steht nun zu erwarten", notierte Sippell verärgert, „dass eine Verlagerung der guten Beziehungen zu den massgebenden Stellen von unserer Filiale zur Commerzbank eintritt, zumal ich annehme, dass Herrn E[.] der Vorsitz im Börsenvorstand und die daran hängenden sonstigen Ehrenämter angeboten werden."[237]

232 StAH, SKEK, Mitte an Zentralstelle für Berufungsausschüsse, 10.9.1947. Deuss war zu 1933 Leiter der Filiale der Dresdner Bank gewesen.
233 StAH, SKEK, Mitte an Zentralstelle für Berufungsausschüsse, 10.9.1947. Deuss erklärte dem neuen Mitarbeiter etwas später, „daß es für die Bank aus wirtschaftlichen Gründen unumgänglich sei, die Verbindung mit den nunmehr zur Macht gekommenen politischen Kreisen nicht zu verlieren." Ebd.
234 HADB, RWB 54, Akten-Notiz Sippell, Geheim, 21.10.1933.
235 HADB, RWB 54, Akten-Notiz Sippell, Geheim, 21.10.1933.
236 HADB, RWB 54, Aktenvermerk Sippell, Betr. Filiale Frankfurt (Main), Geheim, 1.11.1933. Vgl. auch ebd., Sippell an Lüer, Persönlich, 3.11.1933.
237 HADB, RWB 54, Aktenvermerk Sippell, Betr. Filiale Frankfurt (Main), Einstellung des Herrn E[.], Geheim, 1.11.1933.

SCHLUSS UND AUSBLICK

Die Großbanken reagierten auf Interventionen in ihre Personalpolitik von 1919 bis 1945 flexibel: Während sie Forderungen erfüllten, die mit ihren wirtschaftlichen Interessen vereinbar waren, verteidigten sie ihre Autonomie in Kernbereichen unternehmerischer Personalpolitik hartnäckig. Durch diese Kombination von Konzessionen und Resistenz erhielten sie ihre Funktionsfähigkeit gegenüber Einflußversuchen staatlicher Stellen oder von Gewerkschaften bzw. NSBO/DAF. Das gelang ihnen in einem oft schwierigen wirtschaftlichen Umfeld.

Widrige wirtschaftliche Rahmenbedingungen prägten die Personalpolitik in der Weimarer Republik: Dem aufgeblähten Inflationsgeschäft folgten Geschäftsrückgang, Rentabilitätsprobleme und der Verlust von Marktanteilen an die Sparkassen. Fusionen und Rationalisierung veränderten Bankenlandschaft und Arbeitswelt grundlegend. In der Bankenkrise 1931 entgingen Commerzbank und Dresdner Bank nur durch Teilverstaatlichung dem Konkurs.

Die Gewerkschaften der Bankangestellten, während des Ersten Weltkrieges durch die Politisierung der Angestellten gestärkt, wurden 1919 erstmals zu einer echten Interessenvertretung und erreichten 1920 den Reichstarifvertrag. Doch in den Folgejahren konnten sie sich zwar durch Tariferhöhungen im Rahmen des Schlichtungssystems in gewissem Maße legitimieren, verloren aber wegen der Massenentlassungen und ihrer Uneinigkeit zunehmend Mitglieder. Der Arbeitgeberverband „Reichsverband der Bankleitungen" koordinierte wirkungsvoll das Vorgehen der Großbanken gegenüber Staat und Angestelltenvertretungen.

Der Weimarer Staat griff dreimal wesentlich in die Personalpolitik ein, erstens mit dem Betriebsrätegesetz 1919/20, zweitens mit der Einführung des Tarif- und Schlichtungssystems 1920, drittens nach der Bankenkrise 1931/32 mit Gehaltssenkungen im Rahmen der Brüningschen Notverordnungen und der erzwungenen Umbildung der Bankvorstände. Die gesetzliche Einführung von Betriebsräten und Tarifsystem bekämpften die Großbankleitungen erbittert, doch erfolglos. In beiden Fällen erkannten sie die gesetzliche Realität an, milderten aber durch Ausweichbewegungen deren Auswirkungen. Das Betriebsrätegesetz umgingen sie durch Einrichtung von Aufsichtsratsausschüssen, die ohne Angestelltenvertreter ihre Entscheidungen trafen. Auf Tariferhöhungen reagierten sie teilweise mit der Streichung übertariflicher Zulagen, möglicherweise auch durch Verschärfung ihrer Entlassungspolitik. Die Gehaltskürzungen ab 1931/32 entsprachen dem wirtschaftlichen Interesse der Bankleitungen und wurden darum widerstandslos, gegen den Protest der Gewerkschaften, umgesetzt. Ihre eigenen Gehälter versuchten allerdings leitende Angestellte erbittert zu verteidigen. Die Umbildung der Vorstände war kaum zu vermeiden und war vermutlich ebenso sehr eine Folge öffentlichen Drucks wie staatlicher Einflußnahme. Zudem wurde etwa mit der Versetzung von Friedrich Reinhart und Emil Georg von Stauß aus den Vorständen von

Commerzbank und Deutscher Bank in die Position von Aufsichtsratsvorsitzenden der geschäftliche Einfluß dieser beiden Männer keineswegs gebrochen.

Einflußversuche der Weimarer Gewerkschaften und der Betriebsratsvertreter über ihre gesetzlichen Kompetenzen hinaus dagegen blieben meist erfolglos. Das gilt zum ersten für die Mitarbeiterbeschaffung. Hier konnten die Angestelltenvertreter die Massenentlassungen kaum abmildern. Eine Schonung älterer Angestellter unter Hintanstellung des Leistungsprinzips setzten sie ebenso wenig durch wie die Rückkehr zu einer homogenen Belegschaft gut bezahlter „Bankbeamter", wie sie der „Deutsche Bankbeamten-Verein" forderte. Die Großbanken, die bis zur Inflation einen immer größeren Anteil der Angestellten des insgesamt expandierenden Bankensektors beschäftigt hatten, entließen von 1924 bis 1932 über 70 Prozent ihrer Angestellten. Sie beschäftigten vermehrt Hilfskräfte und versetzen gelernte Mitarbeiter in niedrigere Tarifgruppen. Nur auf dem Höhepunkt der Bankenkrise waren Betriebsratsvertreter an der Gestaltung der Entlassungen beteiligt, als Deutsche und Dresdner Bank einen „Abbauplan" aushandelten.

Im Bereich der Sozialpolitik verlangten Gewerkschaften und Betriebsratsvertreter vergeblich die gleichmäßige Erhöhung monetärer Sozialleistungen und „partnerschaftliche" Arbeitsbeziehungen. Folgenlos blieb auch die Forderung des sozialistischen Allgemeinen Verbands der Bankangestellten, Sozialpolitik solle nicht die Festigung, sondern die Aufhebung sozialer Grenzen zwischen außertariflichen, tariflichen und gewerblichen Angestellten betreiben. Deutsche Bank und Dresdner Bank bauten sozialpolitische Einrichtungen wie Vereine, Erholungsheime oder Betriebszeitungen weniger auf Verlangen der Angestelltenvertreter auf, sondern um die Loyalität der Beschäftigten gegenüber dem Unternehmen zu erhöhen und den Einfluß der Gewerkschaften zu mindern. Die Commerzbank verfolgte eine noch viel stärker auf Konfrontation angelegte Sozialpolitik. Sie verweigerte sogar den Wiederaufbau ihres Pensionsfonds nach der Inflation und den Ausbau sozialpolitischer Einrichtungen. Die Bankleitung wollte den Angestelltenvertretern, die laut Betriebsratsgesetz in die Gremien der Sozialeinrichtungen Einzug hielten, keinen sozialpolitischen Einfluß geben.

Der Versuch schließlich, die Auswahl und Beförderung leitender Angestellter zu beeinflussen, scheiterte von vornherein an der Gesetzeslage und am Widerstand der Bankleitungen. Eingriffe in diesen zentralen Bereich der Personalpolitik, der in den Augen der Bankleitungen wesentlich über den geschäftlichen Erfolg mit entschied, konnten die Angestelltenvertreter nicht durchsetzen.

Am Ende der Weimarer Republik waren die Banken als soziale Gebilde so fragmentiert wie die Weimarer Gesellschaft: Angesichts der durch Geschäftsrückgang, Fusionen und Mechanisierung hervorgerufenen Entlassungen, Heterogenisierung der Mitarbeiterschaft, Gehaltskürzungen und sozialpolitischen Auseinandersetzungen herrschten Konflikte zwischen Angestellten und Betriebsleitungen, zwischen den Belegschaften fusionierter Banken, zwischen leitenden und Tarif-Angestellten, zwischen gelernten Bankangestellten und den oft weiblichen Hilfskräften, zwischen älteren und jüngeren Mitarbeitern. Quer zu den meisten dieser Konfliktlinien stand der Antisemitismus, der aber nur vereinzelt deutlich zutage trat und möglicherweise auf eine Minderheit der Bankangestellten beschränkt war.

Während der Krise der Weimarer Republik radikalisierten sich die Konflikte. Die Nationalsozialistische Betriebszellen-Organisation (NSBO) wuchs rasant und infiltrierte die Gewerkschaften; auch die linksradikale Revolutionäre Gewerkschafts-Opposition erstarkte in gewissem Maße. Gewalt und Antisemitismus wurden in weiteren Teilen der Mitarbeiterschaft salonfähig.

Nach der „Machtergreifung" 1933 übernahmen die Funktionäre der NSBO die Bankangestelltengewerkschaften und die Betriebsräte. NSBO-Vertreter besetzten die Führungspositionen in der Reichsbetriebsgemeinschaft Banken und Versicherungen der Deutschen Arbeitsfront (DAF) und wurden DAF-Obmänner in den Banken. Sie stellten zudem die Kernmannschaft der Vertrauensräte, die 1934 im Rahmen des Gesetzes zur Ordnung der Nationalen Arbeit anstelle der Betriebsräte gewählt wurden.

Zwar waren die Kompetenzen der DAF gesetzlich auf Ausbildung und sozialpolitische Fragen beschränkt und die Vertrauensräte sollten den „Betriebsführer" nur beraten. Doch die NS-Funktionäre bemühten sich unablässig um den Ausbau ihrer Macht, unter anderem durch Massenveranstaltungen, Schulungen, Ernennung zahlloser Beauftragter in den Betrieben und systematische Kompetenzüberschreitungen. Ausdrücklich nicht als Interessenvertretungen der Arbeitnehmer konzipiert und für Tarife nicht zuständig, verfolgten die NS-Gliederungen aus organisationsegoistischen Gründen zum Teil andere als die ihnen zugedachten Ziele. So fungierten sie nur zum Teil als Transmissionsriemen staatlicher Eingriffe und agierten in bestimmten Bereichen eher wie eine Interessenvertretung der Arbeitnehmer, trugen insofern also bestimmte gewerkschaftsähnliche Züge.

Der Arbeitgeberverband Reichsverband der Bankleitungen blieb im Gegensatz zu den Gewerkschaften bis 1934 mehr oder weniger unangefochten bestehen und löste sich dann widerstandslos auf, um seine sozialpolitischen Funktionen im wesentlichen an den Centralverband des Deutschen Bank- und Bankiergewerbes – seit 1934 Wirtschaftsgruppe Privates Bankgewerbe – abzugeben. Hier herrschte, abgesehen von der Verdrängung jüdischer Funktionäre, personelle Kontinuität.

Die NS-Gliederungen in den Banken verfolgten ein relativ kohärentes, wenngleich erst im Laufe der Zeit explizit formuliertes Programm: In einer von Juden „gereinigten" und klassenlosen „Betriebsgemeinschaft" sollte die „Gefolgschaft" ihrem „Betriebsführer" die Treue halten. Dieser sollte über die Grenzen wirtschaftlicher Rentabilitätserwägungen hinaus sozialpolitisch für sie sorgen und ihr materielles Wohlergehen sicherstellen. Der „Betriebsführer" und die übrigen Direktoren und leitenden Angestellten sollten überzeugte Nationalsozialisten sein und in ihrer Geschäftspolitik das Wohl der „Volksgemeinschaft" im Zweifelsfall über den betriebswirtschaftlichen Nutzen stellen.

Die wirtschaftlichen Rahmenbedingungen der Personalpolitik der Banken während der NS-Zeit waren in vielen Bereichen besser als während der Weimarer Republik. Ab 1936/37 erholten sich die Banken geschäftlich – verspätet gegenüber dem Aufschwung in der Industrie – und begannen im Rahmen der Eroberungen des NS-Regimes eine Expansion. Ihr Wachstum nimmt sich allerdings im Vergleich etwa mit Unternehmen der Rüstungsindustrie bescheiden aus. Das Auslandsgeschäft gewann seine alte Bedeutung nicht zurück. Während der Anteil unqualifizierter Geschäftsfelder weiter zunahm, wurde die Rationalisierung im Bankwesen nach 1933 nicht in dem Maß vorangetrieben wie in der Industrie. Im politisierten Wettbewerb des nationalsozialistischen Deutschland standen die Filialgroßbanken unter starkem Druck. Zum einen expandierten die Sparkassen, von Parteivertretern oft als „Banken des kleinen Mannes" gelobt, zum anderen brach die DAF-eigene Bank der Deutschen Arbeit mit Discount-Konditionen in den Markt der Großbanken ein.

In der Mitarbeiterbeschaffung verfolgten NS-Staat und NSBO/DAF ab 1933 übereinstimmend drei Ziele: die seit 1924 rollende Entlassungswelle zu beenden, Parteigenossen in Lohn und Brot zu bringen und jüdische Bankangestellte zu verdrängen. Diese Forderungen setzten sie auch ohne gesetzliche Grundlage im wesentlichen durch:[1] Die Banken stellten ab 1933 wieder Mitarbeiter ein, obwohl ihre wirtschaftliche Erholung sich erst andeutete. Angesichts des politischen Drucks – ein Ende der Entlassungen hatten auch die Gewerkschaften seit Jahren gefordert – war das kaum zu umgehen. Die Banken berücksichtigten bei den Einstellungen auch „alte Kämpfer". Doch federten die Banken wirtschaftlich negative Folgen ab: Die Zahl der Einstellungen war an sich bescheiden und wurde öffentlich übertrieben dargestellt, und die Banken beschränkten die Einstellung von Parteimitgliedern auf Einzelfälle. Auch der Forderung nach der Verdrängung jüdischer Mitarbeiter gaben die Banken nach. Mikropolitischen Widerstand gab es nicht, weil jüdische Mitarbeiter seit der Übernahme der Betriebsräte durch die NS-Aktivisten keine Interessenvertretung mehr hatten und sich spontaner Widerstand nur in seltenen Einzelfällen formierte. Diejenigen jüdischen Mitarbeiter, die für die Werbung jüdischer Kunden oder wegen ihrer fachlichen Qualifikation schwer entbehrlich waren verteidigten die Banken eine Zeit lang. Wirtschaftlich nicht wichtige jüdische Angestellte fanden dagegen, abgesehen von seltenen individuellen Ausnahmen, keine Verteidiger; ihre Entlassung bildete einen unter wirtschaftlichen Gesichtspunkten sinnvollen Ausgleich für die erzwungenen Einstellungen. Bis 1938 ging die Verdrängung der Juden in flexibler Reaktion auf das lokale wirtschaftliche und soziale Umfeld und in gegenseitiger Absprache ihrem Abschluß entgegen. So erfüllten die Banken mehrere für die Legitimation der NS-Gliederungen wichtige Forderungen, ohne wirtschaftlichen Schaden zu nehmen.

Im Bereich der Entlohnung schrieben die Reichstarifordnungen die Tarife auf Krisenniveau fest. Die Reichstreuhänder hatten die alleinige Kompetenz für Tarife, so daß die NS-Gliederungen im Gegensatz zu den Weimarer Gewerkschaften keinen gesetzlich fundierten Einfluß ausüben konnten. Die ungesetzlichen Forderungen der NSBO/DAF-Vertreter nach Tarifaufbesserungen wehrten die Banken mit Unterstützung der staatlichen Stellen ab. Betriebliche Sozialleistungen dagegen bauten die Großbanken seit 1933 entsprechend den NS-Forderungen aus. Das betraf etwa Sport- und Erholungseinrichtungen, Betriebszeitungen, Sonderzahlungen auch und gerade an schlechter verdienende Mitarbeiter, Betriebsausflüge und

---

1   Nur das in der Dresdner Bank von deren Hauptaktionär Reichswirtschaftsministerium angewandte „Berufsbeamtengesetz" stellte eine gesetzliche Handhabe bei der Verdrängung jüdischer Angestellter von 1933 bis 1938 dar.

„Schönheit der Arbeit". Die Großbanken holten sozialpolitische Rückstände auf. So katapultierte die sozialpolitisch bisher kaum entwickelte Commerzbank sich 1933/34 in einem Kraftakt auf das Niveau ihrer Konkurrenz. Die Erfüllung dieser NS-Forderungen entsprach zumindest indirekt dem wirtschaftlichen Interesse der Banken. Sozialleistungen erhöhten ihr Prestige als „soziale" Arbeitgeber – in diesem Bereich konnten sie im Vergleich mit den sozialpolitisch rückständigen Sparkassen punkten. Der Ausbau der Sozialleistungen war eine öffentlichkeitswirksame Konzession an die Parteigliederungen, setzte die auf Steigerung der Unternehmensloyalität gerichtete Sozialpolitik der 1920er Jahre fort und war im Gegensatz zu Tariferhöhungen freiwillig und widerrufbar. Die Interessen der Bankleitungen und der NS-Funktionäre sowie des Regimes fielen insofern zusammen. Wo dies nicht galt, waren die Banken auch nicht konzessionsbereit. So verweigerten die Bankleitungen in den ersten Jahren nach 1933 die Erhöhung monetärer Sozialleistungen (Gratifikationen, übertarifliche Zulagen) für die Masse der Mitarbeiter, die eine verdeckte Tariferhöhung bedeutet hätte. Erst mit dem zunehmenden Mitarbeiterbedarf ab 1936 nahm die Interessenkongruenz zwischen Bankleitungen und NS-Funktionären in diesem Bereich der Sozialpolitik zu. Auch die Vorstände wollten nun höhere Löhne im Interesse der Mitarbeiterwerbung, gerade angesichts des starken Wettbewerbsdrucks durch die DAF-eigene Bank der Deutschen Arbeit und die Industrie. So wuchsen auch die monetären Sozialleistungen wie Abschlußzahlungen und Familienbeihilfen, bis auch sie ab 1938/39 durch die Reichstreuhänder beschränkt wurden, um verdeckte Gehaltserhöhungen zu verhindern. Erhebliche Einsparungen im sozialpolitischen Bereich erzielten die Banken durch die Kürzung von Pensionen ehemaliger jüdischer Mitarbeiter, durch deren vergleichsweise „preiswerte" Abfindung bei Auswanderung und schließlich durch die Einstellung von Pensionszahlungen und –rückstellungen nach der Deportation der Juden, außerdem durch die massenhafte Beschäftigung von Hilfskräften, die sich im Krieg angesichts der Einberufungen nicht umgehen ließ. Ein Konflikt mit NSBO und DAF entstand dadurch, daß deren Übernahme sozialpolitischer Institutionen ihnen ein organisatorisches Einfallstor in die Betriebe bot. Das galt vor allem dort, wo bis 1933 keine betrieblichen Sozialeinrichtungen bestanden hatten. Vergeblich protestierten die Banken etwa gegen die Eingliederung ihrer Betriebssportvereine in die Reichsgemeinschaft für Leibesübungen.

Während die Banken in ihrer Sozialpolitik den NS-Aktivisten große Zugeständnisse machten, übten sie hartnäckigen Widerstand gegen Versuche, die Auswahl und Beförderung leitender Angestellter zu beeinflussen. Sie wehrten sich gegen die Forderung, bei der Besetzung von Führungspositionen auf nationalsozialistische Einstellung mehr Wert zu legen als auf geschäftliche Befähigung und Umgangsformen. Dabei standen die Banken in diesem Bereich unter hohem Druck. Die Großbankkritiker in der NSDAP machten die Manager der Banken für deren angebliche Fehler verantwortlich. Die NS-Gliederungen in den Banken wollten mit aller Macht Einfluß auf die Führungskräfteauswahl gewinnen, weil nationalsozialistische Bankmanager der einzige Weg zu einer nationalsozialistischen Geschäftspolitik waren. Zudem konnten sie so ihre eigenen Karrieren fördern. Sie verbanden Kritik am sozialen Dünkel der „Oberbeamten" mit rassisti-

schen Attacken gegen die „Verjudung" der Leitungspositionen. Diesem Druck
gegenüber waren die Banken insofern besonders verwundbar, als die Unternehmensleitungen und alle Experten sich einig waren, daß die existierenden Strukturen für eine objektive Führungskräfteauswahl in Filialgroßbanken nicht ausreich-
ten. Trotz des hohen Drucks und dieser objektiven Defizite machten die Banken
aber relativ wenige Konzessionen. Sie beschränkten sich zunächst darauf, einige
führenden Nationalsozialisten in den Betrieben durch Beförderung ruhig zu stellen und an Positionen, die gute Parteikontakte erforderten, nationalsozialistisch
eingestellte, meist aber auch fachlich qualifizierte Mitarbeiter zu stellen. In den
Vorständen der Banken wurden nur allmählich Konzessionen gemacht (die
Dresdner Bank nahm hier eine unrühmliche Sonderstellung ein).

Betrachtet man die Gesamtheit der leitenden Angestellten, so zeigen sich einige strukturelle Barrieren gegen eine massenhafte Durchsetzung der Leitungspositionen mit allein durch ihre nationalsozialistische Ausrichtung qualifizierten
Angestellten. So standen zum ersten durch die relative wirtschaftliche Stagnation
der Filialgroßbanken nur wenige Stellen für Führungsnachwuchs zur Verfügung.
Die soziale Arroganz der „Oberbeamten" bildete eine weitere Barriere gegen den
Aufstieg zumindest derjenigen nationalsozialistischen Angestellten, denen die
gesellschaftliche Befähigung fehlte. Mehrere Versuche der NS-Aktivisten, strukturellen Einfluß auf die Führungskräfteauswahl zu gewinnen, wehrten die Bankleitungen ab. So versuchten die Nationalsozialisten erstens, den Leistungsbegriff
so umzudefinieren, daß nationalsozialistische Einstellung ein integraler Bestandteil sei. Doch die Bankleitungen beharrten auf der Prävalenz fachlicher und gesellschaftlicher Qualifikation. NS-Funktionäre versuchten zweitens, ein Mitspracherecht der Vertrauensräte bei Beförderungen zu etablieren, doch die Banken
wehrten das durch intensives Lobbying ab. Den Versuchen von NS-Aktivisten
schließlich, in die Personalabteilung zu gelangen, um von dort die Beförderung
von Nationalsozialisten in leitende Positionen durchzusetzen, war höchstens kurz-
lebiger Erfolg beschieden.

Indirekt bemühten sich die NS-Gliederungen um Einfluß, indem sie in die
Auswahl für die nach 1933 neu etablierten Rekrutierungs- und Fortbildungsinstrumente einzugreifen versuchten. Mehrere neue Institutionen sollten eine moderne Führungskräfteauswahl gewährleisten: Die Reichsbetriebsgemeinschaft
Banken und Versicherungen der DAF baute 1934 mit der Reichsgruppe Banken
einen „Führerkurs" für das Bankgewerbe auf, der Mitarbeiter zu Bankmanagern
im nationalsozialistischen Sinne fortbilden sollte. Gleichzeitig schufen die Großbanken in ihren Zentralen Kurse für Führungsnachwuchs. Die Banken wehrten
zunächst die Bemühungen der DAF, die Auswahl der Kursteilnehmer zu kontrollieren, zumindest bei den bankinternen Kursen im wesentlichen ab. 1938 gelang
es der DAF, die erfolgreiche Teilnahme am DAF-„Reichsberufswettkampf" zur
Voraussetzung der Teilnahme zumindest an den Führungskursen zu machen.
Durch den Kriegsausbruch endeten zu diesem Zeitpunkt aber die Fortbildungskurse, und immer mehr Nachwuchsmanager wurden einberufen. Die neu gewonnenen Einflußmöglichkeiten kamen also nicht mehr zum Tragen. 1942/43 gerieten
die Großbanken aber auf der Ebene der Vorstände noch einmal unter Druck, als

der sogenannte „Börnicke/Bormann"-Ausschuß einflußreicher Gauwirtschaftsberater eine weitere Nazifizierung der Vorstände betrieb. Die Großbanken machten Konzessionen durch Aufnahme von Gauwirtschaftsberatern in ihren Aufsichtsrat und durch Aufnahme nationalsozialistisch eingestellter Vorstandsmitglieder. Sie setzten aber in diesen Fällen oft das aus ihrer Sicht kleinere Übel durch – Kandidaten, von denen keine aggressive Einflussnahme zu erwarten war – und machten ihre Zugeständnisse zudem wohl in der Perspektive einer deutschen Kriegsniederlage. So gab es während der letzten Kriegsjahre zwar eine Reihe hoffnungsvoller nationalsozialistischer Nachwuchsbanker, die aber zum größten Teil einberufen waren; die Infrastruktur für eine von der DAF gesteuerte Führungsauslese war vorhanden, kam aber nicht zum Tragen. Durch die deutsche Niederlage 1945 kam es nie so weit, daß die Großbanken in der Führungskräfteauswahl den NS-Gliederungen das Feld hätten überlassen müssen.

Die Großbanken lenkten insgesamt während der nationalsozialistischen Zeit die Interventionen in ihr Personalwesen erfolgreich auf Bereiche ab, in denen eine Interessenkongruenz zwischen betriebswirtschaftlicher Logik und den nationalsozialistischen Forderungen bestand. Wenn sie Forderungen der Nationalsozialisten, die ihren Interessen widersprachen, nicht abwenden konnten, federten sie sie meist zumindest so weit ab daß die wirtschaftliche Funktionsfähigkeit und die soziale Stabilität der Banken erhalten blieben. Moralische, soziale oder ideologische Erwägungen, die die Banken selbst in der Öffentlichkeit wiederholt vorbrachten, taugen kaum zur Erklärung des Verhaltens der Gesamtbanken, obwohl sie für einzelne Handelnder zweifellos die entscheidende Rolle spielten. Martin Fiedler betont im Zusammenhang mit der Verdrängung jüdischer Mitarbeiter, „Ideologie [reicht] als Erklärung in einem sozialen Umfeld nicht aus, dessen Exponenten sich vorwiegend von pragmatischen Überlegungen leiten ließen. Die in Unsicherheit, Zwang und Opportunismus vollzogene Anpassung der Wirtschaft an einen sich radikal verändernden Staat [...] konnte durchaus aus Kosten-Nutzen Abwägungen resultieren, die keine [...] Übereinstimmung mit den Machthabern des Regimes zur Voraussetzung haben mußten."[2] Das gilt für die Personalpolitik der Großbanken insgesamt.

Gerade die betriebswirtschaftlich sinnvolle Abfederung, Verzögerung und Ablenkung nationalsozialistischer Interventionen ins Personalwesen der Großbanken stützte, ohne daß die Bankleitungen das beabsichtigt hätten, letztendlich das NS-Regime. Die flexible Reaktion der Banken, ihre wohl kalkulierten Konzessionen und Weigerungen erhöhten die wirtschaftliche und soziale Stabilität nicht nur der Banken, sondern auch der Gesellschaft im nationalsozialistischen Deutschland. Die Verdrängung der Juden, eine Entlohnung entsprechend nationalsozialistischen sozialpolitischen Zielen oder die Beförderung von Nationalsozialisten innerhalb kürzester Zeit hätte die Funktionsfähigkeit der Banken unterminiert. Zeitverzögert und abgefedert war die rassistische „Säuberung", nationalsozialistische Sozialpolitik und in gewissen Grenzen auch die Berücksichtigung politischer Kriterien bei der Beförderung aber ohne wirtschaftliche Friktionen möglich.

---

2   Fiedler, Verdrängung, S. 79.

QUELLEN UND LITERATUR

Ungedruckte Quellen

Archiv des Bundesverbands Deutscher Banken
Brandenburgisches Staatsarchiv Potsdam
Bundesarchiv Berlin
Bundesarchiv Dahlwitz-Hoppegarten
Centre des Archives du monde du travail,
Geheimes Staatsarchiv Preußischer Kulturbesitz, Berlin
Historisches Archiv der Commerzbank (Frankfurt)
Historisches Archiv der Deutschen Bank (Frankfurt)
Historisches Archiv der Dresdner Bank (Berlin)
Landeshauptarchiv Magdeburg
Landeshauptarchiv Schwerin
Militärarchiv Moskau
National Archives, Washington
Privatarchiv Warburg, Hamburg
Sächsisches Hauptstaatsarchiv Dresden
Sächsisches Hauptstaatsarchiv Leipzig
Staatsarchiv Hamburg
Thüringisches Staatsarchiv Gotha
Yad Vashem-Archiv.

Periodika

ADCA-Zeitung
Bank und Versicherung. Mitteilungsblatt der Reichsbetriebsgemeinschaft Banken und Versicherungen.
Bank und Versicherung. Mitteilungsblatt für die DAF-Walter und Vertrauensräte der Reichsbetriebsgemeinschaft 12
Bank-Archiv: Zeitschrift für Bank- und Börsenwesen.
Bankbeamten-Zeitung. Deutscher Bankbeamten-Verein.
Bankbeamtenwacht. Deutscher Bankbeamtenverein e.V., Gau Südwestdeutschland.
Bankwirtschaft.
Betriebs-Echo. Werkzeitung für die Betriebsgemeinschaft Dresdner Bank.
Commerzielles.
Der Angestellte im Bankgewerbe: Fachgruppenblatt des Gewerkschaftsbundes der Angestellten (GDA).
Der Arbeitskamerad. Werkzeitung für die Betriebsgemeinschaft in der Commerz- und Privat-Bank.
Der Bankbeamte. Deutscher Bankbeamten-Verein E.V. Nachrichtenblatt. Gau Brandenburg-Pommern/Zweigverein Berlin/ Gau Ostmark.
Der Deutsche Bankangestellte. Organ des Allgemeinen Verbandes der Deutschen Bankangestellten [bis 1920: Der Deutsche Bankbeamte].
Der Deutsche Volkswirt
Der Kaufmann im Bankgewerbe. Nachrichtenblatt für die Fachgruppe Banken im Deutschnationalen Handlungsgehilfen-Verband.
Der Norddeutsche Bankbeamte: Vereinigtes Gaublatt. Deutscher Bankbeamten-Verein Hamburg.
Der Ring

Deutsche Allgemeine Zeitung.
Die Bank. Wochenhefte für Finanz-, Kredit- und Versicherungswesen.
Die Deutsche Volkswirtschaft.
Frankfurter Zeitung.
Jüdische Wohlfahrtspflege und Sozialpolitik.
Kreuz-Zeitung.
Monatshefte für die Beamten der Deutschen Bank.
Nachrichtenblätter für die Beamten der Deutschen Bank.
Nationalzeitung Basel.
Plutus Briefe zur Heranbildung leitender Bankbeamter.
Preußische Zeitung.
Schwibbogen: Werkzeitung für die Betriebsgemeinschaft Deutsche Bank.
The Banker.
Völkischer Beobachter. Kampfblatt der national-sozialistischen Bewegung Großdeutschlands.
Vossische Zeitung.
Wirtschaftsblatt der Industrie- und Handelskammer zu Berlin.
Zahlungsverkehr und Bankbetrieb.

Nachschlagewerke

Achterberg, Erich/Karl Lanz (Hg.), Enzyklopädisches Lexikon für das Geld-, Bank- und Börsen-
    wesen, Dritte Auflage, 2 Bde., Frankfurt am Main 1967.
Enzyklopädisches Lexikon für das Geld-, Bank- und Börsenwesen. Zugleich zweite Auflage vom
    Handwörterbuch des Bankwesens von M. Palyi und P. Quittner, 2 Bde., Frankfurt am Main
    1957.
Gabler Bank-Lexikon. Bank Börse, Finanzierung, hg. von Wolfgang Grill/Ludwig Gram-
    lich/Roland Eller, 4 Bde., Wiesbaden [11]1996.
Gabler Wirtschaftslexikon, 10 Bde., Wiesbaden [14]1997.
Handwörterbuch der Wirtschaftswissenschaften, Bd. 7, Stuttgart/New York 1977.
Handwörterbuch des Personalwesens, Stuttgart 1992.
Kunze, W[alter]./H[ans] Schippel/O[tto] Schoele (Hg.), Die Deutsche Bankwirtschaft. Ein Schu-
    lungs- und Nachschlagewerk für das deutsche Geld- und Kreditwesen, 5 Bde. Berlin 1935-
    1938.
Lampert, Heinz, Lehrbuch der Sozialpolitik, 5. überarb. u. erw. Aufl. Berlin 1998.
Meyers Lexikon. 7. Aufl., Fünfter Band [...], Leipzig 1926.
Seischab, Hans/Karl Schwantag (Hg.), Handwörterbuch der Betriebswirtschaft, 3 Bde., Stuttgart
    1958.

Gedruckte Quellen

10 Jahre NSBO. Commerz- und Privat-Bank. 10 Jahre Kampf um die Gemeinschaft für die Ge-
    meinschaft. 1929/1939 [Sonderheft AK].
Arbeitsbericht der Wirtschaftsgruppe Privates Bankgewerbe [...] über die Jahre [...], 1933-1938.
Das Bankgewerbe im heutigen Staat. Ansprachen, Vorträge und Resolution in der Sitzung des
    Großen Ausschusses des Centralverbandes des Deutschen Bank- und Bankiergewerbes (E.V.)
    am Donnerstag, den 22. Februar 1934, im Plenarsaal der Industrie- und Handelskammer zu
    Berlin [Sonderdruck „Bank-Archiv" 11 (1933)].
Das Schwarzbuch - Tatsachen und Dokumente, [Paris 1934.] Neuaufl. Berlin 1983.
Die freiwilligen sozialen Fürsorge- und Wohfahrtseinrichtungen in Gewerbe, Handel und Industrie
    im Deutschen Reiche. Herausgegeben vom Hansabund. Anlässlich des 25 jährigen Regie-
    rungsjubiläums Seiner Majestät Wilhelm II. Deutschen Kaisers, Königs von Preussen. 15.
    Juni 1913.

Geschäftsberichte: Commerzbank, Deutsche Bank, Dresdner Bank, Bank der Deutschen Arbeit.
Klemperer, Victor, Ich will Zeugnis ablegen bis zum letzten. Tagebücher 1933 – 1945. Herausge-
    geben von Walter Nowojski unter Mitarbeit von Hadwig Klemperer, 2 Bde., Berlin[3] 1995.
Privatbanken in der NS-Zeit. Rundschreiben der Wirtschaftsgruppe Privates Bankgewerbe 1934-
    1944. Hg. in Zusammenarbeit mit der Gesellschaft für Unternehmensgeschichte, eingeleitet
    von Harold James, München 2001.
Reichsbetriebsgemeinschaft Banken und Versicherungen in der DAF (Hg.), Die erste Reichsar-
    beitstagung der Reichsbetriebsgemeinschaft Banken und Versicherungen in der DAF, Berlin
    1937.
Reichstarifverträge und Reichstarifordnungen für das Bankgewerbe mit Verlängerungen.
Statistik des Deutschen Reichs, Bd. 418, Volks-, Berufs- und Betriebszählung vom 16. Juni 1925,
    Berlin 1930.
Statistik des Deutschen Reichs, Bd. 462, Volks-, Berufs- und Betriebszählung vom 16. Juni 1933,
    Heft 2, Berlin 1935.
Walk, Joseph (Hg.): Das Sonderrecht für die Juden im NS-Staat. Eine Sammlung der gesetzlichen
    Maßnahmen und Richtlinien - Inhalt und Bedeutung, Heidelberg 1981.

Erinnerungen

Fürstenberg, Hans, Erinnerungen. Mein Weg als Bankier und Carl Fürstenbergs Altersjahre,
    Wiesbaden 1965.
Grünfeld, Helmut, Gerechte gab es nicht viele. Ein deutsch-jüdisches Überlebensschicksal in
    Mainz. 1928-1945, mit einem Beitrag von Susanne Schlösser über die alte Jüdische Gemein-
    de Mainz. Herausgegeben von Erhard Roy Wiehn, Konstanz 1996.
Schäffer, Hans, Meine Zusammenarbeit mit Carl Melchior, in: Carl Melchior. Ein Buch des Ge-
    denkens und der Freundschaft, Tübingen 1967, S. 35-106.
Sommerfeldt, Martin, Ich war dabei. Die Verschwörung der Dämonen 1933-1939. Ein Augenzeu-
    genbericht, Darmstadt o.J. [1949].
Warburg, Max, Aus meinen Aufzeichnungen, Glückstadt/New York 1952.
Zwei Generationen im deutschen Bankwesen. 1833-1914, Frankfurt am Main 1978 [Schriftenreihe
    des Instituts für bankhistorische Forschung e.V., Bd. 2].

Zeitgenössisches Schrifttum

Abs, Hermann Josef, Gegenwartsprobleme des deutschen Kreditgewerbes, in: DBa 34 (1941), S.
    775-780.
Artikel Arbeitgeberverband des privaten Bankgewerbes, in: Erich Achterberg/Karl Lanz (Hg.),
    Enzyklopädisches Lexikon für das Geld-, Bank- und Börsenwesen, Dritte Auflage, Frankfurt
    am Main 1967, 2 Bde., Bd. I A-H, S. 63.
Artikel Gewerkschaften, in: Meyers Lexikon. 7. Aufl., Fünfter Band […], Leipzig 1926, Sp. 142-
    155.
Arzet, Robert, Gedanken zur Berufsausbildung im Bankgewerbe, in: DBa 33 (1940), S. 675-678.
ders., Das Wertpapiergeschäft im Kriege, in: BW 1944, S. 8-11.
Baier, Willi, Die Lage der Frankfurter Bankangestellten seit dem Weltkriege. Ein Beitr. z. wirt-
    schaftl. Lage d. Mittelstandsklassen in d. Gegenw., Diss. Frankfurt 1923
Bankenkonzentration (kein Autor), in: DBa, 1921, Januar, S. 52 f.
Bankenrationalisierung wird „wirklich angepackt" (kein Autor), in: DBa 34 (1941), S. 671 f.
Beck, Heinrich, Der Deutsche Bankbeamtenverein, seine Entwicklung, Tätigkeit und Standespoli-
    tik unter dem Einfluss der Verhältnisse, Stuttgart 1927 [Diss. Erlangen 1927].
Berliner Handels-Gesellschaft, in: BBZ, 8.2.1929.
Berninghaus, Walter, Gedanken über die Bankenrationalisierung, in: BW 1943, S. 309-311.
Beyer, Georg, Rationalisierung auch im Bankbetrieb!, in: DBa 32 (1939), S. 761 f.

Brandstätter, E., Sozialleistungen der Großbanken des privaten Kreditgewerbes, in: DBa 31 (1938), S. 461-468.

Brasch, Martin, Das Recht des jüdischen Arbeitnehmers, in: JWuS 4 (1933/34), S. 219-222.

Danat-Abschluß (kein Autor), in: Berliner Börsen-Courier, Nr. 139, 24.3.1927.

Das Programm der Bank-Enquete, in: FZ, Nr. 664/6, 7.9.1933.

Decker, Karl, 30 Jahre Bankbeamtenpensionskasse, in: BA 1939, S. 353f.

Der Beamtencharakter des Bankangestellten (kein Autor), in: DBa 1919, Juli, S. 478-480.

Der Berliner Bankbeamtenstreik (kein Autor), in: DBa 1919, S. 269-271.

Der Rationalisierungsbeitrag der Sparkassen (kein Autor), in: DDV 1943, Nr. 9, S. 301.

Der Reichswirtschaftsminister zur Bankenrationalisierung, in: BA 1942, S. 225-227

Der Stand der Bankenrationalisierung (kein Autor), in: DDV 1943, Nr. 15, S. 486 f.

Der Stand der Lehrlingsausbildung im Kreditgewerbe (kein Autor), in: BW 1943, S. 130.

Der Stand der Schließungsaktion im Kreditgewerbe, in: BW 1943, S. 58-60.

Der Streik der Bankbeamten, in: BT, Nr. 159, 10.4.1919, 1. Beiblatt.

Der weibliche Lehrling im Bankberuf (kein Autor), in: BW 1944, S. 18 f.

Der Wirtschaftliche Vernichtungskampf gegen die Deutschen Juden im Dritten Reich. Dargestellt von der ökonomischen Abteilung des jüdischen Weltkongresses, Paris/Genève/New York 1937.

Deutsche Bank, in: BT, Nr. 150, 30.3.1927.

Die Angestellten im Bankgewerbe, in: BK 3 (1935), März, S. 41.

Die Banken als Kreditvermittler, Beiträge zu einer Banken-Enquête IV, in: FZ, Nr. 502/4, 9. Juli 1933.

Die Banken – „ein Hilfsgewerbe ganz besonderer Art" (kein Autor), in: BW 1943, S. 102 f.

Die Berliner Großbanken Ende 1927 (kein Autor), in: Berliner Börsen-Zeitung, Nr. 123, 13.3.1928.

Die Deutschen Banken im Juni 1919 (kein Autor), in: Die Bank 1919, S. 459-461

Die ersten Vereinfachungsmaßnahmen im Kreditgeschäft (kein Autor), in: BA 1942, S. 224 f.

Die erweiterte Sammelverwahrung (kein Autor), in: BW 1943, S. 19f.

Die Erwerbstätigen im Kredit- und Versicherungswesen (kein Autor), in: DBa 35 (1942), S. 109 f.

Die Großbanken und das Regionalprinzip (kein Autor), in: BW 1943, S. 277

Die Schließung von Bankstellen für die Kriegszeit (kein Autor), in: BA 1942, S. 204 f.

Die Tagung der Kreditwirtschaft (kein Autor), in: DBa 32 (1939), S. 133-135.

Die Verringerung der Bankstellen (kein Autor), in: DBa 35 (1942), S. 291-293.

Filialzusammenschlüsse der Großbanken (kein Autor), in: FZ, Nr. 810 vom 13.11.1933.

Einleitung (kein Autor), in: Plutus Briefe zur Heranbildung leitender Bankbeamter 2 (1925), Brief Nr. 9, Arbeitsersparnis im Bankgewerbe, S. 278-280.

Einleitung (kein Autor), in: Plutus Briefe zur Heranbildung leitender Bankbeamter, 5 (1928), Brief Nr. 1, Bankorganisation, S. 3.

Ernst, Friedrich, Die Anwendung des Kreditwesen-Gesetzes im Jahre 1935 unter Berücksichtigung aktueller Probleme, nach einem bisher unveröffentlichten Vortrag, gehalten vor der Reichsgruppe Banken am 21. April 1936, Berlin o. D. [Schriftenreihe der Finanzwochenschrift „Die Bank", Heft 5].

Gassert, Georg, Vom Werden und Wesen der deutschen sozialistischen Wirtschaft, Berlin 1939.

Geck, Ludwig Heinrich Adolph, Die sozialen Arbeitsverhältnisse im Wandel der Zeit. Eine geschichtliche Einführung in die Betriebssoziologie, Berlin 1931.

Gradl, J[ohannes] B., Banktechnik unter Kriegsdruck, in: BW 1943, S. 288-291.

Grundsätzliche und kriegsbedingte Bankenrationalisierung (kein Autor), in: DBa 35 (1942), S. 251 f.

Großbank-Hauptversammlungen (kein Autor), in: DBa 32 (1939), S. 434-436.

Haymann, Ernst Joachim, Rationalisierung im Bankbetriebe, Mit Beruecks. D. Grundsaetze Taylors, Diss. Frankfurt 1924.

Höfermann, Fritz, Die Einwirkungen des Luftkrieges auf die Arbeit der Banken, in: BW 1944, S. 11-14.

Johns-Freiburg, R., Statistik im Dienste der Bankenorganisation, in: Plutus Briefe zur Heranbil-
    dung leitender Bankbeamter, 5 (1928), Brief Nr. 1, Bankorganisation, S. 30-39.
Kalveram, Wilhelm, Rationalization of German Banking, in: The Banker, VII (1928), S. 156-166.
Keiser, Günter, Das vierte Kriegsjahr der Banken, in: BW 1944, S. 45-50.
Ke[iser], [Günter], Die Frauenarbeit im Bankgewerbe, in: BA 1940, S. 163-165.
Kontrolle und Rationalisierung (kein Autor), in: DBa 35 (1942), S. 137-139.
Kreditinstitute und Börsen. Commerz- und Privat-Bank, in: BBC, 17.4.1928
Kredit- und Versicherungsinstitute im Krieg (kein Autor), in: DDV 1944, Nr. 28, S. 803.
Kriegsanpassung des Bankstellennetzes (kein Autor), in: BA 1942, S. 185 f.
Krummel, Walter, Aktuelle Fragen der Bankbetriebsgestaltung unter Einsatz von Addier- und
    Buchungsmaschinen, in: DBa 33 (1940), S. 124-128.
Kreditinstitute schränken die Werbung ein (kein Autor), in: BA 1943, S. 112 f.
Lautlose Bankenrationalisierung bei „Kleinen" (kein Autor), in: DDV 1943, Nr. 11/12, S. 375.
Lederer, Emil, Die Sozialen Organisationen, 2. Auflage Leipzig/Berlin 1922.
Leistungsbedingte Erhöhung der Arbeitsentgelte im privaten Bankgewerbe (kein Autor), in: DBa
    34 (1941), S. 283.
Lövinson, Kaethe, Frauenarbeit in Bankbetrieben. Ein Beitrag zur Wirtschaftsgeschichte unserer
    Zeit, Berlin 1926.
Mara, Wolfgang, Leistungssteigerung im Bürobetrieb, in: DDV 1944, Nr. 3, S. 74-77 und Nr. 4, S.
    105-109.
Marcus, Alfred, Die Juden im deutschen Bankwesen, in: Jüdische Wohlfahrtspflege und Sozialpo-
    litik 1 (1930), S. 339-351.
ders., Zur Lage der jüdischen Bankangestellten in Deutschland, in: Jüdische Wohlfahrtspflege und
    Sozialpolitik, 2 (1931), 289-296.
Mellinger, Ludwig, Umorganisation der Kreditwirtschaft, in: DBa Nr. 28 vom 12.7.1933.
Mithilfe der Kundschaft (kein Autor), in: BW 1943, S. 17 f.
Neuer Personalabzug aus dem Kreditgewerbe (kein Autor), in: BW 1943, S. 273 f.
Noch rationeller arbeiten – aber das Publikum (kein Autor), in: DDV 1943, Nr. 16, S. 501.
Papierbedarf und Papiereinsparung bei den Kreditinstituten (kein Autor), in: DBa 35 (1942), S.
    248.
Pensionsbetreuung im Privatbankgewerbe (kein Autor), in: BW 1943, S. 41 f.
Personalfragen bei der Bankenschließung (kein Autor), in: BW 1943, S. 104.
Preis, Erwin, Die betriebliche Mannschaftsführung, in: DDV 1944, Nr. 23, S. 668-670.
Preusker, V. E., Rationalisierung auch im Bankbetrieb!, in: DBa 32 (1939), S. 251-254.
Publizitätsfragen des Bankgewerbes. Aus dem Enquête-Ausschuß, in: Berliner Börsen-Zeitung Nr.
    558, 29.11.1933.
Rationalisierung im Kreditwesen (kein Autor), in: DDV 1943, Nr. 6, S. 179 f.
Regionalbanken? Beiträge zu einer Banken-Enquête, III, in: FZ, Nr. 464/6, 25.6.
Rehmenklau, Hans, Menschenökonomie im Bankbetrieb, Berlin 1930.
Richter, Hermann, Rationalisierung durch Gemeinschaftsarbeit, in: BA 1942, S. 193-195
Rittstieg, [Fritz], Grundsätze, Hilfsmittel und Methoden der Bankorganisation, in: Plutus Briefe
    zur Heranbildung leitender Bankbeamter, 5 (1928), Brief Nr. 1, Bankorganisation, S. 4-20.
rr., Die Bankkalkulation in: Plutus Briefe zur Heranbildung leitender Bankbeamter 5 (1928), Brief
    Nr. 1, Bankorganisation, S. 21-39.
Rummel, Hans, Rationalisierter Ueberweisungsverkehr, in: BA 1940, S. 405 ff.
Rummel, Hans, Rentabilitäts- und Organisationsfragen im Kreditgewerbe. Vortrag, gehalten am
    14. Juni 1935 auf Einladung der Reichsgruppe Banken vor deren Landesobmännern und
    Stellvertretern, Berlin o. D. [Schriftenreihe der Finanzwochenschrift „Die Bank", Heft 3].
Schlieper, Gustav, Banken und Außenhandel, kein Datum [Schriftenreihe der Finanzwochenschrift
    „Die Bank", Bd. 4].
Schließungsaktion und Kreditgewerbe (kein Autor), in: BA 1943, S. 72 f.
Schmitt, Carl. L., Die Probleme der Bankgewinne (Schluß), in: DBa 1922, Februar, S. 96-102.
Schoele, Otto, Der bargeldlose Zahlungsverkehr im Programm der Bankenenquete, in: Zahlungs-
    verkehr und Bankbetrieb 15 (1933), Nr. 9, S. 227 f.

Stillich, Oscar, Beruf und Avancement des Bankbeamten. Ein Beitrag zum Problem der Auslese im Bankfach, Berlin 1917.

ders., Soziale Strukturveränderungen im Bankwesen, Berlin 1916.

Theisinger, Karl, Der Ausbau des betrieblichen Rechnungswesens der Kreditinstitute, in: BA 37/38 (1938), S. 315-320.

ders., Die Rationalisierungsaufgabe im Kreditwesen, in: BA 1941, S. 309 ff.

Verpflichtende Selbstverwaltung! (kein Autor), in: DBa 34 (1941), S. 549-551.

W., K., Ein manuelles Durchschreibeverfahren, in: Plutus Briefe zur Heranbildung leitender Bankbeamter, 2 (1925), Brief Nr. 9, Arbeitsersparnis im Bankgewerbe, S. 286-289.

Weitere Beiträge zur Rationalisierungsdiskussion (kein Autor), in: BA 1941, S. 370

Weitere Kräfteabgabe der Kreditwirtschaft (kein Autor), in: BW 1944, S. 417-419.

Weitere Rationalisierung im Vordruckwesen (kein Autor), in: BW 1944, S. 136 f.

Weitenwerber, Andreas, Bankenwerbung, in: DBa 33 (1940), S. 812-815, 834-838, 848-852, 870-873.

Wünsche der Bankbeamten, in: Berliner Morgenpost, Nr. 81, 4.4.1928.

Ziele der Bankenrationalisierung, in: FZ, 18.10.1942.

Zweifache Bankenrationalisierung (kein Autor), in: DBa 35 (1942), S. 385 f.

Literatur

Adam, Uwe Dietrich, Judenpolitik im Dritten Reich, Düsseldorf 1972.

Ahlheim, Hannah, Die Commerzbank und die Einziehung jüdischen Vermögens, unveröffentlichtes Manuskript, 2003.

Ambrosius, Gerold/Dietmar Petzina/Werner Plumpe [Hg.], Moderne Wirtschaftsgeschichte. Eine Einführung für Historiker und Ökonomen, München 1996.

Andresen, Boy Jürgen, Funktionen und Perspektiven betrieblicher Sozialpolitik aus Sicht der Praxis, in: Schmähl, Personalpolitik, S. 41-53.

Artikel Arbeitgeberverband des privaten Bankgewerbes, in: Erich Achterberg/Karl Lanz (Hg.), Enzyklopädisches Lexikon für das Geld-, Bank- und Börsenwesen, Dritte Auflage, Frankfurt am Main 1967, 2 Bde., Bd. I A-H, S. 63.

Ashauer, Günther, Personalentwicklung als Instrument des Bankmanagements, in: Rudolph/Wilhelm, Bankpolitik, S. 13-48.

ders./Horst Liefeith/Klaus Weiser, Berufsbildung in der deutschen Kreditwirtschaft. Ein geschichtlicher Überblick, Mainz 1983 [Studien zur Entwicklung der Kreditwirtschaft, Bd. 4].

Bähr, Johannes, „Bankenrationalisierung" und Großbankenfrage. Der Konflikt um die Ordnung des deutschen Kreditgwerbes während des Zweiten Weltkriegs, in: Wixforth, Finanzinstitutionen, S. 71-93.

Baehr, Karl, Die wirtschaftliche Entwicklung der ehemaligen Dresdner Bank im Spiegel ihrer Bilanzen, Sinsheim 1951 [Diss. Mannheim 1951].

Bajohr, Frank, „Arisierung" in Hamburg: Die Verdrängung der jüdischen Unternehmer 1933-1945, Hamburg 1997.

Barkai, Avraham, Die deutschen Unternehmer und die Judenpolitik im "Dritten Reich", in: Büttner, Deutsche, S. 207-229.

ders., Vom Boykott zur „Entjudung". Der wirtschaftliche Existenzkampf der Juden 1933-1943, Frankfurt am Main 1988.

ders., Oscar Wassermann und die Deutsche Bank. Bankier in schwieriger Zeit, München 2005.

Berghoff, Hartmut, Unternehmenskultur und Herrschaftstechnik. Industrieller Paternalismus: Hohner von 1857 bis 1918, in: GG, 23 (1997), S. 167-204.

ders., Zwischen Kleinstadt und Weltmarkt: Hohner und die Harmonika 1857-1961. Unternehmensgeschichte als Gesellschaftsgeschichte, Paderborn u.a. 1997.

Bisani, Fritz, Personalwesen und Personalführung. Der State oft the Art der betrieblichen Personalarbeit, 4., vollständig überarbeitete und erweiterte Auflage, Wiesbaden 1995.

Born, Karl Erich, Die deutsche Bankenkrise 1931, München 1967.

ders., Geld und Banken im 19. und 20. Jahrhundert, Stuttgart 1977.

Bracher, Karl Dietrich/Wolfgang Sauer/Gerhard Schulz, Die nationalsozialistische Machtergreifung, Köln 1962.

Bräutigam, Petra, Mittelständische Unternehmer im Nationalsozialismus. Wirtschaftliche Entwicklungen und soziale Verhaltensweisen in der Schuh- und Lederindustrie Badens und Württembergs, München 1997 [Nationalsozialismus und Nachkriegszeit in Südwestdeutschland, Bd.6].

Brodhaecker, Michael, Menschen zwischen Hoffnung und Verzweiflung. Der Alltag jüdischer Mitmenschen in Rheinhessen, Mainz und Worms während des ‚Dritten Reiches', Mainz 1999 [Studien zur Volkskultur in Rheinland-Pfalz, 26].

Büschgen, Hans E., Die Deutsche Bank von 1957 bis zur Gegenwart. Aufstieg zum internationalen Finanzdienstleistungskonzern, in: Gall u.a., Die Deutsche Bank, S. 578-877.

Büttner, Ursula (Hg.), Die Deutschen und die Judenverfolgung im Dritten Reich, Hamburg 1992.

Commerzbank AG (Hg.), Die Bank – Dienstleister im Wandel. 125 Jahre Commerzbank, Frankfurt am Main 1994, S. 60-83.

Dahrendorf, Ralf, Industrie- und Betriebssoziologie, Berlin 1956

Dermitzel, Günter, Artikel Standesorganisationen des privaten Bankgewerbes, in: Enzyklopädisches Lexikon, S. 1467-1472.

Deutsche Bank, Feierstunde anläßlich des 100. Geburtstages von Hermann Josef Abs, Frankfurt 2001.

Ebbinghaus, Angelika (Hg.), Das Daimler-Benz-Buch. Ein Rüstungskonzern im Tausendjährigen Reich. Hg. v. d. Hamburger Stiftung für Sozialgeschichte des 20. Jahrhunderts, Nördlingen 1987.

Erker, Paul, Industrieeliten in der NS-Zeit. Anpassungsbereitschaft und Eigeninteresse von Unternehmern in der Rüstungs- und Kriegswirtschaft. 1936-1945, Passau 1993.

Facts & Files, Bericht. Recherche zur Überlieferung von Akten der Commerzbank AG in deutschen Archiven, unveröffentlichtes Manuskript o.O., o. D. (einsehbar im HAC).

Feldenkirchen, Wilfried, Siemens. 1918-1945, München 1995.

Feldman, Gerald D., Die Deutsche Bank vom Ersten Weltkrieg bis zur Weltwirtschaftskrise. 1914-1933, in: Gall, Bank, S. 138-314.

ders., Die Allianz und die deutsche Versicherungswirtschaft, 1933-1945, München 2001.

Fiedler, Martin, Betriebliche Sozialpolitik in der Zwischenkriegszeit. Wege der Interpretation und Probleme der Forschung im deutsch-französischen Vergleich, in: GG 22 (1996), S. 350-375.

ders., Die „Arisierung" der Wirtschaftselite: Ausmaß und Verlauf der Verdrängung der jüdischen Vorstands- und Aufsichtsratsmitglieder in Deutschen Aktiengesellschaften, in: Wojak/Hayes, „Arisierung", S. 59-83.

Albert Fischer, Jüdische Privatbanken im „Dritten Reich", in: Scripta Mercaturae 28 (1994), S. 1-54.

ders., Hjalmar Schacht und Deutschlands "Judenfrage". Der "Wirtschaftsdiktator" und die Vertreibung der Juden aus der deutschen Wirtschaft, Köln/Weimar/Wien 1995 [Wirtschafts- und Sozialhistorische Studien, Bd. 2].

Fraenkl, Ernst, Der Doppelstaat, Frankfurt am Main 1974.

Friedländer, Saul, Das Dritte Reich und die Juden. Erster Band. Die Jahre der Verfolgung 1933-1939, München 1998.

Gall, Lothar u.a., Die Deutsche Bank 1870-1995, München 1995.

ders., A man for all seasons? Hermann Josef Abs im Dritten Reich, in: ZUG 43 (1998), S. 123-175.

ders., Festvortrag Hermann Josef Abs – politischer Bankier zwischen den Zeiten, in: Deutsche Bank, Feierstunde, S. 19-39.

ders., Der Bankier Hermann Josef Abs. Eine Biographie, München 2004.

Gatter, Jutta, Personalpolitik bei alternder Bevölkerung – Probleme und erste Lösungsansätze, in: Schmähl, Sozialpolitik, S. 163-194.

Gaugler, Eduard, Betriebliche Sozialpolitik, in: Handwörterbuch des Personalwesens, Stuttgart 1992, Sp. 2098-2110.

Genschel, Helmut, Die Verdrängung der Juden aus der Wirtschaft im Dritten Reich, Göttingen u.a. 1966.

Gerlach, Christian, Kalkulierte Morde, Vernichtunspolitik in Weißrußland 1941 bis 1944, Hamburg 1999.

Grünfeld, Helmut, Gerechte gab es nicht viele. Ein deutsch-jüdisches Überlebensschicksal in Mainz. 1928-1945, mit einem Beitrag von Susanne Schlösser über die alte Jüdische Gemeinde Mainz. Herausgegeben von Erhard Roy Wiehn, Konstanz 1996.

Hachtmann, Rüdiger, Industriearbeit im ‚Dritten Reich'. Untersuchungen zu den Lohn- und Arbeitsbedingungen in Deutschland 1933-1945, Göttingen 1989 [Kritische Studien zur Geschichtswissenschaft, Bd. 82].

Haupt, Heinz-Gerhard/Jürgen Kocka (Hg.), Geschichte und Vergleich. Ansätze und Ergebnisse international vergleichender Geschichtsforschung, Frankfurt/New York 1996.

dies, Historischer Vergleich: Methoden, Aufgaben, Probleme. Eine Einleitung, in: dies. (Hg.), Geschichte und Vergleich, S.9-46.

Hax, Herbert, Artikel Sozialpolitik II, betriebliche, in: Handwörterbuch der Wirtschaftswissenschaften, Bd. 7, Stuttgart/New York 1977, S. 76-85.

Hayes, Peter, Industry and Ideology: IG Farben in the Nazi Era, New York 1987.

ders., Big Business and "Aryanisation" in Germany, 1933-1939, in: Jahrbuch für Antisemitismusforschung 3 (1994) S. 254-281.

Henke, Klaus Dietmar (Hg.), Totalitarismus. Sechs Vorträge über Gehalt und Reichweite eines klassischen Konzepts der Diktaturforschung, Dresden 1999.

Henning, Friedrich Wilhelm, Innovationen und Wandel der Beschäftigtenstruktur im Kreditgewerbe von der Mitte des 19. Jahrhunderts bis 1948, in: Pohl, Innovationen, S. 47-66.

Herbst, Ludolf, Das nationalsozialistische Deutschland. 1933-1945. Die Entfesselung der Gewalt: Rassismus und Krieg, Frankfurt am Main 1996.

ders., Das nationalsozialistische Herrschaftssystem und der Ansatz der Totalitarismustheorien, in: Henke, Totalitarismus, S. 19-26.

ders., Komplexität und Chaos. Grundzüge einer Theorie der Geschichte, München 2004.

Hesse, Jan Otmar, Im Netz der Kommunikation, Die Reichs-Post- und Telegraphenverwaltung. 1876-1914, München 2002 [Schriftenreihe zur Zeitschrift für Unternehmensgeschichte, Bd. 8].

Hilger, Susanne, Sozialpolitk und Organisation. Formen betrieblicher Sozialpolitik in der rheinisch-westfälischen Eisen- und Stahlindustrie seit der Mitte des 19. Jahrhunderts bis 1933, Stuttgart 1996 [Zeitschrift für Unternehmensgeschichte, Beiheft 94].

Homburg, Heidrun, Rationalisierung und Industriearbeit. Arbeitsmarkt – Management - Arbeiterschaft im Siemens-Konzern Berlin 1900-1939, Berlin 1991 [Schriften der Historischen Kommission zu Berlin, Bd. 1].

Hook, Walter, Die wirtschaftliche Entwicklung der ehemaligen Deutschen Bank im Spiegel ihrer Bilanzen, 2. Aufl. Heidelberg 1956.

Hopff, H., Kurt H. Meyer 1882-1951, in: Chemische Berichte 92 (1959), S. CXXV.

Huhle, Fritz, Die betrieblichen Sozialleistungen – Eine Begriffsanalyse, Berlin 1957 [Sozialpolitische Schriften, Heft 7].

Jacobs, Gabriele, Kulturelle Unteschiede der Gerechtigkeitswahrnehmung europäischer Manager. Eine vergleichende Studie von Personalentscheidungen im Banksektor, Münster 2000 [Sozialpsychologisches Forum, 2].

James, Harold, Die Deutsche Bank und die Diktatur 1933-1945, in: Gall u.a., Bank, S. 315-408.

James, Harold, Die Deutsche Bank und die „Arisierung", München 2001.

James, Harold, Verbandspolitik im Nationalsozialismus. Von der Interessenvertretung zur Wirtschaftsgruppe: Der Centralverband des Deutschen Bank- und Bankiergewerbes 1932-1945, München 2001.

Jentjens, Sabine, Führungskräfteentwicklung in Großbanken - ein deutsch-französischer Vergleich, München/Mering 1997.

Kaelble, Hartmut, Der Historische Vergleich. Eine Einführung zum 19. und 20. Jahrhundert, Frankfurt/New York 1999.

Keßler, Uwe, Zur Geschichte des Managements bei Krupp. Von den Unternehmensanfängen bis zur Auflösung der Fried. Krupp AG (1811-1943), Stuttgart 1995.

Kleinschmidt, Christian, Betriebliche Sozialpolitik als „Soziale Betriebspolitik". Reaktionen der Eisen- und Stahlindustrie auf den Weimarer Interventionsstaat, in: Plumpe/Kleinschmidt, Unternehmen, S. 29-41.

ders., Rationalisierung als Unternehmensstrategie. Die Eisen- und Stahlindustrie des Ruhrgebiets zwischen Jahrhundertwende und Weltwirtschaftskrise, Essen 1992.

Kocka, Jürgen, Unternehmensverwaltung und Angestelltenschaft am Beispiel Siemens 1847-1914. Zum Verhältnis von Kapitalismus und Bürokratie in der deutschen Industrialisierung, Stuttgart 1969.

ders., Angestellte zwischen Faschismus und Demokratie. Zur politischen Sozialgeschichte der Angestellten: USA 1890-1940 im internationalen Vergleich, Göttingen 1977 [Kritische Studien zur Geschichtswissenschaft, Bd. 25].

ders., Die Angestellten in der deutschen Geschichte 1850-1980. Vom Privatbeamten zum angestellten Arbeitnehmer, Göttingen 1981.

Kopper, Christopher, Zwischen Marktwirtschaft und Dirigismus. Staat, Banken und Bankenpolitik im „Dritten Reich" von 1933 bis 1939, Bonn 1995.

ders., Privates Bankwesen im Nationalsozialismus: Das Hamburger Bankhaus M.M. Warburg & Co., in: Plumpe/Kleinschmidt, Unternehmen, S. 61-73.

Krause, Detlef, Die Commerz- und Disconto-Bank 1870-1920/23. Bankgeschichte als Systemgeschichte, Stuttgart 2004 [Beiträge zur Unternehmensgeschichte, Bd. 19].

ders., Jüdische Traditionslinien in der Commerzbank von ihrer Gründung im Jahr 1870 bis zur Mitte der Weimarer Republik, unveröffentlichtes Manuskript, 2003.

ders., Mitarbeiterinnen in der Geschichte der Commerzbank: „Die beiden Damen haben sich recht gut eingearbeitet...", in: Commerzielles 1993, Heft 2, S. XVI-XVII.

Kreutzmüller, Christoph, Händler und Handlungsgehilfen. Der Finanzplatz Amsterdam und die deutschen Großbanken (1918-1945), Stuttgart 2005.

Kulka, Otto Dov, Die Nürnberger Rassegesetze und die deutsche Bevölkerung im Lichte geheimer NS-Lage- und Stimmungsberichte, in: VfZ 32 (1984), S. 582-624.

Ladwig-Winters, Simone, Wertheim. Geschichte eines Warenhauses, Berlin 1997.

Lenz, Rudolf, Karstadt. Ein deutscher Warenhauskonzern 1920-1950, Stuttgart 1995.

Lenz, W[ilhelm], Einleitung zu Wilhelm Lenz/Hedwig Singer (Bearbeiter), Reichswirtschaftsministerium, Bestand R7, Koblenz 1991, S. XI-XXV.

ders./Hedwig Singer (Bearbeiter), Reichswirtschaftsministerium, Bestand R7, Koblenz 1991.

Listewnik, Petra, „In Leipzig liegt schon alles hell und klar". 175 Jahre Sparkasse Leipzig. 175 Jahre Wirken in der Stadt und für die Region, Leipzig, 2001.

Bernhard Lorentz, Industrieelite und Wirtschaftspolitik 1928-1950. Heinrich Dräger und das Dräger-Werk, Paderborn u.a. 2001.

ders., Die Commerzbank und die „Arisierung" im Altreich. Ein Vergleich der Netzwerkstrukturen und Handlungsspielräume in der NS-Zeit, in: VfZ 50 (2002), S. 237-268.

Lowenthal, Ernst Gottfried, Die Juden im öffentlichen Leben, in: Mosse, Entscheidungsjahr, S. 51-86.

Lüke, Rolf E., Die Berliner Handels-Gesellschaft in einem Jahrhundert deutscher Wirtschaft. 1856-1956, Berlin o. D.

Mason, Timothy W., Sozialpolitik im Dritten Reich. Arbeiterklasse und Volksgemeinschaft, 2. Aufl. Opladen 1978.

Meyen, Hans G., 120 Jahre Dresdner Bank. Unternehmens-Chronik 1872-1992, Frankfurt am Main 1992.

Mitusch, Kay, Organisations- und Anreizstrukturen in Banken aus theoretischer Sicht, Gesellschaft für Unternehmensgeschichte e.V., Arbeitskreis für Bankengeschichte, Arbeitspapier Nr. 3/1998.

Mosse, Werner E., Jews in the German Economy: The German Jewish Economic Elite: 1820-1935, Oxford 1987.

ders./Arnold Paucker (Hg.), Entscheidungsjahr 1932: Zur Judenfrage in der Endphase der Weimarer Republik, [Tübingen 1965] zweite revidierte und erweiterte Auflage Tübingen 1966 [Schriftenreihe wissenschaftlicher Abhandlungen des Leo Baeck Instituts, Bd. 13].

Müller-Gebel, Klaus, Mitarbeiter in einer modernen Bank, in: Commerzbank, Dienstleister, S. 60-83.

Münzel, Martin, Die deutsche Wirtschaftselite und ihre jüdischen Mitglieder. Kontinuität und Diskontinuität 1927-1955, unpubliziertes Paper für die Tagung Die Deutsche Wirtschaftselite im 20. Jahrhundert: Kontinuität und Mentalität, Bochum, 11.-13.Oktober 2001.

Neebe, Reinhard, Großindustrie, Staat und NSDAP 1930-1933. Paul Silverberg und der Reichsverband der Deutschen Industrie in der Krise der Weimarer Republik, Göttingen 1981 [Kritische Studien zur Geschichtswissenschaft, Bd. 45].

OMGUS - Finance Division, Financial Investigation Section, Ermittlungen gegen die Deutsche Bank 1946/47, bearbeitet von der Hamburger Stiftung für Sozialgeschichte des 20. Jahrhunderts, Nördlingen 1985.

OMGUS - Finance Division, Financial Investigation Section, Ermittlungen gegen die Dresdner Bank 1946, bearb. v. d. Hamburger Stiftung für Sozialgeschichte, Nördlingen 1986.

Detlev J. K. Peukert, Die Weimarer Republik. Krisenjahre der Klassischen Moderne, Frankfurt am Main 1987.

Pierenkemper, Toni, Angestellte in deutschen Großunternehmen 1880-1913. Erkenntnismöglichkeiten betrieblicher Fallstudien, in: Tilly, Beiträge, S. 175-200.

ders., Was kann eine moderne Unternehmensgeschichte leisten? Und was sollte sie tunlichst vermeiden, in: ZUG 44 (1999), S. 15-31.

ders., Sechs Thesen zum gegenwärtigen Stand der deutschen Unternehmungsgeschichtsschreibung. Eine Entgegnung auf Manfred Pohl, in: ZUG 45 (2000), S. 158-166.

Plumpe, Werner, Statt einer Einleitung: Stichworte zur Unternehmensgeschichtsschreibung, in: Plumpe/ Kleinschmidt, Unternehmen, S. 9-13.

ders., Unternehmen, in: Ambrosius/Petzina/Plumpe, Wirtschaftsgeschichte, S. 47-66.

ders. /Christian Kleinschmidt (Hg.), Unternehmen zwischen Markt und Macht. Aspekte deutscher Unternehmens- und Industriegeschichte im 20. Jahrhundert, Essen 1992.

ders., Betriebliche Mitbestimmung in der Weimarer Republik. Fallstudie zum Ruhrbergbau und zur chemischen Industrie, München 1999 [Quellen und Darstellungen zur Zeitgeschichte, 45].

Pohl, Hans (Hg.), Innovationen und Wandel der Beschäftigtenstruktur im Kreditgewerbe. Erstes Wissenschaftliches Kolloquium des Instituts für bankhistorische Forschung e.V. am 20. Juni 1986 in München, Frankfurt am Main 1988 [Bankhistorisches Archiv, Beiheft 12].

ders./Stefanie Habeth/Beate Brüninghaus, Die Daimler Benz AG in den Jahren 1933-1945. Eine Dokumentation, 2. durchges. Aufl. Stuttgart 1987 [Zeitschrift für Unternehmensgeschichte, Beiheft 47].

Pohl, Manfred, Zwischen Weihrauch und Wissenschaft? Zum Standort der modernen Unternehmensgeschichte. Eine Replik auf Toni Pierenkemper, in: ZUG 44 (1999), S. 150-163.

Prinz, Michael, Vom „neuen Mittelstand" zum Volksgenossen. Die Entwicklung des sozialen Status der Angestellten von der Weimarer Republik bis zum Ende der NS-Zeit, München 1986.

ders. (Hg.), Nationalsozialismus und Modernisierung, Darmstadt [2]1994.

Reichwein, Raimund, Funktionswandlungen der betrieblichen Sozialpolitik. Eine soziologische Analyse der zusätzlichen betrieblichen Sozialleistungen, Köln/Opladen 1965 [Dortmunder Schriften zur Sozialforschung, Bd. 26].

Rethmeier, Andreas, „Nürnberger Rassegesetze" und Entrechtung der Juden im Zivilrecht, Frankfurt am Main u.a. 1995.

Richter, Rudolf/Eirik G. Furubotn, Neue Institutionenökonomik. Eine Einführung und kritische Würdigung, Tübingen [2]1999

Rosenbaum, Eduard/A[ri] J. Sherman, Das Bankhaus M.M. Warburg & Co 1798-1938, 2. Aufl. Hamburg 1978.

Roth, Karl Heinz, Der Weg zum guten Stern des „Dritten Reiches": Schlaglichter auf die Ge-
    schichte der Daimler-Benz AG und ihrer Vorläufer (1890-1945), in: Ebbinghaus, Daimler S.
    27-389.
Rudl, Franz Gerhard, Die Angestellten im Bankgewerbe 1870 bis 1933: Eine sozialstatistische
    Untersuchung, Diss. Mannheim 1975.
Rudolph, Bernd/Jochen Wilhelm (Hg.), Bankpolitik, finanzielle Unternehmensführung und die
    Theorie der Finanzmärkte. Festschrift für Hans-Jacob Krümmel zur Vollendung des 60. Le-
    bensjahres, Berlin 1988.
Sachse, Carola, Betriebliche Sozialpolitik als Familienpolitik in der Weimarer Republik und im
    Nationalsozialismus. mit einer Fallstudie über die Firma Siemens, Berlin/Hamburg 1987.
Schanetzky, Tim, Tagungsbericht Die Deutsche Wirtschaftselite im 20. Jahrhundert: Kontinuität
    und Wandel (Bochum, 11. bis 13. Oktober 2001) auf
    http://www.unternehmensgeschichte.de/pdf/Bericht_Elitentagung.pdf.
Schlösser, Susanne, Einstmals eine blühende Gemeinde. Zum Leben und Selbstverständnis der
    Mainzer Juden, in: Grünfeld, Gerechte, S. 43-70.
Schmähl, Winfried (Hg.), Betriebliche Sozial- und Personalpolitik, neue Herausforderungen durch
    veränderte Rahmenbedingungen, Frankfurt am Main/New York 1999.
Schneider, Michael, Unterm Hakenkreuz. Arbeiter und Arbeiterbewegung 1933 bis 1939, Bonn
    1999 [Geschichte der Arbeiter und der Arbeiterbewegung in Deutschland seit dem Ende des
    18. Jahrhunderts, 12].
Schulz, Günther, Die Angestellten seit dem 19. Jahrhundert, München 1999.
Seidenzahl, Fritz, 100 Jahre Deutsche Bank 1870-1970. Im Auftrage des Vorstands der Deutschen
    Bank AG, Frankfurt am Main 1970.
Siegel, Tilla, Leistung und Lohn in der nationalsozialistischen „Ordnung der Arbeit", Opladen
    1989.
dies./Thomas von Freyberg, Industrielle Rationalisierung unter dem Nationalsozialismus, Frank-
    furt/New York 1991.
Steinberg, Jonathan, Die Deutsche Bank und ihre Goldtransaktionen während des Zweiten Welt-
    kriegs,
München 1999.
Stercken, Vera/Reinhard Lahr, Erfolgsbeteiligung und Vermögensbildung der Arbeitnehmer bei
    Krupp. Von 1811 bis 1945, Wiesbaden 1992 [Zeitschrift für Unternehmensgeschichte, Bei-
    heft 71].
Tilly, Richard (Hg.), Beiträge zur quantitativen vergleichenden Unternehmensgeschichte, Stuttgart
    1985 [Historisch-Sozialwissenschaftliche Forschungen, Bd. 15].
Treue, Wilhelm, Die Juden in der Wirtschaftsgeschichte des rheinischen Raumes 1648-1945, in:
    ders., Unternehmensgeschichte, S. 113-160.
ders., Unternehmens- und Unternehmergeschichte aus fünf Jahrzehnten, Stuttgart 1989 [Zeitschrift
    für Unternehmensgeschichte, Beiheft 50].
Wandel, Ekkehard, Hans Schäffer 1886-1967, Stuttgart 1974.
Weber, Max, Die „Objektivität" sozialwissenschaftlicher Erkenntnis [1904], in: Max Weber, So-
    ziologie – Universalgeschichtliche Analysen – Politik, hg. v. Johannes Winckelmann, 5. über-
    arb. Aufl. Stuttgart 1973, S. 187-262.
ders., Wirtschaft und Gesellschaft, 2 Bde., 4. Aufl. Tübingen 1956.
Welskopp, Thomas, Arbeit und Macht im Hüttenwerk. Arbeits- und industrielle Beziehungen in
    der deutschen und amerikanischen Eisen- und Stahlindustrie von den 1860er bis zu den
    1930er Jahren, Bonn 1994 [Veröffentlichungen des Instituts für Sozialgeschichte e.V., Braun-
    schweig/Bonn].
ders., Stolpersteine auf dem Königsweg, Methodenkritische Anmerkungen zum internationalen
    Vergleich in der Gesellschaftsgeschichte, in: Archiv für Sozialgeschichte 35 (1995), S. 339-
    367.
Wienecke, Susanne, Der Betrieb als Politikarena. Ein Vergleich arbeitszeitpolitischer Entschei-
    dungen in deutschen, luxemburgischen und britischen Banken, München/Mering 2001
    [International vergleichende Schriften zur Personaökonmie und Arbeitspolitik, Bd. 11].

Winkler, Heinrich August, Weimar 1918-1933. Die Geschichte der ersten deutschen Demokratie, München 1993.

Wixforth, Harald, Auftakt zur Ostexpansion. Die Dresdner Bank und die Umgestaltung des Bankwesens im Sudetenland 1938/39, Dresden 2001.

ders. (Hg.), Finanzinstitutionen in Mitteleuropa während des Nationalsozialismus [Alois Mosser/Alice Teichova/Richard Tilly (Hg.), Geld und Kapital. Jahrbuch der Gesellschaft für mitteleuropäische Banken- und Sparkassengeschichte 2000], Stuttgart 2000.

Wojak, Irmtrud/Peter Hayes (Hg.), „Arisierung" im Nationalsozialismus – Volksgemeinschaft, Raub und Gedächtnis, Frankfurt am Main 2000 [Jahrbuch zur Geschichte und Wirkung des Holocaust 2000].

Wolf, Herbert, Chronik, 2 Bde., unveröffentlichtes Manuskript o. D., einsehbar im HAC.

Wolf, Mechthild, Von Frankfurt in die Welt. Stationen in der Geschichte der Degussa AG, Fankfurt am Main 1987.

Ziegler, Dieter, Die Verdrängung der Juden aus der Dresdner Bank 1933-1938, in: VfZ, 47 (1999), S. 187-216.

ders., Kontinuität und Diskontinuität der deutschen Wirtschaftselite 1900-1938, in: ders., Großbürger, S. 31-53.

ders. (Hg.), Großbürger und Unternehmer. Die deutsche Wirtschaftselite im 20. Jahrhundert, Göttingen 2000 [Bürgertum, Beiträge zur europäischen Gesellschaftsgeschichte, Bd. 17].

ders., Strukturwandel und Elitenwechsel im deutschen Bankwesen. 1900-1957, Paper für die Tagung Die deutsche Wirtschaftselite im 20. Jahrhundert: Kontinuität und Mentalität, Bochum, 11.-13. Oktober 2001.

Zimmermann, Nicolai, Die veröffentlichen Bilanzen der Commerzbank 1870-1944. Eine Bilanzanalyse unter Einbeziehung der Bilanzdaten von Deutscher Bank und Dresdner Bank, Berlin 2005.

Zollitsch, Wolfgang, Arbeiter zwischen Weltwirtschaftskrise und Nationalsozialismus. Ein Beitrag zur Sozialgeschichte der Jahre 1928-1936, Göttingen 1990 [Kritische Studien zur Geschichtswissenschaft, Bd. 88].

ABKÜRZUNGEN

ADCA Allgemeine Deutsche Credit-Anstalt
AK Der Arbeitskamerad
AOG Gesetz zur Ordnung der nationalen Arbeit
AV Allgemeiner Verband der Deutschen Bankangestellten
BA Bank-Archiv
BAB Bundesarchiv Berlin-Lichterfelde
BADH Bundesarchiv Dahlwitz-Hoppegarten
BBK Berliner Börsen-Kurier
BBV Barmer Bank-Verein
BBC Berliner Börsen-Courier
BBZ Bankbeamten-Zeitung
BDDA Bank der Deutschen Arbeit
BE Betriebs-Echo
BHG Berliner Handels-Gesellschaft
BM Berliner Morgenpost
BT Berliner Tageblatt
BuV Bank und Versicherung
BVV Beamtenversicherungsverein des Deutschen Bank- und Bankiergewerbes
BW Bankwirtschaft
CB Commerzbank AG / Commerz- und Privat-Bank AG
CDBB Centralverband des Deutschen Bank- und Bankiergewerbes E.V.
DAB Der Angestellte im Bankgewerbe
DAF Deutsche Arbeitsfront
DAZ Deutsche Allgemeine Zeitung
DB Deutsche Bank AG / Deutsche Bank und Disconto-Gesellschaft
DBa Die Bank
DBV Deutscher Bankbeamten-Verein
DBW Deutsche Bankbeamten-Wacht
DDG Disconto-Gesellschaft / Direktion der Disconto-Gesellschaft
DDV Die Deutsche Volkswirtschaft
Dego Deutsche Golddiskont-Bank AG
DHV Deutscher Handlungsgehilfen-Verein
DKB Der Kaufmann im Bankgewerbe
DrB Dresdner Bank AG
DRuT Deutsche Revisions- und Treuhand AG
FZ Frankfurter Zeitung
GB Geschäftsbericht
GWBB Gesetz zur Wiederherstellung des Berufsbeamtentums
HA-DrBk Historisches Archiv der Dresdner Bank
JwuS Jüdische Wohlfahrtspflege und Sozialpolitik
LHA Landeshauptarchiv
MCB Mitteldeutsche Creditbank AG
MDB Monatshefte für die Beamten der Deutschen Bank
MNSBO Mitteilungen der NSBO der DB

MVDO Mitteilungen der Vereinigung der Oberbeamten im Bankgewerbe
MPB Mitteldeutsche Privat-Bank AG
MRGB Mitteilungen der Reichsgruppe Banken
NB Nachrichtenblatt für die Beamten der Deutschen Bank
NSBO Nationalsozialistische Betriebszellenorganisation
NSDAP Nationalsozialistische Deutsche Arbeiter-Partei
OA Organisations-Abteilung
PVRH Protokolle Vertrauensrat Filiale Hamburg der Commerzbank
PWH Privatarchiv Warburg Hamburg
QB Qualifikationsbericht
RAD Reichsarbeitsdienst
RAK Reichsaufsichtsamt für das Kreditwesen
RAM Reichsarbeitsministerium
RBG Reichsbetriebsgemeinschaft / Reichsfachamt 12 Banken und Versicherungen der DAF
RDB Reichsverband der Bankleitungen
RFM Reichsfinanzministerium
RGB Reichsgruppe Banken
RGO Revolutionäre Gewerkschafts-Opposition
RGVA Rossijskij Gosudarstvennyj Voennyj Archiv, Moskau
RKB Reichskommissar für das Bankwesen
RKG Reichs-Kredit-Gesellschaft
RKK Reichskommissar für das Kreditgewerbe
RS Rundschreiben
RTO Reichstarifordnung
RTV Reichstarifvertrag
RV Reichsverband der Bankangestellten
RVB Reichsverband der Bankleitungen
RWM Reichswirtschaftsministerium
SAA Sitzung des Arbeitsausschusses der Commerzbank
SAR Sitzung des Aufsichtsrats der CB
SHStA Sächsisches Hauptstaatsarchiv
SKEK Staatskommissar für die Entnazifizierung und Kategorisierung
StAH Staatsarchiv Hamburg
TStA Gotha Thüringisches Staatsarchiv Gotha
VBB Verband Berliner Bankleitungen
VDO Vereinigung der Oberbeamten im Bankgewerbe
VfZ Vierteljahrshefte für Zeitgeschichte
VO Verordnung
WGPB Wirtschaftsgruppe Privates Bankgewerbe
ZUG Zeitschrift für Unternehmensgeschichte

PERSONENREGISTER

Bankenlobbyismus

26. Symposium am 4. Juni 2003 im Hause der Landesbank Hessen-Thüringen, Frankfurt am Main

Herausgeber: Der Wissenschaftliche Beirat des Instituts für bankhistorische Forschung e.V.
Schriftleitung: **Thorsten Beckers**

2004. 95 Seiten (Bankhistorisches Archiv, Beiheft 44). Kart. € 20,– / sFr 32,–.
ISBN 3-515-08623-4

INHALT

Franz Steiner Verlag

Bankengeschichte

Postfach 101061, 70009 Stuttgart
www.steiner-verlag.de
service@steiner-verlag.de

Christoph Kreutzmüller
Händler und Handlungsgehilfen

Der Finanzplatz Amsterdam und die deutschen Großbanken 1918-1945

2005. 349 Seiten. Kart. € 40,– / sFr 64,–.
ISBN 3-515-08639-0

Zwischen 1918 und 1945 erlebte der Finanzplatz Amsterdam zwei „Invasionen" deutscher Banken: Nachdem sie sich in Folge des Ersten Weltkrieges dort niedergelassen hatten, kam es im Windschatten der deutschen Besatzung zu einem neuerlichen „run". Was waren die Hintergründe für das Engagement und welche Geschäfte konnten oder wollten die Banken in Amsterdam durchführen? Wie wurde die Wirtschaftsverwaltung durch den Reichskommissar organisiert? Und: Wie reagierten die Amsterdamer Bankiers auf die sich verändernden Rahmenbedingungen? Auch die Commerzbank engagierte sich am Finanzplatz Amsterdam und beteiligte sich Anfang der zwanziger Jahre an der Hugo Kaufmann & Co's Bank. Was aber geschah nach 1940 mit dem jüdischen Bankier und seiner Bank?

INHALT

Die Auswirkungen der wirtschaftspolitischen Verwerfungen nach dem Ersten Weltkrieg → Amsterdam als Ort der Kapitalflucht während Inflation und Judenverfolgung → Die Auswirkungen der Besatzung auf Wirtschaft und Banken → „Kapitalverflechtung" und „Arisierung" → Ein asset deal und seine Folgen: Die Übernahme der Hugo Kaufmann & Co's → Der „Holland Stützpunkt" der Commerzbank

Bankengeschichte im Franz Steiner Verlag

Carsten Burhop
Die Kreditbanken in der Gründerzeit

2004. 279 Seiten (Schriftenreihe des Instituts für Bankhistorische Forschung, Band 21). Kart. € 38,– / sFr 60,80. ISBN 3-515-08413-4

Gründerjahre und Gründerkrise sind zentrale Episoden der Wirtschaftsgeschichte des Deutschen Reichs. Hervorstechend ist die Rolle, die Finanzmärkte und Finanzintermediäre in jener Dekade eingenommen haben. Nichtsdestotrotz ist die Entstehung und Entwicklung der Aktienkreditbanken zwischen 1870 und 1879 bisher kaum wirtschaftshistorisch untersucht worden. Bemerkenswert ist dies insbesondere vor dem Hintergrund der zahlreichen Unternehmen, die zwischen 1870 und 1873 gegründet worden sind und deren Existenz bis heute die Bankenlandschaft in Deutschland prägt. Diese Lücke wird nunmehr durch die fallstudienhafte Darstellung von Gründung und Geschäftsgebaren, Aufstieg und Niedergang einzelner Banken geschlossen. Darüber hinaus wird die Entwicklung einer ganzen Branche evaluiert und die Relevanz für die gesamtwirtschaftliche Entwicklung herausgearbeitet.

Franz Steiner Verlag

Bankengeschichte

Postfach 101061, 70009 Stuttgart
www.steiner-verlag.de
service@steiner-verlag.de

Detlef Krause
Die Commerz- und Disconto-Bank 1870–1920/23
Bankgeschichte als Systemgeschichte

2004. 404 Seiten (Beiträge zur Unternehmensgeschichte, Band 19). Kart. € 44,– / sFr 70,40. ISBN 3-515-08486-X

Banken spielen in der Volkwirtschaft eine zentrale Rolle. Trotz aller Konvergenz lassen sich zwischen den einzelnen Bankinstituten deutliche Unterschiede feststellen, die auf ihre jeweilige historische Entwicklung zurückzuführen sind. Diese quellennahe, materialreiche Studie behandelt den Aufstieg der Commerzbank von einer Regionalbank zu einer der führenden Berliner Großbanken und fragt unter Einbeziehung konjuntureller und struktureller Bedingungen nach wachstumsfördernden wie -hemmenden Faktoren dieses Prozesses. In Anlehnung an systemtheoretische Überlegungen werden in einem breiten methodischen Zugriff die Ebenen Geschäftsentwicklung, Leitungsstrukturen, Personalwesen und betriebliche Sozialpolitik sowie Unternehmenskultur eingehend analysiert. Durch den intensiven Vergleich mit anderen Banken leistet die Untersuchung zugleich einen wertvollen Beitrag zur Bankengeschichte im Deutschen Kaiserreich.

INHALT
Gründung in Hamburg 1870 → Wachstum und Aufbau eines Filialnetzes → Schwerpunktverlagerung nach Berlin um 1905 → Beschleunigte Expansion in der Inflationszeit